植民地経験のゆくえ

アリス・グリーンのサロンと世紀転換期の大英帝国

井野瀬久美恵

人文書院

目次

植民地経験のゆくえ

アリス・グリーンのサロンと世紀転換期の大英帝国

凡　例

本文中、［　］で示したものは巻末の文献を参照指示し、［著者名　刊行年：頁］の順に配列した。

略　記

AGP	Alice Green Papers (NLI)
BPP	*British Parliamentary Papers*
CMS	Church Missionary Society
DNB	*The Dictionary of National Biography*
LSE	London School of Economics
Minutes	Minutes of the African Society
NLI	National Library of Ireland
NLS	National Library of Scotland
RGS	Royal Geographical Society
RNC	Royal Niger Company
TLS	*Times Literary Supplement*
TWA	Mary Kingsely, *Travels in West Africa: Congo Français, Corisco and Cameroon*, London: Macmillan, 1897
WAS	Mary Kingsley, *West African Studies*, London : Macmillan, 1899
WAS 1901	Mary Kingsley, *West African Studies*, 2nd edition, with preface by George A. Macmillan, 1901
WAS 1964	Mary Kingsley, *West African Studies*, 3rd edition, with introduction by John E. Flint, London : Macmillan, 1964

序

一枚の写真——メアリ・キングズリ

ここに一枚の写真がある（一〇頁）。一八九五年早々の西アフリカ、現在のナイジェリア南東部にある港町、カラバル（オールド・カラバル）で撮影されたものである。かつて奴隷貿易の拠点があった商都カラバルは、この時期、パームオイルを主軸とする貿易でにぎわい、ヨーロッパ人貿易商人と現地の仲買人らが行きかう活気に満ちた町であった。ここにイギリスはニジェール沿岸保護領（一八九三年にオイル・リヴァーズ保護領から改称）の統括拠点を置いていた。写真の建物は、その業務をこなす領事館だと思われる。

この写真が初めて公開されたのは、一九〇一年六月一日付けの週刊紙『西アフリカ（*West Africa*）』においてであった。「ある西アフリカ・グループ」というキャプション以外、この写真に付記されていたのは、わずかに次の言葉だけである。「座っているのはサー・クロード・マクドナルド夫妻と故メアリ・キングズリ(1)」——。

前列、向かって右端、やや斜めにかまえ、カメラから少し目線をはずしているのが、ニジェール沿岸保護領総領事、クロード・マクドナルド（一八五二—一九一五）である。外交官の世界には珍しく、サンドハースト（イギリス陸軍士官学校）出身の軍人。故郷スコットランドのハイランド軽歩兵隊将校としてエジプト戦役（一八八二）

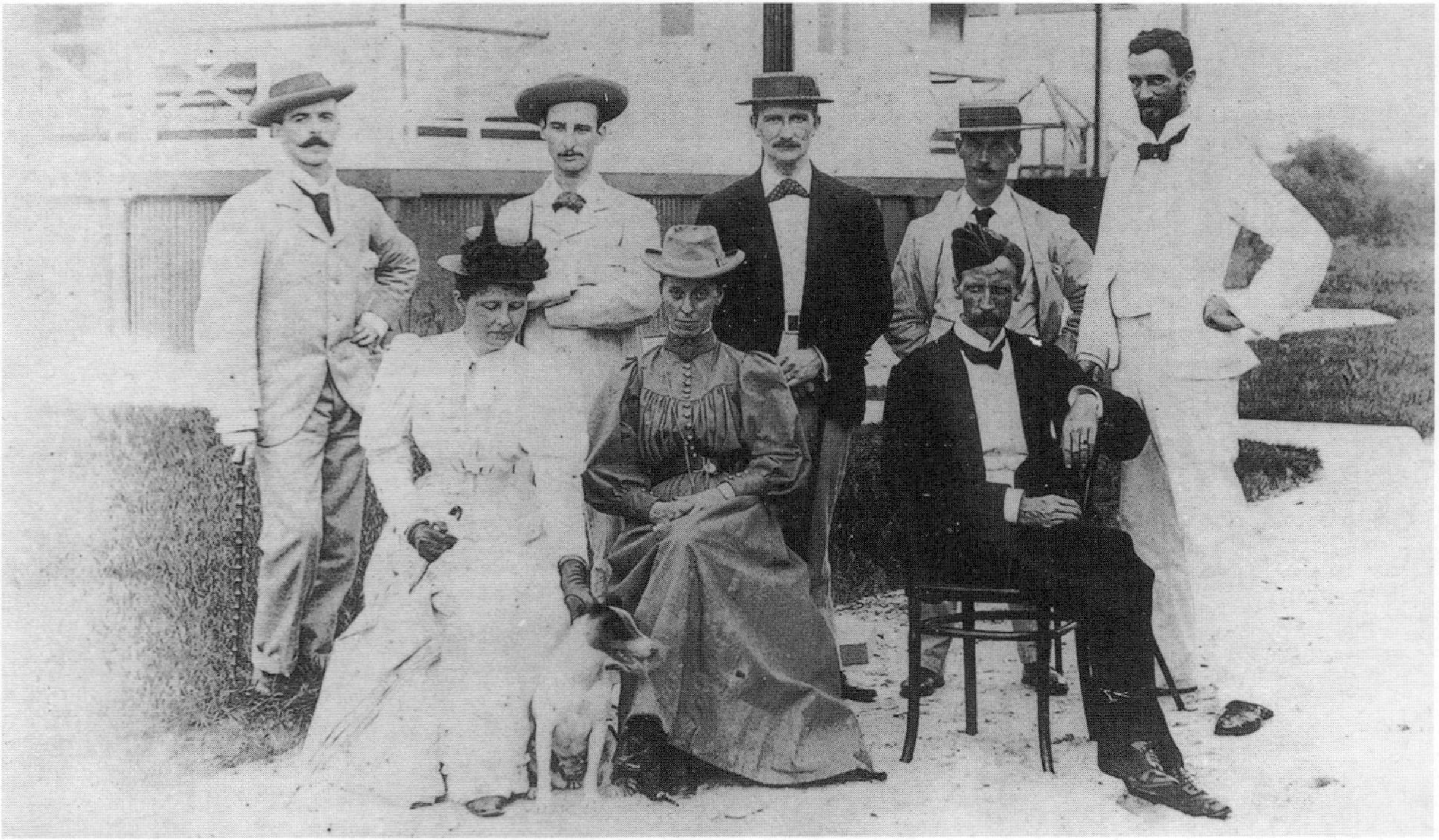

「ある西アフリカ・グループ」*West Africa*, 1 June 1901 (Birkett 1992: 102-03)

中のカイロに配属された後、ザンジバル総領事を経て、一八九一年、当時オイル・リヴァーズ保護領とよばれていたこの地域の弁務官（Commissioner）としてカラバルに赴任し、まもなく初代総領事となった。[2]「大英帝国じゅうでいちばん不健康で不快」といわれたオイル・リヴァーズ（ニジェール川デルタ）周辺は、一八九〇年代になっても現地諸民族との戦闘がつづく不安定な地域であり、それが軍人であるマクドナルドの起用につながったと思われる。奥地の諸民族との間に友好関係を築きあげた活躍ぶりを評価され、彼にナイトの称号が授与されたのは、総領事就任の翌九二年のことであった。写真の前列左端で、愛犬に目をやり、その背をなでている女性が、同年結婚した妻エセル（一八五七―一九四一）である。[3]

この写真の撮影後まもなく、夫妻は、やはり情勢不穏の北京に異動となったが、この人事も、軍人という異色の出身とそれを生かした西アフリカでの外交手腕を買われてのものだろう。やがて義和団の乱（一八九九―一九〇〇）に遭遇した夫妻は、一九〇〇年夏、イギリス公使館が包囲された混乱のなか、一時死亡が伝えられた。[4]二人の無事が確認された後、時の首相兼外相であったソールズベリは、マクドナルドにイギリスでの静養を勧めたが、彼はこの申し出を丁重に辞退し、一九〇〇年九月二四日付けの電報のなかで、三週間以内に新しい赴任地、東京へ直行する意向をあきらかにしている［Nish 1994：135］。約束どおり、一〇月半ば、クロード・マクドナルドは、アーネスト・サトーの後任として駐日公使に着任し、一九〇五年からは大使となった。日英同盟締結（一九〇二）と二度にわたる更新（一九〇五、一一）の現場に立ち会い、日英関係の蜜月時代を経験した幸運な駐日イギリス大使こそ、ほかならぬ彼である。

さて、写真のなかで、マクドナルド夫妻に挟まれ、カメラにしっかり目線を合わせている女性――彼女が、先の説明にあったメアリ・キングズリ（一八六二―一九〇〇）だ。この写真が撮られる二年前の一八九三年秋、彼女は、最初の西アフリカの旅でカラバルに立ち寄り、マクドナルド総領事と知り合った。領事はそのとき、妻エセルが西アフリカ行きを決意したときにはぜひとも彼女に同行してやってほしいと頼み、メアリもそれを快諾していた［*TWA*：12-13］。約束どおり、九四年一二月二三日、クリスマスに華やぐリヴァプールの港を出発した二人の女性がカラバルに到着したのは、九五年一月半ば。この写真はその直後に撮られたと思われる［Simpson 1987：5-6］。

四ヶ月近くを夫妻とともにカラバルで過ごしたメアリ・キングズリは、同年五月上旬、「ある個人的な理由で（for a certain private reason）」［*TWA*：87］、当初予定していた王立ニジェール会社領への旅をとりやめ、単身南下して、西アフリカ第二の大河として知られるオゴウェ川をさかのぼる内陸部への旅に出た。半年あまり後の九五年一一月末に帰国した彼女は、待ち受けたロイター通信の記者によって「西アフリカをひとりで旅したレディ・トラヴェラー」とセンセーショナルに報道されて以後、一躍時の人となっていく。西アフリカでの経験をぶ厚い著作にまとめる一方、宣教師や植民地行政官らが伝えるアフリカ観やアフリカ人イメージに強い疑問を覚えた彼女は、大英帝国における西アフリカの将来像やキリスト教伝道のあり方などについて新聞や雑誌、講演などで精力的に発言し、植民地省との間に激しい政治論争をくり広げた。

そんな彼女が、唐突に、南アフリカ戦争のさなかにあるケープタウンへと旅だったのは、一九〇〇年三月半ばのこと。そして、ボーア人捕虜を介護中、腸チフスに感染し、手術の甲斐なく三七歳の生涯を閉じたのは、そのわずか三ヶ月後、六月三日のことであった。ちなみに、クロード・マクドナルドが大使を務める北京で、義和団が外国人にたいする最初の攻撃を開始したのは、その六日後のことである。

メアリ・キングズリの死から一年後、撮影日から数えれば六年余りが経過していた一九〇一年六月、追悼の意味をこめて初めて公開されたこの写真は、以後、彼女の伝記が執筆されるたびにかならずそのどこかに収められ、くり返し読者の目にふれることになる。実は、イギリスを出航する直前の自分を記念撮影して以来、メアリは、西アフリカで出会った自然や人びとの写真は多数撮っているが、自分の姿はまったくといっていいほど残していない。それゆえに、この写真は、西アフリカのメアリ・キングズリを可視化した数少ない「かたち」といっていいだろう。帰国後の彼女は、この写真とほぼ同じ服装に身を包みながら、やはり同じ服装で旅した西アフリカの経験を、講演で、あるいは出版物のなかで、幾度となく語った。彼女自ら漕いでいたカヌーがオゴウェ川上流で岩にぶつかり、同舟の現地人とともに急流に投げ出されたとき、アルコール漬けにした淡水魚の標本をしっかり握りしめたまま、近くの岩にしがみつき、なんとか流されずにすんだこと。当時人喰いといわれたファンという西アフリカの民族を伴って内陸部を旅していたとき、動物捕獲用の穴に過って転落したものの、この写真にあるようなぶ厚いロング・スカートをはいていたことで、九死に一生を得たこと——。聴衆の多くがユーモアあふれる冒険談と受けとったであろうそうした経験をつうじて、メアリ・キングズリが西アフリカと大英帝国とのあるべき姿を模索し、両者の間に存在する緊張関係を緩和したいと願っていたことは、リベリアで創刊された雑誌『ニュー・アフリカ』の現地人編集長に送った彼女の最後の手紙からも知れる［WAS 1901：xvi-xix］（本書第三章参照）。

自らのアフリカ経験を生き生きと具体的に語る彼女が、イギリスの聴衆や読者に伝えたかったこととはいったい何だったのか。独特のユーモアにくるみながら、彼女は西アフリカで展開されていた「帝国の物語」をどのように語ろうとしたのだろうか。そもそも、この写真にフリーズされた瞬間とは、彼女にとって、そして大英帝国にとって、どのようなものだったのか。そして、彼女の死後、彼女が重ねたアフリカ経験はどこにいってしまったのだろうか。

植民地経験のゆくえ――アリス・グリーン

メアリ・キングズリと同じ時代、帝国の建設とその維持のために、イギリスからは行政官や宣教師、商人、ならびにその家族らが続々と植民地に向かい、産業の振興や貿易の促進とともに、自分たちの言葉である英語、そして自分たちの価値観や道徳、礼儀作法などを通じて、現地社会を「文明化」の名のもと、(改良か改悪かはともかくも)大きく変えようとしたことはよく知られている。しかしながら、メアリ・キングズリの場合、本国=植民地間のベクトル――homeとawayの関係――は、行政官や宣教師らとまったく違っていた。西アフリカでの経験をつうじて大きく変貌したのは、彼女が出会った西アフリカの人びとや彼らの社会ではなく、彼女自身であり、しかも旅のなかで、彼女は、西アフリカとそこに暮らす人びとを、イギリス(そしてヨーロッパ諸国)による「文明化」から守らねばならないと考えるようになったのである。彼女は、こうした新しいアフリカ観を自らに与えた「経験」を多くの人びとに語りながら、西アフリカにたいするイギリス社会の目線が変化することを願ってやまなかった。知識や情報を交換しあうことでイギリスと西アフリカは相互に理解しうる――そう彼女に確信させたのが、彼女の西アフリカ経験であった。それは、大英帝国の全盛期を迎えた当時にあって、帝国という空間を、支配する中心(home)からではなく、別の方向(away)から捉え直そうとする試みでもあったと考えられる。そんな彼女の経験は、南アフリカ戦争の渦中で彼女が亡くなった後、いったいどうなってしまったのだろうか。

本書では、それを、彼女の記憶に「かたち」を与えようとしたある人物の活動のなかに探ってみたいと考えている。その人物の名は、アリス・ストップフォード・グリーン(一八四七―一九二九)。『イングランド国民小史』(一八七四年初版)で知られる歴史家、J・R・グリーンの未亡人であり、世紀転換期のロンドンでサロンの女主人として鳴らした人物である。彼女自身は後にアイルランド史家として名を成し、その功績を評価されて、一九二二年に成立したアイルランド自由国の初代国会議員に指名されている。しかしながら、アイルランドが共和主義と独立機運を強めていく一九三〇年代以降、アイルランド史のなかで、そしてイギリス史においても、彼女の名は急速に忘却されていった。日本の西洋史研究でも彼女の存在はほとんど知られていない。しかしながら、近年、一〇〇周年を迎えて見直しが進められる南アフリカ戦争史のなかで、あるいはネイションやシティズンシップと女性とのかかわりを再考する昨今の研究動向との関連で、ようやく再検討のきざしが見えつつある［Royle 1998 : 53–68 ; Holton 2002 : 119–27］。

本書がアリス・グリーンに注目するのは、彼女がメアリ・キングズリのアフリカ経験に「かたち」を与えようとした人物であると同時に、その「かたち」を模索するなかで、アリス・グリーン自身が植民地アフリカをさまざまに「経験」し、それを通じて、自身のアイデンティティまでも再構築していったからである。アリス・グリーンの活動はもっぱらロンドンの自宅サロンを中心とするものであったが、そこは、メアリ・キングズリはじめ、多彩なゲストがもたらす多様な情報や知によって、「帝国の緊張」が重なりあった場として捉え直すことも可能だろう。アリスが現実に訪れた「帝国」は、南アフリカとセント・ヘレナ島に限られていたが、彼女の故郷であるアイルランドの状況を含めて、それらと関連する自宅サロンでの活動、そこに行きかう情報や人物との遭遇もまた、広く彼女の「植民地経験」とみなすことができると本書は考えている。たとえば、一九〇四年六月八日、来英中の黒人王、ナイジェリア南西部の町、アベオクタの最高首長であるアラケ（the Alake of Abeokuta）を自宅に招き、自由党議員の常連ゲストらとおこなった会食が、彼女にとってまぎれもなく「植民地経験」であったことは、彼女の投稿記事や常連ゲストに宛てた彼女の手紙などからうかがい知ることができるのである(5)。

その意味からも、本書では、現地に行く（すなわち現場に立ってその空気を吸う）ことで得られる「経験」を重視しつつも、それ以外に植民地の情報が得られる手段や場（とりわけサロンの存在）を考慮に入れて、「植民地経験」を広義に捉えることにしたい。そのうえで、メアリ・キングズリを通じたアリス・グリーンの「植民地経験」とは何だったかを具体的に探りながら、メアリ・キングズリの「経験」とそれが持っていた可能性の広がりをあきらかにするとともに、アリス・グリーンの「植民地経験」のゆくえにも思いをめぐらせてみたいと考えている。

もうひとつ、本書で考えているのは、メアリ・キングズリのアフリカ経験のゆくえをアリス・グリーンの活動のなかで見直すことによって、二人の女性の活動期であった一九世紀末から二〇世紀初頭にかけてのいわゆる世紀転換期――ジョウゼ・ハリスの定義にしたがえば、一八八〇年代から第一次世界大戦が勃発する一九一四年ごろまでの時代――が再考できるのではないか、ということである［Harris 1993］。この時期を、E・J・ホブズボウムは「長い一九世紀」の最後の局面と捉え、「帝国の時代（the age of Empire）」とよんだ［Hobsbawm 1987］。第二、三章で詳しく見るように、メアリ・キングズリとアリス・グリーンの「植民地経験」はともに、そのちょうど真ん中、すなわち、一九〇〇年という年をはさむ前後一〇年ほどの間におこったことであり、この時期の「帝国の緊張」と密接にかかわっていた。メアリが旅した西アフリカ、メアリとアリスがともに捕虜収容所という空間から垣間見た南アフリカ、アリスが国民史を書き換えようとしたアイルランド――これらが交錯したアリス・グリーンのサロンは、アフリカ、イギリス、アイルランドを結ぶ三角形《トライアングル》の中心でもあった。では、これらの地域に見られた「帝国の緊張」は、二人の「植民地経験」とどのようにつながっていたのだろうか。アリス・グリーンは、メアリの「植民地経験」をどのように自らの「経験」へと改編し、それはどのような「かたち」をとったのか。そのプロセスに注目すると、世紀転換期という時代はどのように見え方を変えるのだろうか。

こうした問題点を意識しながら、本書では、メアリ・キングズリからアリス・グリーンへとつづく植民地経験を基軸に、世紀転換期という時代、大英帝国という空間を再考していきたい。

最後に、「植民地経験」という言葉について、もう一言だけ付け加えておきたい。かつて筆者は、アフリカをフィールドとする人類学者、栗本英世氏との共編著『植民地経験』（一九九九）において、「支配／被支配」という二項対立では捉えきれない多様なアクターがせめぎあう植民地という現場におけるダイナミズムを問題にすべく、「植民地経験」という言葉を用いた。本書でも、メアリ・キングズリの西アフリカの旅（第三章）やアリス・グリーンのボーア人捕虜収容所訪問（第五章）の分析に際しては、その意味で「植民地経験」という言葉を使っている。と同時に、本書では、そうした「経験」の後《ポスト》を考えるために、植民地という現場から本国イギリスに持ち帰られたものの中身にも、「植民地経験」という言葉をあてようと思う。そのうえで、いったい植民地のどの経験がどういうかたちで本国に持ち帰られたのか、そこからイギリスの社会や人びとはどのような影響を受けたのか、といった問題を考えていきたいと思っている。植民地という周縁での「経験」は、イギリスという中心にとっていったい何だったのか。イギリスに持ち帰られた「植民地経験」のゆくえをメアリ・キングズリからアリス・グリーンへの連関のなかに追跡しながら、これまで二項対立的に語られてきた帝国における「中心／周縁」の関係性をも再考できればと考えている。

第一章　帝国再考

——植民地経験を問う意味

一九世紀末から二〇世紀初頭にかけての世紀転換期、大英帝国とはどのような空間だったのか。女性たちの植民地経験を考えることは、それをどう再考することになるのだろうか。本章では、これを書いている今という「もうひとつの世紀転換期」に認められる、「帝国」への強い関心に注目しながら、問題点を整理し、メアリ・キングズリとアリス・グリーンの植民地経験を考える意味をあきらかにしていきたい。

第一節　帝国への郷愁を超えるために

よみがえる植民地郷愁

二〇〇一年九月一一日以降、「帝国」という言葉を取りまく環境は大きく変化した。この日付けが何度もくり返されることにつきまとう「記憶」の問題は本章の要ではない。(1) 注目すべきは、「九・一一の記憶」を触媒にしながらアメリカとは何かを読み解こうとする新しい視線のなかで、「帝国」という言葉が意味と領域を拡大し、「帝国主義」ではなく、「帝国」を語る現代的意義が強く意識されるようになったことである。「中心も領域もない」というネグリらの帝国論や「デモクラシーの帝国」といった表現はその好例であろう［ネグリ&ハート　二〇〇三；藤原　二〇〇二］。

こうした帝国を見る新しい目線は、「帝国であった過去」をもつ国々における「帝国史」のあり方にも刺激となっているが、イギリスの場合には、これにある特殊事情が加わることになった。地図上の帝国消滅、である。実際、イギリスでは、香港返還がカウントダウンに入った一九八〇年代半ば以降、冷戦体制の終焉、ならびに統合を深化させつつ東への拡大を開始したヨーロッパ連合（EU）といった国際情勢の変化とあいまって、地図上の「帝国」が消滅した後の帝国史研究はどうあるべきかをめぐる議論がくり返されてきた［Fieldhouse 1984；Hopkins 1999；Cannadine 1995；宮崎　二〇〇二］。それを刺激したのが、アメリカを「帝国」として読み解こうとする「九・一一」前後の動きだといえよう。

「われわれが帝国にたいして関心の高鳴りを覚えるのはなぜか、その理由はよくわかっている。好むと好まざるとにかかわらず、われわれはつねに、われわれ自身の同時代史を学んでいるからである。今われわれは、われわれ自身の帝国の時代を生きている。そう、アメリカ帝国の時代を、である」［Ferguson 2003b：36］――こう語るのは、『帝国（*Empire*）』（二〇〇二）の著者であるオクスフォード大学歴史学教授、ニール・ファーガスンである。同書は、ここ数年相次いで公刊された大英帝国再考を掲げる著作のなかで、もっとも広範な読者に読まれ、かつ、もっとも物議を醸した書のひとつといえよう。

副題にある「イギリスはいかに世界を作ったか」からわかるように、著者ファーガスンが試みた帝国再検討の大きな意図は、現代世界において、政情不安定で経済発展も政治の民主化も遅れているアジアやアフリカの現実をどう理解すればいいのか、（もっといえば）かつてそういった地域を植民地として支配した過去をもつイギリスはその不幸な状態にどこまで責任があるのかといった、「現在の問い」に答えることにあると思われる。それは、同書の改訂に際して修正された新しい副題、「イギリス世界秩序の出現と消滅、ならびにグローバルな権力のための教訓」によりはっきり記されたといえよう［Ferguson 2003a］。同書の執筆理由を問われた彼は、つぎのように述べている。「大英帝国の歴史は、今日のグローバルな覇権国家にとって、おそろしい警告でしかないのか。そうならないためにはどうすべきかという、一種の帝国主義案内《ガイド》でしかないのだろうか」［Ferguson 2003b：36］――けっしてそうではないことを、ファーガスンは具体例をあげながら雄弁に物語っていく。

論点はきわめて明解である。ファーガスンは、帝国だった過去をもつ他のヨーロッパ諸国、そして、やはり帝国だった過去をもつ日本と比較しながら、大英帝国は、政治的自由、自由貿易、自由な労働力、そして法の遵守をつうじた民主化と近代化の意味を植民地に教え、現地に官僚制度や資本主義を根づかせ、病院や学校、議会といった諸制度、鉄道や道路などの社会的インフラ整備をおこなって植民地の発展に貢献した、「恵み深い帝国」であったと主張するのである。その対極をなすのは、アジアやアフリカでイギリス支配に代替したドイツ帝国、ならびに大日本帝国である。この二つの帝国によって植民地の人びとがいかに虐待され、その後の正常な発展がどれほど歪曲されたかを示しながら、ファーガスンは、「小さな戦争」はあったものの、「イギリス化(Anglobalisation)」によって維持されたグローバルな平和の意味を問い直すことを求める。ファーガスンが紡ぎだした「恵み深き大英帝国の物語」は、二〇〇三年一月末から六週間にわたってテレビ(チャンネル4)で放映され、その解釈の妥当性をめぐって、インターネット上では今なお活発な議論がつづいている。

このように、独立の以前と以後とを問わず、「植民地だった過去と現在」にたいする大英帝国のポジティヴな影響を強調するファーガスンの論調は、イギリスにおける帝国史再考のひとつの雰囲気を代弁しているように思われる。たしかに、「大英帝国とは何だったのか」を問い直し、すでに四〇冊を越すシリーズとなったマンチェスタ大学出版局の「帝国主義研究(Studies in Imperialism)」が物語るように、帝国史におけるテーマの多様化は、再考のひとつの成果といえるだろう。しかしながら、その一方で、ここ数年のうちに出された帝国再考の著作には、中心《メトロポール》、すなわち「イギリス(Britain)」内部を構成する諸要素とそれが互いに絡みあうダイナミズム(いわゆる「新しいイギリス史(New British History)」)には目配りしつつも、中心(イギリス)が周縁(すなわち植民地)に与えた影響については、全体として静的、かつ肯定的に捉えようとする傾向が顕著に認められるのである。この点では、新たに編纂されたオクスフォード大学版『帝国史』(全五巻、一九九八—九九)も例外ではない。(2) むろん、それはこれまでの研究成果をじゅうぶん踏まえてのことであろうから、こうした動きそのものは、イギリスにおける「帝国的精神（imperial mind）」とは何かを考える格好の題材といえよう。とはいえ、中心からながめる視線、帝国だった過去をなつかしむような楽観的な論調、そしてそれが広くイギリス社会に受け入れられているように見えるさまには、多少なりともとまどいを隠せない［Ballantyne 2002: 1-17］。ファーガスンのいう「恵み深き帝国」への誇りと郷愁の正体はいったい何なのだろうか。

　すでに一〇年あまり前、「恵み深き帝国」という語りは、大英帝国を女性の視点で捉え直した『ヨーロッパ人女性と第二英帝国』［Strobel 1991］の著者、マーガレット・シュトローベルにつぎのような問題意識をもたらしていた。

「植民地におけるヨーロッパ人女性というテーマに批判的なまなざしを向けることは、近年よみがえった植民地への郷愁ゆえにいっそう必要なのである」［シュトローベル　二〇〇三：一六］。

映画『愛と哀しみの果て』のイメージ
（DVD ジャケットより）

　シュトローベルが問題にした「植民地への郷愁」とは、たとえば、植民地時代のアフリカやアジアを背景に制作された一九八〇年代のハリウッド映画のなかの白人女性の配置、に反映されている。デンマークの女流作家、アイザック・ディネーセン（本名カレン・ブリクセン）の自伝的小説、『アフリカの日々』（一九三八）を下敷きとする映画、『愛と哀しみの果て』（メリル・ストリープ主演、一九八五）はその好例だろう。原作とはまるで異なり、二〇世紀初頭のアフリカに魅せられた白人女性の波瀾万丈の物語、となってスクリーン上に現れたこの作品は、その年のアカデミー賞主要七部門を独占した。そこでは、原作には描かれていた現地の衝突や対立といった生々しい現実のいっさいが抹消されるとともに、主人公の白人女性が現地人に寄せたシンパシーも消され、ヨーロッパ人が「いかにもアフリカ」と想像する「雄大な景観」を背景に展開される白人女性のロマンスが強調されているのである。

こうした白人女性の配置に危機感を覚えたシュトローベルは、ディネーセンはじめ、一九世紀から二〇世紀にかけて植民地に渡った白人女性をそれぞれのコンテクストに置き直す必要性を強く訴えた。まずは彼女たちを、この郷愁——レナート・ロザルドの言葉を借りれば「帝国主義者の郷愁」[Rosaldo 1989 : 68-87]——の呪縛から解き放つことだという。シュトローベルの主張は、それまで植民地の白人男性たちによって語られてきた「恵み深き帝国」を見直す試みにほかならない。言い換えればこうなろう。「恵み深き帝国」が男たちの「植民地経験」の（ひとつの）ゆくえであるとすれば、それを女たちの経験によって相対化する必要があるのだ、と。

ところが、彼女のこの警告から一〇年あまりが過ぎた今なお、先述したように、大英帝国をめぐる歴史叙述は、依然として似たような過去への郷愁に絡めとられているかに見える。それはなぜなのか。女性たちの「植民地経験」から男性たちの経験を検証する作業、すなわち、ジェンダーの視点から「植民地への郷愁」、帝国だった過去への郷愁を相対化する試みはどうなったのだろうか。女性たちの「植民地経験」はこうした郷愁の再生産とどのように関係しているのだろうか。そもそも、「恵み深き帝国」という郷愁の根本には何があるのだろうか。

男たちの物語から女たちの物語へ

植民地でイギリス人（広くはヨーロッパ人）女性は何をしたのか。植民地にとって、彼女たちは何だったのか。そして、彼女たちにとって、植民地とは、大英帝国とは何だったのか。こうした問題を中心に、一九八〇年代以降、歴史記述のなかに女性の姿をとり戻す作業、すなわち、植民地空間にイギリス人女性の姿を可視化することが試みられてきた。それは、女たちの植民地経験の中身を明らかにする作業と言い換えてもいいだろう。再考の主たる時期は、イギリスがアメリカという植民地を失った一八世紀後半以降、インドを核に再編成された帝国にアフリカが本格的に組み込まれていく時期であり、本書が対象とする世紀転換期を中心に、一九世紀後半から二〇世紀前半にかけての一世紀間、いわゆる大英帝国の全盛期に置かれた。(3) その状況を要約するとつぎのようになろう。

従来の大英帝国を扱った歴史記述には女性がほとんど登場しなかったし、女性不在のままでも帝国の歴史、植民地の歴史は書けると思われてきた。いや、現に女性不在の「帝国史」(あるいは「植民地史」)が、いくつも生産、再生産されてきた。それら「男たちの物語」のなかで、帝国という空間は、「南アフリカの巨人」とよばれた大資本家のセシル・ローズ、宣教師にして冒険家のデヴィッド・リヴィングストン、「間接統治の父」といわれるナイジェリア初代総督フレデリック・ルガードといった白人男性が、ヨーロッパの他の利害、あるいは現地人と対立しながらイギリス支配を確立していく場であり、インド大反乱(セポイの反乱)や南アフリカ戦争(ボーア戦争)などの戦いがくり広げられた一大絵巻の世界であり、貿易や産業、現地の農園経営などをめぐるメリット、デメリットがせめぎあう場所であった。そこに女性たちの居場所はないと思われており、そうした空気を女性たちも敏感に嗅ぎとっていた。二〇世紀初頭、正式に保護領化されてまもない北部ナイジェリアに鉱山技師の夫とともに渡ったあるイギリス人女性はこう書いている。

「仮に女性がまったく無意味だと感じる場所がこの世にひとつだけあるとすれば、それは今のナイジェリアです」[Tremlett 1915 : 280]。

それから二〇年あまりがすぎた一九二八年、英領カメルーンの植民地行政官の妻、メアリ・エリザベス・オークが残した言葉も似たようなものであった。

「現地で私を迎えたその［白人］男性は、知人のなかでも親切な部類に入るのですが、それでも、こんな本音をつぶやいたのです。ぼくは西アフリカに女性の居場所があるとは思いません、と」［Oake 1933 : 7］――数年間の植民地経験をまとめた著作に、彼女は『白人女性に居場所なし』（一九三三）と命名した。

女性の不在は帝国史の記述にとどまらない。第二次世界大戦後、植民地の独立――イコール「帝国」の消滅――にともない、それまで帝国史や植民地史の枠組みのなかで議論されてきた植民地支配下の経済搾取やナショナリスト運動の展開といった問題は、それぞれの国民史、あるいは地域研究《エリア・スタディーズ》へと、記述の収まりどころを大きく変えた。こうした新たな展開のなかで、たとえば、植民地下にあってもアフリカの諸制度が意味を失わなかったことが強調され、ヨーロッパ諸国による植民地支配を、アフリカ史の断絶ではなく、連続性のなかに「たんなるエピソード」として位置づける見方も提示されている［Ajayi 1969 : 497–509 ; Falola 1999 : 491］。その連続性は、女性不在の叙述という点でも確認されよう。

興味深いのは、女性は帝国において居場所を拒否されただけではなかったことだ。植民地に登場したイギリス人女性（広くはヨーロッパ諸国やアメリカからきた白人女性）、とりわけ行政官の妻たちには、植民地支配のネガティヴな側面が強調されて、彼女たちが「帝国を破壊した」という神話が創られたのである。話を単純化してしまえばこうなる。白人の奥方《メムサーヒブ》（memsahib）たちは、白人男性以上に人種差別主義者であり、現地社会との境界線をたえず意識し、現地社会にいっさいの関心をもたずに自分たちの世界に閉じこもり、怠惰で自己中心的な生活を送っていた。しかも、イギリス人男性が現地人（とりわけ、彼らが「現地情報」を得る仲介者となった現地人女性）との間に築きあげた信頼関係に首をつっこんだ。その結果、帝国は崩壊したのである――。彼女たちに何か活動できる気候や風土ではなかったという「弁解」もなされたが、いずれにせよ、植民地のイギリス人女性は

「悪者か犠牲者」のどちらかでしかなかったことになる［シュトローベル　二〇〇三：二九―五九］。

このようなステレオタイプ化した二極化は、ジェンダー研究の深化とともに再考にふされ、今では、イギリス人女性（広くは白人女性）のみを帝国の破壊者、人種差別の温床として捉える見方はきっぱりと否定されている。たとえば、白人女性と現地人男性との関係が「植民地でのよき関係を破壊するもの」として激しく糾弾されたのに、白人男性と現地人女性との関係にかんしては、そこに潜む不平等さえ問題にされなかったのはなぜなのか。このように問い直すことによって、「女性が帝国を破壊した」という神話構築のプロセスそのものが問題視され、そこに、別のもっと深刻な問題を隠そうとする男たちの意図を読み込むことも可能になってきたのである。

一九八〇年代以降、このステレオタイプへの見直しは、別の方向からも急速に進められることになった。さまざまな動機から植民地へと出ていったイギリス人女性が自らの経験を綴った旅行記や日記、手紙や回想録が続々と発掘、公刊（ないしは復刊）されたのである。とりわけ、フェミニズムの出版社として知られるヴィラーゴ（Virago）の活動は顕著であった。[4]「下からの歴史」を標榜する社会史研究が隆盛をきわめた八〇年代、イギリス人女性の残した記録と記憶の掘り起こしは、「植民者／被植民者」という二項対立を脱構築するプロセスでもあったといえよう。なかでも注目を集めたのは、世界各地を旅したイギリス人女性、メアリ・キングズリのような「レディ・トラヴェラー（lady traveller）」の存在であった。

レディ・トラヴェラー再考

もっとも早く彼女たちの存在に注目したドロシー・ミドルトンにしたがい、ここでは「レディ・トラヴェラー」をつぎのように定義しておきたい。

一九世紀後半から二〇世紀初頭にかけて、アジアやアフリカなど当時のヨーロッパ人に「野蛮」とイメージされていた地域を、単身（すなわち白人男性の同行者なく）、自らの意志と資金で旅し、その記録を残した白人女性（もっぱらイギリス人女性）のことで、ほぼ例外なくミドルクラス（ときにはそれ以上の階層）に属しており、「家庭の天使」という理想のもと、礼儀作法やたしなみ、モラル、そしてそれなりの教養を身につけ、しかも健康に不安を抱えた三〇代以上の女性である、と［Middleton 1965 : 3］。一周してかならず元に戻ってくるツアー（tour）ではなく、「トラブル（trouble）」と語源を同じくする「トラベル（travel）」でよばれた彼女たちのひとり旅は、ごく最近まで、本来あるべき姿から逸脱したエキセントリックな行為と捉えられ、奇異のまなざしが向けられてきた。彼女たちは、植民地にいるイギリス人女性のもうひとつのステレオタイプ、先述した「奥方たち」とコインの表裏の関係にあると理解されたが、一見対極的にもみえるこの二つのステレオタイプは、ともに植民地支配のネガティヴな側面を象徴する存在として捉えられ、ともに批判の対象とされた点で共通していた［Birkett 1989（1991）; Stefoff 1992 ; シュトローベル　二〇〇三 ; 井野瀬　一九九八 : 六二―八二］。

近年、フェミニズム、ならびにジェンダー研究では、カルチュラル・スタディーズやポストコロニアル研究、サバルタン研究といった新しい学際的な研究が進展するなか、歴史がジェンダー化されて構築されていること、ならびに植民地における多様な差異がそれぞれのコンテクストで社会的、文化的に構築されたものであるという考え方［Domosh 1991 : 102］が定着し、それとともに、レディ・トラヴェラーをめぐる従来のステレオタイプは急速に説得力を失いつつある。彼女たちにたいする再考には、大きくつぎの二つの方向性が認められよう。

ひとつは、復刊されたレディ・トラヴェラーの旅行記や日記、手紙、回想録自体の分析である。そこにまず準備されたのは、同じルートや地域を旅した男性のトラヴェラーや冒険家との比較であった。言い換えれば、彼女たちの旅を綴った「女性の語り」のなかに、男性とは異なる現地の社会や人びととの関係性を「発見」しようとするのである。勢い、そこには、「男性の旅、男性の語り」との相違が意識的に求められ、強調されることになった。たとえば、女性の旅は「ナイル川の水源を求める」といった目的志向型ではない、とか、女性は「支配や征服とは無関係に、観察、描写した」といった分析がそうである［Mills 1991：38–85］。

しかしながら、ジェンダーの差に旅の差異を見いだそうとする本質主義には、すでにいくつかの批判が寄せられている。たとえば、女性は現地人に対する搾取において、あるいは現地の力関係のなかでも、さほど無垢な存在でもなければ、帝国建設に無関係でも無知でもなかったという指摘はそのひとつである［Morin 1999］。それゆえに、旅行記や回想録の分析において、女性による観察や描写に現地の力関係や対立関係がどのように反映されているのかという視点はきわめて重要だといえよう。それになにより、ジェンダーによる差異を見つけようとするアプローチは、「女性の語り」と「それ以外の語り」との間に境界線をひく作業がともなうという点で、後述するように「科学的か否か」という基準を持ち出してレディ・トラヴェラーの旅を認めようとしなかった当時の地理学の権威が見せた目線と何ら変わらないのである。

こうした反省から、その後、レディ・トラヴェラーの旅に、彼女たちが意識するとしないとにかかわらず、帝国主義、植民地主義への「貢献」の痕跡を見いだそうとする動きも生まれた。それは、一見、無害で無邪気にみえる女性たちの観察や描写が、現地の風景を支配し、搾取する（アプロプリエート）手段でもあったことに注目するものである。そこでは、帝国建設とその維持のために植民地に渡った女性の「参加」をどのように評価するか、そもそも「参加」とは具体的にどういう状態をいうのか、といった問題が問われていることになろう［Blunt 1994：5–10；McEwan 1996：489–94］。

もうひとつ、レディ・トラヴェラー再考の方向性は、先に述べた植民地行政官の妻たちへの見直しと同じく、レディ・トラヴェラーにたいする否定的なステレオタイプが構築されたメカニズムを再検討しようとするものである。すなわち、帝国という「男性空間」に登場した女性たちを排除しようとする作業そのものに注目し、各植民地における政治的、経済的、社会的な力関係のなかで彼女たちの旅という経験を問い直そうとするのである。この作業はもっぱら、フェミニズム歴史地理学（Feminism Historical Geography）を標榜する研究者によっておこなわれており、その詳細は第三章で触れたいと思う［Rose 1993 ; Linda McDowell 1999］。

一言でいうならば、この二つの方向から見直されているものは、レディ・トラヴェラーの時代であるヴィクトリア朝時代に重視された「女性らしさ（femininity）」というモラルと、帝国主義（あるいは植民地主義）との緊張関係だといえよう。従来、レディ・トラヴェラーとよばれる女性たちの多くが、当時のイギリス社会の家父長的なジェンダー関係の枠組みを守りながら旅をしていたことはよく知られている。彼女たち自身が、自分がイギリス人女性であることを目に見えるかたちで強調したのである。それは、本国イギリス（＝home）から遠く離れた帝国の植民地（＝away）において、彼女たちが自分のアイデンティティにいかにこだわっていたかを物語っている。[5] 帝国におけるアイデンティティの問題が女性たちの植民地経験と密接に絡みあっていたことについては、本章でもたびたびふれることになろう。

いずれにしても、レディ・トラヴェラーの旅をどのように再構築するかという問題は、彼女たちの旅における「本国（home）」と「植民地（away）」との関係性に着目して、植民地での彼女たちの痕跡を見直すことを意味している。たとえば、女性たちは、植民地で出会った人びとや事物とどのように「折りあい」をつけながら旅したのだろうか。この問題を考えるには、植民地における彼女たちのプレゼンスのみならず、彼女たちの旅のしかたと現地慣行とのかかわりも無視できない。この点からの再考がメアリ・キングズリの旅にとって重要な意味をもつことについては、第三章で述べる通りである。

もう一点、女性たちの「植民地経験」が読めるようになったことによって、「白人女性」という一枚岩的なカテゴリーがしだいに解体され、自らの経験を綴った女性自身の人種やエスニシティ、階級や宗教、あるいは職業などによってもたらされる白人女性内部の差異に、よりいっそうの関心が払われるようになったことが指摘できよう。そのうえで、彼女たちの差異が、植民地における現地人への対応の差とどのようにかかわっていたのかにもっと敏感であるべきだといった主張もなされるようになった。いうなれば、帝国を支配する側、植民地化する側にいたというだけで彼女たちを非難するのではなく、白人女性の経験の多様さと、それぞれのコンテクストにおける彼女たちの苦悩とその解明が重視されていくのである［Mills 1996 : 125-47 ; Linda McDowell 1999 : 108-12］。それは、白人女性の「白人性（whiteness）」をめぐる近年の議論に与するものだが、その議論にふれる前に言及しておかねばならないことがある。それは、旅行記や回想録の公刊（復刊）とその分析を通じて、自らの経験を語るレディ・トラヴェラー（あるいは帝国に出て行ったそれ以外のイギリス人女性）の主体性が回復される一方で、彼女たちの語りがもつ暴力性が問題視されたことであった。

母性帝国主義——白人フェミニズム批判

植民地に渡ったイギリス人女性が現地で展開した諸改革は、彼女たちの主体性や活動の中身の多様性とは無関係に、男性中心の家父長制的帝国主義とのアナロジーから、ときに「母性帝国主義」（ないしは「母権的帝国主義」）とよばれ、激しい非難にさらされてきた［Lowry 1997 ; Wolf 1996］。そこには、突然外部からやってきて、自分たちの社会に手を加えようとする白人女性の「無神経さ」への反発も含まれる。たとえば、マドラス女子師範学校を設立したメアリ・カーペンターをめぐるルース・ワッツの最近の研究は、白人女性には、自分たち同様、現地人女性もまた多様であるという認識がまったく欠落していたことをあきらかにした［Watts 2000］。その意味で、母性帝国主義への批判は、本章冒頭で見たファーガスンのいう「恵み深き帝国」にたいする批判と通底している。

なかでも深刻な対立をひきおこしているのは、インドのサティ（未亡人の殉死）や幼児婚、ケニアやソマリアなどの女性性器切除（FGM、あるいはFGC）など、女性の身体と絡む現地慣習をめぐる議論である。たとえば、FGMをめぐっては、アフリカ系アメリカ人小説家アリス・ウォーカーが『喜びの秘密』（一九八三）でこの問題を扱ったこととあいまって、世界じゅうのフェミニストを巻き込む大論争となり、ウォーカーが代表する欧米フェミニズムと、アフリカや中東のフェミニズムとの対立が顕在化したことは広く知られている。FGM批判の議論が、この慣習が今なお根強く実行されている東アフリカや中東の女性を「周縁化」するものだとして、アフリカや中東のフェミニズムが欧米の白人フェミニズムに寄せた批判は、現代アラブ文学研究者の岡真理氏らによって日本にも伝えられ、フェミニズムのあり方に波紋を投げかけた［岡　二〇〇〇；千田　二〇〇二］。FGMをめぐっては、「伝統文化か、それとも女性の身体への暴力か」という問題の立て方自体への疑義を含めて、今なおさまざまな活動家や理論家が激しい議論をぶつけあっている［Strobel 1993; Dorkenoo 1995; Gruenbaum 2001］。

こうした白人フェミニズムとの関連において、植民地化の文脈でサティを再考したラタ・マニの主張は興味深い。一八二九年、近代インド女性史の画期とされるイギリスによるサティ廃止を議論した彼女は、つぎのように結論している。

「サティそのものは植民地化以前から存在したが、イギリスが批判しているサティの伝統は、植民地主義のコンテクストのなかで再構成されたものである」［Mani 1990: 118］（傍点引用者）。

マニが強調するのは、ヨーロッパ人、とりわけイギリス人の介入、支配によって、カーストを含めて、それまでインドで使われてきた言葉自体が大きく意味を変えたということである。と同時に、「伝統」が女性の地位を論議する土俵とはならないこと、逆に、女性という存在が伝統を議論し、再構築する場となっていることに、マニは警鐘を鳴らしているのである。

ここで今一度、問い直してみたい。そもそも、一九世紀後半から二〇世紀初頭にかけて、イギリスの女性たちを海の彼方の帝国へと押し出していたものは何だったのか。

彼女たちをそれぞれの歴史的・地域的コンテクストに置き直し、主体として読み直す作業のなかでは、彼女たちの善意と義務感――現地人女性の生活や教育の現状を改善したいという願い――が強調され、帝国主義を代弁するラドヤード・キップリングの有名な詩をもじって、「白人女性の責務（White Woman's Burden）」の中身が分析されてきた［Jayawardena 1995］。そこに「男たちの物語」との連関を認め、白人男性の「共犯者」としてフェミニズムを弾劾する声のなかに、イギリス人女性がほんとうに救いたかったのは、現地人女性の苦境ではなく、自分たちのアイデンティティではなかったか、という批判がある。現地の女性を救済するというイギリス人女性（広くは白人女性）のスタンスが、「現地人女性＝自らを救済できず、ひたすら救済を待つしかない弱者」という見方に支えられているからである。白人女性のアイデンティティ構築のために現地人女性の苦境が利用されたという見方は、サバルタン研究やポストコロニアル研究などともかかわりながら、フェミニスト内部の対立を深めた論点といえるだろう［Maynard 2000］。

すでに見てきたように、イギリス（あるいは他のヨーロッパ諸国）から植民地に渡った女性の多様な主体性を回復しようとする試みが、帝国への郷愁をジェンダー化して再生産する暴力性をはらんでいたことは否めないだろう。言い換えれば、「女たちの物語」として紡ぎだされた語りは、「白人／非白人」という別の差異と絡みあうことで、すぐさま、「人種化（racialized）」されてしまう危険性を秘めているのである。女性を主体として読み直す、語り直すことが、別の何かを周縁化してしまう作業でもあることは、一九八〇年代以来進められてきたジェンダーの視点からの帝国史再考にたえずつきまとってきたジレンマでもあった［Formes 1995；Morin 1999］。

それでも、白人女性がこの「善意と義務感」につき動かされて現実に植民地に渡ったこと自体は過小評価されるべきではないだろう。(6) 問題は、女性たちの「植民地経験」を、男性たちの経験のように、帝国だった過去への郷愁に絡めとられないようにするにはどうすればいいか、である。その可能性を、先述した白人女性の「白人性」をめぐる議論に探ってみよう。

創られた白人性――アンナ・レオノーウェンスの場合

植民地における女性の「白人性」という問題で注目したい人物がいる。メアリ・キングズリやアリス・グリーンの同時代人で、一八六二―六七年の数年間をシャム宮廷の家庭教師として過ごしたアンナ・レオノーウェンス(一八三一―一九一五)である。シャム経験を綴った彼女の著作、『シャム宮廷の女家庭教師』(一八七〇)と『ハーレムのロマンス』(一八七三)を下敷きに制作され、デヴォラ・カーとユル・ブリンナーの共演で知られるミュージカル仕立てのハリウッド映画『王様と私』(一九五六)、あるいはジョディ・フォスタとチョウ・ユンファの共演でリメイクされたハリウッド映画『アンナと王様』(一九九九)の主人公として、彼女はあまりにも有名である。

アニメ版を入れればハリウッドですでに四度映画化されたこの作品のなかで、俳優の強烈な個性によってイメージ操作されたシャム王ラーマ四世(モンクット王)とは対照的に、王の多くの子どもたちや妻たちを教育する家庭教師アンナは、常に「白いイギリス人女性(イングリッシュ・ウーマン)」として表象されてきた。「野蛮な」シャム王を魅了し、彼とその宮廷を文明化しようとする「イギリス人女家庭教師の物語」というストーリー全体の枠組みは、文字通り、アンナの「白人性」によって支えられていたといっていいだろう。

長らく忘れられていたアンナ・レオノーウェンスの物語がアメリカ人宣教師マーガレット・ランドンによって「発見」されたのは、第二次世界大戦直後のことであった。映画化を刺激することになるランドンの『アンナとシャム王』（一九四五）は、アンナのことをつぎのように語っている。

一八三四年ウェールズ生まれ。父はイギリス陸軍の軍人で、シーク教徒の反乱のさなかに死亡。当時六歳だったアンナはウェールズの学校に通っていたが、一四、五歳のときに姉とともにインドへ渡り、一七歳でインド陸軍連隊隊長トマス・レオノーウェンスと結婚。少佐に昇格した夫に同行してシンガポールへ移動したが、虎狩りの最中、夫が熱射病で死亡し、未亡人となった。彼女にシャム宮廷での家庭教師の話が舞い込んだのはそれからまもなくだった［Landon 1945］。

この「アンナの物語」は、一九七〇年代半ば、彼女とともに五年間をシャム宮廷で過ごした息子ルイの伝記を執筆したW・S・ブリストーの現地調査のなかで、大きく修正されることになる。判明したのは以下の事実である。

シャムに渡る直前のアンナ・レオノーウェンス（1861年頃）（Dow 1991:iv）

アンナは、一八三一年、インド、ボンベイ近郊のアーマドナガール（Ahmednugger）で生まれた。もともと家具職人兼大工だった父は、東インド会社軍隊の兵士となるが、アンナが生まれる三ヶ月前に死亡。母メアリ・アンは、生後二ヶ月のアンナとひとつ年上のエルザを連れて、やはり東インド会社付属軍の兵士と再婚した。みじめで貧しいインドの兵舎暮らしのなか、東インド会社付属の学校で教育を受けた彼女は、意に染まぬ結婚を避けるかのように、一八歳でトマス・レオン・オーウェンス（Thomas Leon Owens）と結婚し、長女エイヴィスと長男ルイをもうける。オーウェンスは軍人ではなく、東インド会社の経理担当事務員であった。夫の仕事で転勤をくり返した後、マレーシア、ペナンのホテルに落ち着いたのもつかのま、夫が卒中で急死し、アンナは未亡人となった。その直後、夫の姓とミドルネームをつなげた「レオノーウェンス（Leonowens）」という新しい姓を名のるようになった彼女は、自らの経歴を大幅に書き換え、親戚との縁をいっさい絶ち、インドでの過去のいっさいを消したうえで、シンガポールに向かった。とりわけ、彼女がひた隠しにしたことは、母親がインド人とイギリス人との混血、いわゆるユーラシアンであったことだった［Dow 1991：13］。シンガポールでイギリス陸軍士官の子どもたちを教える学校の教師をしていた彼女は、まもなく、シンガポールのイギリス総領事からシャム宮廷での家庭教師を依頼され、シャムに向かったのである。(7)

すなわち、アンナ・レオノーウェンスは、「イギリス人」「白人」に生まれついたわけではなかった自分を、シャム宮廷における家庭教師経験を通じて、「白いイギリス人女性」として再構築していったのである。そのためにも、「文明／野蛮」の境界線は強調されねばならなかった。先述したアンナの二冊の著作では、シャム宮廷の諸制度（一夫多妻制やハーレム、奴隷制度）や、女性蔑視や人権無視で礼儀を欠いたシャム王への批判が展開され、そこに、シャム宮廷を改革しようとするアンナという「白人女性」と、彼女の助けがなければ文明国と交渉できないシャム王の姿とが浮かびあがってくる。そこでは、即位以前の五〇年あまりの間、僧侶として教養と修行を積み重ね、博学者として知られたモンクート王の現実は、抹消されてしまっているのである。

このように、アンナの「白人性」に着目すれば、彼女のシャム経験には、「白人女性の責務」としての「野蛮の文明化」ではなく、自らの「白人性」確保という側面があったことがあきらかであろう。かといって、それを、「自らのアイデンティティ確保のために、現地の女性たちを救済する」母性帝国主義の変形、とだけ解釈していいのだろうか。アンナを「白人性」という呪縛から解き放てば、彼女が描いた物語は、東インド会社付属軍の貧しい兵舎から這いあがろうとする女性の自立の物語として、あるいは、世界各地に存在する差別の根絶を願う女性の活動記録として、読み直すことも可能なのである。それは、シャーロット・ブロンテの小説、『ジェイン・

エア』(一八四七)のなかで消された「屋根裏の狂女」、ロチェスタ卿とジェインの結婚に立ちふさがるロチェスタの狂気の妻、西インド出身のバーサの目から物語全体を見直し、「ジェインの物語」を「バーサの物語」として書き直したジーン・リースの『広い藻の海』(一九六六)を想起させるかもしれない[ギルバート&グーバー 一九八六(一九九四):二八三—三二八;正木 一九九三:二一—三六;Rody 2001:133-49]。

問題はむしろ、アンナ・レオノーウェンスが「シャム宮廷の女家庭教師」として記憶されていること自体にあるように思われる。彼女のシャム滞在はわずか数年だが、その後、娘エイヴィスとともに渡ったアメリカで一〇年あまり、娘夫婦と移り住んだカナダ、ハリファックスでは二〇年ほど、そして一八九七年から亡くなる一九一五年までをモントリオールで、それぞれ暮らした。アメリカやカナダでの彼女の活動はきわめて多岐にわたっており、たとえば、『アンクル・トムの小屋』で知られるハリエット・ストウ夫人らと交流しながら慈善活動に打ちこみ、ロシア皇帝アレクサンドル二世の暗殺(一八八一)を契機に広がったポグロム(ユダヤ人迫害)批判をこめてロシア紀行を執筆し、ハリファックスに美術とデザインの学校(現ノヴァスコシア美術デザイン・カレッジ)を設立している[Dow 1991:62ff]。そうした諸活動にもかかわらず、アンナが今なお記憶されているのは、数年間のシャム経験によってなのである。

それゆえに、一九八〇年代にあきらかにされた彼女の「白人性」への疑義は、その後アメリカやカナダでおこなわれた彼女の博愛主義的諸活動とはまったく無関係に、彼女のシャム経験——映画や舞台の下敷きとなった二冊の著作に書かれた内容——への疑念をよびおこすことになった。とりわけ、同書のなかで強調されている「シャム王に文明や礼儀を教えるイギリス人女家庭教師」というイメージは、「ジェンダー化された植民地郷愁の再生産」という先に提起した問題と無関係ではない。彼女が自らを「白いイギリス人女性」として再構築するプロセスが舞台や映画でまったく無視されたことによって、「アンナ・レオノーウェンスの物語」は、本章冒頭でみた「恵み深き帝国」へと絡めとられてしまったといっていいだろう。
今求められているのは、アンナが自らの「白人性」を構築していったプロセスそのものの分析なのである。

アングロ・アイリッシュと帝国

世紀転換期、アンナ・レオノーウェンスとは別の意味で、帝国の存在が自己のアイデンティティと複雑な関係性をもっていた存在として、プロテスタントのアイルランド人、すなわち、アングロ・アイリッシュの女性たちがあげられる。アングロ・アイリッシュは、一六、一七世紀におこなわれたアイルランド征服で入植したイングランド人の子孫であり、カソリックが大半を占めたアイルランド内部において、そしてイギリス（連合王国）にたいしても、微妙な立場にあった [Moynaham 1995 : 3–11, 136–43]。

一八九〇年代初頭、ウェストミンスタのイギリス議会においてアイルランド自治問題の鍵を握っていた国会議員チャールズ・パーネルの失脚（いわゆるパーネル・ショック）以後、一八九〇年代半ばから一〇年に渡って政権を担当した保守党は、諸立法を通じた改革を実現させ、主に土地問題の解決を図ることで、アイルランド自治法案を骨抜きしようとしていた。この時期、アイルランドのナショナリズムを担ったのは、もっぱら、ゲーリック・リーグ（Gaelic League）や国民劇場（National Theatre）といったゲーリック・リヴァイヴァル運動であったといわれる [Morton 1980 : 47–50 ; 小田　二〇〇一 : 五九―八五]。そこには、詩人のW・B・イェイツやジョージ・ラッセル（ペンネームÆ）、劇作家J・M・シングといったアングロ・アイリッシュの男性たちとともに、国民劇場、アビー劇場の創設者であるオーガスタ・グレゴリー夫人やイェイツが愛した女優のモード・ゴン、スライゴの地主の娘で一九一六年のイースター蜂起で活躍するコンスタンス・マーキェヴィッチといったアングロ・アイリッシュの女性たちの姿を数多く認めることができる [大野　一九九八 : 一八八―九八]。と同時に、彼女たちのなかには、先述したインドに渡ったマーガレット・カズンズのように、植民地に向かった女性も少なくない。帝国の存在が、そして連合王国の一員であったことが、彼女たちアングロ・アイリッシュの女性にアイルランドの外に出る機会を与えていたという事実は忘れてはならないだろう。

アイルランドに自治を与えることが帝国の絆を弱体化させると考えられていた当時、アイルランドで高揚するナショナリズムとあいまって、彼女たち、アングロ・アイリッシュの女性が「帝国」にたいして複雑な感情を抱いたであろうことは想像に難くない。それゆえに、帝国に出て行った、いや出て行くことが可能だった彼女たちの実態に即して、その活動を、アイルランド史やイギリス＝アイルランド関係史のなかでのみ捉えるのではなく、「帝国」というより大きな枠組みのなかで見直すことが必要となってくる。(8) しかしながら、たとえば、インドの女性たちから「母性帝国主義」を批判されたカズンズにかんしても、それがアングロ・アイリッシュという彼女のエスニシティとどのように結びついていたかについては、これまでほとんど言及されていないのである。

アングロ・アイリッシュが抱えるこうした問題との関連で想起されるのは、一九九二年、アイルランド西部の町、ゴールウェイで開催された「ジェンダーと植民地主義」を展望する国際会議の主催者のひとり、クララ・コノリーのつぎの発言であろう。「植民地主義とその結果に、すなわち、アイルランドとイギリスとの関係だけに注目していては、アイルランドが、ヨーロッパにおいて、そしてより広い世界において、どのような役割をはたすのかという重要な問題を語る可能性が阻害されてしまう」[Connolly 1993 : 120]。

本書がアリス・グリーンをとりあげるひとつの理由は、コノリーのこの指摘に応えたいと思うからである。アリス・グリーンもアングロ・アイリッシュであるが、本書でみるように、アイルランドですごした娘時代も、J・R・グリーンとの結婚後も、彼女のなかで自らのアイデンティティはけっして明確ではなかった。結婚まもないころ、アイルランド教会大執事の娘であった彼女にアイルランドの宗教事情を尋ねた夫J・R・グリーンが、アイルランドについて彼女があまりにも無知で無関心だったことに驚いたというエピソードは、それを象徴的に物語る［R. B. MacDowell 1967 : 43-44］。その場合にも、注目すべきことは、先にアンナ・レオノーウェンスにかんして指摘したのと同様に、アリス・グリーンが自らを「アイルランド人」として構築していくプロセスだと思われる。そのプロセスに立ち現れたのが、メアリ・キングズリと彼女の「アフリカ経験」であった。西アフリカを旅したメアリ・キングズリの「アフリカ経験」がどのようにアリス・グリーンを刺激し、そこから彼女は自分のアイデンティティをどう創造していったのか。メアリ・キングズリのアフリカ経験は、いかにして、アリス・グリーンのアイルランド史の書き換え作業に結びつくことになったのだろうか。

こうした問題を、本書ではつぎの手順で考えていきたいと思っている。メアリ・キングズリの追悼を目的に設立をよびかけたアフリカ協会（African Society）を、アリス・グリーンはどのような場として構想していたのか（第四章）。それと並行するもうひとつの追悼作業であったセント・ヘレナ島のボーア人捕虜収容所訪問において、アリス・グリーンは何を見て、どう感じたのだろうか（第五章）。こうした「アフリカ経験」の後、彼女が歴史を書き換えることによって創り直そうとした「アイルランド国民」とはどのようなものであったのか（第六章）。

第二節　アイデンティティ・クライシスと帝国史の書き換え

先に、アリス・グリーンは、自らのアイデンティティを問い直し、「アイルランド人」として再構築するプロセスにおいて、アイルランド史を書き換え、「アイルランド国民」を創り直そうとしていた、と書いた。興味深いことに、自らのアイデンティティを問い直し、「国民」を創り直すという作業は、二〇世紀末から二一世紀初頭にかけての今、イギリスで進行中の作業でもある。その背後には、帝国の消滅、EUの成立とともに「イギリス人」が陥ったアイデンティティ・クライシスがあるように思われる。アイデンティティをめぐる危機の諸相とその議論の様子に注目しながら、本章の課題――植民地経験に注目する意味とともに、ジェンダーと人種の重層性に目配りした帝国史を書くにはどうすればいいのかについて、さらに考えていくことにしたい。

ブリテンの死？

イギリスでは、香港返還――すなわち物理的な帝国消滅――がカウントダウンに入った一九八〇年代後半から、自分たちは帝国消滅によって何を失うのかについての議論が重ねられてきた。これに拍車をかけたのが、統合を深めつつ拡大しつづけるEUの存在であったことは先述した通りである。帝国の消滅と「ヨーロッパ」の台頭が共鳴しあった今、もうひとつの世紀転換期を迎えたイギリスでは、自分たちは、国際政治上の発言権や経済的な競争力以上に大切なものを失いつつあるのかもしれないという危惧がじわじわと波紋を広げている。

直接のきっかけは、一九九七年秋、労働党トニー・ブレア政権が公約（Labour Manifest 1997）に掲げた地方分権（devolution）であった。そこには、従来の「伝統」と訣別してイギリスをヨーロッパの一員として明確に位置づけるとともに、「[連合王国内部の]連合を強化し、分離主義の脅威を排除する」目的で、ロンドンのウェストミンスタ議会がもっている主権のいくつかを、スコットランドとウェールズに分権委譲することが明言された。これを受けて、九九年、立法権と課税権を有する独立した議会がスコットランドとウェールズに設立された。北アイルランドのアルスター議会も自治を確保し、九八年のいわゆる「グッド・フライデー合意」にしたがって、スコットランド、ウェールズ、イングランドとともに、マン島やチャンネル諸島などをもメンバーに加えて発足した、通称「諸島評議会（Council of the Isles）」のなかで、アイルランド共和国の代表とも対等な立場で肩を並べている(9)。

二〇世紀末に急速に進められた「一八三二年以来の国制上の抜本的変革」［Kumar 2000：7］は、「イギリス」内部の多様性をあぶり出すとともに、この国が島々から成る「イギリス諸島（the British Isles）」であることを再認識させた。すなわち、物理的な帝国消滅は、イギリスは島国であるという事実をつきつけるとともに、その内部に多様なネイションを抱える実態を鮮明に暴きたてたのである。

この状況を、新聞や雑誌は「ブリテンの死（the death of Britain）」とよんだ［Redwood 1999；Marr 2000］。すなわち、「ヨーロッパになる」ことをにらんだ一連の改革は、「連合は強化される」と公約に謳われたにもかかわらず、この国の多様なネイションを結びつけてきた「ブリテン」「ブリティッシュ」という言葉の中身を骨抜きにするものとして受け取られたのである。それが、「ブリトン」、すなわちイギリス人をアイデンティティ・クライシスに陥らせていることは、ここ数年、イギリスとは、イギリス人とは何かを問う出版物であふれかえる出版界の現状が物語るだろう。

書店に平積みされた出版物をながめていると、「ブリテンの死」によってアイデンティティ・クライシスに陥っている「イギリス人」とは誰かがはっきりとみえてくる。『イングランドを求めて』『イングランド人――ある民族の肖像』『われわれのイングリッシュネス』『風景とイングリッシュネス』『イングランド――ある哀歌』『イングランド人のためのイングランド』(10)――神話や風景、君主制や記念日のなかに自分たちの「かたち」を見いだそうと躍起になっているのは、イングリッシュ、すなわちイングランド人だといえよう。もちろん地域差は考慮せねばならない。それでも、この島の他のネイションではなく、「イングランド人のアイデンティティの危機」と語られていること自体が問題なのである。

統合されない連合王国

これまで見てきたイギリスのアイデンティティ論争の火付け役のひとりに、ベストセラーにもなった『イギリス人（*Britons*）』（一九九二）の著者であるリンダ・コリーがいる［Colley 1992］。同書のなかで彼女は、「イギリス人である」というアイデンティティが、「ヨーロッパ」を、より正確にはカソリック・フランスを他者として創られたものであること、すなわち、法律や言語、宗教の統一によって上から強制されたものではなく、一八世紀後半から一九世紀初頭にかけて、対仏戦争とプロテスタンティズムに大きく依存しながら、人びとの日常生活の周辺で創られたものであったことをあきらかにした。重要なことは、こうして創られた「イギリス人であること」が、なんらかの画一化をこの島国にもたらすわけでもなければ、それ自体に確固たる定義もなかったことである。「イギリス人であること」とは、何よりも自由を愛し、議会主権を確立・尊重し、平和を好むプロテスタントであることであって、専制的で好戦的でカソリック的「ヨーロッパ」と対峙させて語られたにすぎない。コリーの問題意識にしたがえば、創られた「イギリス人」というアイデンティティは、この国を構成する多様なネイションに、「そこに参加することで期待できる何か」［コリー　二〇〇〇：二］を保証するものとして意識されていたのであって、それぞれのネイションのアイデンティティを抹殺し、たったひとつのナショナル・アイデンティティを構築するといった性質のものではなかったのである。コリーの『イギリス人』をめぐるその後の議論のなかでは、「イギリス（British）」という概念が、各ネイションの多様性を均一化、均質化することなく、すなわち王国全体を完全に統合することがないままに、ゆるやかな連合をこの島国にもたらしてきたことがあきらかにされている［Crick 1993；Kenealy 1999；高田　二〇〇二］。

この「統合されない連合王国」の姿を、そして何より、この国が島々から成る「諸島」であったことを可視化したのが、ブレア政権が実行した地方分権化政策——スコットランド、ウェールズ両議会、ならびに諸島評議会の設置であったと考えられる。たとえば、ウェールズ大学で英文学を教えるスティーヴン・ナイトは、これまでの歴史が「イギリス諸島」としての歴史をまったく教えてこなかったことを批判して、つぎのように語った。「この国でいったいどれくらいの人が、五、六世紀にアイルランド語を話す人びとによってスコットランドが侵略されたことを知っているだろうか。実際、“Scot”という言葉は、ラテン語で“Irish”を意味するのに……」[11]。ナイトは、イングランド人の英雄、ロビン・フッドが、本来「ラビー・フッド（Rabbie Hood）」であったこと、すなわち、スコットランドの愛国主義者ウィリアム・ウォレス（一二七〇―一三〇五）をモデルとしていたことをあきらかにしたうえで、イングランド人のアイデンティティは他の「内なる他者」からの借り物で、フィクションにすぎないと結論している［Knight 2003］。

さらに、権限委譲による分権化が進展するなか、これまでイングランドによる他のネイション――スコットランド、ウェールズ、アイルランド――にたいする征服、支配、併合の歴史として書かれてきた「イギリス史」自体が書き換えを迫られている[12]。また、いささか政治的ではあるが、EUの統合深化のなかでヨーロッパ人のルーツとしてケルト人への注目が高まったことは、「島のケルト」たちに、「自分たちの過去」への回帰が、文字通り「ヨーロッパへの回帰」でもあることを認識させたといえるかもしれない[13]。

「ヨーロッパ」の台頭との関連では、スコットランドでおこなわれた調査結果も興味深い。それは、スコットランドにおいて、「ヨーロッパ」とは「スコットランド人がその拡大と運営に大きく貢献した帝国と同様の機能を果たす」という考え方が共有されているというものである［一條 一九九五：九二―九四］。換言すれば、「ヨーロッパへの回帰」は、地図上から姿を消した「大英帝国の代替」として機能していることになろう。リンダ・コリーの表現にしたがえば、今日のスコットランドにとって、「ヨーロッパであること」の方が「イギリスであること」よりも大きなメリットを約束してくれると解されているのである。

別の言い方をするならば、「統合されない連合王国」のなかで、「スコットランド人（the Scottish）」であり、「イギリス人（the British）」であることは可能であった。実際、スコットランド人は「イギリス人」として積極的に帝国に「出ていき、探検し、開拓し、改宗させ、定住」［ファルガスン 一九八七：三二二―二三］することができたのである。あるいは、合同によって「イギリス人」となったアイルランド人やウェールズ人もまた、自身のナショナル・アイデンティティを否定することなく、「イギリス人」であるがゆえの移動の自由を、（一九世紀後半にもなればブリティッシュ・パスポートによって）確保することができた。その意味で、帝国は文字通り、「大英帝国（British Empire）」であったのだ。

と同時に、帝国的精神（imperial mind）はもっぱらイングランド人のものであるとして、いわゆる「文明化の使者（civilizing mission）」をアイデンティティの核にすえ、そこから語り、織りなされた「イングランド帝国」（English Empire）も確かに存在した［Kumar 2000, 2003 ; Hall 2002］。とはいえ、どこからどこまでが「大英帝国」で、どこからが「イングランド帝国」なのかの線引きは曖昧である。むしろ、この二つは、ときにイコール、ときにねじれた関係にあったと捉えた方がいいだろう。そのいずれの場合にも、「イギリス人」であることのメリットは、この島国からたやすく出ていけたこと、そしてその先に創られた帝国の存在によって維持された側面が強いのである。

二〇世紀末、その帝国が消滅したのである。それは、イコール、「イギリス人」というアイデンティティが持っていたメリットの喪失といえよう。その意味で、スコットランド人トム・ネアンが『イギリス解体』（一九七七）で展開した議論は、一九九〇年代に盛んになるアイデンティティ論争を先取りしていた。[14]「ブリティッシュ」を「イングリッシュ」の偽装と捉え、「ブリティッシュ」の再定義ではなく、その完全放棄――文字通りの「イギリス解体」――を強調するネアンにたいして、ネアンの「イギリス人であること」をめぐる定義は貧困だという指摘から、さまざまな議論が交わされた。「新しいイギリス史」を提唱するJ・G・A・ポコックもそのひとりであった［Pocock 2000：41-52］。

ポコックの大西洋諸島史

イングランド中心の歴史記述を脱し、島々から成るイギリス諸島全体を俯瞰できるような新しい歴史を志向するポコックが、イギリス内部の多様性をあぶり出す歴史的空間として、「大西洋諸島史（history of the Atlantic Archipelago）」を提言したのは、奇しくも、イギリスのEC加盟の年、一九七三年のことであった。イギリスが「ヨーロッパ」に入る交渉の真っ只中で、英連邦の一角を形成するニュージーランドにおいて執筆された彼の論文は、スコットランドやウェールズ、アイルランドで育まれたアンチ・イングランドのナショナル・ヒストリーに注目し、それらがせめぎあう大西洋諸島のなかにイギリスの歴史を物語る、というものであった［Pocock 1974］。それは、「帝国史の父」といわれるケンブリッジ大学歴史学欽定講座教授、J・B・シーリの『イングランド膨張史』（一八八三）によって提唱され、その後長きにわたって継承される（そして今なお再生産されている）イングランド、ならびにイングリッシュネス（Englishness）の拡大史としての帝国史とは異なり、ブリティッシュネス（Britishness）の拡大空間として帝国全体を捉えることを大きな特徴としている。[15] と同時に、この「もうひとつの諸島史」は、陸の歴史ではなく海の歴史であることによって、この島国を出て行った「イギリス人」（すなわち四つのネイション）が、大西洋と太平洋（南海）に築いた「新しいイギリス」——ポコックの言葉を借りれば「ネオ・ブリテン」——、つまり、ニュージーランドやオーストラリア、南アフリカといった地域をも、ディアスポラの歴史として内包できるというメリットがあった。

ポコックの議論は、一九七三年発表当時はあまり注目されなかったものの、「イギリス人」をめぐるアイデンティティ論争が盛んになる一九八〇年代後半以降、急速に注目を集めるようになっていった。一九九九年、「大西洋を視野においた新しいイギリス史」をテーマとするアメリカ歴史学協会主催のフォーラムにおいて、ポコックは、「大西洋諸島史」を発想した一九七三年当時をつぎのようにふりかえっている。イギリスとイギリス史が「ヨーロッパ」として書き直されるならば、われわれ、「イギリス人ではあっても、ヨーロッパ人ではないネオ・ブリテンの住人たち」は、「われわれのイギリス史」を書かねばならなかった、と［Pocock 1999：492-95］。

こうしたポコックの議論には、白人入植地を説明するための帝国史でしかないといった批判も寄せられている［Ballantyne 2002：3］。しかしながら、つぎのような問いかけはきわめて興味深いだろう。曰く、アイルランドに入植したスコットランド人――スコットランド系アイルランド人（Scots-Irish）――を、他と区別される新しいナショナリティとして、どこまでイギリスの歴史のなかに描くことができるのだろうか［Pocock 1999：497］。

ここには、植民地郷愁に絡めとられない帝国史叙述のあり方を探ろうとする議論のなかで浮上してきた「イギリス人女性」のエスニシティ、ならびに彼女たちの「白人性」構築のプロセス再考の議論と共通する大きな問題が指摘されている。それは、アイデンティティをめぐる議論にかならずつきまとう「境界線」の問題である。帝国に出て行った女性たちの物語、彼女たちの植民地経験が、女性たちのアイデンティティと結びつけられ、ときに彼女たちのアイデンティティ構築のために、植民地の人びと、とりわけ現地の女性たちが利用されたという批判があったことを想起されたい。それゆえに、問わねばならないのはつぎのことである。それぞれの動機から帝国に出て行った女性たちは、自らのナショナリティ（あるいはエスニシティ）を、すなわち「自分は誰なのか」という問題を、どのコンテクストでどのように意識し、何を選びとったのだろうか。彼女たちの線引きは何にもとづくものだったのか。

アイデンティティとシティズンシップ――二つの世紀転換期

その意味からも、アイデンティティ論争の火付け役となったリンダ・コリーが、統合と拡大をつづけるEUとの関連でおこなったその後の発言は示唆的であろう。彼女は、一九九九年一二月、「二一世紀のブリティッシュネス」と題するロンドン大学（LSE）での講演で、「もうアイデンティティを議論するのはやめよう」とよびかけたのである。(16) イギリス内部がさらに分権化、細分化していって、「ブリティッシュ・アイデンティティ」を失うか、「ヨーロッパ人」というアイデンティティに絡めとられるか、という問題の立て方にはあまり意味がないし、「イギリス人であること」（ブリティッシュネス）を、「スコットランド人であること」とか「イングランド人であること」と同じように、民族的、文化的な含みをもつ言葉として論じることはやめた方がいいと彼女はいうのである。

それに代わってコリーが求めるのは、この島国の人びとを結ぶ別の絆である「市民であること」、すなわちシティズンシップへの議論転換である。「市民国家（Citizen Nation）」という枠組みのなかで、ややもすれば二項対立的に捉えられがちな二つのアイデンティティ――「イギリス人であること」と「ヨーロッパ人であること」――は両立する、というのがコリーの主旨である。

イギリスにおけるアイデンティティ論争を超えようとするコリーの主張が、ドイツやフランスで展開されている「ヨーロッパ」市民社会論、あるいは地球的市民（global citizen）という考え方とどのようにかかわるかについては、機会を改めて議論せねばならないだろう［デリダ＆ハーバマス　二〇〇三］。また、一方で、スコットランド人の市民的性格、といったかたちでの市民社会論がおこなわれているなかで、はたしてシティズンシップを語ることがネイションやエスニシティを超えることになるのかという疑問もあろう［一條　一九九五：九四―九五］。

こうした問題を念頭に置きつつも、ここで改めて意識されるのは、コリーが「もう議論するのはやめよう」とよびかけたナショナル・アイデンティティの問題——「国民の創造」、「国民の物語」の構築——が、二〇世紀末から二一世紀初頭にかけて「現在進行中の世紀転換期」の問題であるとともに、本書が対象としている一世紀前の、「もうひとつの世紀転換期」の議論でもあったことである。しかも、コリーが議論の転換をよびかけた「シティズンシップ」は、第二次、第三次選挙法改正（一八六七、八四）、ならびにそのいずれにおいても選挙権が認められなかった女性たちの参政権獲得運動とあいまって、一九世紀末から二〇世紀初頭にかけて、イギリス社会のさまざまな場でとりあげられた問題でもあった。もっといえば、メアリ・キングズリのようなレディ・トラヴェラーやマーガレット・カズンズのように植民地社会の改革をめざした女性たちがつぎつぎと海を越えた時代は、自分は誰でどこに属し、何にたいしてどのような責任を負っているのかという、アイデンティティとシティズンシップの問題が盛んに議論された時代だったのである［Greenlee & Johnston 1999；Flecher & Mayhall & Levine (eds.) 2000；Bush 2000］。

シティズンシップ——市民であること——の基本は選挙権にあり、選挙権を持つことは「市民」のメルクマールである。世紀転換期にシティズンシップの問題が盛んに議論されたのも、一九世紀後半の二度にわたる選挙法改正によって選挙権を手にした労働者の成人男性をいかにして「市民」社会の一員にするかという差し迫った問題があったからにほかならない(17)。この時期、選挙権が与えられた労働者を「本当の市民」にするために精力的に推進された成人教育運動、大学拡張運動のなかに、アリス・グリーンの友人であるメアリ・ウォードのようなミドルクラスの女性たちを多数認めることができる(18)。ヴィクトリア朝時代、博愛主義的慈善活動の中核を担っていた彼女たちミドルクラスの女性は、自らの参政権を要求するだけでなく、選挙権の有無に縛られず、地域コミュニティや国家への貢献のあり方を模索しながら、「市民」として自分をアピールする必要性を意識し、さまざまな任意団体（アソシエイション）の組織化に乗り出していったのであった。

彼女たちが市民としての自らの責任とモラルを表現した「かたち」はさまざまであった。それが、この時期のヴォランティア活動を多様化、細分化しながら、活発化させたといえる。と同時に、博愛主義にもとづく女性たちの慈善活動が、その活動空間を地域コミュニティからイギリス全土へ、さらには帝国を展望するものへと拡大していったことも、この時期、世紀転換期の大きな特徴であった［Harris 1993：187-93］。一八八四年、全国の女性移民組織を統合して成立したイギリス女性移民協会（British Women's Emigration Association）の活動はその好例であろう。同協会は、全国規模に組織化されて以降、東欧からの移民ラッシュに沸くカナダ西部を、人口のうえでも文化的にも「イギリス化」すべく、カナダ各地に支部を拡大しながら、労働者階級の女性ではなく、ミドルクラス女性の移民を強力に推進していったのである［Bush 2000：41-43, 149-55；井野瀬　一九九三a、b］。

このように、従来、宣教師や社会改革をめざす女性ら、帝国に出て行ったミドルクラス女性の活動については、帝国建設にあたった同じ階級の男性同様、彼女たちが植民地に与えた文化的、道徳的な影響力――中心から周縁へ向かうベクトル――が強調されてきた。しかしながら、このベクトルに従って彼女たちを捉えようとすれば、すでにみた母性帝国主義、言い換えれば「恵み深き帝国」、あるいは「博愛主義の帝国」といった構図に絡めとられてしまうだろう。植民地郷愁を再生産しないためには、この枠組みこそを再考しなければならないのである。

だからこそ、本書で考えたいと思っていることは、それと逆方向のベクトル、すなわち、植民地での活動や経験が彼女たちのそれまでの「市民」理解に、あるいはその経験以前の「帝国」解釈に、どのような影響を与えたか、なのである。

第三節　もうひとつのベクトル——植民地経験を問う意味

これまで見てきたように、今求められているのは、イギリスから植民地へ向かうベクトルではなく、植民地からイギリスへという逆の方向性に着目した帝国史の叙述だといえる。本書が、植民地に渡った女性が現地でおこなったことではなく、彼女たちが本国に持ち帰った経験のゆくえに注目するのもそのためである。近年、それまで無関係だと思われてきた出来事や現象に帝国とのかかわりを認め、中心（メトロポール）と周縁との関係性を問い直す意欲的な研究が相次いでいる。その代表的な著作として、スーザン・ソーンの『一九世紀イングランドにおける会衆派ミッションと帝国文化の形成』（一九九九）、ならびにキャサリン・ホールが編集した『ヴィクトリア朝時代の国民を定義する』（二〇〇〇）とホール自身の力作である『文明化する臣民』（二〇〇二）をあげることができよう［Thorne 1999；Hall, McClelland & Rendall 2000；Hall 2002］。以下、これらの著作でとられている視点を紹介しながら、女性の植民地経験をとりあげる意味をさらにあきらかにしておきたい。

ミッション活動とミドルクラスの形成

スーザン・ソーンの著作は、一九世紀を通じて、植民地での伝道活動とそれを支えたイギリス本国の伝道熱の関係に着目して、世紀転換期に多くの女性を帝国へ押し出すことになるミドルクラスという階級形成のプロセスを新たな視点で捉え直そうとしたものである。

彼女は、イギリスでもっとも古い伝道団体であるロンドン伝道協会(19)（London Missionary Society：LMS）の活動を追いかけながら、植民地における伝道活動こそ、イギリス社会と帝国空間とのインターフェイスであったこと、その活動への関心と支援、とりわけアフリカやアジアに宣教師を送り出す募金目的の慈善活動が、「ミドルクラスとしてのアイデンティティの構築(ないしは再構築)に中心的な役割を果たしてきた」ことをあきらかにしている[Thorne 1999 : 56]。

そのもっとも基本的な主張を単純化すれば、つぎのようにまとめられるだろう。従来、植民地への伝道活動は、一八世紀後半の(いわゆる)産業革命を契機に形成されてくるミドルクラスの人びとが物理的・精神的に支援したといわれてきた。しかしながら、そうではない。むしろその逆、すなわち、伝道協会をひとつの場として、帝国の建設と支配を担当する上流階級出身のイギリス人エリートらの行動を監視するとともに、やはり伝道協会の活動を通じて、まずは労働者の、ついで「文明化」が望まれるアフリカやアジアの現地人のパトロンであるとの自覚に目覚めた人びとが、自分たちを「ミドルクラス」として意識するようになったのである、と。

このソーンの主張は、これまでイギリス国内の問題とされてきたミドルクラス形成のプロセスに帝国の存在が重要な役割を演じていたとする点で、きわめてユニーク、かつ刺激的である。しかも、ソーンが植民地での伝道活動に強く魅了された存在としてあげたのは、ミドルクラスの女性たちであった[Thorne 1999 : 100-01]。彼女たちは、伝道協会の活動と精力的に取り組むとともに、その活動を家庭における自分たちの立場の維持と強化に利用したのである。そして、一九世紀末にもなると、ミドルクラスの女性こそが植民地における伝道活動のインターフェイスそのものになったと捉えるソーンは、この伝道活動の「女性化」を、「階級」を超えた「人種的一体感」を有する国民概念に労働者たちを組み込んで、「国民」概念自体を再構築するプロセスと結びつけようとするのである[Thorne 1999 : 132-35]。

興味深いのは、ミッション活動を強く支持する福音主義の語りのなかで、人種と階級という二つの概念(差異のカテゴリー）が密接に絡みあっていたことだろう。その結果、国内の労働者貧民は、アフリカやアジアの植民地にいるさまざまな人種集団と同一視されることになった。換言すれば、ヴィクトリア朝時代、イギリス国内の労働者は、植民地の「野蛮な」現地人と同じく、文明化を必要とする「人種」のカテゴリーで捉えられていたことになる。ヴィクトリア朝時代、説教や慈善バザー、雑誌やパンフレットなどで頻繁に使われた「暗黒（darkness）」という言葉はそれを象徴している。これらの場やメディアを通じてイギリス社会に浸透したこの言葉のせいで、都市のスラム街に認められた「最暗黒イングランド（darkest England）」は、「最暗黒アフリカ（darkest Africa）」に通じるイメージを誘ったのである。(20)

ミドルクラスという新しい階級がイギリス国内の自生的な動きのなかで生まれたのではなく、帝国における伝道活動こそが彼らの階級意識の形成を促したというソーンの見解は、イギリス本国（メトロポール）と植民地とを同じ土俵に置き、相互の関係性を考え直そうとする視点をはっきりと打ち出した点で、本書にとってきわめて示唆に富むものである。なるほど、一八世紀末に「復活」し、LMSの設立につながった福音主義は、ミドルクラスに確たるアイデンティティを与えたのみならず、労働者階級にも大きな影響を残しており、その階級横断的な性格は無視できない。たとえば、先述した「暗黒」という言葉は、ミドルクラス同様、労働者階級をも強烈に魅了したのである［Elbourne 2001 : 164-66］。

しかしながら、ミドルクラスという階級の形成に帝国の介在を認めるソーンの指摘は、本章冒頭で提起した植民地郷愁を超える帝国史の叙述を探るうえで、また、世紀転換期に自らの植民地経験を旅行記や回想録、手紙や日誌に書き残した女性たち、とりわけ本書で取りあげる二人の女性を再考するためにも、学ぶところがきわめて大きいのである。

ソーンの主張をさらに推し進め、一九世紀のイングリッシュネスの核心に帝国の存在をはっきりと指摘したのが、キャサリン・ホールの『文明化する臣民』、ならびにホールが編集した『ヴィクトリア朝時代の国民を定義する』だといえよう。

一九世紀半ば、全盛期を迎えつつあったヴィクトリア朝イングランドの人びとは、自分たちこそ帝国の中心であると想像するとともに、自分たちと植民地の現地人との間に「文明／野蛮」の境界線を引いて、自らを「文明化する存在」と規定した。この時期の「文明化」とは、もっぱら、奴隷制度の廃止と解放された黒人たちの再教育を対象としており、活動の中心は伝道協会であった。このように、先述したソーン同様、ホールもまた、伝道活動を本国イギリスと植民地（彼女の場合はジャマイカ）との接点にすえ、両者のせめぎあいに注目する。具体的には、ジャマイカでの布教にあたったバプティスト伝道協会の活動、ならびに、一八二〇、三〇年代の奴隷解放運動の一大拠点であったバーミンガムが、一八三三年の奴隷制度の廃止以後どのように変化していくかを分析しながら、一八六五年一〇月のジャマイカ反乱にいたるプロセスに、本国と植民地との関係性を再検討しようとするのである［Hall 2002］。

選挙法改正と帝国

ここで注目したいのは、ホールが分析対象とした時期、『文明化する臣民』の副題にある一八三〇―六七年に、二つの選挙法改正――一八三二年の第一次改正、一八六七年の第二次改正――が含まれていることである。

従来、二つの選挙法改正はともに、政治的発言力を高めつつあったミドルクラスを中心とする議会改革要求の一環に位置づけられ、地主貴族を中心とする議会内保守派との妥協の産物として、すなわちイギリス国内問題のコンテクストで捉えられてきた。もっといえば、それは、ソーンが扱ったミドルクラスという新しい階級の形成と同じく、帝国の存在とは無関係な、イギリスの内発的、自生的な動きとして理解されてきたといえる［川北編

一九九八　二七九―八二、三〇一―〇二］。これにたいして、ホールは、選挙法改正の動きに、同時代の帝国の出来事、とりわけジャマイカ、カナダ、そしてアイルランドの情勢を重ね、そこに新たな意味を読みとろうとするのである。先のソーンの議論と絡めていえば、ミドルクラスの存在を前提とする従来の議論に異議申し立てする点で、ホールの議論は、一八三二年の改正について、「ミドルクラスが選挙法改正を求めたのではなく、選挙法改正がミドルクラスを創ったのだ」と捉える主張なのである［Wahrman 1992：113］。

　その際、彼女は、選挙法改正を求めた二つの時期の議論のなかでまったく異なる言説が使われていることに着目している。一八三二年の改正では、都市選挙区の選挙資格は年一〇ポンド以上の価値のある家屋や店舗を有する者に、州選挙区では年一〇ポンド以上の土地保有者と五〇ポンド以上の借地人に与えられた。すなわち、選挙権を持つ者＝「市民」と、選挙権を持たない者＝「市民」でない者、とのメルクマールはもっぱら財産権に置かれ、その境界線はあくまで財産の額にあった。ところが、一九世紀後半の議論では、「市民」のメルクマールが個人の徳性（virtue）に置かれるようになり、しかもそこに「男らしさ」が強調されてくるのである。選挙権の有無、すなわち「市民」の境界線としてジェンダーが問題視されるのはこのコンテクストにおいてなのである［Hall, McClelland & Rendall 2000：29–37, 96–108］。

ジャマイカ反乱を弾圧するエア総督（1865）。彼の行動をめぐるイギリス国内の大論争は、第2次選挙法改正（1867）と深く関与していた（Bayly〔general éd.〕1989：84）

　とりわけ、ホールが注目するのは、一八六七年七月、第二次選挙法改正法案が通過する前後に帝国、ならびにアメリカでおこったいくつかの事件が微妙に重なりあっていたことである。まずはアメリカ南北戦争。ついで、一八六五年一〇月、ジャマイカのモラント湾で発生した現地人の反乱と、それを武力弾圧した総督エドワード・ジョン・エアにたいするイギリス国内の激しい賛否両論。さらに、エア総督にたいする王立調査委員会報告書の不備がイギリス国内で問題視された一八六六年末から六七年初頭にかけて、マンチェスタでおこったフィニアン（アメリカで結成されたアイルランドの過激派）のテロ活動、そして六七年六月にアイルランド人カソリックとプロテスタントの過激派が協力しておこしたバーミンガム暴動。これらに、六七年のカナダの連邦化と自治領化が加わる。こうした国外の出来事と並行して、イングランドとウェールズにおける第二次選挙法改正をめぐる議論が進められていたのである［Hall, McClelland & Rendall 2000 : 179-84］。

こうした一連の出来事を重ねることによって、ホールは、イギリス本国という中心（メトロポール）が植民地とのかかわりによって構築されていることをはっきりと示した。そして、彼女のこの主張こそ、本書がアリス・グリーンに注目する最大の理由でもある。

アリス・グリーン再考の意味――帝国とシティズンシップ

すでに序で触れたように、本書の基本的な姿勢は、アリス・グリーンが、メアリ・キングズリのアフリカ経験に「かたち」を与えるプロセスでさまざまに植民地を「経験」し、そのなかで、自分を「アイルランド人」として再構築しながら、「国民」の創造やシティズンシップの問題とかかわったことにある。この視点は、これまでのアリス・グリーン像にはまったく認められないことであった。

従来、アリス・グリーンは、イギリス史においてはもっぱらイングランド史家J・R・グリーンの夫人として言及され、夫の死後、二〇版を超える彼の代表作『イングランド国民小史』をはじめ、グリーンの全著作の改訂を手がけた「内助の功」で知られる［R. B. MacDowell 1967］。また、アイルランド史においては、もっぱら、自治法案の熱心な支持者であり、『アイルランドの形成と解体』（一九〇八）で知られるアイルランド中世史家、そして、歴史叙述を通じて「連合王国とは別のナショナル・アイデンティティを求めるアイルランド人ナショナリストに強く共鳴したアングロ・アイリッシュのひとり」として把握されてきた［Lyons 1963（1985）: 323; Foster 1993: 1, 6］。しかしながら、彼女が独自の「アイルランド国民の物語」を構想、執筆したいという願望を、アイルランド史を書き換えなければならないという義務感を、どこから得たのか、また、彼女がどのようにして「アイリッシュ・ナショナリティ」——アイルランドへの帰属意識——を構築していったのかという問題については、これまでほとんど関心が払われてこなかったように思われる。あたかも、イングランド史家の未亡人がアイルランド史を執筆すること、アイルランド生まれの人間がアイルランド人意識をもつことが、ともに自明であるかのように——。はたしてそうなのだろうか。

歴史家未亡人が歴史を叙述することはけっして当然のなりゆきではないだろう。また、過去の記憶から何をどのように紡ぎだしていくのかという問題には、その人間が何者であるかというアイデンティティの問題が深くかかわってくる。しかも、人が自分のアイデンティティを確立していくプロセスには、その人が生きた時代、出会った人びと、それらから構成される「経験」が強く影響するだろう。それゆえに、アイルランドに生まれたアングロ・アイリッシュの彼女が、自らを「アイルランド人」として意識し、アイルランド史の書き換えを試みるプロセスそのものをもっと慎重に扱うべきなのである。

こうしたナショナル・アイデンティティの問題と、先述した二度にわたる選挙法改正で排除された女性のシティズンシップとの関連を再考するに際して、アリス・グリーンは格好の素材といえる。彼女は、「市民」にジェンダーによる線引きがおこなわれた世紀転換期にあって、選挙権を確保する以外のかたちで、「市民」としての自分を表現しようとしたミドルクラス女性のひとりであった。参政権獲得をめざす女性たちの運動が高揚しつつあった一九〇〇年、雑誌『一九世紀』に掲載された彼女の論文は、イギリス社会において議会の地位が相対的に低下していることを憂慮しつつ、「今のイギリスに必要なことは、選挙民の数をふやすことではなく、世論の成熟である」と強く主張した［Alice Green 1900a：839-46］。選挙権の有無が「市民」のメルクマールとされ、女性のシティズンシップ（市民であること）をめぐる議論が盛んにおこなわれていた当時、アリス・グリーンはなぜ女性の選挙権を肯定的に捉えなかったのだろうか。この問題を考えるには、同時期の彼女の「植民地経験」を考えあわせる必要があろう。そして、だからこそ、「植民地経験」が女性のシティズンシップのあり方にどのような影響を及ぼしたのかを考えるにあたっても、アリス・グリーンは格好の分析対象なのである。

注目すべきは、アリス・グリーン同様、メアリ・キングズリもまた、選挙権獲得というかたちで「市民であること」を求めたわけではなかったことである。そこに彼女のアフリカ経験が関係していたことは、つぎの有名なエピソードが物語るだろう。

メアリ・キングズリは、二度目の西アフリカの旅から帰国してまもなく、女性参政権獲得をめざす四人の女性活動家の訪問を受け、運動への支援を求められた。彼女たちにしてみれば、「西アフリカをたったひとりで旅した白人女性」と語られるメアリ・キングズリを支持者に擁すれば、運動にいっそうのはずみがつくと思ったのだろう。ところが、メアリは、彼女たちの求めを即座に拒絶し、その理由をつぎのように語ったという。

「イギリス人には、女性の選挙権獲得以上に重要な、生死にかかわる問題があります。女性たちは待つことができるでしょう。［女性選挙権の獲得は］非常にマイナーな問題なのですから」［Blunt 1994：156］。

その後、信頼するリヴァプール商人、ジョン・ホールトに宛てた手紙に彼女はつぎのように書いている。

男性はつねに献身的に女性に尽くし、その最高の利害を守ろうとするものです。選挙権をもつイギリス人男性ひとりひとりが、階級が異なる男性の代弁者ではなく、［同じ階級に属する］女性の代弁者なのですから。(21)

国内の女性参政権獲得運動を「マイナーな問題」といってのける発想が、彼女のアフリカ経験に由来していることはいうまでもないだろう。先に紹介したキャサリン・ホールの分析に従うならば、メアリ・キングズリは、「市民」のメルクマールとして有権者に求められた「徳性」を、帝国のコンテクストで発現しようとしたと解することができよう。しかしながら、宣教師のキリスト教伝道活動にきわめて批判的であったメアリは、ホールのいう「文明化する臣民」というあり方に何の意味も認めていなかった。彼女にとって、先述したスーザン・ソーンが主張する「アフリカ伝道への募金活動」は、ミドルクラスの指標でも、「シティズンシップのかたち」でもなかったと思われる。では、メアリ・キングズリはどのようなかたちで、「市民」としての義務と責任を帝国にたいして果たそうとしていたのだろうか。これについては本書第三章で考えてみたい。

本書の構成

歴史家未亡人であるアリス・グリーンにアイルランドへの帰属意識を内面化させ、「アイルランド国民の物語」の執筆へと駆りたてたものは何だったのか。本書では、それが世紀転換期の彼女の「植民地経験」にあったことをあきらかにするために、つぎのような構成で話を進めていきたいと考えている。

第二章では、彼女の自宅サロンに注目し、その中身をあきらかにしていく。なぜなら、キャサリン・ホールが一九世紀半ばのジャマイカとアイルランドにかんして試みたように、世紀転換期のイギリス国内問題にアフリカとアイルランドの出来事を重ねて考えることを可能にし、帝国の中心（メトロポール）であるロンドンに暮らす彼女に帝国の功罪を意識させたものこそ、ロンドン有数のサロンとの評判の高かった彼女の自宅にほかならないからである。本書の副題に「サロン」を掲げたのも、彼女自身とその活動が同時代の人的ネットワークのなかで構築されたことを強調したかったからである。事実、後に見るように、アフリカとアイルランドの重なりこそが、女性が主宰した同時代のサロンのなかで、アリス・グリーンのサロンをひときわユニークなものにしていたといっていいだろう。そこは、ゲストたちが運ぶさまざまな帝国の情報や知識——すなわち、本章で提言してきた「植民地から本国へと向かうベクトル」——が交錯する場でもあった。そこでの経験は、サロンの女主人であるアリス・グリーンをどのように変えていったのだろうか。この問題を考えることは、「周縁＝植民地」と「中心＝イギリス」との関係性を再考することにもなろう。

こうした問題意識から、本書では、アリス・グリーンを、これまで語られてきたアイルランド史のコンテクストから「解放」し、イギリス、アフリカ、アイルランドという三角形《トライアングル》のなかに置き直してみたいと思う。メアリ・キングズリをサロンのゲストに抱えた意味もこのコンテクストで問わねばならないだろう。第三章では、メアリ・キングズリがおこなった旅というかたちでの植民地アフリカの経験、そこからつかんだ彼女の帝国観などを分析しながら、それらがアリス・グリーンに与えた影響について考えていく。

それを受ける第四章以下の三章では、メアリ・キングズリの「植民地経験」のゆくえを、アリス・グリーンの具体的な活動のなかに探っていくことにする。第四章では、メアリ・キングズリ追悼のためにアリス・グリーンが設立を呼びかけたアフリカ協会とその後の同協会の変貌を追いかけながら、アフリカ協会にアリス・グリーンが何を求めていたのかをあきらかにしていく。第五章では、突如南アフリカ戦争の現場に向かったメアリ・キングズリの最後の手紙、ならびに、メアリの最期を知るために訪問を決意したセント・ヘレナ島のボーア人捕虜収容所でアリス・グリーンが記した日誌を手がかりに、二人の女性にとって南アフリカ戦争とは何であったのかを考えていく。第六章では、メアリ・キングズリの「アフリカ経験」がアリス・グリーンの「アイルランド国民の物語」へと向かうプロセスを分析しながら、アリスが創造した「アイルランド国民」の中身について検討していきたい。さらには、メアリ・キングズリの「植民地経験のゆくえ」の先に、アリス・グリーンが帝国という空間をどのように展望するようになったかについても触れることができればと考えている。

第二章　ロンドンのサロン文化

アリス・グリーンには、目下、伝記が一冊だけ存在する。ダブリンにあるトリニティ・カレッジの歴史学教授だったR・B・マクドウェルによる『アリス・ストップフォード・グリーン――情熱の歴史家』（一九六七）である［R. B. MacDowell 1967］。一〇〇ページあまりの短いものだが、彼女の人生をうまくまとめた好著という印象を受ける。おもしろいことに、この伝記が書かれたいきさつは実にはっきりしている。アリスの弟ジェメット・ストップフォード（Jemmett Stopford）の息子、つまりアリスの甥で、両大戦間期にイギリス外務省の財政顧問を務めたロバート・ストップフォード（Robert Stopford）が、一九六〇年前後、引退を機に、長年の懸案であった敬愛する叔母の伝記の執筆をマクドウェルに依頼したのである。

本章では、伝記執筆に必要な資料のいっさいを提供したこの甥が記憶する「叔母の物語」を下敷きに書かれたアリス・グリーンの伝記を「解体」しながら、世紀転換期、ロンドン有数といわれたアリス・グリーンの自宅サロンとはどのような場であったのかを考えていくことにしたい。

第一節　アリス・グリーンの伝記

甥の叔母物語

そもそも、アリス・グリーンの死（一九二九）から四〇年ほどが経過していた一九六七年、なぜ彼女の伝記が公刊されたのだろうか。

アリスの記憶をよみがえらせる出来事や事件が当時のアイルランドやイギリスでおきたわけではなかった。執筆を依頼されたマクドウェル自身は、一九六〇年代、叔母の伝記を出版しようとした甥ロバートの動機を、「退職して自分の時間がもてるようになったから」という、彼の個人的な事情によるものと理解していた。くわえて、マクドウェルは、アリス・グリーンが残した膨大な書類や原稿の下書き、新聞記事や雑誌論文、そして、手紙のぶ厚い束といった伝記執筆に必要な資料を、依頼者ロバートから直接提供されたことをはっきりと記憶していた。[1]実際、これら、叔母が残した数々の原稿や手紙を整理し、生前交流のあった人びとに叔母の手紙の有無をたずね歩き、伝記執筆のための第一次資料を精力的に集めたのは、ほかならぬロバート・ストップフォードであった。[2]彼が整理し、集めたものを主な資料として執筆されたのが、先に紹介した彼女の唯一の伝記、『アリス・ストップフォード・グリーン——情熱の歴史家』なのである。

執筆にあたったマクドウェルは、ロバートから提供された友人、知人らの手紙に綴られたアリス・グリーンの個人的な記憶を、同時代のイギリスやアイルランドの集合的記憶とつきあわせながら、慎重に彼女の人生を再構築していったと思われる。しかしながら、伝記執筆にいたる上記のいきさつから、マクドウェルが再構成した「アリス・グリーンの物語」が、ある程度、資料のいっさいを準備した甥ロバート・ストップフォードが記憶する「叔母の物語」になったとしても、無理からぬことであろう。しかもロバートは、マクドウェルに叔母の伝記の執筆を依頼する際、いくつかのメモを渡していたのである。[3]

メモは三種類ほどに大別される。ひとつはアリス・グリーンの刊行物一覧。二つ目は彼女の性格についてであり、そこには、「強い知性と感性、機知、率直な発言、困難に動じず、寛大」という言葉が列挙されるとともに、サロンの「女王（widow Queen）」だったことが記されている。もっとも興味深いのは三つ目、すなわち叔母の人生を箇条書き風に綴ったメモであろう（資料①六六頁）。マクドウェルの伝記が、時系列的にも内容的にも、この流れにしたがって書かれていることはあきらかである。

資料① 甥ロバート・ストップフォードのメモ

（主なポイント）

1．　1847年5月30日生まれ。家柄について

2．　結婚　1877（？）－1883年

3．　未亡人時代

彼［夫だったJ.R. Green］の著作編集。

『一五世紀の都市生活』『ヘンリ二世』

4．　ガートンの校長候補

5．　アフリカ協会、セント・ヘレナ島訪問

（メアリ・キングズリ/ケイスメント）

6．　アイルランドへの関心（テイラー）

アイルランドの歴史、アイルランドの政治、演説、パンフレット、新聞への寄稿、アイルランドの知識

7．　自由党政治家との接触

8．　芸術への関心

9．　アイルランドへの武器密輸（gun running）、［第一次世界］大戦、ケイスメント

10.　アイルランドへの転居 1917/18年？

11.　悲惨な時代　――自宅への襲撃

12.　［アイルランド自由国］国会議員、カスケット［寄贈］

13.　1929年5月28日　死去

【出典】 AGP, NLI, NFC 56

くわえて、ロバートは、メモに記した「主なポイント」をつなぎあわせ、次のような「叔母の物語」を（断片的ながらも）組み立てて、マクドウェルに渡している。彼が「プロテスタントのアングロ・アイリッシュの知的集団《サークル》で育まれたある女性の話」とよんだ「叔母の物語」はつぎのようなものであった。

自宅で独学。非常に有能。低教会派。家族の財政破綻。娘時代に一時的に目が見えなくなる。チェスタとロンドンへ移動（ストップフォード・ブルック）。

歴史家と結婚してその世界に移り、その時代の知的でリベラルで（優秀な）人びとを受け入れる。忠実な妻として、彼の著作活動を支え

る。

ロンドンで卓越したポジション——文学的、政治的に——を確立し、「サロン」へと発展する。ガートン［・カレッジ］。感情的に、リベラルにおける敗者に関心をもつ。

メアリ・キングズリ——アフリカ協会、セント・ヘレナ島（南アフリカの政治家たち）。

テイラー——アイルランドの諸事を学ぶ。

ロンドン生活。

『［イングランド国民］小史』の改訂。アイルランドの歴史と政治——書物、パンフレット。

ケイスメント——アイルランド［国民］党（Irish Party）に逆らい、シン・フェインに走る。

大戦、反ドイツ。一九一六年、ケイスメントにかんする一大悲劇で、その後アイルランドに移る。アイルランドの大義全般に関与。歴史研究。

アイルランド内戦では反デ・ヴァレラ派。[4] 国会議員、カスケット[5]［寄贈］。

ゆっくり老いるが、依然として地位を保持した。

このメモに多少の言葉を補えば、甥が描いた「叔母アリス・グリーンの物語」の大筋は容易に想像できるだろう。伝記を依頼されたマクドウェルは、この「叔母の物語」を下敷きにしながら、一九二二年に自治を得てアイルランド自由国となるまでのナショナリズムの展開のなかで大きな役割を果たしたアングロ・アイリッシュ集団のリーダー的存在として、アリス・グリーンの人生と彼女のサロンを描き出している。

こうした事情からも、その「物語」は、一八九五年生まれの甥ロバートが物心つくようになった後、より正確にいえば、父（つまりアリス・グリーンの実弟）の死（一九〇二）を契機にダブリンからロンドン（ウェスト・ケンジントンのカムデン・ガーデンズ六五番地）に転居したロバート一家が、近くにあるアリスの自宅を頻繁に訪れるようになってからのもの［O'Broin 1985 : 17–20］――すなわち、アイルランド問題が叔母の最大の関心事となりつつあった一九〇〇年代後半以降の話でしかない。それまでの彼女、資料①の箇条書きでいえば、4、5の時代に「ロンドンで卓越したポジションを確立」した彼女のサロンは、後述するように、甥が記憶する「アングロ・アイリッシュの知的ナショナリスト集団」ではまったくなかった。夫を亡くした直後、一八八三年から九〇年代半ばにかけて、アリスの自宅サロンは、当時の知の世界を彩る多様な男女をゲストとして抱えていたが、（プロテスタントにせよ、カソリックにせよ）アイルランド人はきわめて少数であった。それゆえに、問題は、それがどのようにして、アングロ・アイリッシュのナショナリストが集う場へと変化していったかであり、具体的にはロバートのメモにあるアリス・グリーンの「ロンドン生活」の中身にある。

アイルランドからロンドンへ

伝記の副題が示すように、そしてこれまでのアイルランド史においても、アリス・グリーンは、世紀転換期、アイルランド自治法案を熱心に支持した歴史家未亡人であり、アイルランド史の叙述に貢献したナショナリスト、との位置づけを与えられてきた［Lyons 1963（1985）: 323 ; Foster 1993 : 1, 14ff］。この彼女の位置づけは、ロンドンの自宅で展開された彼女のサロン、そこでの彼女自身のさまざまな経験の「結果」として、文字通り、世紀転換期に構築されたものだといえるだろう。だからこそ、ここでは、彼女をアイルランドの文脈から解き放ち、世紀転換期ロンドンの自宅サロンのなかに置き直してみたいと思う。そのためにも、まずはアイルランドで生まれた彼女がロンドンにやってくるまでの足取りを簡単にふり返っておこう。

アリス・グリーン、旧姓アリス・ソフィア・アメリア・ストップフォードは、一八四七年五月三〇日、イングランド国教会のアイルランド版であるアイルランド教会、ミース大執事（Archdeacon of Meath）、エドワード・A・ストップフォード（Edward Adderley Stopford）の九人の子どもの七番目、三女として、ミース州ケルズに生まれた。父方のストップフォード家は、一七世紀半ば、オリヴァ・クロムウェルとともにアイルランドに遠征、入植したチェシャ出身のイングランド軍人につながるアングロ・アイリッシュである。(6) 一八世紀末以降、復活した福音主義の影響はプロテスタントのアイルランド人にも広まっており、ストップフォード家は、アングロ・アイリッシュのなかでも穏健な福音主義者（低教会派）として知られていた。教会法の専門家であったアリスの父、ストップフォード大執事は、一八六九年、当時首相だった自由党のグラッドストンに協力して、自らが属するアイルランド教会の非国教化に尽力した人物として、イギリス史のなかでも記憶されている。(7)

もっとも、父とグラッドストンとの関係が、当時二〇歳そこそこだったアリスの関心をひいたとは思われない。数年間の失明状態からようやく回復しはじめた当時のアリスは、むさぼるように哲学書を読みふけり、ドイツ語やギリシャ語などの独学に勤しんでいた。父と同じく、アングロ・アイリッシュの出身である母アンが厳しく教え込もうとしたプロテスタントの信仰は、光を失おうとしていた彼女に何の救いももたらさなかったという。(8) 後年、夫J・R・グリーンからアイルランドの教会事情をきかれた彼女は、「関心もないし、よく知らない」とだけ答えて、グリーンをびっくりさせたというエピソードについては第一章でも触れたが、それは、娘時代のこの辛い経験と無関係ではないだろう。後にアリスは熱心なアイルランド自治法案の支持者となるが、そのことに、一八六九年における父とグラッドストンの協力関係が直接影響を与えたとは考えがたい。それに何より、アングロ・アイリッシュの名家といわれるストップフォード家は、甥ロバートの一家がそうであるように、典型的なユニオニストの家系として知られているのである［O'Broin 1985：17］。それゆえに、アリスがいつどのようにしてアイルランドを意識するようになり、ナショナリストに変貌したかが問われねばならないだろう。

さて、それからまもなく、健康を損なって聖職を引退した父が七四年に亡くなると、アリスは、母と妹とともに、親戚を頼ってイングランド北部の町チェスタに引っ越した。[9] その年の暮れ、妹とともに、従兄ストップフォード・ブルック[10]をロンドンに訪ねたとき、彼の友人だったJ・R・グリーンと出会い、三年後の一八七七年に結婚する。J・R・グリーンの出身であるオクスフォード大学ジーザス・カレッジには二人の間に交わされた多くの書簡が保管されているが、そこからは、アリスがグリーンに抱いた深い敬愛の念がはっきりと読みとれる。[11] とりわけ目をひくのは、オミナエシに似た黄色い花の押し花である。この花がくるまれた白い紙には、彼女の筆跡で次のように書かれている。「一八九六年四月一日水曜日、S・ニコラス荘にてこの花を手折る」[12]――夫の死からすでに一三年がたっていたこのとき、夫の想い出がつまったこの別荘を訪れた彼女が、何を思いながらこの花を押し花にしたのかについては、第六章で解明を試みたい。一〇〇年あまりの時の流れを感じさせないその鮮やかな黄色からは、彼女の夫への思慕が伝わってくるようだ。

グリーンとの結婚を契機にロンドンで暮らしはじめたアリスだが、そのわずか数年後の一八八三年三月、グリーンは肺結核で亡くなった。三五歳で未亡人となったアリスは、その後も長らくロンドンにとどまり、けっきょく一九一八年までの四〇年あまりを、ここ、大英帝国の中心（メトロポール）で過ごすことになる。彼女が自宅でサロンを開くのは、夫を亡くしてまもなくのことであった。

サロン分析の資料

夫の死後、アリス・グリーンは、ロンドンの自宅を二度、変わっている。最初は、地下鉄ハイストリート・ケンジントン駅にほど近いケンジントン・スクェア一四番地。イタリアや南フランスへの転地療養のために留守がちだったこの家が、未亡人となったアリスが開く最初のサロンとなる。ここで二〇年あまりを暮らした後、彼女とそのサロンは、一九〇三年秋、ウェストミンスタ地区にあるテムズ川を臨むグロヴナー・ロード三六番地に移った。甥ロバートが幼いころから頻繁に訪れたのがここである。その後、ダブリン、セント・スティーヴンス・グリーン九〇番地に転居する一九一八年まで、すなわち本書の対象である世紀転換期という時代をすっぽりと覆う期間を、アリス・グリーンはサロンの女主人としてロンドンで過ごしたのである。

その間、彼女とサロンのゲストたちの間には数多くの手紙が交わされており、現在、その多くが、アイルランド国立図書館はじめ、大英図書館、スコットランド国立図書館、オクスフォード大学ジーザス・カレッジやサー・ハンフリー・ライブラリ、そしてロンドン大学（LSE）などに保存されている。また、彼女が執筆した新聞への寄稿記事や雑誌論文の大半が、彼女自身によって丁寧に整理され、ぶ厚いスクラップ・ブックに貼り付けられて残されている［AGP, MS 9932］。くわえて、甥ロバートの努力で収集された原稿の下書きや日誌などは、マクドウェルによる伝記刊行後、アイルランド国立図書館に「アリス・グリーン文書」として保存された。甥が残した「叔母の物語」と別の見方を提示するには、彼女の伝記が依拠したこれらの文書を彼女のサロンとの関係から捉え直す必要があるだろう。とりわけ、二つの自宅サロンの違いを考えること、より具体的には、甥ロバートがほとんど訪れたことのない前者――未亡人となった直後の彼女が主宰したケンジントン・スクェア一四番地のサロンの性格をあきらかにすることが、一九世紀末から二〇世紀初頭にかけての時期におこった彼女の変化を考えるうえできわめて重要かと思われる。

第二節　ケンジントン・スクェア一四番地

ロンドンの中心部から少し西へいったところにあるケンジントン・スクェア。小さな広場に面してヴィクトリア朝様式の三階建ての住宅が立ち並ぶここは、今なお、すぐ近くを走るケンジントン・ハイストリートの喧噪を忘れさせるほど静かである。ロンドンでもっとも古いスクェアのひとつであるその中央の庭は、一六六五年以来、ここの住人しか入れないプライヴェート・ガーデンとなっている。ブルー・プラークによれば、ヴィクトリア朝時代、一七番地には音楽家のハーバート・パリー、一八番地には哲学者で経済学者のジョン・スチュワート・ミル、三三番地には女優のパトリック・キャンベル夫人、四一番地にはラファエロ前派の画家エドワード・バーン＝ジョーンズが暮らしていた。そこに、独特の文化的、かつ親しみのある雰囲気を想像することは、今でもさほどむずかしいことではない。

一八八三年から一九〇三年まで、アリス・グリーンはここでサロンを主宰する（主なゲストについては資料②七四―七五頁参照）。

『国民人名辞典』から

まずは『国民人名辞典』（*DNB*）をみてみよう。世紀転換期、国家的事業として企画され、編纂がはじまった*DNB*は、二〇世紀に入っても一〇年ごとに補論が出され、現在に至っている。「アリス・ストップフォード・グリーン」の項目には、未亡人となった彼女の自宅がつぎのように紹介されている。

ケンジントン・スクェアにあるグリーン夫人の家は、聡明な一群の人びとの中心であった。フロレンス・ナイティンゲール、メアリ・キングズリ、クライトン夫妻、ハンフリー・ウォード夫人、ウィリアム・スタッブズ、ジョン・モーリ、R・B・ホルデイン、H・A・L・フィッシャー、ウィンストン・チャーチル、その他多くの人びとである。政治家、著述家、そして若い人たちが、当時のロンドンでもっとも興味深いサロンのひとつであるここに自由に集まったのである。

アリス・グリーンの自宅があったケンジントン・スクェア14番地。世紀転換期、ここはロンドン有数のサロンであった（著者撮影）

この文章を書いたジャネット・P・トレヴェリアン（Janet Penrose Trevelyan）は、『イングランド史』『イングランド社会史』などの名著でJ・R・グリーンの後継者といわれたイングランド史家、G・M・トレヴェリアン（G. M. Trevelyan）の妻である。自らも『イタリア史』（一九二四）の著書がある彼女は、*DNB* の記述にあったハンフリー・ウォード夫人、メアリ・ウォードの娘でもある。母メアリ・ウォード（旧姓メアリ・アーノルド）は、当時の大ベストセラー小説『ロバート・エルズメア（*Robert Elsemere*）』（一八八八）の著者であり、女性参政権反対運動のリーダー的存在であるとともに、世紀転換期の成人教育運動の担い手としても有名であった［Janet Trevelyan 1923 : 81–92 ; Sutherland 1990 : 215–29］。メアリ・ウォードは、当時高揚を見せていた女性参政権運動を批判するつぎのようなアピー

J・R・グリーンの友人
メアリ・ウォード（Mary Ward, 1851-1920）
その夫人で作家。女性参政権反対や成人教育など多方面で活躍
ジャネット・P・トレヴェリアン（Janet Penrose Trevelyan）
メアリ・ウォードの娘。歴史家G・M・トレヴェリアンの妻
ケイト・ノーゲイト（Kate Norgate, 1853-1935）
J・R・グリーンを師と仰ぐ中世史家
シドニー・ウェッブ（Sidney Webb, 1859-1947）
フェビアン協会創設者、社会主義者、ロンドン州議会議員（1892-1910），後に労働党議員
ベアトリス・ウェッブ（Beatrice Webb, 1858-1943）
旧姓ベアトリス・ポター、社会主義者、フェビアン協会員
R・B・ホルデイン（Richard Burton Haldane, 1856-1928）
自由党議員
H・H・アスキス（Herbert Henry Asquith, 1852-1928）
自由党議員
エドワード・グレイ（Edward Grey, 1862-1933）
自由党議員。外務次官（1892-95）
シドニー・バクストン（Sidney Buxton, 1853-1934）
自由党議員、植民地担当次官（1892-95）
ハーバート・サミュエル（Herbert Samuel, 1870-1963）
自由党議員
H・W・マシンガム（H. W. Massingham, 1860-1924）
フェビアン協会員。ジャーナリスト
J・F・テイラー（John Francis Taylor, 1850-1902）
アイルランド人ナショナリスト。法廷弁護士、ジャーナリスト
メアリ・キングズリ（Mary Kingsley, 1862-1900）
西アフリカを旅したレディ・トラヴェラー
ジョン・ホールト（John Holt, 1841-1915）
メアリ・キングズリの友人。リヴァプール商人
ジョージ・ゴールディ（George Goldie, 1846-1925）
メアリ・キングズリの友人。王立ニジェール会社代表
E・D・モレル（E. D. Morel, 1873-1924）
リヴァプールのジャーナリスト。コンゴ改革運動の中心人物

資料② ケンジントン・スクェア14番地の主なゲストたち

ウィリアム・スタッブズ（William Stubbs, 1825-1901）

J・R・グリーンの友人。オクスフォード大学近代史欽定講座教授。オクスフォード主教

ストップフォード・ブルック（Stopford Brooke, 1832-1916）

J・R・グリーンの友人でアリスの従兄。文人

ジョン・モーリ（John Morley, 1838-1923）

J・R・グリーンの友人。歴史家、自由党議員。アイルランド担当次官（1892-95）

マンデル・クライトン（Mandell Creighton, 1843-1901）

J・R・グリーンの友人。歴史家、ロンドン主教

ルイーズ・クライトン（Louise Creighton, 1850-1936）

その妻で慈善活動や労働女性の組織化に活躍

H・A・L・フィッシャー（H. A. L. Fisher, 1865-1940）

J・R・グリーンの友人。歴史家、英国学士院フェロー（1907）

フレデリック・ヨーク・パウエル（Frederic York Powell, 1850-1904）

J・R・グリーンの友人。オクスフォード大学近代史欽定講座教授

W・E・H・レッキー（W. E. H. Lecky, 1838-1903）

J・R・グリーンの友人。18世紀アイルランド史を専門とする歴史家ながら、アイルランド問題にリベラルの立場から深く関与した

ジェイムズ・ブライス（James Bryce 1838-1922）

J・R・グリーンの友人。法学者、歴史家、自由党議員。ガートン・カレッジ運営委員（1872-1922）

アレクサンダー・マクミラン（Alexander Macmillan, 1815-1896）

J・R・グリーンの友人。兄ダニエルとともに出版社マクミラン社を創設

ジョージ・A・マクミラン（George A. Macmillan, 1855-1936）

アレクサンダーの息子。メアリ・キングズリとアリス・グリーンの著作出版を手がける

ウィンストン・チャーチル（Winston Spencer Churchill, 1874-1965）

保守党議員（1900-04）。その後自由党員になるが、1924年に保守党復帰。第二次世界大戦中の首相

レズリー・スティーヴン（Sir Leslie Stephen, 1832-1904）

文芸批評家、思想史家。ヴァージニア・ウルフの父

ハンフリー・ウォード Humphrey Ward, 1845-1926）

ルを強く支持していた。すなわち、シティズンシップは参政権をもつこととイコールではないし、「女性参政権」と「女子教育」は必ずしも同義語ではない。選挙権を持つ以上に重要なことは、社会と国家にたいする強い義務感であり、そのために女性の教育は重視されねばならないのである。(13) このように、女性参政権の問題を否定的に捉え、シティズンシップに別のかたちを求めた点で、メアリ・ウォードとアリス・グリーンは一致していた。

こうしたメアリ・ウォードの考え方の背景に、彼女の家庭環境を認めることはさほどむずかしいことではないだろう。彼女の祖父はパブリック・スクール、ラグビー校の改革で知られるトマス・アーノルド、叔父は『教養と無秩序』(一八六九)で一世を風靡した社会批評家で、教育者、詩人でもあったマシュー・アーノルドである。アーノルド家は、ジャネットの夫、トレヴェリアン家同様、当時のイギリスの知的世界におけるサラブレッドで、婚姻をつうじて結束を強化し、独特の知的ネットワークを有する「知的貴族(intellectual aristocracy)」として知られていた[Annan 1955 : 243-87]。

メアリ・ウォード、結婚前のメアリ・アーノルドは、オクスフォードの自宅に集まったオクスフォード大学の学生のひとりであったJ・R・グリーンをよく知っていた。しかも、大学を終えて聖職禄を得たグリーンが最初に着任した教区の責任者は、彼女の夫、ハンフリーの父であった。こうした事情も手伝って、グリーンの死後もアリスはウォード夫妻ときわめて親しい関係にあったと思われる。幼いころ、母に連れられてよく訪れた「アリスおばちゃん(Auntie Alice)」の家、ケンジントン・スクェア一四番地にかんするジャネット・トレヴェリアンの先の記述は、この個人的な親しみにもとづいて書かれたものだろう。(14) 一八九〇年代前半、一時的ながら、アリス・グリーンが成人教育に関与したのもメアリ・ウォードの依頼によるものである。ゴードン・スクェアのユニヴァーシティ・ホールでおこなわれたこのときの連続講義(15)からは、イングランドの本格的な都市史として今なお評価の高いアリス・グリーン二冊目のイングランド史の著作『一五世紀の都市生活』(一八九四)が生まれている。

　と同時に、メアリ・ウォードとの関係から、アリス・グリーンは知的貴族のネットワークを頼ることが可能になったといえる。たとえば、一九〇〇年秋、南アフリカ戦争でボーア人捕虜収容所が設立されたセント・ヘレナ島を訪問し、精力的に捕虜たちの聞き取り調査をおこなったアリスを、この戦争を批判する野党自由党党首ヘンリ・キャンベル＝バナマンに推薦したのは、G・M・トレヴェリアンの母キャロラインであった[16]。

夫の友人たち——イングランド史家と出版者

　DNB の先の記述に列挙されたサロンのゲストのうち、メアリ・キングズリとR・B・ホルデイン、ウィンストン・チャーチルらを除けば、メアリ・ウォードを含み、大半は亡き夫J・R・グリーンの友人たちだといえる。ケンジントン・スクェア一四番地に落ち着いたJ・R・グリーン未亡人の周囲にまっ先に集まってきたのが夫の友人たちであったのは、けっして不思議ではないだろう。ウィリアム・スタッブズやジョン・モーリ、H・A・L・フィッシャーといった歴史家との交流から、彼女がイングランド史の著作を手がけることになることについては後に見る通りである。一言でいうならば、一八八〇年代のアリス・グリーンのサロンには、亡き夫の人間関係が色濃く認められた。では夫の人間関係とは何だったのか。

J・R・グリーン（Brundage 1994: 扉頁）

　アリスの夫、ジョン・リチャード・グリーン（一八三七—一八八三）は、オクスフォードで学生たちが着るアカデミック・ガウンを扱う店の経営者の長男であり、奨学金を得てオクスフォード大学ジ

ジョン・モーリ（ナショナル・ポートレート・ギャラリー所蔵）

ーザス・カレッジに学んだ。卒業後、イングランド国教会の牧師として、ロンドンのスラム地区、イーストエンドのステップニー、ホックニー教区などに赴任し、貧民の生活改善に取り組むかたわら、生活費のために、E・A・フリーマンの紹介で[17]『サタデー・レビュー』に寄稿をはじめた。貧者の生活と接したこのときの経験が、歴史のなかにふつうの人びとの姿を読み込もうとする彼の目線を育むことになる。やがて自らの信仰にたいする懐疑に悩み、加えてスラムでの過酷な活動で健康を害した彼は、一八六九年に聖職を辞し、執筆活動に専念していく。従来の歴史記述の中心であった君主や軍人らではなく、ごくふつうの人びとの生活と彼らの考え方に焦点をあてた『イングランド国民小史』（初版一八七四年、以下『小史』と略す）の大成功は、グリーンに歴史家としての高い評価とともに、経済的な潤いをもたらした［Leslie Stephen（ed.）1901；Brundage 1994；Challen 1965］。

この著作が出版された一八七四年の終わり、アリスはグリーンと出会い、三年後の一八七七年に結婚した。以後、二人は、グリーンが亡くなる一八八三年までの多くの時間を、転地療養をかねて気候温暖なイタリアや南フランスで過ごすことになる。その間も、夫とその友人である歴史家たちとの交流はつづいた。オクスフォード時代以来の親友であるウィリアム・スタッブズはじめ、ジョン・モーリ、H・A・L・フィッシャー、ヨーク・パウェル、W・E・H・レッキー、ジェイムズ・ブライス、サー・ジョン・アクトンら、一八八〇年代のゲストたちは、グリーンの発案といわれる歴史専門雑誌、『イングリッシュ・ヒストリカル・レビュー』（*English Historical Review*，一八八六年～）の創刊に関与した同志たちでもあった［Addison 1946：58-59］。創刊にあたって同誌の編集を担当したのは、やはり *DNB* で紹介されていたグリーンの親友のひとり、マンデル・クライトンである。

同誌の出版を引き受けたのはロングマン社だったが、J・R・グリーンともっとも親しく、彼のよき理解者だったのは、彼の全著作の出版を一手に引き受けたマクミラン社の経営者——初めはアレクサンダー・マクミラン、ついで息子のジョージ・A・マクミラン、そしてアレクサンダーの甥フレデリック・マクミラン——であった。一八六三年、オクスフォード大学出版局の指名を受けたことで、オクスフォードの大学人と深いかかわりをもつようになったアレクサンダー・マクミランは、七〇年ごろにストップフォード・ブルックの紹介でJ・R・グリーンと知り合い、以後一貫して彼の著作を手がけた。とりわけ、『小史』出版にかんするやりとりのなかで両者の結びつきは深まり、八三年のグリーンの死まで、両者がたんなる著者と出版者という関係を越えた強い絆で結ばれていたことは、二人の間に交わされた多くの手紙が物語るだろう。(18) 一八八三年三月、グリーンが亡くなる直前の一ヶ月あまりを過ごしたフランス南東部、地中海を臨む保養地マントン（Mentone）を訪れ、グリーンが滞在していた別荘を連日見舞ったのも、アレクサンダー・マクミランであった［Leslie Stephen 1901 : 321–22］。

夫の著作を管理する——サロンの基盤

彼ら、夫の友人たちがアリス・グリーンの自宅サロンの常連ゲストとなった背景には、彼女が夫の死後、彼の著作の改訂や新版の出版に関与しつづけた事情があったと思われる。一八八三年四月、ケンジントン・スクェア一四番地に落ち着いた未亡人アリスがまっ先にしたことも、夫の遺作となった『イングランドの征服』（*The Conquest of England*）を編集し直し、序文を付記して世に出すことであった［J. R. Green 1883］。

とりわけ、イングランド通史のスタンダードとして定評を得たグリーンの『小史』は、その後、第一次世界大戦以後も——正確には、G・M・トレヴェリアンの『イングランド史』（一九二六）に通史のスタンダードをとって代わられるまで——読みつがれ、アリスが亡くなる一九二九年までに二〇版を超えた。(19) その改訂版やイラスト入り版の編集作業に直接関与し、序文やあとがきを含めて、加筆、修正などの作業を一手にひきうけたのも、アリス・グリーンであった。現在、大英図書館に保存されているマクミラン文書には、増刷や改訂にあたり、彼女がマクミラン社の担当編集者と膨大な往復書簡を交わしながら、グリーンの意図を生かすように改訂・修正の中身を詳細に指示し、イングランド史家としての夫の誇りを守ろうとした様子がうかがえる。[20]

G・F・ワッツが描いたW・E・レッキー（1877–78年）
（MacCartney 1994: 136–37）

なかでも注目されるのは、一九一六年の大幅な改訂だろう。このときアリスは、グリーンが『小史』執筆を終えた一八一五年から一九一五年までの一世紀間を対象に、第一部「社会革命」、第二部「外交ならびに植民地政策」の二部構成で、全二〇〇頁を越える「エピローグ」を加筆したのである［J. R. Green 1916（1924）: 837–1008］。この拡大版もほぼ毎年増刷され、一九二四年、ロンドン郊外のウェンブリでおこなわれた大英帝国博覧会では、国際広告会議（International Advertising Convention）が参加者に「ロンドン土産」として配るための特別版が出された。その扉にはつぎの言葉が印刷されている。

私の友人、そして同僚でもあるニューヨークのフランク・D・ウォーターマンがかつてこう言ったことがあります。「もしアメリカ人が本物のイングランド史を読めば、イギリス人への新しい見方を発見し、われわれ二つの偉大なる国の友情がより親しいものになるだろうに」と。

というわけで、ここに『イングランド人民の歴史』をお届けします。ロンドン土産として受けとっていただければ幸いです。この本が、われわれ二つの国の間に固い友情を結んでくれることを確信しております。

J・R・グリーン夫人とマクミラン社の協力に感謝します。[21]

こうした例からわかるように、グリーンの『小史』は、一八七四年の初版以降、増刷と改訂を重ねながら、本書が対象とする世紀転換期を通じてずっと売れつづけたのである。その大きな理由は、第一章でも触れたように、この時期に展開された成人教育運動（大学拡張運動）にあった。あらたに選挙権を手にした労働者たちを「本物の国民」にしようとするこの運動のなかで、「イングランド人」の集団的記憶としてスタンダードな国民史を教える必要性が高まり、そのテキストとして、グリーンの『小史』が毎年大量に使われたのである。[22] この事実が、著作権を有するグリーン未亡人の生活を保障すると同時に、サロンを主宰する経済的基盤を提供したのであった。一八七四年から半世紀にもわたり、グリーンの『小史』が読まれつづけた背景には、彼の歴史叙述のスタンスと時代の要請との呼応が指摘できるだろう。

ジェイムズ・ブライス（1905年）
（Fisher, H. A. L 1927: 扉頁）

グリーンの『小史』は、それまで歴史家がほとんど注目しなかったごくふつうの人びとの生活に目を向け、イングランドの歴史をいわば「生活史」として描きだそうとしたことを最大の特徴としていた［Brundage 1994 : 75-99］。と同時に、グリーンは歴史における知的な力やモラルが、国民の形成や彼らの運命に果たす役割を高く評価していた。とりわけ、歴史叙述のなかで彼が重視したのは、「イングランドの自由」という伝統にたいする絶大なる信頼と尊重である。それは、先述したように、貧民たちの現実と向き合わざるをえなかったイーストエンドの二つの教区での経験から生まれたものであろう［Brundage 1994 : 101-17］。グリーンが描きたかったのは、まさしく「イングランドの民そのもの（The English people itself）」であり、彼らの「生活（life）」なのだと、アリスは一九一六年の拡大版の序文でくり返し強調し、グリーンの「国民」理解を端的に示すつぎの言葉を引用している。

国家（state）は偶発的なもので、創造と破壊が可能であり、私にとってリアルなものではない。しかしながら、国民（nation）は私にとって非常にリアルなものだ。それは創ったり、壊したりすることはできない（J. R. Green 1916（1924）: x）。

こうした視点は、「国民の創造」がさまざまに模索された世紀転換期の求めにぴったり見合うものだったといえよう。「国民の創造」という視点から、J・R・グリーンは、イングランド人の生活の基礎が築かれた時代、言い換えれば、「国民の性格（national character）」が形成された時代として、アングロ・サクソン時代にもっとも注目している。この信念ゆえに、同書全体は、テュートン系アングロ・サクソンの優越という当時主流だった考え方に貫かれるとともに、ケルト系（ゲール）アイルランド人を劣位に置く人種観に与するものであった［Curtis 1968 ; Rich 1986 : 12-26］。それゆえに、アリスが「アイルランド国民の物語」を書き換えようと思えば、このグリーンの人種観を乗り越えねばならなかったことになる。そのための「経験」を提供したものこそ、本書で見ていくメアリ・キングズリとの出会いにほかならない。彼女がメアリ・キングズリの「アフリカ経験」を経て、夫の人種観をどのように「変形」させていったかについては第六章で考えることにしよう。

いずれにしても、グリーンの『小史』が売れつづけたことによって、著作権保有者である彼女には年間一八〇〇ポンドもの収入が約束された［R. B. MacDowell 1967 : 47］。本章第一節で見たように、夫が亡くなるまでのアリスは、およそ「サロンの女主人」の環境とはかけ離れた人生を送ってきたといわねばなるまい。それゆえに、

「国民の物語」が創造された世紀転換期の時代状況こそが、J・R・グリーン未亡人である彼女にサロンを主宰する経済的な基盤を提供していたことを、ここで改めて強調しておきたい。

イングランド史を叙述する

夫の著作の編集・改訂とともに、アリス・グリーン自身が書き上げたイングランド史の二冊の著作は、一八八〇年代から九〇年代初頭のケンジントン・スクェア一四番地の女主人が、亡き夫同様、イングランド史に関心を寄せていたことをはっきりと示している。

一冊目は、グリーンの親友ウィリアム・スタッブズの推薦によって、マクミラン社の「イングランドの政治家」シリーズの一冊として彼女が執筆した『ヘンリ二世』（一八八八）である [Alice Green 1888]。フリーマンの『ウィリアム征服王』はじめ、ヨーク・パウェル、マンデル・クライトン、ジョン・モーリら、夫の親友であるイングランド史家たちが名を連ねるこのシリーズへの協力を求められた当時、アリスがイングランド史をどのように捉えていたかは、同書冒頭に記されたつぎの文章が物語るだろう。

イングランド人の歴史は、七〇〇年前、どのような王が治めようと、偉大で気高いものになっていただろう。しかし、われわれが知っている歴史、そしてわれわれの間で実際に発展した統治方法は、一一五四年から一一八九年にかけてイングランドを導いた偉大なる王の才能によるものである。……イングランドにおいて、征服した民族と征服された民族とが初めて、自分たちはひとつなのだと感じるようになったのは、外国からやってきたこの国王の支配下においてであった。彼の権力によってこそ、イングランド、スコットランド、そしてアイルランドがぼんやりとでも共通の封建君主を抱いているという認識が得られ、大ブリテンとアイルランドか

メアリ・ウォード（1898年）（ナショナル・ポートレート・ギャラリー所蔵）

ら成る連合王国の礎が築かれたのであった［Alice Green 1888 : 1］。

以下、アリスは、夫グリーンの専門であった中世のアンジュー帝国史を、彼女自身の現実である世紀転換期の連合王国内部のイングランドとアイルランドの関係に重ねるかたちで、ヘンリ二世を「イングランドの偉大さを創造した者」［Alice Green 1888 : 224］として描いていく。それは、「イングランドの自由、秩序、権力の連続性を語る」［Alice Green 1888 : 225］というこのシリーズのねらいを意識したものであるとともに、先に見たグリーンのイングランド史観を受け継ぐものと理解していいだろう。そこでは、アイルランド各地を州に分けて州長官を置き、封建制度を導入してイングランド人の入植を促すというかたちで——すなわちイングランドのやり方で——アイルランドを統治しようとしたヘンリ二世の政治決着は、まったく問題視されていない。また、アイルランド独自の法であるブレホン法の無視という、後にアリス・グリーンが展開することになるヘンリ二世批判も、ここでは片鱗すら認められないのである（第六章参照）。

もう一冊のイングランド史の著作は、メアリ・ウォードの依頼で引き受けた成人教育向けの連続講義を下敷きとする『一五世紀の都市生活』（一八九四）である。先述したように、ロンドン大学にほど近いラッセル・スクエアにあるユニヴァーシティ・ホールで、九一年一月にはじまる最初の講義を、ウォード夫人はアリスに依頼した(23)［Sutherland 1990 : 22］。このテーマもまた、都市史にたいする夫グリーンの強い関心を受け継ぐものであり、

『小史』でグリーンが試みた社会史の視点が生かされていると評価されている［ケニョン 一九八八：一九九］。

しかしながら、アリス・グリーンの成人教育（セツルメント）運動自体への関与はきわめて限定的なものだったといわねばなるまい。実際、このときの講義以外に、彼女が成人教育の場に姿を見せることはなかった。この点については、アリスの後任として、一八九一年四月からユニヴァーシティ・ホールで「協同組合運動」の連続講義を担当したベアトリス・ポター（後のベアトリス・ウェッブ）の証言が参考になるだろう。

やがて『イギリス消費組合発達史論』（一八九一）としてまとめられるこのときの連続講義のために、ベアトリスは六週間ほど、ケンジントン・スクェア一四番地に滞在した。このとき彼女は、当初アリスに感じた「病めるイギリスの改善を求めて闘う同志」（一八九〇年七月五日の日記）とは別のイメージを、アリスのなかに認めるようになっていく。一八九一年五月末、ユニヴァーシティ・ホールでの講義を終えて、ボックスハウスの自宅に戻ったベアトリスは、日記に次のように綴っている。

彼女［アリス・グリーン］は、なにはともあれ、まぎれもない知的好奇心にあふれた聡明な女性である。心は温かで、人の苦しみ、とりわけ精神的な苦痛にたいして、神のような慈悲にあふれており、いつでも自分を犠牲にすることをいとわない。

その表情からは、アリスはいつも、悪意や復讐の思いと闘っているようにみえる。私には、その奇妙な不幸、落ちつきのなさがわからない。公共の福祉や真実の探求は、彼女［アリス］には努力しつづける動機とはならず、やむをえない手段でしかないのだ。励ましとともに批判もくれるいい女性であり、誠実な友人ではあるのだが……（一八九一年五月二二日）。[24]

その一方で、ベアトリスは、自分の一番身近な人物としてアリス・グリーンの名をあげており（たとえば一八九一年一二月二七日の日記）、アリスにたいする感情の揺れが認められる。この揺れは何を意味しているのだろう。

ウェッブ夫人が見たサロン

『労働組合運動の歴史』（一八九四）、『産業民主主義』（一八九七）、『イギリス地方行政』（一九〇六）など、夫シドニーとの数々の共著で知られるベアトリス・ウェッブ、旧姓ベアトリス・ポターは、イギリスの社会主義組織、フェビアン協会を拠点に、救貧法、教育、地方行政などの諸改革、労働組合運動や協同組合運動などの多方面で活躍した人物である。二〇世紀初頭、「貧困は個人に原因があるのではない。いかなる人も市民としての人格が認められ、最低限の生活ができる保障が与えられるべきである」として「ナショナル・ミニマム」という考え方を発表し、社会保障制度の発展基盤を与えたのも彼らであった［Harrison 2000］。

二人は結婚以前からケンジントン・スクェア一四番地に出入りしていたが、とりわけベアトリスの日記からは、一八八九年秋ごろから九四年までの数年間、彼女がアリス・グリーンときわめて親密な交流を重ねていた様子が見てとれる。二人の関係は一八九四年秋ごろを境に疎遠になっていくが、それでも、一九四一年四月七日、小説家ヴァージニア・ウルフ自殺の訃報をラジオで知ったベアトリス・ウェッブがなつかしく思い浮かべたのは、一八八〇年代末から九〇年代にかけて、彼女が頻繁に足を運んだアリス・グリーンの自宅居間であった。彼女はこう記している。

その日［ヴァージニアの訃報を知った日］の間じゅう、そしてそれから数日間というもの、過去からの幽霊が私につきまとってはなれなかった。……［ヴァージニア・ウルフは］外見は古典的だが、背が高く、才能にあふれた女性であった。彼女の父、レズリー・スティーヴンもまた、背が高くハンサムで、とても教養ある人物だった。一八八〇年代、私は、ケンジントン・スクェアのアリス・グリーンの家で彼とイギリス史を議論しあったものである(一九四一年四月七日)。

ヴィクトリア朝時代の文芸批評家、思想史家であるレズリー・スティーヴンが一八八〇年代から九〇年代にかけてアリスのサロンのゲストだったことも、当時のサロンが夫グリーンのネットワークを継承するものであったことを示しているだろう。[25]いやむしろ、ベアトリスの日記に見られるアリスとそのサロンの記述からは、ウェッブ夫妻を新しいゲストに迎えることで、夫の影響が色濃く残るサロンから脱却しようとするアリスの試みが鮮明に浮かびあがってくるのである。

結婚後まもないシドニー、ベアトリス・ウェッブ夫妻(Mackenzie, Norman & Jeanne〔eds.〕vol. 2, 1983: 176-77)

ベアトリスの日記に最初にアリスの名前が登場するのは一八八九年二月一一日のことである。「ジョニー・グリーン夫人」という名で記されたアリスにかんするベアトリスの記述は、容貌を含め、中傷にみちていた。その半年後、やはり「ジョニー・グリーン夫人」の名で、ベアトリスは依然として、彼女の容貌や衣服について悪口を並べているが、その一方で、アリス個人を理解しようとする姿勢もはっきりとうかがえる。そこに書かれたつぎの言葉に注目したい。

彼女［アリス・グリーン］は社会のはしごを昇ってきたが、夫の業績にもとづく社会的上昇に満足してはいない。彼女は、自分自身の功績で地位を手にすることをめざしている。しかし彼女は、自分のやっていること、それ自体を好きなわけではない。彼女は、それが自分に運んでくるものが好きなのであって、自分の仕事が他人にもたらす何かを好むわけではないのである。……彼女は、いっしょにいてその知的な目的を支えてくれる信頼できる友人を探している。あなたは偉大な動機から活動しているのよ、と信じさせてくれる友人を――。私を友人に選んだ女性はそういう人なのだ。その人に、私は興味と哀れみとを感じる（一八八九年八月四日、傍点引用者）。

一八八九年といえば、夫の友人であるイングランド史家たち、そして夫の本の出版社であったマクミラン社の好意で彼女が『ヘンリ二世』を上梓してまもないころだ。それゆえに、当時のアリスが何を考えていたかを知るひとつの手がかりであるわけだが、傍点部分からは、ベアトリスが、当時のアリスに、*DNB* に記された亡き夫の友人、知人を主なゲストとするサロンからの脱却願望を感じていたことが理解できよう。

一八九〇年にはいると、ベアトリスは秘密にしていた恋人シドニーをアリスに紹介するほど、両者の関係は親密なものになっていく。シドニーとベアトリスの間に交わされた手紙にアリスの名が頻繁に登場するようになるのもこのころの話である。二人の密かな婚約をいっしょに祝ったのもアリスであった［MacKenzie (ed.) 1978: 270-73］。その後、一八九一年四月から五月にかけて、ユニヴァーシティ・ホールでの講義のためにアリスの自宅に滞在したベアトリスは、アリスにたいする当初の偏見を解いていくのだが、それでもなお、ベアトリスは一縷の不安を払拭することはできなかったようである。それが二人の女性のその後を暗示していたと考えるのは、いかにも後知恵的だろう。それでも、「公共の福祉や真実の探求は、彼女［アリス］には努力しつづける動機とはならない」というベアトリス・ウェッブの日記の言葉は、「自分のサロン」を模索するアリスの焦りのようなものを言い当てていたのかも知れない。

第三節　世紀転換期ロンドンのサロン

夫J・R・グリーンの死後、自宅に多くのゲストを集め、サロンを主宰しはじめたアリス・グリーンは、一八九〇年代、当初色濃かった「J・R・グリーン未亡人のサロン」を「アリス・グリーンのサロン」へと変えていくことに強いこだわりをみせていた。問題は、なぜ彼女が「自分のサロン」を構築することにそれほど強くこだわったかである。彼女のこだわりは何を示しているのだろうか。世紀転換期、女性がサロンを主宰することにどういう意味があったのか。試行錯誤の末に姿を現していく「アリス・グリーンのサロン」とはどのようなものだったのか。彼女のサロンは他の女性のサロンとどう違っていたのだろうか。それをあきらかにするのが本節の課題である。

世紀転換期、女たちのサロン——例外としてのアリス・グリーン

啓蒙主義時代を支えたフランス女性たちのサロンとは異なり、イングランドではもっぱら、女性禁止の男性空間であったクラブ、あるいはコーヒーハウスが市民意識を涵養する場として注目されてきたように思われる。しかしながら、一八世紀半ば、サミュエル・ジョンソン博士を囲んで文学談義を楽しんだレディたち、いわゆる「ブルー・ストッキング・レディ」以来、イングランドにもサロンの伝統が存在する。世紀転換期には、レズリ

ー・スティーヴンの娘たち、ヴァネッサとヴァージニアを中心とする「ブルームズベリ・グループ」や、週末にロンドンからのゲストを集めたオトラン・モレル夫人の「ウィーク・エンド・サロン」などが有名だろう［ハイデン＝リンシュ　一九九八　一〇〇―一〇、二二七―三二；菊盛　一九七九　二二五―四二］。また、アリス・グリーンとほぼ同時代、アリスのサロンにも出入りしていた自由党議員で後に首相となるハーバート・アスキスと一九〇四年に結婚するマーゴット・テネットも、独身時代、自宅のあるグロヴナー・スクェア四〇番地で「ソウルズ（Souls）」とよばれるサロンを開いていたことはよく知られている。

一八八〇年代後半から九〇年代にかけて、「ソウルズ」が注目された大きな理由は、アスキスとアーサー・バルフォアという、当時なにかと耳目を集めていた自由党、保守党の政治家の取り合わせに象徴されるように、「政治のために個人的な友情を犠牲にしないこと」をモットーに、自由な私的交流を妨げていた政党の壁を取りのぞいたことにあった［Abdy & Gere 1984］。他にもジョージ・ウィンダムやアルフレッド・リットルトン、ジョージ・カーゾンといった政治家を擁したファッショナブルな集団「ソウルズ」の人気は、当時のイギリス社会に漂っていた空気と、そのなかで女性主宰のサロンが果たした役割を浮き彫りにしてくれる。

世紀転換期という時代は、レセ・フェール（自由放任）を貫いてきたイギリス社会のなかで、国家がその役割を徐々に肥大させ、市民生活への介入を強めた時代である。と同時に、市民が自分の生活によりいっそうのプライヴァシーを望んだ時代でもあったといわれる。その傾向は政治家たちの間でとくに強く、歴史家ジョウゼ・ハリスは、世紀転換期の議会そのものを「ウェスト・エンドのクラブのようなもの」とよんでいる［Harris 1993：188］。そのなかで、公と私の間に位置する「ソウルズ」のようなサロンは、政治家たちに親しみと信頼を提供する空間として機能していたと考えられる。そこから生まれる柔軟性ゆえに、女性たちのサロンでは多様な価値観の共存が可能であったといっていいだろう。その意味では、アリス・グリーンのサロンも例外ではない。

アリスが「例外」だとすれば、それは、彼女が「サロンの女主人」のイメージからほど遠い出自だったことにあろう。当時は「ソウルズ」以外にも政治家たちが集うサロンがいくつか存在したが、その女主人として知られていたのは、ロンドンデリー侯爵夫人やランズダウン公爵夫人、ソールズベリ公爵夫人、スペンサー伯爵夫人、マンチェスタ伯爵夫人ら、貴族の夫人たちであり、あるいは、マーゴット・テネットのような裕福な上層ミドルクラスの女性たちであった。いずれも夫が政治家であり、サロンのゲストたちの多くも、同じ政党の議員たち、あるいはその家族や友人、知人であったと分析されている。そこからは、彼女たちのライヴァル関係とともに、彼女たちのサロンが基本的に夫（あるいは兄弟や息子といった男性の係累）のために存在していたことがうかがえよう。(26)

しかしながら、すでに本章第一節で見たように、アリス・グリーンには、彼女たちのような家系的、経済的な後ろ盾がまったくなかった。アイルランド教会の大執事であった父親の立場、あるいは生前の父とグラッドストンとの関係が、歴史家未亡人となった当時の彼女に有利に働いたわけではないだろう。ストップフォード家はアイルランドではそれなりに知られたアングロ・アイリッシュの家系ではあるが、それがロンドンのアリスに何らかの後ろ盾を準備したわけではないのである。(27)

さらには、彼女の自宅サロンに集まった人びとの多くは、当時ミドルクラスの女性たちに家庭外でおこなう活動の正当な口実となってきた「博愛主義」と深くかかわっていたわけではなかった。また、同時期に活発な活動を展開していた女性参政権運動にたいして、アリス・グリーンが否定的でありつづけたことはすでに述べた通りである。また、彼女のサロンのゲストたちは、ブルームズベリ・グループに特徴的とされる婚姻・恋愛関係で結ばれていたわけでもない。くわえて、アリス・グリーンの自宅を訪れたゲストには小説家や詩人らも含まれていたが、にもかかわらず、女性主宰のサロンにありがちな文学や芸術談義に終始したわけではなかったのである。

こうした意味から、歴史家未亡人であるアリス・グリーンは、世紀転換期のサロンの女主人としてきわめて異色の存在であったといえるだろう。いや、アリス・グリーンを有名なサロンの女主人に押しあげたものこそ、まさしく、世紀転換期という時代であったといえるかもしれない。それを端的に示すのは、すでに述べたように、彼女のサロンを根本的に支えていたもの、彼女にサロンの女主人としての財政基盤を提供したものが、この時代、全国各地で展開された成人教育運動のなかで教科書として使用された、亡き夫J・R・グリーンの著作権だったことである。年間一八〇〇ポンドを数えた著作権収入ゆえに、彼女は、執事と家事使用人、そして腕のいい料理人を雇ってサロンのゲストたちをもてなし、「右翼のアーサー・バルフォアから左翼のベアトリス・ウェッブにいたる」[Lyons 1963 (1985): 373] 多彩なゲストを擁するロンドン有数のサロンを主宰することができたのである。

では、アリス・グリーンにとってサロンとはどんな意味をもっていたのだろうか。グリーンの著作権以外に、彼女をサロンの女主人にしたものとは何だったのだろうか。

ガートン・カレッジ校長推挙問題

歴史家未亡人からサロンの女主人へとアリス・グリーンの意識が大きく変化するきっかけは、夫の死から一年あまり後の一八八四年秋、彼女がケンブリッジ大学ガートン・カレッジの新校長候補に推挙されたことにあったと思われる。

ガートン・カレッジは、一八六九年、女子教育の向上をめざすエミリ・デイヴィスによってケンブリッジ大学に設立された女子カレッジである。同カレッジの運営委員会では、一八八四年春ごろから、一〇年間にわたって校長を務めたM・F・バーナードが結婚退職した後の人事をめぐり、新校長の人選にかんする論議がつづけられていた[Barbara Stephen 1933: 65-75]。委員会内部でどのような議論が交わされたかは定かでないが、はっきりとわかっているのは、学外候補者としてアリス・グリーンが擁立されたことである。

アイルランド国立図書館所蔵の「アリス・グリーン文書」NFC56には、このときに書かれた八通の推薦状が保管されている。差出人は、ウィリアム・スタッブズ、W・E・H・レッキー、レズリー・スティーヴン、ジェイムズ・ブライス(一八七二年以来、彼はガートン・カレッジの運営委員を務めている)、アレクサンダー・マクミラン、フロレンス・ナイティンゲール、メアリ・ヴェッシー、ルイーズ・マレー——すべて亡き夫J・R・グリーンの友人たち、すなわち、ケンジントン・スクェア一四番地のきわめて初期のゲストたちであった[28]。推薦状の多くが、ガートン・カレッジの運営委員会のなかでただひとり、エミリ・デイヴィスと対等に議論できる人物とみなされていたレディ・スタンリ(Lady Stanley of Alderley)に宛てられており、そこからは、アリス・グリーンを擁立する動きが、創設者デイヴィスの独裁的とも思われる経営に日ごろから反発を感じていた人びとによるものであろうことが推測される。事実、この件をめぐり、一八八四年、レディ・スタンリとアリスの間にも数通の書簡が交わされているのである[29]。

しかしながら、けっきょく、このとき新校長に決まったのは、エミリ・デイヴィスが推すガートン・カレッジの古典学講師、エリザベス・ウェルシュであった[30]。カレッジで暮らし、九年間にわたってデイヴィスを補佐するいわば副校長的存在だった彼女の新校長就任は、きわめて順当なものといえよう。この決定にたいして、アリス・グリーンがどのような表情を見せ、どんな感想をもらしたか、今となっては知るすべもない。しかしながら、この出来事自体は、夫を失って一年あまりの彼女が、「J・R・グリーン未亡人」以外の居場所を求めはじめていたことをはっきりと物語るだろう。

ちょうどそのころ、アリス・グリーンは、相次いで二通の手紙を受けとった。ともに差出人はケイト・ノーゲイト。生前のJ・R・グリーンを師と仰いで親交を結んだイングランド中世史の専門家であり、『アンジュー家支配下のイングランド』(一八八七)や『リチャード獅子心王』(一九二四)などの著作があり、アリスとともにグリーンの『小史』のイラスト入り版(一八九二年初版)の編集を担当した人物でもある。彼女からの手紙には、当時、サロンの女主人とはどういうポジションであったかをうかがわせるこんな言葉が並んでいる。

……その職務[ガートン・カレッジの校長職]を理解すれば、そこであなたはりっぱに務められるでしょう。でも、今のあなたの立場以上のことを、いや同じくらいのことでも、ガートンでできるでしょうか? あなたは、毎日の生活のなかで、人格と知性という才能を駆使して、カレッジの長としての仕事で影響を及ぼす以上の広い範囲に影響を与えているではありませんか。公務という決まりきった仕事に才能の大半を束縛され、その職務の責任にがんじがらめにされるより、そうした才能をより確実に自分の思うままに行使し、それによって社会に貢献する機会も力も、あなたにはあるのではないでしょうか。……カレッジの長になるにふさわしい女性はごく少数です。しかし、あなたが、公的にではなく、私的にたずさわっている有用な立場を埋められる女性はもっとずっと少ないのです[31](傍点引用者)。

傍点部分が、ノーゲイトが理解する「サロンの女主人」のありようであろう。私的な領域で人格と知性を駆使しながら自らの意志にもとづいて自由に行動し、それが公的領域(社会)にも影響を及ぼすような存在——この彼女の理解がどこまで当時の一般的な見方を代弁するものであったかについては議論の余地があるかもしれない。しかしながら、ここで重要なことは、アリス自身がノーゲイトと同じく、私的領域であるサロンの女主人に公的な社会貢献を認めていることである。

後述するように、単著刊行が一時的に途絶えた一八九〇年代半ばからの約一〇年間、アリスが執筆した雑誌論文や新聞への投稿記事は、「女性の居場所」をひとつのテーマとしていた。リヴァプール女子校で開催された歴史教育会議での講演(一八九六年三月八日)、それを下敷きとした「文壇における女たちの居場所」(『一九世紀』一八九七年六月号)では、中世以来、イングランドにおいて女性が知的世界とどのようにかかわってきたかを歴史的に概観しながら、イングランド中世ならびに近世を、女性というジェンダーが生かされた時代として捉え直すとともに、「女性の居場所」が知の世界にあることが強調されている。(32) また、「二〇世紀へのメッセージ」と題した『ジェントルウーマン』誌の特集記事(一九〇一年一月五日号)でも、アリスはつぎのように語っている。イングランド社会史を見ていると女性の知的影響力の重要さが感じられるが、二〇世紀という新しい時代を迎えた今は、女性の知的貢献がいっそう求められているといっていい。なぜなら、物質的な豊かさを謳歌した一九世紀のうちに、人びとは物欲と物質的な野心に支配されるようになってしまったからである。今後予想される知的生活の堕落を阻止し、「帝国を科学と正義の確かな基盤のうえに確立し、……帝都ロンドンが、世界にその価値ある文明を拡大する伝道師でありつづけ、……二〇世紀が幸せに幕開けするためには、女性がその知的影響力を拡大する必要がある」[Alice Green 1901a : 22]。

このように、アリス・グリーンは、女性の居場所をはっきりと知の世界に見いだし、そこにサロンの女主人という自らの立場を位置づけるとともに、「文明化」「正義」「帝国」といった言葉を駆使して、この私的な空間の公的な貢献を主張するのである。同じく雑誌『一九世紀』に掲載された別の論文で、彼女が、世紀転換期という時代が求めているのは「選挙民の数をふやすことでも、新しい政治的指導者でもなく、世論の成熟である」と述べていたことについては、第一章で紹介した通りである。これらを考えあわせると、アリスは、世論を鍛える存在として女性を把握していたと解していいだろう[Alice Green 1900a : 846]。彼女のこのユニークな主張は、「法的に不完全なシティズン」である女性が「完全なシティズン」となるために参政権を求める運動を高揚させつつあった同時代のフェミニストたちとはきわめて対照的である。すでにくり返し述べているように、アリスは、女性参政権獲得運動にたいして、否定的、批判的な態度をとりつづけたが[33]、その理由についてつぎのような皮肉な符合を指摘していたことは注目されよう。曰く、「女性参政権を求める運動が最大の山場を迎えた時代とは、[政治にかんして]議会の立場がびっくりするほど衰えた時期なのである」[Alice Green 1900a : 844]。

このように、ガートン・カレッジの一件は、世紀転換期における「サロン」という私的な空間の意味と、その女主人が果たす役割とを、アリス・グリーンに認識(もしくは再認識)させたという意味で、きわめて重要な出来事であったといえる。と同時にそれは、ともすれば時代に関係なく、女主人の個人的な才能や魅力だけで論じられがちなサロン文化に「時代性」を付与するという意味で、アリスのサロンを実質面で支えた成人教育運動――グリーンの著作権の背後にあったもの――とともに、世紀転換期という時代を考えるうえで看過できない「事件」だったのである。

試行錯誤する自由党若手議員たち

人格と知性をつうじた社会貢献の場として私的空間であるサロンを捉え、一八八〇―九〇年代にかけて「自分のサロン」を模索したアリス・グリーンの試行錯誤は、九〇年代、やはり試行錯誤の渦中にあった新たなゲストを引きつけはじめた。自由党の若手議員たちである。

一八九一年五月、先述したように、ベアトリス・ウェッブはユニヴァーシティ・ホールでの連続講義のために、ケンジントン・スクェア一四番地に六週間滞在した。このとき、ここである政治的な試みがおこなわれている。ウェッブらフェビアン社会主義者と自由党若手議員との顔合せである。ベアトリスが「風変わりなパーティ(a queer party)」とよんだ会合の様子は以下の通りであった。

……若き急進派たち――アスキス、ホルデイン、グレイ、バクストン、アクランドと、五人のフェビアン社会主義者たち――マシンガム、S・W［シドニー・ウェッブ］、クラーク、オリヴィエ、ショウ、そしてアリスと私。この会合は成功ではなかったが、まったくの失敗というわけでもなかった。みんなが誠心誠意、楽しめるものだったのだから。会合をだいなしにしたのはアスキスだった。彼はもっとも有能で、［フェビアン協会との連携に］ゴーサインを出すべきではないと決めたのだ。もっとも楽しんだのはホルデインで、ほんとうにがんばった。でも、その組織――自由党――は、なかなか動こうとはしない（一八九一年五月二二日）。

H・H・アスキス（1913年）（ナショナル・ポートレート・ギャラリー所蔵）

ここに記された五人の自由党議員のうち、リベラリズムの理論家として知られるスコットランド出身のホルデインは、シドニー・ウェッブの紹介で、すでに一八九〇年末以来、アリスのサロンのゲストとなっていた。ウェッブとホルデインはケンジントン・スクェア一四番地で何度も会い、新しい政治の方向性を模索し、イギリスの将来について語り合っている(34)。スコットランド立法、とりわけ土地法への関与から、アイルランドの土地法にも関心をもつようになった弁護士のホルデインは、その後も長らくアリスのサロンの常連ゲストとなるが、一八九〇年代にはとりわけ、自由党政権期（一八九二―九五）にアイルランド政務次官となるジョン・モーリと親交を結んでいる［Haldane 1929 : 113-14］。

R・B・ホルデイン（1900年代）
（ナショナル・ポートレート・ギャラリー所蔵）

ケンジントン・スクェア一四番地で試みられた一八九一年五月のフェビアン社会主義と自由党との連携そのものはうまくいかなかったが、ここに集まった五人の自由党議員は、その後もいっしょに、あるいは個人的に、何度かアリスの自宅を訪ね、さまざまな人物との出会いのなかで、グラッドストンに継ぐ新しい自由党のリーダー、レセ・フェール（自由放任主義）に代わる新しいリベラリズムのかたちと政策を求めて、試行錯誤を重ねている。そして、一八九〇年代前半のうちに、彼ら若手自由党議員は、アリス・グリーンのサロンを特徴づける存在となっていくのである。[35] それは、自由党の歴史にとって決定的な転換点となった一八八六年の出来事――党首グラッドストンが提起したアイルランド自治法案をめぐる党の分裂とその後の自由党の動きと密接にかかわっていたと思われる。

本章が分析対象とするケンジントン・スクェア一四番地でアリス・グリーンがサロンを主宰していた時期、すなわち、一八八三年から一九〇三年までの二〇年間は、政治史のうえでは、保守党政権の安定期、正確には、保守党が、八六年にアイルランド自治法案反対の立場から離党して「リベラル・ユニオニスト」という新党を立ち上げたジョゼフ・チェンバレンらと連立を組むことで、安定政権を築いた時代である（その間、自由党政権は一八九二―九五年のわずか三年間ほどでしかない）。その大半の時間を野党の地位に甘んじた自由党の党員たちは、いかにして自由党を再編するかという問題に頭を悩ませ、明確な解答のないまま、暗中模索をつづけたといっていいだろう［Jalland 1980；Chris Cook 1976（1998）：22-37］。自由党分裂と相前後して国会議員となった先の五人[36]も例外ではない。

伝統的なリベラルの個人主義に「国家介入」を接ぎ木するにはどうすればいいのか。これに帝国主義をどう絡ませるか。自由貿易とアイルランド自治の実現ははたして自由党の信条として不可欠なものなのか――こうした自問自答のなかで、五人を核とする集団は、一八九八年以後、「リベラル・インペリアリスト」とよばれるようになっていく[Matthew 1973 : 3-36]。自由党の伝統であったレセ・フェールを放棄して、社会改革と「帝国への責務」とを結びつけようとする彼らは、スコットランド貴族の華といわれた第五代ローズベリ伯爵、アーチボルト・フィリップ・プリムローズをリーダーに仰いだ。ローズベリを中心に、週に一度、ナショナル・リベラル・クラブで持たれた彼らの会合、いわゆる「アーティクルズ・クラブ（Articles Club）」は、もともと社交の場であり、政治的に有用な集まりではなかった。それが自由党のひとつの核となるにあたっては、この会合の世話役となり、同世代の自由党員の交流を積極的に促進したホルデインの力が大きい[Matthew 1973 : 12-15]。八九年一一月、サー・エドワード・グレイの自宅での会食において、ホルデインは自分が暖めてきた計画をつぎのように語っている。「われわれ社交仲間の間で政治観を共有し、この社交の集まりを政治的な集まりに変えたい」[37]。

サー・エドワード・グレイ（1905年）（ナショナル・ポートレート・ギャラリー所蔵）

自由党の分裂から（一時的にせよ）政権奪還にいたるまでの時期（一八八六―九二）、ホルデインを中心とする自由党若手議員の動きからは、ひとつの事実があきらかになってくる。それは、彼らが政治的な信条や理念、あるいは政策論議を本格化させる以前に、まずは個人的な関係によって結びつこうとしていたことである。再建の鍵を見失い、失速をつづける当時の自由党のなかで、彼ら若手議員が信頼できたのは、個人的な親密さでしかなかったのかもしれない。だからこそ、グレイは自伝のなかでこの時期をつぎのように回想したのだろう。「一八九〇年代前半は、われわれが政治活動の基盤となるパーソナルな友情関係を育んだ時期であった」[Grey 1925 : vol. 1, passim]。

ホルデインもまた、自伝のなかで、一八八六年から九二年の時期を「いわゆるリベラル・インペリアリストの土台が築かれた時代」と捉えているが、それもまた、その後の彼らの政治活動の鍵を握る個人的な信頼関係に言及したものであろう[Haldane 1929 : 79]。こうしたパーソナルな友情を基盤にして、一九〇八年、首相となったアスキスは、外相にグレイ、陸軍相にホルデイン、逓信相にバクストンを指名することになる[Searle 1971 : 35-38]。

それゆえに、一九世紀末、彼らにとってなによりも大切だったことは、「実際に集まること」だったといってもいいだろう。そこから、彼らが「われわれ」とよぶ集団、「リベラル・インペリアリスト」の政治観や信条、アイデンティティが明確化されていったのである。アリスの自宅での「実験」や議論も、そうした彼らの模索のなかに位置づけられよう。

こうして、ローズベリの下に集まった若手議員は、国内の社会改革と帝国問題とのバランスに腐心することになった。一八九二年四月、自由党が政権に返り咲き、首相グラッドストンの今や悲願となった第二次アイルランド自治法案が議会に提起されたとき、五人の若手議員はこぞって、法案に反対するローズベリを支持した。(38) その一方で、翌九三年に浮上したウガンダとスーダンの併合問題については、併合推進派のローズベリにたいして、アスキスとホルデインは反対派のグラッドストンを支持したのである[Matthew 1973 : 15-19]。

さらに、南アフリカ戦争(一八九九—一九〇二)に際して、自由党の存在意義を示すべく、戦争反対を唱えたウィリアム・ハーコートやジョン・モーリら自由党の重鎮、あるいはロイド=ジョージらと対立しながら、アスキスやグレイ、ホルデインらは、やはり「自由党の立場とこれからのあるべき姿」を考えて、戦争支持を表明している。それが自由党内部の分裂をさらに深化させることになるのだが、その兆しはすでに一八九四年、グラッドストンの引退後、党内部で後継者の呼び声が高かったハーコートではなく、ローズベリが首相に指名された時点であきらかであった［Matthew 1973：19–21］。やがてローズベリへの接近をめぐってフェビアン協会自身が内部分裂を経験することになる［Searle 1971：122–23］が、一八九四年ごろのベアトリス・ウェッブは、こうした自由党内部の対立を、「レセ・フェールで反帝国主義」（ハーコート派）と「コレクティヴィストのラディカル」（ローズベリ派）の対立として捉えつつ、フェビアン協会が求める社会改革法案を通過させられない自由党へのいらだちを隠していない（たとえば一八九四年三月一二日の日記参照）。

自由党内部の対立深化、リベラル・インペリアリストの台頭、フェビアン協会の動き——一八八六年以後、九〇年代にかけてのこうした動きは、アリス・グリーンのサロンとどのようにかかわっていたのだろうか。それを考えるにあたって興味深い手がかりを与えてくれるのは、やはりベアトリス・ウェッブの日記である。

ジョン・F・テイラーの存在

一八九四年秋ごろから、ベアトリス・ウェッブは日記のなかでアリス・グリーンのことを、それまでの「アリス」から、出会った当初の「グリーン夫人」と記すことが多くなっていく。両者の間に生じた微妙な感情の変化——ベアトリス自身は、その原因を、当時アリスのサロンに頻繁に出入りするようになったジョン・F・テイラーの影響によるものと考えていたようである。同年一〇月九日の日記には、「熱愛するアイルランド人弁護士、J・テイラーにともなわれて、三日間滞在したグリーン夫人」が、ウェッブ夫妻の生活を「貧相で文化に欠け、一般の下層中産階級のようだ」と批判するなど、ひどくいらだっていたとの印象が綴られている。このベアトリスの印象が正しければ、当時のアリスをいらだたせていたものとは何だったのだろうか。

興味深いことに、ジャネット・トレヴェリアン（結婚前の当時はジャネット・ウォード）の *DNB* の記述にも、ほぼ同時期、すなわち一八九四、九五年ごろにおこったと思われるアリス・グリーンの変化がつぎのように指摘されている。

［一九］世紀の終わりにかけて、グリーン夫人は、政治的にアイルランド人ジャーナリスト、ジョン・フランシス・テイラーの影響を受けるようになった。彼女の見解は、ほとんどすべての問題について反イングランド的、反帝国的になり、まもなく初期アイルランド史の研究に打ちこむことを決意した。

ジョン・フランシス・テイラー——本章冒頭で紹介したアリスの甥、ロバート・ストップフォードがメモに残していた人物のひとりである。一九世紀末、アイルランド自治法案を熱狂的に支持するテイラーは、雄弁な演説と巧みな政治批評で知られるジャーナリストとして活躍していた。アイルランド北西部、コナハト州メイヨーに生まれた彼は、一八八二年にアイルランドの法廷弁護士となって、地元を中心に活動していたが、九〇年にはイングランドの法廷弁護士資格を取得し、九二年には勅撰弁護士（QC、シルクともいう）となった。もっとも、アイルランドが連合王国に組みこまれていた当時、個人の政治的信条がどうあれ、アイルランド人の弁護士活動には限界があった。テイラーがしだいにジャーナリズムを活動の中心にするようになったのはそのためである。(39) 一八九四年一月以降、彼は『マンチェスタ・ガーディアン』に「アイルランドにおける立場（Position in Ireland）」と題する政治エッセイを連載するようになった。同紙は、一八七二年から半世紀にわたってこの日刊紙の社主を務めたC・P・スコットの方針の下、一八八六年に提起されたグラッドストンのアイルランド自治法案を支持する記事を掲載して、他紙に大幅に水をあける人気を博していた。アリスは、一八九一、二年ごろ、自宅サロンのゲストとなったフェビアン協会のH・W・マシンガムを介して、スコットと知りあったと思われる。(40)ちなみに、マシンガムは、一八八八年、アイルランド・ナショナリスト議員、T・P・オコナーが創刊したロンドンの夕刊紙『スター』の主筆として、自治法案支持を展開していた [Peatling 2001 : 59]。

『マンチェスタ・ガーディアン』のオビチュアリ（一九〇二年一一月一〇日）によると、テイラーは「ことアイルランドにかんする限り、妥協の余地のないナショナリスト」であり、「燃えるような想いでアイルランドを愛して」いたが、フィニアンのような過激派には批判的であった。九〇年代早々には、アイルランド問題の解決を期待して、ローズベリやアスキス、ホルデインら自由党の政治家たちと精力的に接触し、信頼関係を結んでいたようである。その高潔な性格が自由党議員たちから人望を集め、純粋なモラリストとして人道的な活動に強い共感を示したことがオビチュアリで強調される一方、きわめて自立的な人間で協調性に欠けたという指摘もなされている。シドニー・ウェッブによれば、テイラーは一八九二年ごろからアリス・グリーンのサロンに出入りするようになり、アイルランドかイングランドで、双方の既存政党とは無関係な「独立」候補になる考えを表明していたという。(41)くわえて、一七世紀前半のアイルランド史を人物を通して描いた『オウェン・ロウの生涯』（一八九八）という著作で文学的な才能をも高く評価されており、彼が当時のアイルランド文芸復興運動にも強い関心を寄せていたことがわかる。

こうしてジャーナリストとして活動するうちに、テイラーはアリスと出会ったのだが、二人の関係は、ベアトリス・ウェッブやジャネット・トレヴェリアンが危惧したような性格のものだったのだろうか。

それを証言する資料が保管されているのは、リストに掲載されて公開されている「アリス・グリーン文書」とは別に、未整理の原則非公開の資料を収めた「NFC56」という番号の段ボール箱である。(42)その中身の大半を占めているのは、J・F・テイラーからアリスに宛てられた二〇〇通あまりの手紙（そして五通の電報）だが、それを数通でも読めば、プライヴァシーの保持が非公開の大きな理由となっていることが理解できよう。彼からの手紙の多くが、愛情を赤裸々に綴った熱烈なラヴレターなのである。

「非公開」を尊重して、ここで手紙の中身に深く踏みこむことは避けたい。しかしながら、テイラーがアリス・グリーンにとって何だったかを考えることは、彼女のサロンを考察する本書にとってきわめて重要である。なぜなら、テイラーは、甥ロバートが叔母との関係が深いと記憶していた三人の人物のうちのひとりであるとともに、ベアトリス・ウェッブが日記に記し、ジャネット・トレヴェリアンが*DNB*に記述したように、「アリス・グリーンを変えた」という同時代人の証言が複数存在するからである。テイラーがアリスに与えた影響とはいったい何だったのか。

ここでは、この膨大な手紙に認められるひとつの事実に注目しておきたい。それは、彼の手紙が圧倒的に一八九四年に、すなわちベアトリス・ウェッブがアリスの変化——いらだち——を察知した年に集中していることである。とりわけ、九四年一月から五月にかけては、テイラーはほぼ連日、アリスに宛てて手紙を送っており、その文面からは両者の間にプライヴェートな感情をめぐってかなり激しい葛藤があったことがわかる。九四年四月一八日には、二、三時間おきに、ダブリンの中心部、セント・スティーヴンス・グリーンの電報局から合計五通の電報がアリスのもとに届いており、この時期、テイラーがかなり真剣にアリスとの将来を考えていたことも推察される。[43] その意味で、先述したベアトリス・ウェッブの日記は、二人の不安定な関係を的確に捉えていたといえるかもしれない。言い換えれば、この時点でのアリスの「いらだち」の原因は、アイルランド自治問題以上に、二人の個人的感情にあったといえるだろう。

嵐のような一八九四年が終わると、テイラーは自分の思いを愛情と友情の狭間へとゆっくりとおとしていき、九六年ごろにもなると、二人は月に数通の手紙を交わす関係へと落ち着いていく。そのころのテイラーの手紙には、アリスへの変わらぬ想いとともに、時事問題へのコメントが長く綴られるようになった。そこから、テイラーの手紙を加味して伝記を書いたR・B・マクドウェルは、テイラーがアリスに「アイルランド・ナショナリズムへの信念を強め、アイルランド史への関心を高め、既存の政治的権威やリーダー的存在の政治家を信じるなということを教えた」と分析している [R. B. MacDowell 1967 : 54-55]。

アイルランド問題に造詣が深く、自由党議員との交友関係で知られるテイラーを抱えたことで、アリスのサロンが、それまで残っていたイングランド史家「J・R・グリーンのサロン」をしだいに脱し、自由党議員の存在ともあいまって、当時の政界でキャスティング・ボードを握っていたアイルランド問題に関心を抱く人びとが集まる政治的なサロンというイメージを強めたことはあったかもしれない。それが、*DNB* に記述したジャネット・トレヴェリアンの理解であり、マクドウェルに資料を提供した甥ロバートの「叔母の物語」であった。

しかしながら、二〇〇通を超す手紙から伝わってくるのは、テイラーがアリスに与えた政治的な影響以上に、アリスがテイラーに与えた精神的な影響なのである。けっして健康とはいえない身体と孤独を抱えていたテイラーは、愛情から友情へと自分の気持ちを切り替えようとしながら、アリス・グリーンの存在に生きる希望のようなものを認めていたように思われる。ダブリンに自宅を持ちながらホテル暮らしをつづけた彼は、手紙のなかで自分がずっと愛情に飢えてきたことを告白している[44]。そんな彼を深いところで支えていたのがアリスではなかったか。しかも、そうした関係がけっして二人だけの「秘め事」でなかったことは、死の直前までテイラーの記事を掲載しつづけた『マンチェスタ・ガーディアン』のオビチュアリにあるつぎの言葉からもわかるだろう（一九〇二年一一月一〇日）。

ロンドンの親しい友人のひとりであるジョン・リチャード・グリーン夫人が、思いやり深く介護にあたったことで、テイラー氏の人生の最後の数ヶ月はそれ以前よりは憂鬱なものではなくなり、可能な限り、心安らかで晴ればれとしたものになったのである。

問題は、一八九〇年代、サロンのゲストとしてテイラーを抱えた重要性がどこに見いだせるか、である。一言でいうならば、それは、同時代人の証言にあったように、それまでアリスがさほど意識しなかった「アイルランド」の存在とその問題を、この情熱的で雄弁なナショナリストが彼女に提示したことにあると思われる。彼と語り、彼の書いた記事を読みながら、アリス・グリーンは、アイルランド自治法案とその意味を理解し、強く支持するようになったということはできるだろう。テイラーと自由党議員との関係から、彼女のサロンがよりいっそう政治色を帯びたこともあったかもしれない。しかしながら、その先、すなわちアリスが「アイルランド人」として自らを再構築し、それをアイルランド史の書き換えというかたちで示すに至る強い動機や「経験」を、テイラーその人との関係のなかに見つけることはきわめて難しいといわざるをえない。とりわけ、後述するように、アリスがアイルランドの将来をイギリスとの関係以外のコンテクストに置いて考えるようになるためには、テイラー以外の「経験」が必要だった。それに何より、アリスがテイラーから学んだ「アイルランド」がどういうものだったかを、この時期の彼女はまったく残していないのである。[45] それは彼女の著作一覧からもはっきりとみてとれる。

単著公刊の空白期

一八九四年、アリス・グリーンは、ユニヴァーシティ・ホールでの講義を二巻本にまとめて上梓した。資料③（一〇八頁）からは、その後しばらく、パンフレットの類を含み、彼女の出版物の公刊が中断していることがわかる（＊＊＊の期間）。ふたたび彼女の著作が公刊されはじめるのは、それから一〇年あまり後、初めてのアイルランド史の著作『アイルランドの形成と解体、一二〇〇—一六〇〇年』（一九〇八、以下『形成と解体』と略す）以後のことである。これを契機に、彼女は、『アイリッシュ・ナショナリティ』（一九一一）、『古きアイルランド世界』（一九一二）、『アイルランド国民の伝統』（一九一七）など、たてつづけにアイルランドの歴史と文化を扱った作品群を出版し、きわめて短期間のうちにナショナリスト的アイルランド史家とみなされていった。そして一九二二年、それらの著作がアイルランドの人びとに、とりわけ若い世代に与えた影響を評価されて、アイルランド自由国の国会議員（senator）に指名されるのである。二八年には、アイルランド中世・近世史への貢献により、アイルランド国立大学から名誉博士号を授与された。(46) これらが、甥ロバートが記憶していた「叔母アリスの物語」であったことはすでに述べた通りである。

問題点を整理するために、今一度彼女の著作リスト（資料③一〇八頁）を見てみよう。

注目すべきは、『一五世紀の都市生活』と『形成と解体』の間の時期、一八九五年から一九〇七年にかけての一〇年あまりの間、単著公刊が途絶えた「空白期」である。より正確には『パジェット文書』の注解作業が終わる一八九六年以後、『形成と解体』の執筆準備がはじまるまで、ということになろう。第六章で詳しく見るように、一九〇四年一〇月、渡米した彼女を歓迎する『シカゴ・イヴニング・アメリカン』の記事（一九〇四年一〇月二九日）には、すでにアリス・グリーン初のアイルランド史が完成間近であることが伝えられている。

すなわち、一八九六年から一九〇四年ごろまでの間に——文字通り世紀の変わり目の一〇年ほどの時間のうちに、アリス・グリーンは、イングランド史からアイルランド史へと、歴史叙述の関心を大きく移行させたことになる。言い換えれば、この時期、何をどのように書くかという彼女の問題意識に大きな変化がおこったのである。物を書く人間にとって、何をどう書くかは、その人がどう生きるかという生き方の問題と深くかかわっている。

資料③ アリス・グリーンの著作リスト

a） 著作

『ヘンリ二世』（*Henry the Second*, 1888）

『一五世紀の都市生活』（*Town Life in the Fifteenth Century*, 2 vols., 1894）

『パジェット文書』（*The Paget Papers*, 2 vols., 1896, 注解）

＊＊＊（下記のｂ参照）

『アイルランドの形成と解体 1200-1600』（*The Making of Ireland and Its Undoing 1200-1600*, 1908）

『アイリッシュ・ナショナリティ』（*Irish Nationality*, 1911）

『古きアイルランド世界』（*The Old Irish World*, 1912）

『アイルランド国民の伝統』（*The Irish National Tradition*, 1917）

『忠誠と裏切り――アイルランドでの意味』（*Loyalty and Disloyalty : What it Means in Ireland*, 1918）

『アルスターに我らのみ』（*Ourselves Alone in Ulster*, 1918）

『アイルランドの統治』（*The Government of Ireland*, 1921）

『アイルランド人と無敵艦隊』（*The Irish and the Armada*, 1921）

『一〇一四年までのアイルランド国家の歴史』（*History of the Irish State to 1014*, 1925）

『アイルランド史から学ぶ』（*Studies from Irish History*, 6 vols., 1926）

b） ＊＊＊

1）「文壇における女たちの居場所」（'Woman's Place in the World of Letters', *The Nineteenth Century*, vol. XLV, No. 243, June 1897. 1913年にマクミラン社より単著として公刊）

2）「過去のイングランド人とオランダ人」（'English and Dutch in the Past', *The Nineteenth Century*, vol. XLVII, No. 274, Dec. 1899）

3）「官僚制の成長と議会の衰退」（'Growing Bureaucracy and Parliamentary Decline', *The Nineteenth Century*, vol. XLVIII, No. 279, May 1900）

4）「セント・ヘレナ島ボーア人捕虜訪問記」（'A Visit to the Boer Prisoners at St. Helena', *The Nineteenth Century*, vol. XLVIII, No. 286, Dec. 1900）

5）「われわれのボーア人捕虜たち――教訓的事例の提案」（'Our Boer Prisoners—A Suggested Objection-Lesson', *The Nineteenth Century*, vol. XLIX, No. 291, May 1901）

6）「メアリ・キングズリ」（'Mary Kingsley', *Journal of the African Society*, vol. I, No. 1, Oct. 1901）

歴史家未亡人が自ら歴史叙述を手がけることも、アイルランド生まれの人間がアイルランド史を執筆することも、けっして「必然」ではない。それゆえに、単著の公刊が途絶えたこの一〇年間は、文字通り、何をどう書くかを考える「試行錯誤の充電期」として捉え直すことができよう。くわえて、一八九五年からの数年間に、イングランド史からアイルランド史へと彼女の関心の大幅な移行を後押しする直接的な動機が存在したことについては、第六章で見る通りである。

かといって、この一〇年ほどの間、彼女がまったく何も書かなかったわけではない。著作リストからは、この時期の彼女が数本の論文を執筆、発表しており、しかもそのタイトルからは、当時の彼女が何にこだわっていたかがよくわかる。

まずひとつは、女性の居場所を知的世界に求めた雑誌『一九世紀』の論文（そしてそれと関連する講演や新聞記事）であるが、これについてはすでに述べた。自らの立場と重ねて社会にたいする女性の知的貢献を強調した彼女の主張は、女性参政権獲得運動が高まったこの時期にあって、「シティズンシップのかたち」は選挙権の有無に関係ないこと、すなわち、サロンの女主人という立場もまた、女性の「シティズンシップのかたち」であることを高らかに謳ったものといえよう。

もうひとつ注目されるのは、この時期に彼女が執筆した雑誌論文の大半が南アフリカ戦争関連であることだ。これらの執筆動機が、追悼のエッセイを含めて、メアリ・キングズリの死にあることはいうまでもない。彼女を介した経験とそれにつづく充電の一〇年間のなかで、アリス・グリーンは、歴史叙述の中身も視点も大きく変えるとともに、一連の「アイルランド国民の物語」を綴りはじめたのである。それゆえに、この時期のアリスの経験の中身こそが問われねばならない。

メアリとの出会い、ベアトリスとの訣別

アリス・グリーンとメアリ・キングズリの出会いは、一八九七年一月、メアリが自らの経験を綴った最初の著作『西アフリカの旅』を上梓した直後のことであった。同書が人気を博したことで、メアリ・キングズリは一躍「西アフリカの専門家」とみなされて有名になっていくが、シャイな彼女を気遣うアリスの配慮から、訪問者の大半は、メアリの自宅があるアディスン・ロード一〇〇番地ではなく、ケンジントン・スクェア一四番地に足を運ぶことになった［Stephen Gwynn 1932 : 138–39 ; Birkett 1992 : 86–87］。こうして、メアリ・キングズリのネットワークは、アリスのサロンへと移植されることになったのである。

メアリを抱えたことで、アリス自身に、そして彼女のサロンにも、大きな変化が訪れることになった。その詳細については次章以下で見ていくが、ここでは今一度、ベアトリス・ウェッブの証言に耳を傾けておきたい。一八九四年秋、アリスにたいするテイラーの悪しき影響を指摘していた彼女は、アリスがメアリとの親交を深めつつあった九七年五月、アリスに哀れみを感じるという（いささか唐突な）言葉とともに、訣別とも思われるつぎのような文章を日記に残している。「彼女［アリス・グリーン］が私を友人として選んだのではあり、私が彼女を選んだのではない。シドニーとのことを最初に認めてくれたのは彼女だったから、いつだって感謝してきた。しかしもはや……」。(47)

日記にはっきりと認められるベアトリスのアリス観、ないしアリス理解の変化は、ベアトリス自身の変化の裏返しであるとともに、アリス・グリーンの変化をいくぶんなりとも反映するものであろう。サロンの女主人の変化はサロンの変化でもある。以後、頻繁にケンジントン・スクェア一四番地を訪れることになるメアリ・キングズリとは対照的に、ベアトリス・ウェッブは、アリス・グリーンと彼女のサロンから距離を置きはじめるのである。ベアトリスがアリスに感じたという「哀れみ」の具体的な中味は不明だが、一八九七年ごろ、彼女がアリス

メアリ・キングズリ（Pearce 1990: 96–97）

にそれまで以上の違和感を覚えていたことは確かだろう。このベアトリスの感覚は何を物語るのだろうか。

それはこの時期、ウェッブ夫妻をリーダーとするフェビアン協会とリベラル・インペリアリストたちとの関係から推し量ることができる。一八九四年のグラッドストンの引退が自由党内部の分裂をさらに表面化させたことはすでに述べた。内部分裂は、九九年に勃発した南アフリカ戦争をめぐっていっそう深刻化していくが、同時期、ローズベリやアスキス、ホルデイン、グレイらとの関係を強めたのがフェビアン協会であった。シドニー・ウェッブやバーナード・ショウを中心に、戦争への賛意を表明したフェビアン協会員は、『フェビアン主義と帝国』(一九〇〇)というパンフレットを作成し、「国民の立場に立って、帝国を維持する必要性」を主張しはじめるのである[センメル 一九八二：六三―八四]。別の言い方をすれば、ベアトリス・ウェッブは、アリス・グリーンが批判してやまなかったローズベリに接近していくのである(48)[Harrison 2000：308-400]。ローズベリの合言葉であった「効率(efficiency)」を旗印に、ウェッブ夫妻が自宅で「効率懇話会(Co-Efficiency)」という会合を定期的に開くのは、南アフリカ戦争終結まもない一九〇二年一一月のことであった[Searle 1971：150-51；センメル 一九八二：七二―八四]。

アリス・グリーンの充電期となった一八九〇年代半ばから一九〇〇年代半ばにかけての時代は、奇しくも、ベアトリス・ウェッブにとっても試行錯誤の時代であったことになる。そのなかで、「効率」という視点から帝国を捉えるようになったベアトリスにたいして、同時期にアリス・グリーンが重ねた「経験」はまったく違う視点を彼女に提供したのである。そこに、アリスとベアトリス・ウェッブとの帝国観の差も顕在化し、二人の訣別も準備されたといえるだろう(49)。

次章では、メアリ・キングズリとの友情がどのような「経験」をアリス・グリーンに与えたのかを中心に、メアリの「アフリカ経験」を再考することにしたい。

第三章　インスピレーションとしてのメアリ・キングズリ

第一節　女性が旅行記を書くこと

これまでの帝国史の叙述とは逆方向に、すなわち、本国から植民地へではなく、植民地から本国へ向かうベクトルを意識すべく、「植民地経験」とそのゆくえに注目する本書にとって、メアリ・キングズリはきわめてわかりやすい事例である。なぜなら、その経験によって、彼女の人生が一八〇度変わってしまったからである。しかもその変化は時期的にきわめて限定されていた。彼女が自らの経験を「かたち」にできた時間は、一八九五年一一月末の帰国後、『西アフリカの旅』(一八九七)、および『西アフリカ研究』(一八九九)の出版を経て、突然南アフリカ戦争(第二次ボーア戦争)の戦場へと旅立った一九〇〇年三月までの数年ほどのことでしかない。この時間の短さが、彼女の植民地経験とそのゆくえを見やすくしているといえるかもしれない。

まずは、メアリの人生と西アフリカの旅とのかかわりを見ながら、そこにどのような問題が含まれているかを整理しておくことにしよう。

メアリの人生と旅――その語り

数人の作家が手がけた伝記のなかで、あるいはモノグラフの導入部で紹介される場合にも、メアリ・キングズリの人生はほぼ例外なく、つぎのように語られている[1]。

一八六二年、メアリ・ヘンリエッタ・キングズリは、父ジョージ、母メアリの長女としてロンドンに生まれた。

父は知的貴族の名門キングズリ家の次男。父の兄チャールズ・キングズリ（一八一九―七五）はキリスト教社会主義者として知られた社会改革者であり、評論家、小説家としても有名であった。弟ヘンリは普仏戦争の従軍記者としてならしたジャーナリストである。その二人に挟まれた父ジョージは、貴族の侍医として、世界各地を旅して回る自由奔放な日々を送っていた。もともとキングズリ家の家事使用人であった母は心身を病んでおり、娘メアリは、父親不在の家庭で、母に代わって家計を切り盛りしながら、母の介護と弟チャールズの世話に明け暮れた。

「寸分たがわぬヴィクトリア朝時代の娘」［Flint 1965：151］としての人生は、一八九二年春、突然終わる。その朝、いつも通り母の介護で徹夜した彼女は、郵便物を手に父を起こしにいき、そこですでに息絶えていた父を発見したのである。その六週間後、母も父の後を追った。伝記作家の多くは、両親を相次いで亡くしたときのメアリの気持ちを、『西アフリカの旅』の序文からつぎの一文を引いて紹介している。「半クラウン貨を手にした子どものように、何をしようかとしばし悩んだ」［TWA：1］。

悩んだあげく、彼女はまず保養地として知られたスペイン領カナリー諸島に旅し、そこで西アフリカへの旅を決意する。一八九三年から九五年にかけて、二度にわたる旅を終えて帰国した彼女は、その経験をまとめた『西アフリカの旅』の出版前後から、「西アフリカ問題の専門家」として急速に脚光を浴びていく。文字通り、旅が人生を変えたのである。

旅のなかで、そして帰国後の活動において、西アフリカ関係者――商人や植民地行政官、宣教師、そして現地の知識人ら――との間に独自のネットワークを築いた彼女は、西アフリカの植民地化を進めようとする植民地省と激しく対立しながら、西アフリカにとってイギリスはどうあるべきかを問いつづけた。西アフリカ支配をめぐる政治論争のさなかで書かれた二冊目の著作『西アフリカ研究』（一八九九）が、一冊目に比べて政治的色彩が濃い作品となったのはそのためであろう。一九〇〇年三月、唐突に南アフリカ戦争の看護婦を志願してケープタウンに渡った彼女は、そのわずか三ヶ月後、ボーア人捕虜を看護中に腸チフスに感染して亡くなった――これが、メアリ・キングズリの人生として語られている主な内容である。

こうした語りからは、アフリカ経験に「かたち」を与える彼女の活動時間が限られていたこととともに、もうひとつ、重要な事実が確認できよう。それは、それまでまったく無名だったメアリが、彼女の旅を記録した著作によって一躍有名になったこと、言い換えれば、彼女の西アフリカ経験が現実に売れ、読まれたことである。『西アフリカの旅』は、七〇〇頁を超す大著にもかかわらず、初版一五〇〇部がすぐに売り切れ、一九〇四年までに八刷、全部で七五〇〇部が出された。二冊目の『西アフリカ研究』は、初版二〇〇〇部のうち、発売後の一週間で一二〇〇部を売り、一九〇一年には第二版が一五〇〇部出されている [Birkett 1992: 135]。二冊ともにイギリスの雑誌や新聞で幅広く書評されるとともに、フランスやオーストリア、ドイツやアメリカでも多くの書評が寄せられた。

くわえて彼女は、イギリス各地を講演して回り、ときに二〇〇〇人を超す聴衆を集めたといわれる。後に述べる王立地理学協会（RGS）とは異なり、当初から女性会員を認めていたスコットランドやリヴァプールの地理学協会との関係はとりわけ深かった。また、彼女が時事問題とのかかわりで、西アフリカにかんする論評を新聞や雑誌に数多く寄稿していたことは、本章で取りあげる通りである。

こうしたことからは、一八九〇年代後半、メアリ・キングズリの西アフリカ経験がかなり広範な人びとに受け入れられたことがわかるだろう。いや、むしろ逆に、メアリ自身が、こうした「需要」を前提にアフリカを語っていたと考えた方がいいかもしれない。問題は、メアリ・キングズリがイギリス（あるいはヨーロッパやアメリカ）の読者や聴衆に向かって、西アフリカをどんな語りにより、どのような場として提示しようとしたのか、ということである。

ある地域について語ることは、その地域の文化や歴史、人びとの生活にかんする知識を「生産」することにほかならない。しかしながら、これまで、レディ・トラヴェラーの旅行記がこうした「知の生産」と関連づけて捉えられることはほとんどなかったように思われる。言い換えるならば、レディ・トラヴェラーの旅行記は、男性の論理的な書き物とは異なり、非常に散漫（discursive）で断片的でしかなく、しかも科学的ではないとみなされてきたのである。それは、彼女たちの旅とその記録が、当時の地理学になんら新しい知識をつけ加えるものではないと考えられてきたことを意味している。地理学という学問（あるいは学問の伝統）への貢献を否定されたことで、彼女たちの旅そのものが「地理学の知」から消去されてきたといっていいだろう。

こうした理解のなかに、いわゆる「地理上の発見」は男性がするものだというジェンダーにもとづく偏見を認め、それに強い異議を唱えているのがフェミニズム歴史地理学である。

フェミニズム歴史地理学の挑戦

「過去」とは、「現在」のある視点でたえず語り直され、書き改められてそこにある――この認識は、歴史学のものだけではない。近年、過去の空間分析を扱う歴史地理学においても、こうした認識から見直しが進められつつある。そこでは、「過去」をたえず視覚化してある特定の「かたち」を与える学問――歴史地理学――において、地理にかんする知識がいかにして構築されてきたかが再考されるとともに、地理上の理解を与えてきた地理学内部の権力構造や力関係があきらかにされてきた。この新しい学問上の動きが、フェミニズム歴史地理学とよばれるものである［Rose 1993, 1995 ; Gregson & Rose 1997 ; Linda McDowell 1999］。

そこでは、歴史学で進められてきたジェンダーの視点からの見直し、すなわち、男性中心に書かれてきた歴史記述が女性を周縁化、ないしは排除したことによって歴史叙述が歪められたことへの反省から、歴史そのものがジェンダー化されて構築されてきたことに自覚的であるべきだという意識が共有されている。また、ある特定の集団や人びと、及び彼らの知を「他者化」し、地理学という学問領域から消去するように働いた力関係への注目も、本書第一章で紹介した歴史学における再検討の方向性と通底するだろう。こうした視点を加えることによって、われわれが目にする風景や空間が、学問の権力構造のなかで「創造」されたものでもあることにたいして、フェミニズム歴史地理学は自覚を促そうとするのである。

地理学という学問内部の権力関係が問題視されるのは、その関係にもとづいて、「地理学的な知識」と「地理学的ではない知識」との間に境界線が引かれてしまうからである。その線引きが、旅した地域や旅の手段、目的などによってではなく、旅人のジェンダー差にもとづいていたこと、そして、この線引きこそが、レディ・トラヴェラーの旅とその記録、彼女たちの経験そのものを削除してきたことに、フェミニズム歴史地理学は強く異議を申し立てるのである。境界線を引こうとする「差異化」の作業、すなわち、何かを排除し、別の何かをその内側に包含しようとする営みによって空間や景観が「創造」されたという彼らの主張は、メアリ・キングズリの経験を分析する本章にとっても非常に示唆に富む指摘である。地理学という学問内部の権力関係とかかわる「境界線」の問題と、そこから排除された（レディ・トラヴェラーを含む）多くの存在を考えることは、地理学における白人男性中心主義を脱する大きな一歩ともなろう。

フェミニズム歴史地理学の提唱者のひとりであるギリアン・ローズは、従来の地理学の伝統から削除されてきた「女性の経験」に注目して、つぎのようなことを述べている。あまりにも完全に「他者」を、すなわち女性の経験を消去してしまうことは、その経験を削除した地理学という学問自体の営みを、境界線を設ける意味を、見失わせることになるだろう。「地理学に寄与する知識」と「寄与しない知識」の間に線引きし、後者を抹消する作業が、地理学のひとつの、それも大きな営みであるならば、地理学という学問は、自らが消し去った「他者」によって創られていることを忘れるべきではない、と［Rose 1995: 414］。ギリアン・ローズのこの指摘をレディ・トラヴェラーにあてはめれば、当時の地理学が学問的な貢献を認めずに消し去った彼女たちの旅と経験こそが、今につづく地理学（とその伝統）を構築した、ということになろう。こうした見方からも、彼女たちの旅の再検討は進められるべきなのである。

イギリスの場合、地理学的な知識――地理上の発見――かどうかを判断する権威をもっていたのは、RGSであった。一八三〇年の創設以来、RGSは、探検や冒険、それにともなう「地理上の発見」を支援しつづけてきた。ナイル川の水源を求めたスピークとグラントの旅、アフリカ横断を試みたリヴィングストンの旅を後援したのもこの協会である［Keay 1991; Cameran 1980］。こうして、イギリスでは、地理学という学問が提供する知は、当初から、帝国建設や植民地支配と密接にかかわってきたといえる。

創設以来、メンバーシップから女性を徹底的に排除していたという点で、RGSは、文字通り男性知としての地理学の牙城でもあった。「知」にジェンダー差があるという同時代の考え方を支持するRGSは、レディ・トラヴェラーの業績のいっさいを無視してきた。唯一、一八七六年にRGSがメダル（Patron's Medal）を贈った女性、レディ・ジェイン・フランクリンは、彼女自身が旅したのではなく、北西航路発見の遠征で行方不明となった夫サー・ジョンを探す捜索隊に財政援助をおこなったことで、結果的に北極にかんする知識を促進したことを評価されたにすぎない［Birkett 1989（1991）: 188］。

だからこそ、一八九〇年代、RGSにおいて女性会員（Fellow）を認めるか否かをめぐる激しい論争がおこなわれたことは、同時期のレディ・トラヴェラーたちにとって、そしてメアリ・キングズリの経験を再考しようとする本章にとっても実に興味深いことだといえる。すでに一八四七年以来、たびたび提起されながら、そのたびに見送られてきたこの問題が一八九二年に再燃したのは、ちょうどチベットの旅から帰国した著名なレディ・トラヴェラー、イザベラ・バードのとった行動にあった。彼女は、RGSからの講演依頼を拒否することで、自分を、そして自分と同じようなレディ・トラヴェラーを会員として認めないRGSを非難したのである［Bell & McEwan 1996 : 297］。バードが創設以来メンバーとなってきた王立スコットランド地理学協会（一八八四年創設）はじめ、提携関係にある国内の地理学協会の多くがすでに女性会員を認めているなかで、RGSはなぜ頑ななまでに女性会員を受け入れないのか——ちょうど同時期に高揚した女性参政権運動とあいまって、RGSの女性会員問題は、翌年にかけて新聞紙上を大いににぎわせたのである。(2)

このときは結局、女性会員は認められなかったものの、議論の存在自体は、女性たちが植民地で何を見聞きし、それが現地の空間認識にどのような影響を及ぼしたのかという問題、すなわち、レディ・トラヴェラーがもたらす「地理学上の知」の性格にたいする見方が変化しつつあったことを示しているといえるだろう［Bell & McEwan 1996 : 295-312］。かつて、「地理上の発見」に値する「科学的」な水準を満たしていないとして「地理学的な知」から排除された女性たちの経験は、RGSが最終的に女性会員を認める一九一三年まで、文字通りの世紀転換期、「科学」と「地理学」の境界線を揺らしつづけたのである。

論争の余韻が残る一八九三年晩秋、この論争とはまったく無関係に、メアリ・キングズリは西アフリカへと出発した。

知の生産と消費

今、「科学」と「地理学」の境界線をレディ・トラヴェラーが揺るがしていたと書いた。西アフリカ経験を綴った著作で一躍脚光を浴びることになるメアリ・キングズリだが、それは、彼女の著作に学問的な貢献が期待されていたことを意味するわけではない。それまでのレディ・トラヴェラー同様、メアリの『西アフリカの旅』も、まずはアマチュアによるユーモアに満ちた軽い読み物として人気をよんだと考えられる。しかしながら、一般読者にとって、書かれた内容が「科学的か、そうでないか」の境界線はどれほど重要だったのだろうか。むしろ、著作としての人気と重要性は、地理学という学問とは直接関係のないところにあったのではないだろうか。

メアリ・キングズリを含み、レディ・トラヴェラーの旅行記の叙述が現実の地理をどこまで反映していたのかという問題は、当時も今もさほど重要ではないだろう。彼女たちの旅行記の重要性は、むしろ、「科学的ではない」とされ、地理学上の知の発展に貢献しない「軽い読み物」として読まれ、それが確実に人気を博していたという事実そのものにあると思われる。それは、彼女たちが語るアジアやアフリカの地域が、読者の大半が見たこともない風景、出会ったこともない人びとのイメージが、かなり広範囲にわたって「消費」されたことを意味している。言い換えれば、この「消費」は、同時代の（そして後世の）学問的、科学的な評価とは別に、それらが与える風景観や人種イメージの深刻さを物語るものとして検証し直す必要があるだろう。

だからこそ、彼女たちが現地の風景や空間をどういうものとして語っているかについて、これまで試みられてきた男性の記述との比較以上に、その作品自体によりいっそう踏みこんだ分析が必要になってくる。そのうえで、大量に消費された彼女たちの記述が、植民地の未来にどのような役割を果したかを考えることこそ、今求められているのである(3)。先に、ある地域について語ることは、その地域の文化や歴史、人びとにかんする「知の生産」だと述べたが、それに、この「知の消費」の問題をつけ加えねばならないだろう。

その意味からも、メアリ・キングズリはきわめて重要な存在である。なぜなら、メアリ・キングズリの旅とその語りが、その後長らく、イギリスにおいて西アフリカを語り、考える際の重要な記憶となったからである[McEwan 1996：68-83]。つまり、西アフリカを旅したほかの男性旅行家たちを押しのけて、メアリの旅が記憶されつづけたのである。それゆえに、メアリ・キングズリは、一九世紀末のイギリスにおける「西アフリカ」という場の「生産」と「消費」に深くかかわっていたことになる。では、彼女のアフリカ経験が「生産」した知、彼女の聴衆や読者が「消費」した知とは、どういうものだったのか。

こうした問題意識を念頭に置きつつ、メアリ・キングズリの旅と彼女の叙述を具体的に追うことにしよう。

第二節　メアリ・キングズリの旅

メアリ・キングズリは二度にわたって西アフリカを旅している。一回目は、一八九三年七月末から九四年一月上旬にかけての半年足らずであり、ルートも西アフリカ沿岸部の交易ルートに限定されており、いうなれば二回目の旅の下見的役割を果たしたといえる。このときの旅について、具体的な地名を追えばこうなろう。

シェラレオネの港町フリータウン（あまりにもヨーロッパ化しており、彼女にいわせれば、「おぞましい使い古しの白人文化の町」）から、ゴールド・コーストの港町、ケープ・コーストやアクラを通過して、現在のナイジェリア東部、ベニン湾の港町カラバル（オールド・カラバル）へ。その対岸に浮かぶ美しい島、スペイン領フェルナンド・ポー島（現在のビオコ島）は、一九〇〇年に国境が確定するまで、ナイジェリア征圧に乗り出したイギリスの戦略拠点でもあった。その後、ポルトガル領アンゴラの港町セント・ポール・デ・ロアンダ（現在のルアンダ）まで蒸気船で南下し、そこからやはり船で北上して、フランス領コンゴの主都リーブルヴィル（現在ガボン共和国の首都）へ。ここでイギリス商人らと合流したメアリは、カラバル経由で帰国した。オイル・リヴァーズ保護領総領事クロード・マクドナルドから妻エセルの西アフリカ行きに同行してほしいと頼まれたのはこのときのこ

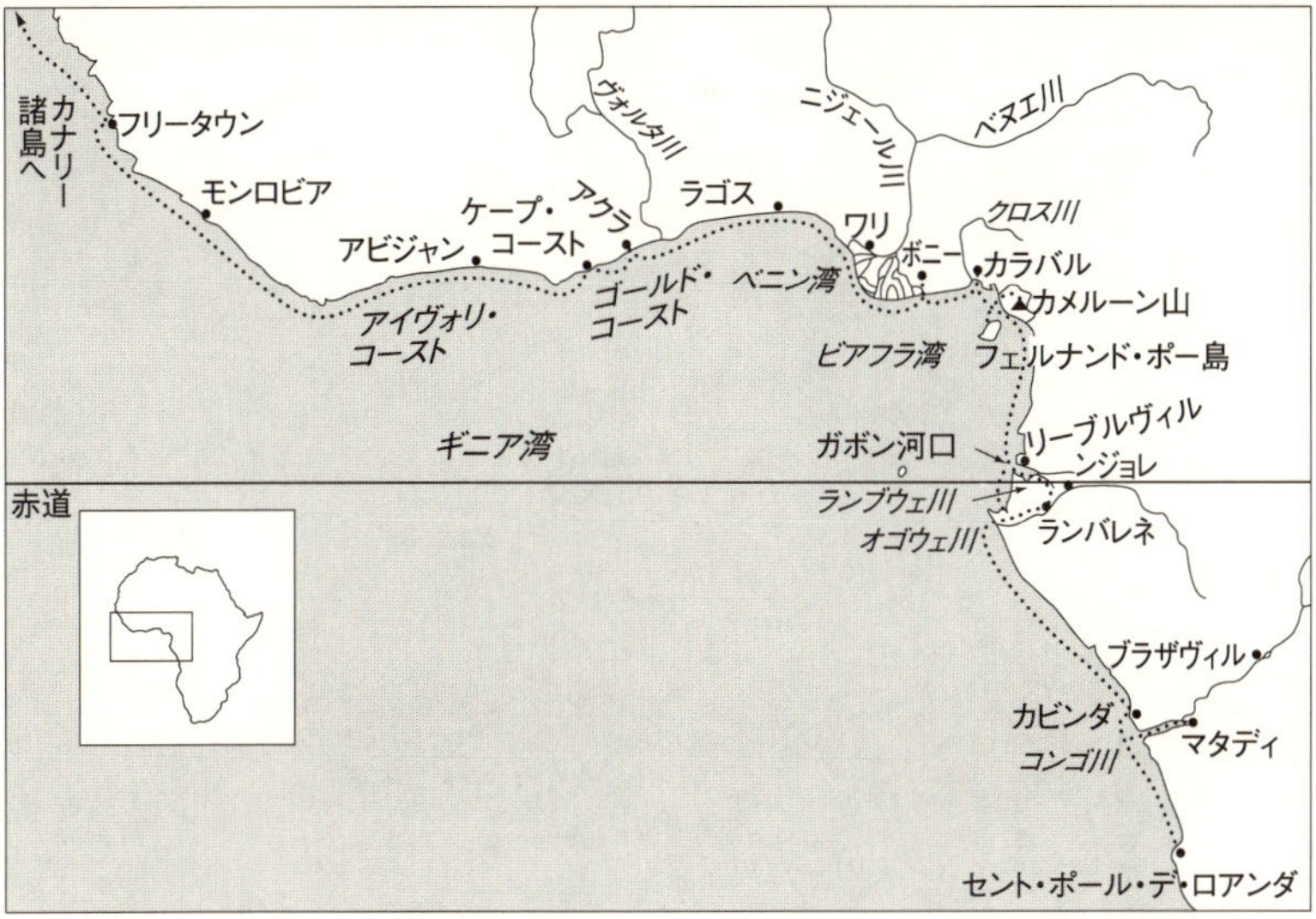

地図①　メアリ・キングズリの旅ルート（1893、1895年）（Birkett 1992: 扉頁）

とである［*TWA*: 12］。彼女は後年、この一回目の旅のことを手紙のなかでつぎのように語っている。

「私は死ぬために西アフリカに行ったのです。でもそのとき、西アフリカは私を殺そうとしませんでした。そして私にこなすべき雑事を与えてくれたのです[4]」――これによって、二度目の旅は、彼女にとって「生きるための旅」になった。以下、『西アフリカの旅』に基本的な情報と知を提供した二回目の旅について考えていくことにしたい。

旅のルート

二回目の旅は、一八九四年一二月二三日の出航から九五年一一月三〇日の帰国まで、ほぼ一年間をかけている。一回目とは異なり、二回目の旅では、沿岸部の白人コミュニティをひとり離れ、当時のフランス領コンゴを流れる大河オゴウェ川からランブウェ川へとつづく白人未踏の陸上ルートを旅し、カメルーン山にも登頂したことを最大の特徴としている（地図①参照）。

一八九四年一二月二三日、約束通り、総領事マクドナ

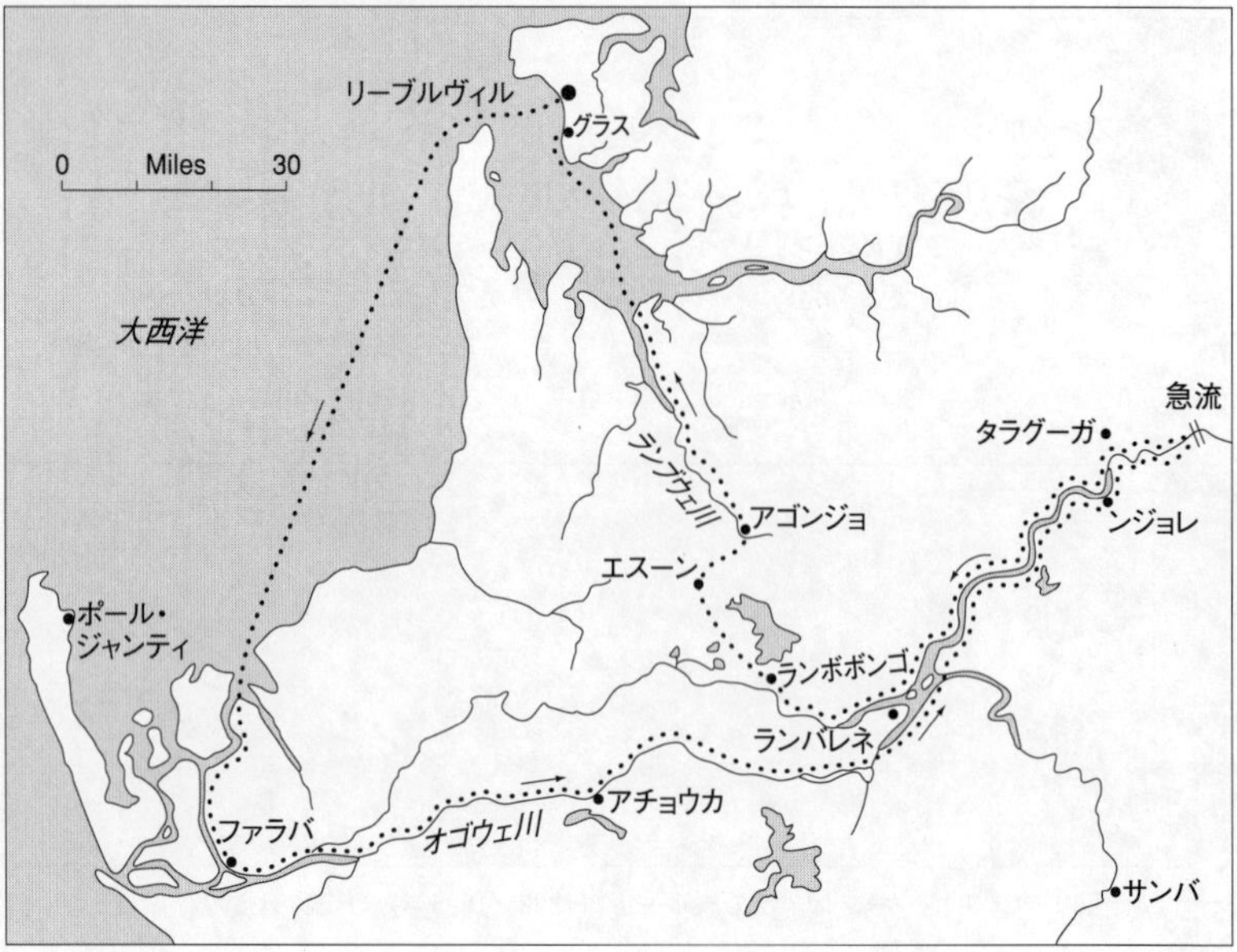

地図②　メアリ・キングズリの旅ルート（1895年　オゴウェ川下流域付近の拡大図）
（Blunt 1994: 52）

ルド夫人エセルとともに、メアリはリヴァプールを出航した。マクドナルド総領事がいるカラバルまでのルートは前回とまったく同じである(5)。カラバル到着後、マクドナルド夫妻の計らいで四ヶ月あまりの間、この港町に滞在したメアリは、もっぱら、カラバル周辺に住む民族エフィク（Efik）の秘密結社や宗教儀式について調査したり、対岸のフェルナンド・ポー島に渡って、ここに住む民族ブビの生活を観察したりしている。帰国後、強い口調で宣教師批判を展開するメアリ・キングズリが数少ない「例外」と認めた宣教師、スコットランドの統一プレズビテリアン教会が派遣したメアリ・スレッサーを訪ね、親交を深めたのもこの時期のことである［*TWA*: 74］。

フェルナンド・ポー島のブビは、メアリ・キングズリが目にした初めての「自然状態のアフリカ人」であり、彼らをじっくり観察することによって、彼女はそれまでのアフリカ理解を大きく変えたと述べている。メアリの観察によれば、ブビ社会では、争いごとは調停で解決され、殺人は速やかに罰せられ、盗みは少なく、道徳に反する犯罪もきわめてまれだった［*TWA*：64-69］。彼女は、その背景に、ブビの行動や生活を根本的に支配する彼らなりの物の考え方、つまり彼ら独自の宇宙観、世界観があることに気づく。それが、彼女の著作のなかでもっとも多くの紙面を割いて語られる「フェティッシュ（fetish）」である。ブビとの経験から、メアリは、旅の途中で出会うことになるさまざまなアフリカ人、イボやイビビオ、ファンなどの言動に、ヨーロッパ人である自分とは異なる彼らなりの行動原理――すなわちフェティッシュ――を読み込もうと努めるようになった。ここから、彼女独特のアフリカ観が形成されていったことについては後述する通りである。

四ヶ月ほどをカラバルで過ごしたメアリは、一八九五年五月上旬、マクドナルド総領事のもとを後にして、単身、オゴウェ川をさかのぼる旅にでた。当時のフランス領コンゴを東西に流れるオゴウェ川からその支流であるランブウェ川へとつづく五日間の陸上ルートこそ、メアリを一躍有名にした「白人未踏の旅」の場である（地図②）。それゆえに、なぜメアリがこのルートを選んだかは、彼女の旅の性格を考えるうえできわめて重要かと思われる。

彼女のルート選択を考えるには、オゴウェ川河口に南下する直前まで、約四ヶ月もの間、メアリがカラバルのマクドナルド総領事の元からほとんど動かなかったのはなぜかを検証しなければならないだろう。メアリ自身は、「ある私的な理由で（for a certain private reason）」［*TWA*：87］としか語っていないが、具体的にそれは何を指しているのだろうか。

商売するメアリ――西アフリカ商人たち

そもそも、メアリは、二回目の西アフリカ行きにあたって、特許会社王立ニジェール会社（ＲＮＣ）の実質的

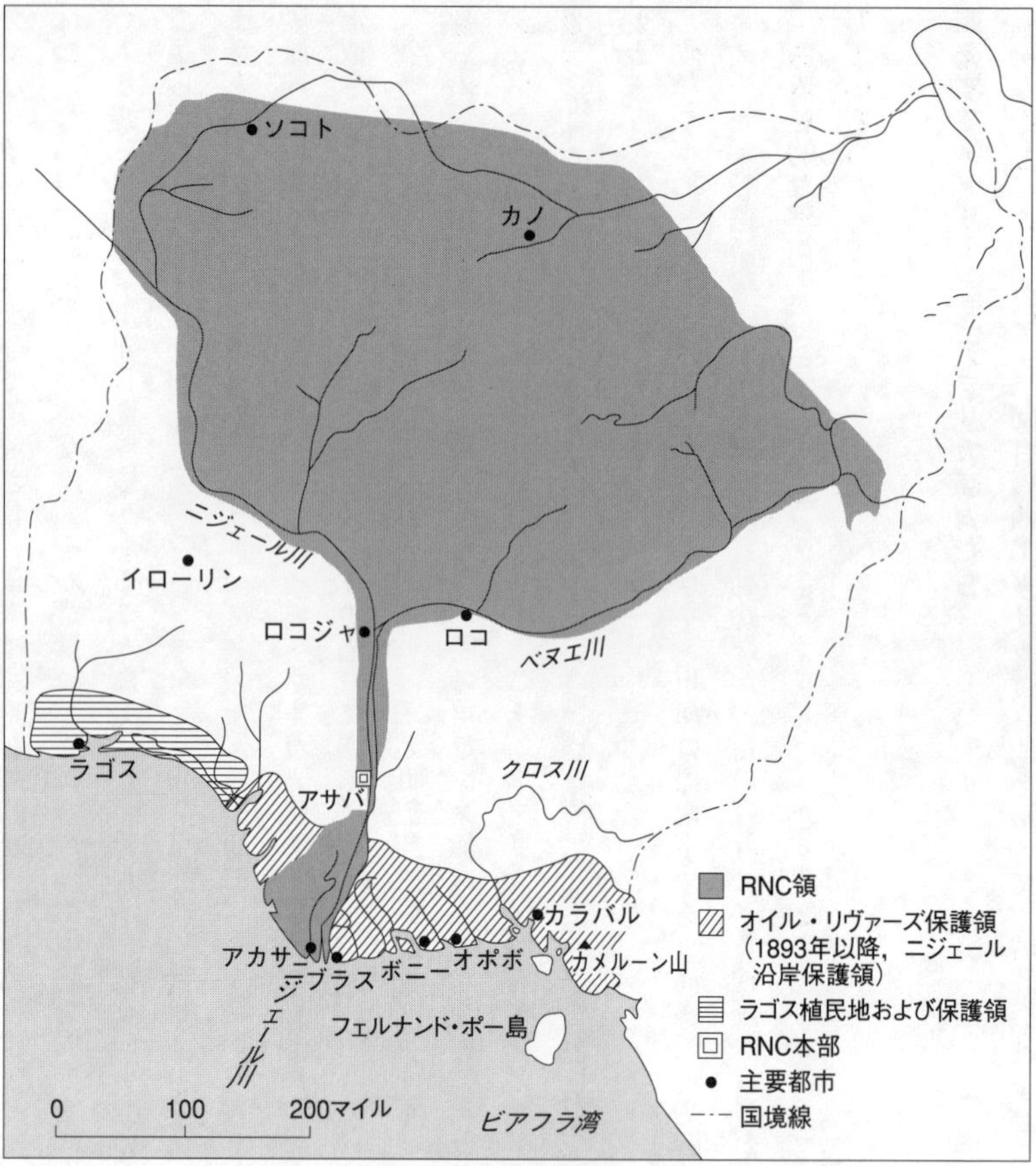

地図③　王立ニジェール会社（RNC）の領域（1886-1899年）（室井 1994: 81）

な代表であったジョージ・ゴールディと連絡をとり、RNCが支配する北部ナイジェリア（地図③）を旅する計画であった［*TWA*: 87］。目的はRNCの現地統治システムの視察。それは、最初の旅で彼女をさまざまに支援した商人との関係を通じて、彼女が膨らませた関心であった。

メアリ・キングズリにかんしては、西アフリカのイギリス人貿易商人との緊密な関係が指摘されている。それは、彼女の旅のスタイルの副産物といってもいいだろう。彼女は、経済的に恵まれた他の多くのレディ・トラヴェラーとは異なり、資金不足から、(6)現地西アフリカの村々を商売しながら旅をつづけた。メアリ・キングズリの西アフリカの旅とは、ラム酒や織物、金属製の釣り針などをイギリス商人から仕入れ、それらと交換で、イギリス人商人に売るための象牙を現地人と取引きしたり、大英博物館に寄贈する熱帯特有の淡水魚を入手したりすることでもあったのだ。こうした商売は、本国イギリス社会においてはミドルクラスの女性がすべき行為ではないと考えられていたが、アフリカ社会ではそうではなかった。西アフリカでは女性が市場や通りで商売することはごく当たり前であり、そうしたマーケット・ウーマンのなかから、政治への強い発言権を行使しうる地位に就く女性も少なくなかった。たとえば、アベオクタのイヤロデ（Iyalode）の地位にあったマダム・ティヌブ（Madame Tinubu）はじめ、一九世紀後半のナイジェリア南西部、ヨルバランドの歴史には、そうした女性の姿が数多く認められる。(7)西アフリカの村々を商売して回るメアリ・キングズリの姿は、現地のアフリカ人の目にはごく自然なものとして映り、それが「白人（女性）のひとり旅」にともなう疑いを多少なりとも払拭する役割を果したといえよう。この旅のスタイルこそが、現地人の風習、文化の観察や情報収集に有利に働くとともに、熱帯特有の淡水魚の「発見」にもつながったと思われる。

商売するメアリにたいして、西アフリカのイギリス人商人たちは、アフリカ人に売る日用品の購入に際して便宜を図っていた。この独自の旅のスタイルを通じて、メアリは商人との信頼関係を育んでいったのである。このことは、イギリスのミドルクラスの女性としては、とても危険なことであった。なぜなら、リヴァプールを中心に西アフリカ貿易に従事していた商人たちは、奴隷貿易商人の末裔とみられ、ニジェール川河口デルタ周辺で豊富に採取された「パームオイルに群がるごろつきたち（palm oil ruffians）」とよばれて、イギリス社会で軽蔑の対象となっていたからである。(8)メアリも当初、こうしたイメージを西アフリカ商人に抱いていた。それを払拭し、彼らへの絶大なる信頼感を確信させたのが最初の西アフリカの旅だったのである。(9)

この旅から帰国後、メアリは、二回目の旅への支援を、リヴァプール商業会議所の有力者であるジョン・ホールト、ならびにRNC代表であるジョージ・タウプマン・ゴールディに求めた。この二人こそ、西アフリカのイギリス商人にかんするメアリの認識を大きく変えた人物である。後年、二人とも、アリス・グリーンのよびかけに応じて、メアリ・キングズリを追悼するアフリカ協会の設立、ならびにその後の運営に尽力することになる。

ジョン・ホールト（Birkett 1992: 102–03）

ジョン・ホールトは、一八六二年、フェルナンド・ポー島での経験を皮切りに西アフリカ貿易に従事するようになり、経験を積んだ後、八四年に兄弟とともにジョン・ホールト商会を設立した（九七年に有限会社化）。メアリ・キングズリを介して彼を常連ゲストに抱えたアリス・グリーンは、アフリカ協会季刊誌に寄せた彼のオビチュアリのなかで、ホールトのことを、「政治家や官僚、軍人らとのコネをいっさい持たず、自力でアフリカ人との間に個人的信頼関係を築きあげた独立独歩の商人」と紹介した後、つぎのようにホールトの信念を要約している。曰く、「ホールトは、廃止が宣言された後も黙認されていた奴隷貿易を強く批判し、アフリカ人を各々自立した自由な労働力として捉え、それを実践しつづけた。アフリカ人独自の発展路線を尊重する彼は、けっしてアフリカ人を軽蔑しなかった。このホールトの姿勢、そして彼のアフリカ経験にたいして、メアリ・キングズリは深い尊敬と信頼を寄せ、西アフリカの諸問題について、とりわけ帝国のなかで西アフリカをどのように捉えるかをめぐって、毎週欠かさず彼に助言を求めていた」［Alice Green 1915 : 11–16］。

一方、ジョージ・ゴールディは、王立工兵隊を引退した後、西アフリカに渡り、RNCの前身であるニジェール会社で経営者としての頭角を現した。一八七九年には、グラスゴーのA・ミラー・ブラザーズ商会などを吸収して連合アフリカ会社（UAC）を設立させ、さらにフランスのライヴァル会社を買収して、八六年、王立特許（royal charter）を得てRNCを成立させている［Flint 1960：80-111, 129-55；室井 一九九二：五二—八九］。RNCは、「帝国主義のハイウェイ」とよばれた西アフリカ貿易の生命線、ニジェール川とベヌエ川の分岐点を含む、ニジェール川中・上流域に統治権と徴税権をもち、豊かな取引きで潤うこの二つの河川の貿易を独占した。それは、RNC以外のイギリス人商人はもちろん、二つの河川を活動拠点とするアフリカ人仲買人の排除を意味していた。「白人の墓場」として知られ、イギリス人にとって不健康な地であった西アフリカに外務省も植民地省もほとんど関心を払っていなかった一八八〇年代、イギリス国内の納税者に負担をかけない特許会社による西アフリカ統治は、安上がりで効率的な支配と見られていたのである［Flint 1969：222-25］。

こうした商人による西アフリカ支配は、一八九一年、外務省がニジェール川河口域、パームオイル貿易で潤うデルタ地帯を中心にオイル・リヴァーズ保護領を設け、その領域をさらに拡大しようとした九〇年代前半、新たな緊張を迎える。保護領の確定そのものはフランスの圧力への対抗措置であったが、実際には、ニジェール川の中・上流の航行を独占するRNCとの対抗関係の方がより意識されていた。その背景には、ニジェール川下流のオイル川での仲介貿易活動がRNCの独占によって破綻したことにたいする、現地アフリカ人の不満を考慮に入れねばならなくなったという事情があった。このことは、彼らアフリカ人商人のなかに、イギリス国教会伝道協会（CMS）を中心とする伝道活動によってミッション教育を受けて英語で読み書きができるようになり、

ジョージ・ゴールディ
（Flint 1960: 扉頁）

貿易活動において自分たちの権利を主張する手段と力を持つ者が登場しはじめたことを示している。[10] イギリス政府も商人も、こうした現地アフリカ人商人の成長を視野に入れなければならなくなったのが、RNCの時代、一八八六年以降の西アフリカであった［Flint 1969：226-29］。

帝国の緊張——マクドナルド総領事の登場

その後、オポボ（ボニー）のジャジャ王事件[11]によって外務省の介入はさらに強まり、現地人商人とイギリス人商人との対立が深刻化するとともに、イギリス人商人内部の亀裂も深まった。ニジェール川中・上流への航行をめぐるRNCとリヴァプール商人の対立にくわえて、商人の自由な往来が許されていたニジェール・デルタ地域におけるリヴァプール商人と、ジャジャ王と関係の深かったグラスゴーのミラー・ブラザーズ商会との対立もまた激化したのである。[12] このとき、緊迫した西アフリカ情勢を調査すべく、外務省から派遣されたのがクロード・マクドナルドであった。

一八八九年、カラバルに到着したマクドナルドは、この地域の現地人首長や現地人仲介商人らに聞き取り調査をおこない、オイル川周辺のアフリカ人が何を望んでいるかを中心にこの地域の統治のあり方をまとめた報告書のなかで、アフリカ人たちはRNCの貿易独占に強く反対し、むしろ「女王の政府」を、すなわちイギリス政府による保護領化を望んでいると結論した。この結論を受けて、外務省はニジェール・デルタ地域、すなわちオイル・リヴァーズを保護領化することを確定し、その初代領事としてマクドナルドを指名したのである。RNC領とイギリス保護領（外務省管轄）との境界線が確定したのは、メアリがニジェール・デルタを初めて訪れた一八九三年のことであった。

最初はオイル・リヴァーズ保護領領事、一八九三年以後はニジェール沿岸保護領総領事となったマクドナルドは、当時、現地のアフリカ人の意見に耳を傾け、武力ではなく、条約を通じてゆっくりと保護領化を進めた、きわめて人道的な人物と評価されていた［Mockler-Ferryman 1892 : vii-xii］。たとえば、一八九二年、CMS初の黒人主教であるサミュエル・クラウザーの死後、その後任として白人主教が指名され、これに反発したアフリカ人聖職者が自治教区を新設したとき、マクドナルドはその教区の庇護者となって彼らの行動を支持し、わずかながらも保護領の経費から教育補助金を出している［Flint 1969 : 237］。

すなわち、メアリが初めて西アフリカを訪れた一八九三年一一月以降、二度目の旅に出た一八九四年末から九五年初頭にかけて、ニジェール川周辺では三つの立場――商人や仲買人を含むアフリカ人の商業活動を尊重するマクドナルド総領事、貿易独占を維持したいRNC、そしてジョン・ホールトのような自立したリヴァプール商人たち――が対峙していたことになる。こうした状況のなかで、メアリは、カラバルからニジェール川を遡り、RNC領内へ向かう旅の計画をたてていた［Flint 1965 : 153 ; WAS 1964 : xlvii-l］。ところが、マクドナルド夫人とともにカラバルに到着してまもなく、それを中止せねばならない事件がおこったのである。

旅ルートの変更

一八九五年一月下旬、マクドナルド領事の業務を兼ねてフェルナンド・ポー島に滞在している間に、その事件は発生した。現地人ブラスの仲買人たちが、RNCの現地本部があるアカサ（Akassa）を攻撃したのである。ニジェール・デルタ地域でリヴァプール商人を相手に仲買貿易にあたってきたブラスの商人は、一八九三年、リヴァプール商人の組織（African Association）とRNCの間に協定が結ばれた結果、仲買という立場を失っていた。RNCの独占体制に反対して行動をおこしたブラスにたいして、ゴールディはすぐさま、報復のため、RNCの軍隊をブラス弾圧に向かわせた。それによって、一八九五年二月から三月にかけて、ニジェール川流域は混乱をきわめる。これこそ、メアリ・キングズリのカラバル出発を大きく遅らせた原因であった［Flint 1969：237-38］。

フェルナンド・ポー島に滞在中だったマクドナルド総領事は、RNCのブラス弾圧の知らせを聞くと、急ぎカラバルに戻った。ニジェール沿岸保護領内に暮らすブラスの商人がRNCによって仲介貿易を拒否され、苦境に陥っていたことを知っていたマクドナルドは、RNCの軍事行動に強く抗議した。その後、マクドナルドは、ブラスの事情を考慮して、彼らのアカサ攻撃にたいしてもきわめて温情あふれる報告書をまとめている。(13)その結果、ブラスによるアカサ攻撃をめぐって、マクドナルドとゴールディ、すなわち、保護領を預かる外務官僚と特許会社代表とが激しく対立したのである。

奇妙なことに、メアリ・キングズリは、『西アフリカの旅』のなかで、リアルタイムでおこったブラス商人の反乱についても、それにたいするRNCの報復行為についても、いっさい触れていない。その代わりに彼女が記述した言葉が、「ある私的な理由で」だったのである。RNC領内への旅を断念し、旅ルートを変更せざるをえなくなったメアリが、この「帝国の緊張」にたいして沈黙を守ったのは、彼女自身の苦悩の表明であろう。マクドナルド総領事は、西アフリカでの経験から宣教師とともに植民地行政官を激しく非難するようになる帰国後の彼女が、唯一、現地人への人間味あふれる対応を評価した行政官であった［Olive 1971：233］。その一方で、同じくアフリカ人との関係にかんして、彼女はRNC代表のゴールディも尊敬していた。両者の間で悩んだメアリは、RNC領への旅をあきらめ、二人と利害が衝突しない場所――フランス領ガボン、そしてフランス領コンゴの奥地――へと、旅のルートを変更したと思われる。結果的に、この変更が、彼女の旅を有名にすることになったのである。

一八九五年一月から四月にかけてのニジェール沿岸保護領の混乱は、同年八月、植民地相に就任したジョゼフ・チェンバレンに格好の口実を提供することになった。「王立植民地の資源を発展させ、植民地とイギリスとの貿易を増大すること」を掲げたチェンバレン［Chamberlain 1897］は、この事件を利用して、一気にRNCの独占特許剝奪を試みるのである。なお、チェンバレンの登場により、ニジェール沿岸保護領が外務省から植民地省へと移管され、マクドナルドが総領事の任を解かれて新しい任地北京へ向かったことについては、序で述べた通りである。

ルート変更が確定した一八九五年五月半ば、メアリはマクドナルド夫妻に別れを告げ、フランス領コンゴを流れる西アフリカ第二の大河、オゴウェ川を遡る旅に出発した。ルートは以下の通りである。

カラバルから貨物船バタン号でいったん北上してナイジェリア西部の港町、イギリス直轄植民地のラゴスに戻り、ここで南に下る貨物船ベングェラ号（Benguella）に乗り換え、前回の旅同様、ポルトガル領アンゴラの港町、セント・ポール・デ・ロアンダへ向かった。その後、やはり前回同様、リーブルヴィルまで北上した後、オゴウェ川河口へ向かって再び南下。六月五日、小さな蒸気船（Trim paddle steamer）ムーヴェ号（Movê）に乗り換え、この大河を遡りはじめた。乗客のなかで女性は彼女だけ。二日後には、河口から一三〇マイル（約二一〇キロ）ほど遡ったところにあるランバレネに到着している。

オゴウェ川のこの旅からが、彼女の本格的な西アフリカの旅のはじまりであり、最初の著作『西アフリカの旅』の大半はそのフィールドノートである。彼女は西アフリカをどのような空間として描こうとしたのだろうか。彼女が「生産」した――そして彼女の読者や聴衆が「消費」することになる――西アフリカにかんする知識・情報とはどういうものだったのか。以下、本章第一節で問題提起した「知の生産と消費」という視点から、彼女の旅をみていくことにしよう。

オゴウェ川を描写する

現ガボン共和国の重要な水路であり、コンゴ川（今のザンベジ川）の北を東から西へとほぼ平行して流れるオゴウェ川は、全長一二〇〇–三〇〇キロの大河である。岸辺は厚い原生林でおおわれ、ヨーロッパ向けのマホガニーや黒檀、合板用のオクメといった硬材の生育で知られる。メアリの旅からちょうど二〇年後、一九一五年夏、ある宣教師夫人の病気治療のためにこの川を上流へと遡っていたアルベルト・シュヴァイツァー博士（一八七五–一九六五）に、突然、「生命の畏敬」——生きとし生けるものはみな尊いという考え——がひらめいたことはあまりにも有名なエピソードだろう。その二年前、一九一三年四月半ば、メアリ・キングズリと同じルートでランバレネの伝道所に向かっていたシュヴァイツァーは、オゴウェ川の様子を次のように記している。

水と原始林……！　……どこかで想像図として見たことのある太古の風景がまのあたりにある。どこまでが河で、どこからが岸なのか、見分けがつかない。巨大な樹の根のかたまりが、蔓生植物におおわれながら、河のなかまでもぐり込んでいる。灌木性棕櫚、椰子の樹、そのあいだにまじって緑の枝と大きな葉をひろげた闊葉樹、そびえ立つ独立喬木、人間の丈より高くて大きな扇型の葉をつけたパピルスの広い原……

刻一刻と時がすぎて行くが、あたりは変らない。あらゆる曲り角、あらゆる隅が似かよっている。いつまでも同じ森、同じ黄色い水。単調さがこの自然の威力を途方もなく強める［シュヴァイツァー　一九五六：三四］。

ここには、ヨーロッパとまったくちがう光景が広がる様子が、もっぱら植物の種類やその生育形態を描写することで示されているのだが、それを具体的にイメージさせるキーワードのようなものは提示されていない。その代わりに、「太古の風景」という言葉が、読者の想像力をある意味で固定してしまっている。それになにより、

カングウェからオゴウェ川の支流を望む（*TWA*: 135）

シュヴァイツァー自身がこの風景を楽しんでいないことはあきらかだろう。

これにたいして、メアリが描くオゴウェ川の流れや周囲の森林風景はまったくちがっていた。

> 生命力と美にあふれ、まるでベートーヴェンのシンフォニーのようである。パートが変わり、音符が絡みあい、そしてまた元の旋律に戻るのである。豊かに繁茂する熱帯の美を期待していたのだが、ここの光景はその期待をはるかに超えていた。オゴウェの森はクレオパトラ。それに比べて、カラバルはただのクェーカーだ［*TWA*：129］。

> 私は何度も思った。なぜ私はアフリカにきたのだろうか、と。でも、サテンのようなベゴニアの葉やきれいなシダの木立を見ていると、自分の運命と折り合いがつく。……

「流れる霧が」森の美しさにどんな違いを与えるかといえば、それはちょうど、美しい女性の顔に繊細なヴェールをかぶせたときの感じと似ている。事実、ここの霧は、森の美しさに実にぴったりと合っている［*TWA*：570］。

メアリは、シェラレオネのフリータウン同様、西アフリカ沿岸の町カラバルのことを、「ヨーロッパ化されすぎていて醜い」［*TWA*：15］と記していた。それらとは対照的なオゴウェ川周囲の風景描写がここにある。「クレオパトラとクェーカー」という比喩は、宣教師（とりわけクェーカーを含むプロテスタント）にたいする彼女の痛烈な皮肉だろうが、批判の論拠については後に検討しよう。

オゴウェ川とその周辺の風景を描写したメアリ・キングズリとシュヴァイツァーに認められる最大の相違は、メアリが、西アフリカの風景説明にあたり、ベートーヴェンやヘンデルなどの音楽、ターナーやラファエル前派らの絵画といったイギリス人（少なくとも彼女の読者となったミドルクラス以上の人びと）になじみのある具体的な素材を用いたことであり、「美しい女性の顔にヴェールをかぶせる」といったわかりやすい擬人法を使っていることである。この二つの方法は、『西アフリカの旅』全体を貫く特徴でもある。それは、読者の想像力を豊かにかき立てるとともに、西アフリカの風景をイギリス人にも身近なものとして、親しみ深く想像させる効果をもたらしたと考えられる。いや逆に、イギリス人になじんだ表現を頻繁に用いることで、メアリ自身がそうした効果を意図していたと捉えた方がいいかもしれない。と同時に、シュヴァイツァーとは違って、メアリ自身がこの大河とその周辺の風景を楽しんでいることもはっきりとうかがえよう。

むろん、両者の差はジェンダーの差、といった単純なものではない。オゴウェ川の単調さに注目したシュヴァイツァーとはまったく逆に、瞬間瞬間に表情を変える大河の魅力を綴ったメアリの文章、あるいは熱帯特有の霧がその地の風景を魅力的なものに変えるのに一役買っているという美意識——これらは、西アフリカが彼らの目にどう映ったかの差である以上に、それをどのように伝えるかの差であろう。メアリ・キングズリが西アフリカの風景を「創造」したというのは、こうした意味においてなのである。

メアリ・キングズリは、アフリカを旅した多くの旅行家たちとは異なり、荷物を最小限に抑えようと努める一方、二冊の日記帳だけは肌身離さず携帯し、たえず詳細な記録を書き留めたことが知られている［Frank 1986：60-61］。「奥地日誌」というタイトルが付いた一冊は、民族誌や地理学、その他の「科学的」情報の記録用であり、もう一冊はプライヴェートな日記であった。後者には、彼女が遭遇した西アフリカという新しい世界にたいする感情的、心理的、精神的な印象や思いが綴られている。たとえば、後者に書かれたつぎのような言葉は、メアリ・キングズリが西アフリカという空間、風景をどのように捉えていたかを端的に伝えてくれるだろう。

ここでは、自分が人間であることを忘れてしまう。自分の個体感覚をすべて失い、人間生活の記憶のいっさいをなくして、その空気の一部になる。私に天国があるとすれば、それは私のものなのである［*TWA*, 178］。

『西アフリカの旅』は、この二つの日誌を混ぜあわせて再構成することによって、文字通り、西アフリカの風景と人びとを「創造」していたのである。

淡水魚を収集する

ランバレネで下船したメアリは、この島の対岸、ハーマン・ジャコット師夫妻が預かる福音派プロテスタント伝道所のあるカングウェ（Kangwe）近くの川で、二週間ほど、淡水魚の収集に時間を費やしている。同時に、起伏の激しい道なき丘陵をよじのぼり、近隣に暮らすファンの村々に足を運び、いつものように旅費稼ぎの商売

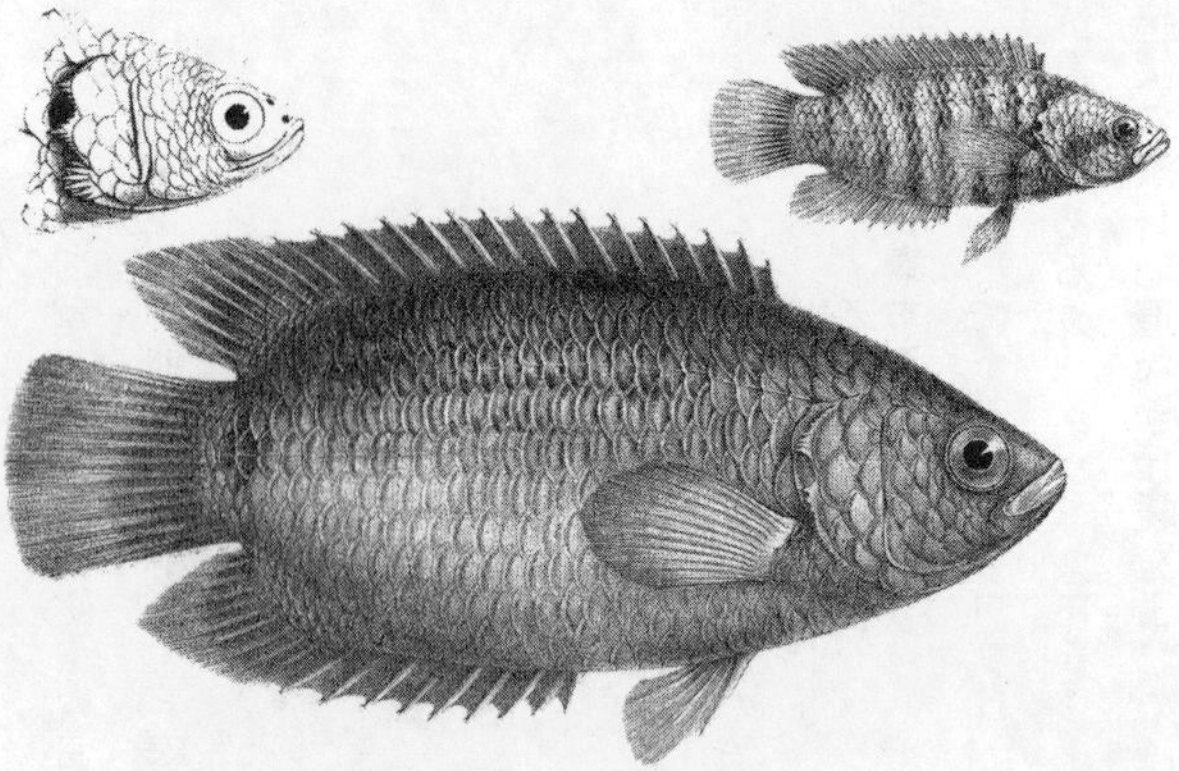

メアリ・キングズリが発見し，キングズリ（Kingsleyæ）の名が付けられたオゴウェ川の淡水魚（*TWA*: 692–93）

をしながら、彼らのフェティッシュの観察をつづけたと思われる。

そんな日々を彼女が綴るとこうなる。

私は、滑り、ずり落ち、ついにある小屋の無防備な屋根にドスンと落ちてしまった。この不幸な小屋の住人がどうしたのか、私は知らない。確かなことは、私が落下したことで混乱を極めることになるその光景を、ここの住人が予期していなかったことだ。……私は、できるだけ魅力的に聞こえる口調で、三枚のポケット・ハンカチ、タバコ、そして幸いにもポケットに入っていたナイフについて、彼らに説明した［*TWA*：155］。

六月二二日、ランバレネを発ったメアリは、蛇輪蒸気船《ホイール・スティーマー》エクレルール号（Eclaireur）で翌日、フランス領ガボンの行政拠点、ンジョレ（Njolé）に到着した。近くのタラグーガ（Talagouga）——「不幸への入口」という不吉な名前をもつ村——には、やはりフランス人福音派の伝道所があり、フォージュ、ギャコンという二組のフランス人宣教師夫妻が住んでいた。周辺の森を散策したメアリは、さまざまな生き物と出会っている。たとえば、「青と緑の蛇、三角形の角のような頭をもった汚い緑色の蛇、ブラック・コブラ、コンストリクター（大蛇）とセンセーショナルに遭遇」し、蛇捕り名人になったときの模様はつぎのように記録されている。

「大事なことは、手元からじゅうぶん距離があるところに裂け目があるちゃんとした棒をもち、蛇の頭に注意を集中すること。それで十分。しっぽは、振り回そうが、手首に巻きつけようが、問題ない」[*TWA*：161]。

とりわけ、彼女がこだわったのが、熱帯特有の淡水魚の収集である。そのためにカヌーを操ることを覚えたメアリは、自ら舵を取ってオゴウェ川と親しむうちに、ランバレネ周辺では見かけなかった新種の淡水魚を発見するとともに、カヌーの腕もおおいにあげた。

私には自慢できることが二つだけある。ギュンター博士が私の採った魚を認めてくれたことと、オゴウェ川でのカヌー漕ぎだ。そのペース、漕ぎ方、舵取りのいずれにおいても、私はまるでオゴウェのアフリカ人だった[*TWA*：200]。

オゴウェ川での魚収集にかんするつぎの話は、『西アフリカの旅』のなかでも、そして帰国後の講演でも、印象深いものとしてくり返されている。それは、メアリが、熱帯特有の珍しい淡水魚を求めて、オゴウェ川沿いのヨーロッパ人商人の最終交易拠点であるンジョレからさらに上流へと向かったときのことである。宣教師が手配してくれた通訳を含む四人の現地イガラワ（Igalawa）の男たちとメアリを乗せたカヌーは、まもなくアレンバ急流（Alemba Rapids）に突入する。それを「シェラ・デル・クリスタルの円形闘技場で死の王の御前にドタバタ喜劇を演じに行く」[*TWA*：191]と表現したメアリは、「オゴウェ川で何度も何度も、荒々しくワルツを踊り」ながら三日間の旅をつづけ、新種の淡水魚を採取することに成功し、ギュンター博士から届いた標本用のアルコールに漬けた。(14) それを手に戻る途中、カヌーが岩にぶつかり、メアリも四人のイガラワの男たちも川に放り出されてしまった。このときメアリは、アルコール漬けにした淡水魚の標本をしっかり握りしめたまま、近くの岩にしがみつき、なんとか流されずにすんだことを、著作のなかでユーモアたっぷりに記している［TWA：186-90］。後にギュンター博士のもとに無事届けられたこれら三種類の魚には、彼女の名にちなんで「キングズリ（Kingsleyæ）」という学名がつけられることになる［TWA：692-717］。

熱帯の淡水魚収集とのかかわりで彼女の著作に何度も登場するギュンター博士とは、当時、大英博物館自然史部門魚類担当の責任者であったアルベルト・ギュンターのことである。実は、西アフリカへの旅を決心したとき、メアリ・キングズリは友人たちに何を収集すべきかを相談し、魚に照準を合わせることを決めて、大英博物館の専門家を紹介してくれるよう、伯父チャールズに依頼した。このとき、彼女と面談したのがギュンター博士(15)であった。当時の彼は、かの有名なチャールズ・キングズリの紹介だからという理由で、すなわちまったく形式的に、彼女と会ったにすぎなかったという。彼は、「熱帯に棲む新種の淡水魚」を収集対象にするよう助言したが、それも確たる根拠があってのことではなかった［Birkett 1992：25］。実際、当時の大英博物館側がメアリに何も期待していなかったことは、彼女に具体的な援助をまったくしなかったことからもあきらかだろう。

博物館の態度が変わったのは、彼女が最初の旅から持ち帰った「戦利品」を実際に目にして以後のことである。博物館は、二回目の旅に際して、メアリに最新の収集キットを渡した［Flint 1965：161］。メアリの死後、アリス・グリーンから魚類学におけるメアリ・キングズリの貢献を尋ねられたギュンター博士は、つぎのような回答を寄せている。

メアリ・キングズリには並はずれた観察力があり、動物の生態について多くの事実を残した。そのうち、彼女が出版した著作に記録されたものはごくわずかでしかない。私は彼女から、動物学のどの分野ならば収集品から有益な結果が期待できるか、その見通しをきかれたことがある。最終的に私と彼女は、川や湖の魚に関心を集中すべきだとの合意に達した。魚をアルコール漬けにして標本を作ることは、つねに大変な、そして多少なりとも高くつく作業であり、かなりの注意力と忍耐力を要するものである。資金も用具も貧弱ではあったが、メアリは保存状態のすばらしい見事なコレクションを持ち帰った。学問上目新しいものもかなり含まれており、博物館の魚類学部門に加える価値のあるものばかりだった。メアリがうまくいったのは、彼女の標本の選び方が賢かったからであり、疲れを知らないその行動力のなせる技といえる。行動力で彼女はあらゆる障害を克服したのである。行動力こそ、彼女の特徴であった。彼女が南アフリカに行ったのも、オレンジ川に棲む魚を収集し、満足のいくコレクションにするためであったと思う。もし彼女が死ななければ、かならずや、南アフリカの動物群にかんする知識の空白部分を埋めたにちがいない［Alice Green 1901c : 5］。

博物学への強い関心と収集のための行動力は、当時のレディ・トラヴェラーに共通した特徴である。と同時に、旅の準備と並行して何を収集すべきかを専門家に相談したメアリの行動や先のギュンター博士の言葉からは、当時、レディ・トラヴェラーが専門家から博物学的な収集を依頼されることがなかば慣例化していたことも知れるだろう。通常、レディ・トラヴェラーの収集としては植物が一般的であったと思われるが、それは、『博物学の黄金時代』を著したリン・バーバーが分析するように、ヴィクトリア朝時代の女性に求められた「女らしさ」の価値観に、植物収集、ならびにその栽培と鑑賞がぴったり一致したからだろう。(16) さまざまな前例を検討しながら、メアリは、自分が入る余地のある博物学の領域として、熱帯に棲む淡水魚を選んだと思われる。

ここでひとつ、注意しなければならないことは、新種の淡水魚を「発見」し、それに発見者の名前を冠して命名するという行為を、彼女自身はまったく望んでいなかったことである。三匹の魚に「キングズリ」という名を冠したのは、ギュンター博士の提案であった。この点に注目して、レディ・トラヴェラーの旅は、ナイル川の水源を求める男性探検家のように、「発見」をめざした目的志向型ではなかったと強調されてきた［Mills 1991：28-42］。実際、多くの場合、「発見者」である女性たち自身が、彼女たちが見つけた山や川、湖や滝などに命名したわけではない。後述するように、オゴウェ川からランブウェ川へとつづく白人未踏の奥地に踏み込み、白人としてそこにある湖や川などを初めて「見聞」（＝「発見」）したメアリ・キングズリもまた、その「発見」自体にはほとんど関心を示していない。言い換えれば、メアリの西アフリカの旅のクライマックス、「白人未踏」の奥地の旅を彩るのは「発見」の魅力ではないのである。

では、彼女は「白人未踏」の奥地の旅に何を見たのだろうか。

「人喰い」と旅する

ンジョレからいったん、カングウェの伝道所まで戻ったメアリは、七月二二日、オゴウェ川の支流、ランブウェ川へとつづく陸上ルート――メアリの旅を一躍有名にする五日間の「白人未踏の地」――へと出発した。(17) ジャコット宣教師が手配した同行者は五人の男たちである。通訳はンゴウタ（Ngouta）という名のガロア人。他の四人は、オゴウェ川沿い、アイジンゴ湖（Lake Ayzingo）西部に暮らす「貴族的で正直者と評判」のアジュンバ（Ajumba/Adjoumba）の男たちだ［*TWA*：231-33］。彼女の耳には似たような音にしか聞こえない現地語の本名に代わって、メアリは、服装や性格から、四人につぎのような英語のニックネームをつけている。
グレイ・シャツ――灰色のシャツを身につけたジェントルマンを思わせる男でクリスチャン。
シングレット――この言葉通り、袖なしのシャツを着ている。偶然に肌が真っ黒に、それもかなり真っ黒になってしまった、愛想のいいアイルランド人のような男。クリスチャン。
サイレント――細身の老人でひどく寡黙。グレイ・シャツ、シングレット同様、ヨーロッパ人との取引きに使うピジン英語を話す。

ペイガン——大柄でがっしりした男。並はずれて筋肉が発達している。原始的な儀式の魅力を漂わせる服装をしている（この服装がペイガン、つまり「異教徒」というニックネームの由来だろう）。

そしてもうひとり、ひとりでファンの住む土地を通るのが恐いという理由でメアリ一行に加わった男がいた。ランブウェ川のほとりにあるハットン・アンド・クックスン商会の奥地出張所に雇われたいというこの男のことを、メアリは「パッセンジャー」と呼んでいる。

こうしたメアリの「命名」にはどういう意味があったのだろうか。それは、単に読者を楽しませるためだけのものではない。西アフリカの人びとを、「アフリカ人」とか「黒人（Black/negro）」といった一枚岩的な集合名詞ではなく、固有名詞で呼ぶことによって、彼女は、イギリス人同様、彼らにも個性があることを主張していると考えられる。それは、途中からメアリの同行者となった三人のファンの若者の場合も同じであった。彼らは、キヴァ、フィカ、ウィキという名前で登場し、それぞれ個性豊かな人間として描かれている。その場面に話を進めよう。

メアリ一行は、ランバレネの北側を流れるオゴウェ川の入り江（O'Rembo Vongo）をカヌーで出発し、陸路への上陸点へとつづく、カングウェの北西にある支流カルコラ川（Karkola）へ向かった。上陸点までカヌーで行った後は、いよいよ白人未踏の陸路の旅である。

二日目、カルコラ川沿いに北上して、当時の地図にはなかったンコヴィ湖（Lake Ncovi）に到着した。この湖に浮かぶ島にカヌーを進めた一行は、この島に暮らすファンの男たちに囲まれた。メアリは恐怖をおし隠し、当時人喰いと恐れられていた彼らの顔をにらみ返した。このとき、武装したファンの男たちのなかに、同行したアジュンバ人の顔見知りがいたのはまったくの偶然であった。二〇分間のにらみあいの末、メアリの同行者を自分

ファンの首長とその一家（*TWA*: 166-67）

の知人と判断したファンの男、キヴァは、メアリ一行を自分の村に案内し、さらにランブウェ川へと向かう陸路の旅をつづけるという彼女にガイド役を申し出た。彼の友人でまだ年若いフィカ、そして象狩り名人のウィキも、キヴァとともに陸路の運び手として加わり、メアリ一行は総勢九人にふくらんだ［*TWA* : 248-49］。

七月二四日、彼らは、白人未踏の道なき道をゆくジャングルの旅に出発する。[18] その道中でおこったのが、その後メアリが著作や講演で何度もくり返し、彼女の旅の代名詞ともなる「良質のぶ厚いロング・スカートのおかげ」事件――すなわち、ファンが仕掛けた動物捕獲用の落とし穴にメアリが誤って転落してしまった出来事である。穴の深さは一五フィート（約四・五メートル）で、底からは黒檀で作られた一二インチ（約三〇センチ）ほどの長さの杭が何本も突き出ていた。その杭に刺さったのが彼女自身ではなく、彼女がはいていたぶ厚いロング・スカートだったのはほんとうに偶然だった。間一髪のところで命拾いし、ほんのかすり傷程度ですんだ幸運を、彼女はつぎのように語っている。

「イギリスで多くの人たちからもらった忠告を気にして男性のような服装をしていたら、骨まで杭が貫通していたことだろう。私が無事だったのは、良質のぶ厚いロング・スカートのおかげなのである」［*TWA* : 270］。

穴に落ちた哀れなこのイギリス人レディを引きあげるために、「救出にもっとも適したロープを、私の年齢や

ファンの人びと（*TWA*: 256-57）

身体つきから正確に判断し、選びだした」［*TWA* : 270］のも、キヴァとウィキらであった。メアリは彼らのことをつぎのように書いている。

「われわれイギリス人とファンとは、闘うよりはいっしょに酒でも酌み交わす方が似合う、人間として同じ種類に属している」［*TWA* : 264］。

ファンとは、現赤道ギニア共和国の国民の大半を占めるバンツー系の民族である。彼らは、当時、ヨーロッパ人の間で、そして西アフリカ沿岸部のアフリカ人たちの間でも、自分たちの土地に侵入してきた者を皆殺しにし、死体を切り裂いて食べる「人喰い」と語られていた。メアリは、「ファン＝人喰い」という情報を、四人の男性探検家――リチャード・バートン、ポール・デュ・シャイル、ウィンウッド・リード、ピエール・ブラッツァの著作から得ていたが[19]、メアリのみならず、世紀転換期のヨーロッパ人は、そういうものとして西アフリカの奥地を想像し、創造していたといっていいだろう。メアリの『西アフリカの旅』にもファンが人喰いであることを裏づける「事実」がいくつも並んでおり、彼女もまたバートンらと同様、ファンをカニバリズムの言説のなかで捉えていたことはあきらかである。

では、彼女はファンをどのように描いているのか。たとえば、一夜の宿を求めたエファウア（Efoua）というファンの村で、彼女が案内された村長の小屋はつぎのように描写されている。

「四方の壁には人間の目玉が押し込められ、新しい穴が四方八方に開けられていた。ホスト役の首長は、さぞかしすきま風に悩まされているにちがいない」[TWA : 273]。

その同じ夜におこったつぎの話もまた、彼女は講演でくり返し語っている。

壁の目玉に度肝を抜かれたメアリは、いつでも逃げられるように、歩き疲れて腫れ上がった足に濡れた靴をはいたまま、横になった。彼女がなんとも形容しがたい奇妙な異臭に目を覚ましたのは、それからまもなくのことであった。異臭は、屋根を支えている柱からぶら下がった数個の包みから漂っているようだ。そのなかで一番大きな包みをとり、結び目をほどき、逆さにして、その中身を自分のボンネットのなかにあけてみた。彼女の目に飛びこんできたのは、「人間の腕、大きな足のつま先三つ、目玉が四つ、耳が二つ、そして人間とおぼしき身体の一部。腕はまだ新しいが、それ以外はすっかり干からびていた」。急いで包みを元に戻した彼女は、外に出て新鮮な空気を胸いっぱいに吸い込んだという。「そのとき、ファンの村にはみごとな夜のとばりがおりていた」[TWA : 273-74]。

このように、メアリは、ファンを「人喰い」という語りのなかで捉えつつも、彼らを劣った存在として描こうとはしていない。彼女独特のユーモアは、そのための道具だと捉えていいだろう。ユーモアにくるまれることによって、イギリス人とファンの人びとの間にあるとされる「文明／野蛮」の境界線が、あいまいにされてしまうのである。それによってメアリは、ファンの人びとを「ヨーロッパ人には理解できない野蛮人」としてではなく、ヨーロッパ人同様、理性と感情を備えたひとりの人間として見る目を促しているといえる。彼女独特の「翻訳」を通じて、彼らは当時一般に想像された「野蛮人」とはかけ離れた、きわめて論理的な思考をもった個人として、読者の前に立ち現れることになった。それに何より、メアリは、通過した四つのファンの村々でいつも、一夜の宿とちょっとしたプライヴァシーとを与えられているのである。(20)

とはいえ、メアリは、「ファンは人喰い（カニバリズム）か」という問題そのものについては、むしろ議論を避けているように思われる。その代わりに、ファンにとって「殺す」と「食べる」は同じ意味であり、ウサギ狩りやシカ狩りをするイギリス人同様、自分が仕留めたものの一部を記念として残しておきたくなるのだと、ファンの気持ちに共感を示すのである［*TWA*：273-74］。いうなれば、メアリは、ファンとイギリス人との間に、差異ではなく、類似を探そうとしているといえよう。

その一方で、彼女が強調するのは、ファンと他のアフリカ人との差異である。ファンの誇り高さ、白人支配にたいする強い拒絶、奴隷制度がないこと。メアリは、カニバリズムばかりが強調されてきたガボン奥地のファンたちに、陶芸、カゴ編み、網作り、織物、鉄細工といった彼ら独自の文化、そして文化的一体性（integrity）を認める。とりわけメアリの注意をひいたのは、他の民族集団とは異なり、ファンが、自分たちの集団内部で通用する「貨幣」のようなものを鋳造し、使用していたことである。メアリは「ビケイ（bikei）」とよばれる彼らの貨幣について、つぎのように記している。

斧の先を模倣した小さな鉄で、“ntet”という束で十個一束に結ばれていた。ビケイは、ファンの間で流通し、他の交易品と交換されたが、［彼らファンの］部族以外で通用したわけではない。こうした“ntet”にまとめられた何千ものビケイが、妻の代金となっていくのである。……リーブルヴィルまで川を下り、そのあたりで半文明状態にあるファンたち、もっと適切な言い方をすれば、文化がひとつにまとまっていない状態にあるファンたちの間では、ビケイは認められない。奥地を探さねばならないのである。ビケイには、ケンブリッジで見たことのある、家畜の頭部のようなものでできた初期ギリシャの貨幣に込められた考え方と似たものがあるように思われる［*TWA*：320-21］。

ここには、メアリが、奥地のファンと沿岸部のファンの間に文化的な相違を認めたうえで、前者を高く評価していることがあきらかであろう。両者の違いである文化的な一体性の有無を、メアリは、もっぱらヨーロッパ文明の浸透度に帰し、前者、すなわち、ヨーロッパ文明の影響を受けていないファンが保持する独自性を尊重するのである。彼女は、あるファンの村に行ったとき、子どもたちがメアリの白い顔をみて驚いた様子を興味深げに記しているが［TWA：299］、メアリにとってそれは、ファンが白人と無縁の世界を生きてきた証しなのである。あるいは、白人馴れした沿岸部のアフリカ人と異なり、奥地のファンは、白人が自分の荷物を自分で持ちたがらないことも、ハンモックで運んでもらいたがっていることも、まったく知らなかった。だからメアリは、彼らと旅をする間じゅう、自分で荷物を持ち、自分の足で歩かねばならなかったが、それが彼女にとってはここちよかったのである［TWA：274］。

このように、メアリは、奥地のファンは、ヨーロッパ文明の影響を受けていないがゆえに、「本物で純粋なアフリカ人」であると理解した。だからこそ、彼女は、ファンというエスニック・グループにもっとも密着したフィールドワークをおこない、つぎの結論をくり返すことになる。

ファンと私の間には、まもなく友情とでもよぶべき感情が生まれた。われわれはそれぞれ、同じ人間に分類され、戦うよりもともに飲み食いした方がいい人間に属しているのである。われわれがその気になれば、互いに互いを殺すことはとても簡単だ。だからこそ、われわれは、損な気持ちにならないように、お互いにかなりの注意を払ったのである［TWA：264］。

フェティッシュを観察する

メアリの『西アフリカの旅』の大きな特徴は、この旅行記のどこを探しても、(宣教師たちの話には付き物の)奴隷貿易の恐怖も、野蛮で残酷で劣ったアフリカ人の姿も、流血沙汰も狩りの獲物の話も、いっさい見つからないことである。そこにあるのは、これまで述べてきたファンとのやりとりのように、現地の村に寝泊まりし、商いと現地の観察をつづけるメアリの姿であり、彼女がおこなった現地観察の興味深い記述なのである。アリス・グリーンは、メアリの文章からつぎの一文を引用して、彼女の西アフリカ人観に代えている。

「あの現地の男女が何を考えているのか、推測するに十分な信用のおける根拠があるならば、自宅の肘掛け椅子に座っているように私[メアリ]は安全であった」[Alice Green 1901c : 5]。

メアリ・キングズリのこの考え方を支えていたのが、彼女がフェルナンド・ポー島に住むブビの観察のなかで学んだフェティッシュへの関心と理解——すなわち、ヨーロッパ人には理解できず、それゆえに「堕落」とも「野蛮」とも表現されたアフリカ人の言動の背後にあるものへの意識——だったと思われる。

フェティッシュとは、西アフリカと最初に接触したヨーロッパ人であるイエズス会の宣教師が記した"feitico"というポルトガル語に由来し、当時のヨーロッパでは、キリスト教やイスラム教といった(いわゆる)宗教(religion)と明確に区別され、なんらかの物理的な形で示される魔力や呪いを発揮する超自然的な霊(spirits)——一九世紀末ともなれば、ヨーロッパでは迷信とみなされていたもの——への崇拝を意味すると考えられていた[Alfred Ellis 1883]。それゆえに、フェティッシュは、物質的、精神的、そして文化的な後進性、ならびに劣性の象徴でもあった。

ところがメアリは、旅の経験から、こうした一般的なフェティッシュ理解に誤りと曖昧さを感じる。フェティッシュという言葉が、アフリカの現地語起源の言葉ではなく、ヨーロッパ起源の言葉であり、それゆえにそれは、ヨーロッパ人が考えるアフリカの宗教観であって、アフリカ人自身が自分たちの信仰を語る言葉ではない、というのが、その大きな理由である。それゆえに、宗教と区別される（いわゆる）「物神崇拝」という意味でフェティッシュという言葉を使うことを、メアリはきっぱりと拒否する。(21)フェティッシュという言葉へのこだわりは、彼女が「科学的民族学者」の代表として高く評価したA・B・エリスの影響でもあろう。西アフリカで十数年にわたって暮らし、ツシ（Tshi）はじめ、現地部族の言語や宗教について多くの著作を残したエリスは、フェティッシュという言葉をめぐるヨーロッパ人の誤解と混乱が、伝聞記述（たとえば、初期の探検家が西アフリカ沿岸部を点々と航海しながら、その印象を記した記録）のみを頼りに、フェティッシュを「現地部族の偽りの神のために作られたすべての物神」と定義したフランス人ドゥ・ブロッセらを強く批判する。(22)「ファン＝カニバリズム」の語りを広めたブロッセを批判するエリスに強い共感を覚えたことを、メアリは著作の各所でふれている［*TWA*: 510-11; *WAS*: 132-39］。

エリスとともに、メアリがフェティッシュの定義として重視したのは、「イギリス人類学の父」といわれるE・B・タイラーがアニミズム論のなかで示した、「形あるモノに具体的な姿をとったり、モノにくっついたり、あるいはモノを通じて影響力を行使したりする霊をめぐる考え方」［*WAS*: 115］である。その一方で、西アフリカには物理的なかたちをとらない霊も多く存在することから、メアリは、先のタイラーの定義をさらに拡大して、フェティッシュを「西アフリカの宗教（West African Religion）」と捉え直す。そのうえで、フェティッシュの論理性を具体的に論じたメアリは、フェティッシュに「アフリカ人の行動を背後で動かしている論理、もしくは規範」との位置づけを与え、以後、西アフリカ問題を論じる基本的なスタンスとするのである。

こうした点からも、メアリ・キングズリの旅は、彼女自身がユーモアを込めて口にした「フィッシュとフェティッシュ（fish and fetish）」で象徴されるといえるだろう。

文明社会への帰還

オゴウェ川からランブウェ川へ向から白人未踏の沼沢地をファンとともに旅した後、一八九五年七月二七日、メアリはランブウェ川に到着した。一行は流れにそって進み、目的地であるこの川沿いのハットン・アンド・クックスン商会の支店にたどりついた。ランブウェ川河口の港町グラスに戻った彼女は、その後、リーブルヴィルのアメリカ人医療宣教師であるロバート・ハミル・ナソーのもとを訪ねた。彼の奨めで、淡水湖に棲む熱帯魚を求めて、ガボンの沖合二〇マイルほどのところに浮かぶコルシコ島（Corsico Island）へ立ち寄った後、九月半ば、北へ向から蒸気船ニジェール号に乗り、ドイツ領カメルーンに入った。そこで「突然思い立って」[*TWA*: 550]、九月二二日、カメルーンの最高峰、「雷《いかずち》の玉座（the Throne of Thunder）」とよばれるマンゴ・マー・ロベー（Mungo Mah Lobeh、一万四七五〇フィート）に登頂している。(23)

九月二八日、沿岸の町ヴィクトリアから沿岸部の交易ルートに沿ってカラバルへ戻った彼女は、総領事だったマクドナルド夫妻が北京への異動のためにイギリスに帰国したことを知る。その後、メアリ・スレッサーを再び訪ね、カラバルのエフィクの秘密結社についていくつかの情報を得たメアリ・キングズリは、イギリスの貨物船が到着したとの知らせに、急ぎカラバルへと戻った。一一月半ば、カラバルを発った彼女は、カナリー諸島での短い停泊中にジョージ・マクミランに手紙を書き、西アフリカの旅の出版の意志を確認している。手紙には、彼女自身、経済的な理由から、どうしても「売れる本」を出版したいという希望が述べられていた。(24)

一八九五年一一月三〇日、リヴァプールに戻った彼女は、「あのチャールズ・キングズリの姪の帰国」を待ちかまえていたロイター通信の記者が配信した記事のなかで、つぎのように書きたてられた。

ミス・キングズリがファンの小屋で目撃したのは、保存されていた人間の身体の一部であった。彼女にいわせれば、それはちょうど、文明人が貯蔵庫に食べ物をとっておくようなものだという(『タイムズ』一八九五年一二月二日)。

ミドルクラスの読者を多く抱える『デイリ・テレグラフ』(一八九五年一二月三日)もまた、彼女の帰国を伝える記事のなかで、メアリの旅をつぎのように論評している。

驚くべき勇敢な冒険から戻ったひとりのイギリス人レディによって、アフリカ最新の珍しさを目にすることができよう。その冒険は、男性の助けをまったく借りず、しかも、現実に近づくことなどできるはずがないと思われていた大陸の一部でなされたものである。しかしながら、白人女性がこうした野蛮な人種のなかをたったひとりで旅するなど、命よりも大事な何かを危険にさらしているようにしか思われない。

ここには、近年の見直しのなかで強く否定されたレディ・トラヴェラーのステレオタイプ、「エキセントリック」を肯定する語りとまなざしがある。そのなかで、メアリは『西アフリカの旅』を執筆しながら、講演、そして新聞や雑誌で「彼女の西アフリカ」を語りはじめた。並行して増幅しつづけた彼女にたいする誤解と曲解――その修正が、メアリの死後、アリス・グリーンに託された最初の仕事となった。メアリ・キングズリ追悼を目的に設立されたアソシエイション、アフリカ協会の季刊誌創刊号巻頭に掲げられたアリス・グリーンの追悼エッセイには、メアリの経験にたいするアリス自身の理解と認識が刻まれていた。

第三節　インスピレーションとしてのメアリ・キングズリ

「メアリ・キングズリの非凡なる経歴の秘密とは何だったのか。……多くの人には、彼女を判断する材料が限られている。そういう人たちの目からすれば、メアリはいつも、変わったかたちをした危険が大好きなおもしろい女性、でしかなかっただろう」［Alice Green 1901c：2］——一九〇一年七月に設立されたメアリ・キングズリ追悼のためのアソシエイション、アフリカ協会の季刊誌（*Journal of the African Society*）の創刊号に寄せた巻頭エッセイで、アリス・グリーンはこう口火を切った。彼女はメアリ・キングズリの「アフリカ経験」をどのように救おうとしたのだろうか。そこにアリスのメアリ理解がどのように反映されていたのだろうか。

女らしさという武器

アリス・グリーンの追悼エッセイは、一読したところ、われわれが通常考える「追悼文」とも、故人の人生紹介とも違った、奇異な印象を与えるかもしれない。追悼文という性格上、文章の端々に織り込まれたメアリ個人への（過大とも思われる）賛辞を割り引いても、である。それは、メアリ・キングズリの「非凡なる経歴の秘密」を解き明かすにあたり、アリス・グリーンが、何よりも先に、メアリの「女らしさ」——とりわけ、他者への思いやりと忍耐という女性の特性——が、彼女の西アフリカの旅にどのように活かされていたかを証明しようとしているからである。

アリスは、当時のイギリス社会がメアリをどのように見ていたかを推測して、それにたいする憤りをこう口にする。

三年間という短い歳月ゆえに、大半のイギリス人が知るメアリ・キングズリは、きわめて不完全なものでしかない。勇猛果敢な冒険談は関心を集めたが、それを聞いた人のなかには、彼女の語り口に不快感を覚える人もいた。……彼女にペンの力を感じる人もいたが、ルーズでお気楽、常に明晰ながらも複雑という彼女の文章には欠点もあっただろう。……

多くの人には、彼女を判断する材料が限られている。そんな人たちの目には、メアリはいつも、変わったかたちの危険が大好きなおもしろい女性、でしかなかった。旅の途中、たいへんな危険が迫ったときのことを、「死の王の御前にドタバタ喜劇を演じに行ったとき」などと口にすれば、興奮大好き人間としか映らなかったであろう。「彼女の旅は、罪に問われない自殺のかたちを模索しているようである」と語った作家が現実にいるのである！［Alice Green 1901c：2-3］

こうした言葉からは、アリス・グリーンもまた、「白人の墓場」とよばれた西アフリカをひとりで旅した「勇気ある＝エキセントリックな」女性というメアリのイメージ、ならびに自らの経験を語るメアリ独特のユーモアへの誤解を危惧していたことがわかるだろう。この誤解を解くためにアリスが強調したことが、メアリの旅と「彼女がもっている女性としての特殊な才能」［Alice Green 1901c：3］との関連性だったのである。アリス・グリーンは、旅に出る前のメアリ・キングズリが母親の介護に明け暮れる「従順な娘」であったことに注意を喚起しながら、メアリの勇気が従順さというヴィクトリア朝時代の娘に求められた美徳に裏打ちされたものであり、それがメアリの旅をユニークな成功に導いたと語る。さらに、「彼女の知性を輝かせていたのは、相手を守り、助けたいと願う母性本能」[Alice Green 1901c : 3] であるとして、メアリの旅を、やはり当時の理想像である「慈悲深き母」とも結びつけるのである。しかも、メアリの母性本能は「通常の[女性の]母性本能をはるかに上回り、人間とは、人生を正々堂々と闘えるように、まっすぐな正義感を与えられるように、育てられねばならないという崇高な願いにまで高められたのであった」[Alice Green 1901c : 3-4] とまで持ちあげている。ヴィクトリア朝という時代が女性に求めたモラルこそが、メアリの西アフリカの旅を可能にした、というわけである。

ユーモアという鎧

こうしてアリス・グリーンは、メアリ・キングズリの勇気と知性が「女らしさ」を基盤とするものであったことを強調して彼女の「女性性」を救う一方、もうひとつの「救済」に着手する。「女らしさ」と関連しながら、メアリの旅行記の「非科学性」の論拠とされた彼女のユーモアにたいする誤解を解くことである。「知識も正義を見抜く洞察力も十分でない人びとのなかには、つぎのように思った人がいるだろう」と、アリス・グリーンは畳みかけるように問いながら、そこにイギリス人批判を重ねていく。少し引用が長くなるが、アリスの言葉に耳を傾けてみたい。

メアリ・キングズリはとても愉快な女性だから科学的であるはずがない。彼女の冒険談はユーモアがありすぎて正確ではない。アフリカ問題におけるヨーロッパ人の過ちを告発する彼女のやり方はあまりにも挑発的だから、そんなものに注意を払う必要はない、などなど。……なんということだ! こうした批判者には絶対にわからないことがある。心地よくも気楽な民族——ほかの民族のように悩まされることも、トラブルに巻き込まれることもない民族[=イギリス人]——の注意を引きたい、耳を傾けてもらいたいと強く願いながら、彼女がどのように物語をみつけ、そこにユーモアという輝きを与えていたのか。笑われてもいいから、その話に込められた意味を無意識のうちに理解してほしいと、彼女がどれほど願っていたことか。目的のない話など、彼女にはひとつとしてなかった。……彼女の乾いたウィットで語られる風変わりな出来事の裏に、どれほどの哀しみが込められていただろうか。……

私は何度も彼女に同行してその講演を聴いたが、一度とて彼女が不機嫌になるのを見たことがない。彼女は、人びとの心を動かして、聴衆に「知りたい、考えたい」と思わせるような方法を自分がちゃんととっているかどうか、迷いながらも必死に模索していた。……彼女のユーモアが邪魔になるという人物（A氏）に、彼女はこういったことがある。「私は戦いに行くとき、鎧を身につけます（大まぬけでそれが見抜けないA氏には、単なるユーモアでしかないのだが）。そうしなければ、私は傷つき、ぼろぼろになって戦えないでしょう」と

[Alice Green 1901c : 15]。

このように、アリス・グリーンは、メアリ・キングズリのユーモアを、イギリスの聴衆にアフリカ人を身近な存在として感じさせるための道具であると同時に、帝国の中心、メトロポールに暮らす「イギリス人」を相対化するための「武器」としても捉えていた。そして、ユーモアというヴェールのむこうに、彼女の勇気や才能、独特の「観察する知性」を指摘するのである。自らの主張を補強するために、アリス・グリーンは、「イギリス人類学の父」、E・B・タイラーにつぎのように語らせている。

メアリ・キングズリの読者のなかには、もみ殻のように軽い彼女の文体にとまどい、彼女のことを上っ面だけだという人がいるかもしれない。しかしながら、彼女は、そうした軽い話を通じて、黒人と白人の双方から

情報を得ることこそ、上手な接し方だと考えていた。彼女は、このなれ親しんだやり方で、人生のさまざまな問題がアフリカ人にはどのように映っているかを見つけ出すことに非常に長けていた。……彼女独特のやり方についていえば、だれも彼女の代わりにはなれない。未開人の心に寄り添えるメアリ・キングズリの特殊な才能は、彼らの心を、白人と同じように公平に扱っている。私にはそれがうれしい［Alice Green 1901c : 12］。

だからこそ、メアリとファンとのきわどい友情物語——白人女性として不適切な行動と思われた彼女の経験——のなかに読み込まなければならないことは、自然や科学、宗教をめぐる諸問題であり、そして何よりアフリカ人独自の「精神構造《マインド・フォーム》」なのだとアリス・グリーンは訴える。

こうして、アリス・グリーンは、メアリ・キングズリへの批判を逆手にとり、「女らしさ」ゆえにメアリに理解可能となったアフリカがあったことともに、独特のユーモアという鎧を身につけていたからこそ、メアリは、文明人であるはずのイギリス人に内在する「野蛮性」を批判することもできたと指摘するのである。そして、「必要とあらば、アフリカ人の友人に向かって、自分の同国人［＝イギリス人］について辛辣な言葉を口にすることもできた」［Alice Green 1901c : 4］ことを高く評価している。

「文明／野蛮」から「文明／文化」へ

追悼エッセイの後半冒頭、アリス・グリーンはつぎのように、イギリス中心、白人中心の見方を批判するメアリ・キングズリの意図を浮かび上がらせていく。

メアリ・キングズリは、自分がアフリカで目撃したことをとても残念がっていた。「進歩」や「キリスト教」、あるいは「文明」の名のもと、「何百年にもわたってヨーロッパがおこなってきた行為の果てに」彼女が目にしたのは、アフリカ諸部族が文明化された姿ではなく、彼らの間で不安と混迷が深まる様子だったのである。……ヨーロッパ人と接した現地人は、希望的観測を込めて「半文明」状態とよばれるが、メアリ・キングズリにしてみれば、それは、「文化が崩壊しつつある状態」といった方が的確であった［Alice Green 1901c : 8］。

留意すべきは、「文明」と「文化」という言葉の使われ方である。ヨーロッパによる「文明化」の結果が「文化」の崩壊であるとはどういう意味なのだろうか。

この点を説明するために、アリス・グリーンが持ちだしたメアリ・キングズリの「文明（civilization）」分析は実に興味深い。アリスは、「文明」という言葉に二つのまったく異なる意味が混同されて使われていたとするメアリの指摘を引きながら、つぎのように解説する。ひとつは、ドイツ語の「クルトゥール（Kultur）」にあたるもの、すなわち、鉄道や郵便局、自転車や蒸気機関といった物理的な意味での文明であり、それは、風土と気候さえ適せば、ほしいと思うすべての人たちが手にすることができる。しかしながら、もうひとつの「文明」、すなわち、ドイツ語の「ビルドゥング（Bildung）」という言葉が意味する、ある民族の思想や感情、あるいは政治形態という意味になると、事情はまったく違ってくる。それは、それぞれの民族が自分たちの基準ややり方で築きあげていかねばならないものなのである。だから、「蒸気船や自転車などをもたない民族、すなわち *Kultur* のきわめて低い民族が、美意識や愛国心、正義などの感覚において高い *Bildung* をもつことはありうる」し、その逆もまた可能である［Alice Green 1901c : 12–13. イタリックは原文通り］。それゆえに、アフリカ人が地下鉄をもっていないからといって、彼らの家族観や政治組織、フェティッシュの存在などが、まったく堕落した価値のないものだということはできないのである。

こうして、「文明」を物理的なものと精神的なものとに分け、前者に「文明（civilization）」、後者に「文化（culture）」という言葉をあてはめることによって、「ヨーロッパ人とアフリカ人」には、それまでの「文明と野蛮」ではなく、別の捉え方が可能になった。メアリ・キングズリはそれをつぎのように語っている。

ヨーロッパ人は、物質的な路線にそって知性を働かせ、そこから、鉄道などのモノを作り出すことができる。それに比べて、アフリカ人は、人生にたいするアプローチの方法がまったくちがっている。アフリカ人の知性は、すべての問題を精神的なもの、心の問題として捉える。つまり、ある霊が別の霊にたいして作用するから、そこにある出来事がおこる、という具合に考えるのである。たとえば、りんごが落下したのを見て、ニュートンは万有引力の法則を発想した。しかしながら、アフリカ人は、りんごの落下は霊のしわざだと理解するのである（*WAS*：231-32）。

「文明」と「文化」という言葉を使い分けることで、メアリはアフリカ人を、ヨーロッパ人とはちがって、物質的・技術的なことには弱いが、精神的なこと、すなわち宗教や法、道徳などにおいて優れた存在として捉え直すことができたのである。アフリカ人には、ヨーロッパ人とは異なる独自の文化と精神構造があり、それゆえに、アフリカ人を理解するには、精神的なもの——たとえばフェティッシュ——を、「偏見をもたずに研究し、彼らの思考回路に合った方法で、彼らの発展を助けること」［Alice Green 1901c：13］こそが必要になってくる。まさにこのこと——すなわち、アフリカ人には、イギリス人とも他のヨーロッパの人びととも異なる独自の宗教と文化、法や規範、習慣があることを、メアリは「アフリカ人の個性（African personality）」とよぶことになる［Flint 1965：157］。

換言すれば、メアリ・キングズリは、「文明／野蛮」という二項対立を「文明／文化」という二分法にすりかえ、ヨーロッパに「文明」、アフリカに「文化」を割りふることによって、「アフリカ人の個性」を「野蛮」というコンテクストから救い出そうとしたといえるだろう。

文明に物理的なものを、文化に精神的なものを見いだすというメアリが用いた概念区分は、同時代のドイツで編み出された考え方である。ノルベルト・エリアスの『文明化の過程』によれば、ドイツの知識人や上層ブルジョワジーは、フランス（文明）に対する対抗意識から、自分たち独自の価値観に「文化」という言葉を選びとったという。(25) 民族学に関心のあった父ジョージの「助手」としてドイツ語文献を読むべく、家庭教師についてドイツ語を学んだメアリは、当時のドイツの哲学や人類学の書物に親しんでいたことがわかっている［Stephen Gwynn 1932: 15, 87］。メアリはおそらく、この読書歴をつうじて、ヨーロッパの緊張関係のなかで展開された「文明／文化」の概念をアフリカ理解に応用する発想を得たと思われる。

とはいえ、メアリ・キングズリは、アフリカにたいするヨーロッパの優位を否定し、当時のヨーロッパ中心主義を超越して、アフリカ人とヨーロッパ人を対等の土俵で議論しようとしていたわけではけっしてなかった。(26) メアリは、ヨーロッパ人、とりわけアングロ・サクソンの民族的優秀性を前提にしたうえで、アフリカ人の「文化」の問題を語り、ヨーロッパ人が彼らに何をすればいいかを模索している［WAS: 297］。それゆえに、彼女は、アフリカでヨーロッパ人が「文明化」の名の下にしてきたことを批判しつつも、「文明」に秀でたヨーロッパ人、とりわけアングロ・サクソン民族であるイングランド人に、彼らアフリカ人の支配者ではなく、「庇護者」としての役割を期待していた――アリス・グリーンは、こう解釈する。

理由はきわめて明白であった。熱帯アフリカがイギリス人の生活の場とはなりえない以上、そこで「森林の樹木を伐採し、ゴムを採取し、荷物をかつぎ、沼沢地を抜ける道を切り開き、鉄道を敷設することはアフリカ人しかできない」[Alice Green 1901c：9] からである。つまり、アフリカ人がいなければ西アフリカは経済的な価値がまったくなく、だからこそ西アフリカは、そこで生活するアフリカ人の利害にしたがって治められねばならない。メアリ・キングズリが二冊目の著作『西アフリカ研究』のなかで強調したのはこのことであった。

それゆえに、問題は、アフリカ人の庇護者としてイギリス人はどうあるべきか、なのである。

三つのアフリカ人イメージを批判する

その鍵を、アリス・グリーンはまず、メアリ・キングズリがきっぱりと否定した二つのアフリカ人イメージを、イギリス人もまた払拭すべきだという議論に見いだした。ひとつは、「黒人の成長は途中で停止した（Arrested Development）」とする説であり、もうひとつは「アフリカ人は半分悪魔で半分子どもという、ラドヤード・キップリング流の露骨な想像」[Alice Green 1901c：10] である。ともに、一九世紀末になっても、イギリス社会で広く流布しつづけた俗説であった。

前者について、アリス・グリーンは、メアリがきわめて早い時点でこれをつぎのように皮肉っていたことを記憶していた。「象が風上に行くときと風下に行くときで、木材の運び方を変えるのはなぜか。それは、象の心の成長が止まったせいである。――アフリカ人の行動のなかで理解できないものにはなんでも、ごくふつうにこの説が当てはめられるのです」[Alice Green 1901c：11]。

後者は、一九世紀前半のトマス・カーライル以来、メアリ・キングズリが愛読したリチャード・バートンにいたるまで、ヴィクトリア朝時代を通じてイギリスのアフリカ支配を根底で支えてきたアフリカ観だといえる。宣教師たちは、「アフリカ人が迷信に陥りやすく、悪魔を簡単に信じてしまうのは、彼らが子どもだからである」として、キリスト教による「文明化」を推進してきた。ところが、メアリのアフリカ経験は、宣教師たちの「文明化」活動を真っ向から否定するのである。それをメアリがいかに弾劾したかを伝えるために、アリス・グリーンは、まず、つぎのようなメアリの手紙を追悼エッセイのなかで披露している。

昨日の聴衆は、オクスフォード・ストリートの路地裏に落ちているゴミ屑でできているように、とてもお気楽な人たちでした。だから、汚くぼろぼろで活力のない彼らが、印刷物のなかのアフリカ人を見てひどく低俗だと思い、うれしいショックを感じている様子をじっと観察することはとてもおもしろいものです。彼らにとって、自分の方が上だと感じる何かを見ることはほんとうに心地のいいことであり、彼らにはけっこうなことなのです［Alice Green 1901c：10］。

そのうえで、アリスは、こんな聴衆であれば、「半分悪魔で半分子ども」であるアフリカ人は、キリスト教やイギリス支配によって文明化に導いていけると信じてしまうだろうが、メアリ・キングズリが正そうとしていたのはまさしくそういうイギリス人の思い込みなのだとして、つぎのような辛辣な言葉を投げかける。

白人が肥え太るために黒人を働かせ、それが「黒人は文明と接した」口実となって、［白人の］残酷さや悪徳の多くが正当化されてしまう。白人の貪欲さを覆う張り板は薄っぺらなものではあったが、騙されたいと思っている人たちの目を覆うにはじゅうぶんの厚みがあった［Alice Green 1901c：11］。

実際、一八九五年一一月末の帰国直後、メアリ・キングズリが『スペクテイター』に寄せた「黒人の能力」と題する文章では、アフリカ人は「未発達なヨーロッパ人」ではないことがくり返されていた。アフリカ人とヨーロッパ人は発展の仕方もそのありようもまったく違っており、それゆえに、同時代のヨーロッパ人を規準にしてアフリカ人を判断すべきではないのである［Kingsley 1895：927-28］。同じことが、『西アフリカの旅』ではこう表現されている。「黒人は未発達の白人ではない。［野うさぎ（hare）より小型の］ラビットが未発達の野うさぎではないように——」［*TWA*：659］。言い換えれば、ヨーロッパ人と比べて、アフリカ人は「程度ではなく、種属において劣る」［*TWA*：669］のである。[27] アフリカ人は、「白人と異なる存在の種（a different kind of being to white men）」［*WAS*：385-86］であり、それゆえに、アフリカ人は、ヨーロッパ人と同じ人類ではあっても、ヨーロッパ人の「兄弟」ではないことになる。

この主張を、アリス・グリーンは見逃さなかった。追悼エッセイのなかでアリスは、メアリ・キングズリは、アフリカ人についての「成長停止」説も、彼らは「悪魔で子ども」という語りも、ともに科学的ではないとして強く否定する一方で、三つ目のアフリカ人イメージ、すなわち、「人間、だから兄弟」という博愛主義者がよく使うセリフ——アフリカ人とヨーロッパ人は人間という点で同じであり、アフリカ人もヨーロッパ人と同じような生活を送ることができるという考え方——もまた、否定していたことを強調するのである。メアリはさまざまな場でつぎのようにくり返していた。

私は、アフリカ人が人間の劣ったかたちだと思ったことはありません。ですから、私が、アフリカ人はヨーロッパやアジアの人間とは違う、というとき、それは、［劣っているのではなく］違うという意味なのです［Kingsley 1896：66］。

くわえて、アリス・グリーンは、メアリ・キングズリが「人間、だから兄弟」という考え方を問題視したのは、それが一個人を問題にするだけで、その個人が属している社会や国家、民族といった集団とその諸権利といった大きな問題を無視しているからだと述べている。その際アリスが引用したのは、現地固有の法や制度が育んだ「正義のイメージ」を破壊することを批判したメアリのつぎの言葉であった。

「私［メアリ・キングズリ］は、ある国民が別の国民にたいしてなしうるもっとも恐ろしい犯罪のひとつは、正義のイメージを破壊することだと思っている」［Alice Green 1901c : 13］。

第六章で述べるように、アリス・グリーンはアイルランド史の書き換えに際して、アイルランドの過去に「ひとつの国民」とその「かたち」を求めつづけた。と同時に、初めてのアイルランド史の著作、『アイルランドの形成と解体』（一九〇八）以来、南北アイルランドの分裂を決定づけたアイルランド統治法（一九二〇）を批判するパンフレット『アイルランドの統治（*The Government of Ireland*）』（一九二一）に至るまで、アリス・グリーンは一貫して、「ある国民が別の国民を支配する」という悲劇を阻止する道を模索しつづけるのである［Alice Green 1917b : 12-13 ; 1921a : 2-5］。そこにはまぎれもなく、メアリ・キングズリの植民地経験が生かされていた。

宣教師批判

もうひとつ、「人間、だから兄弟」という考え方にたいするメアリの批判で注目すべきことは、それが、「文明化」によってアフリカ人はヨーロッパ人と同じような生活が送れるという前提から、キリスト教道徳にもとづく生活習慣を身につけさせようとした宣教師たちの活動を、根本的に否定していることである。ここから、メアリは、「アフリカ人の個性」であるフェティッシュを排除し、キリスト教のモラルを押しつけ、アフリカ人の社会や生活そのものを変えようとする宣教師批判を大々的に展開していく。

一八九六年三月、『ナショナル・レビュー』誌において、メアリ・キングズリは、一七世紀に死滅したとされる鳥、ドードーにたとえながら、現地アフリカ人のモラルを破壊する者として宣教師をきびしく非難した。宣教師たちは「アフリカ人の個性」を調査も研究もしないまま、アフリカ現地のモラルや正義を破壊しているだけだというメアリは、宣教師らが野蛮で邪悪なものとして非難し、廃止しようとしたアフリカの習慣の多くを、「アフリカ人の個性」の発現として肯定するのである。一夫多妻制擁護もそのひとつである。

メアリは、商売をしながら村々を旅した経験のなかで、西アフリカで女性の存在に意味を与えているものが「だれかの妻であること」であることに気づいた。すなわち、一夫多妻制によって彼女たちの立場は保証され、意味を付与されているのである。しかも彼女たちには、この枠組みのなかで経済的な自立が可能であった。女性たちは、政治的、社会的な弱者である一方、一夫多妻制という枠組みのなかで互いに助けあい、各自の自立と自由になる時間とを確保していたのである。イギリスで独身女性の存在が社会問題化していた当時にあって、「西アフリカの女性たちは、独身の孤独と悲哀を感じなくてすんだのだ！」[*TWA* 484-85; Frank 1986 : 159-60] ―― イギリス社会が他の社会を測るものさしのすべてではないというこのメアリの主張は、当時としてはきわめて希有な見解といえよう。

また、宣教師や植民地行政官が強く反対した西アフリカにおける酒の取引きについても、メアリ・キングズリは、一八九六年三月のリヴァプールでの講演で、つぎのように酒の取引きとそれに従事していた商人たちを擁護している。「酒は、西アフリカでよくある物々交換のスタイルであり、アフリカ人には通貨の代わりともなりうる。しかも、アフリカ人に売られている酒は、現地で作られている酒とは違って安全なものである」[Kingsley 1896 : 75-76 ; 1898b : 537-60]。

酒の取引きは、西アフリカ貿易関係者の間でも争点となっており、メアリの周囲でも大きく意見が分かれていた。メアリがもっとも信頼を寄せたリヴァプールの貿易商人、ジョン・ホールトは酒類取引きの推進者であったが、やはりメアリが尊敬するRNCのジョージ・ゴールディは、宣教師や植民地行政官と同様に、禁酒を支持していた。当時、RNCの独占特許を廃止してナイジェリアの保護領化を推進していたフレデリック・ルガード（一九〇〇年に成立する北部ナイジェリア保護領初代高等文官）も酒の取引きには否定的であり、西アフリカにおけるアルコールの恐怖と脅威をさまざまな場で喧伝している。(28) この状況下、酒取引き推進派は、イギリス国内ではとうてい望めないアフリカにおける飲酒支持の理論武装をメアリ・キングズリに期待したといえる。彼女は、先に見たように、ヨーロッパにおける飲酒批判を西アフリカにあてはめるべきではないことをくり返している。ヨーロッパでは否定される一夫多妻制や奴隷制などの諸制度、そして飲酒や酒取引きなどの行為が、西アフリカというコンテクストでは必要とされる――これがメアリの植民地経験であった。『西アフリカの旅』に付記された長い補録を締めくくるつぎの言葉は、その後、メアリの主張として何度となく引用されることになる。

私には、白人が、文明という自分たち独特の山の頂上に黒人を引き上げられるなどとはどうしても考えられない。なぜなら、一夫多妻制も奴隷制も、アフリカ人の幸福にとって本質的なものであるからだ。この二つの制度が存在するがゆえに、アフリカ人は自分自身の頂上をもつことが必要なのである。

アフリカ人を改革しようと情熱を燃やす人たちには残念なことであるが、彼らは文明という山に登りたいとは思っていない。彼らは、その山のふもとにとどまり、心地よくさえあればいいのである。彼らが思い上がっているというわけではない。彼らは、より高い文化を、そして不便をいとわずその山をめざす人たちを、非常に尊敬している。しかし、自分自身が同じことをしたいかと聞かれれば、とんでもない。答えはノーだ。それに、かりにアフリカ人が禁欲的な宗教［＝キリスト教］によって高いところに引き上げられたとしても、一〇回のうち六回は傷つき、道徳的に堕落して、かつての沼地の底へと転がり落ちていってしまうだろう［TWA：

680]。

ここには、「アフリカ人の個性」を支えるフェティッシュを排除し、彼らを「文明化」しようとする宣教師の活動が、アフリカ人の存在そのものを否定し、彼らの文化を抹殺することにほかならないというメアリの憤りが込められている。[29]

興味深いことに、メアリ・キングズリは、こうした宣教師批判を、ミッション教育を受けたアフリカ人たち、いわゆる「ミッション・ボーイズ」へも向けている。彼女は、彼ら、ニジェール沿岸部の伝道拠点で教育を受けた現地人が、弁護士や医師、商人として活躍していることに一定の評価を与えつつも、彼らが周囲の白人を模倣している現状を指摘して、ミッション・ボーイズの多くを、「くだらない二番煎じの白人文化」[*TWA*:20]、「アフリカ人でもヨーロッパ人でもない、沿岸部の呪われた存在で、白人を誤解し、黒人を裏切る人びと」(*WAS*:323)などと表現して、「似非アフリカ人」とみていた。彼女は、一夫多妻制や飲酒の習慣が伝道の妨げになっているのではなく、問題は宣教師が提供する教育の内容がアフリカ人に適していないことだと訴える[*TWA*:668-69]。すなわち、アフリカ人への教育は、読み書きや聖書講読ではなく、アフリカ人に欠けている技術教育に徹するべきだというのである。[30]

こうした主張からは、メアリ・キングズリが、ヨーロッパ人と接触していない「伝統社会」なるものを前提としながら、そこにヨーロッパとは異なる「アフリカ人の個性」を認め、高い評価を与えていたことがわかるだろう。ファンの人びとについても「奥地」と「沿岸部」とに分け、前者を「本物のアフリカ人」、後者を「似非アフリカ人」と、両者の間に明確な境界線を引いていたことについてはすでに述べたとおりである。すなわち、メアリ・キングズリは、ミッション教育を受け、流暢な英語でヨーロッパ人と渡りあえる現地人エリートが、世紀転換期の西アフリカにもたらそうとしていたダイナミズムを認めず、不変の「伝統社会」と、ヨーロッパと接したことのない「純粋な黒人（pure Negro）」の擁護者となることを、イギリス人に求めたことになる。[31]この見解に強い違和感を覚えたのは、ヨーロッパ人宣教師以上に、彼らが教育したアフリカ人クリスチャン、すなわちメアリのいう「ミッション・ボーイズ」たちであった。「アフリカ人の個性」を主張するメアリの活動を支持し、彼女を自分たちの代弁者として歓迎しつつも、彼らが指摘せざるをえなかったメアリ・キングズリの限界については後述したい。

メアリ最後の手紙

一九〇〇年三月半ば、メアリ・キングズリは、戦争の真っ只中にある南アフリカ、ケープタウンに向かう軍艦ムーア号の人となった。艦内の彼女はもっぱら手紙を書いて時間を過ごしているが、そのなかに、リベリアの首都モンロビアで創刊された雑誌『ニュー・アフリカ』の編集長、A・P・カンフォー博士に宛てた一通がある。カンフォー博士はアメリカで生まれ育った黒人で、三年前、メソディスト監督教会派伝道教会（Methodist Episcopal Missionary Society）から派遣されて、モンロビアでの教育活動にたずさわっていた。ちょうどビスケー湾上で書かれたと思われるその手紙は、同誌（一八九九年一一月）に『西アフリカ研究』の書評が掲載されたことへの謝意を示したものだが、そこには、南アフリカ行きを志願した当時の彼女が何を考えていたかが克明に記されている。[32]

手紙には、ヨーロッパ人とアフリカ人、アングロ・サクソンと「真の黒人（true Negro）」が、相互に誤解を払拭し、理解しあうにはどうすればいいかが綴られていた。メアリは一貫して、アフリカ人の制度をまったく理解しないまま、彼らを改善・改良しようとする白人（white races）側に非があるという考え方を示しながらも、アフリカ人側にも、自分たち固有の法や制度がどのようなものかをアングロ・サクソンの人びとに示してこなかったという欠点を指摘する。その結果、旅行者や宣教師、植民地の役人らが自分の経験を一方的に誇張して語ることで、アフリカ固有の諸制度にたいする誤解と曲解がヨーロッパじゅうに広がり、そこから、アフリカを知らないイギリスの政治家や一般大衆は、アフリカ人はひどく野蛮で、矯正するには感化院や刑務所の路線しかないと信じ込んでしまった、というのがメアリ・キングズリの見解である。

だからこそ彼女は、この手紙を宛てたカンフォーやすぐ後にみるE・W・ブライデンのような現地の知識人、すなわち、ヨーロッパ文化とアフリカ文化の双方を知り、ヨーロッパ流の教育を受けたアフリカ人が「外交官として、平和の仲介役として」[WAS 1901: xvii]、二つの人種の間に入り、「真のアフリカ人」とはどういうものかを具体的にイギリスの政治家たちに示し、誇張された想像上のアフリカ人イメージを壊すべきだとよびかける。

しかしながら、その一方で、彼女は、「ヨーロッパ流の教育を受けたアフリカ人のリーダー的な人びとが、問題解決を宗教に依存しすぎるように思われる」[WAS 1901: xvii]と非難し、ヨーロッパの国民史を一瞥すればわかるように、キリスト教は、アフリカ人のクリスチャンが信じているような唯一の解決策ではないと断言するのである。

　だからあえて私は言います。[民族の相互理解という]この問題解決をキリスト教の上で図ろうとしてもだめです。ヨーロッパ人にキリスト教の話をしたって、あなた方[アフリカ人]を救うことはできないのです[WAS 1901: xvii]。

すでに指摘したように、メアリ・キングズリが「アフリカ人の個性」を語る際、一枚岩的なアフリカ人理解を否定しつつも、「本物のアフリカ人」、あるいはアフリカの「伝統」社会といった彼女自身の創造と想像を前提としたことにひとつの限界があった。それでも、アフリカ人クリスチャンとの対比でイギリスを含むヨーロッパのキリスト教を問題視することで、メアリ・キングズリが、ヨーロッパ概念である「国民」や「文化」を相対化しようとした重要性は看過できないだろう。そのうえで、彼女は、キリスト教よりも確実に、イギリス人（より正確にはアングロ・サクソン）に強くアピールするものとして、「ジェントルマンの名誉」をあげる。「そんなことをするのはクリスチャンではない、と言われても気にかけないイングランド人は何千人もいますが、そんなことをするとジェントルマンではないと言われると、とても気になるのです」［WAS 1901 : vii］。

ジェントルマンの名誉がアフリカ人とイギリス人の相互理解の鍵を握ると提言する一方で、メアリ・キングズリは、その場合でも、現地の法や制度、アフリカ人とはどういう人びとであるか、彼らの自立とはどういうことかなどについて、イギリス人が知ることこそが重要だと強調している。そして、そこに「ナショナリズムという要素」の問題を絡めながら、「アフリカのナショナリティ（the nationality of Africa）」［WAS 1901 : xviii］を語るのである。

メアリ・キングズリのいう「ナショナリズム」、あるいは「ナショナリティ」とは、各々の民族が民族として歩む独自の路線のこと、換言すれば、各民族固有の文化や価値観などのことである（第六章も参照）。アフリカを文化的に発展させ、アフリカ人を「世界の市民（citizen of the world）」にするためにイギリス人が果すべき責務は、アフリカのナショナリズムを破壊せず、保持することである。そのためには、アフリカ人知識人が、「アフリカ人の個性」が（よくいわれるような）野蛮や残酷さ、カニバリズムなどではけっして説明できないことを主張しなければならない、とメアリは強調する。

このように、イギリス人、アフリカ人の双方にそれぞれの責任を認めた点にこそ、メアリの独自性があろう。

すなわち、彼女は、「不変の伝統社会」を前提としつつも、その限りにおいて、アフリカ人を自立した存在と捉えており、イギリス人の助けがなければ自分ではなにもできない子ども、弱者としてだけ、彼らを考えていたわけではないのである。それゆえに、彼女の目には、ミッション教育を受け、言語や知識、あるいはマナーの上でヨーロッパ人とコミュニケーション可能なアフリカ人知識人が、自分たちのことを的確にアピールしているとは思えなかった。彼らがアフリカ固有の制度、とりわけ彼ら自身の土地法を保持し守るために声をあげない限り、彼らがヨーロッパ人の支配から自由でありつづけることはできないと、メアリは考えていた。

彼女は書いている。奴隷にされたアフリカ人も、たんに白人の価値観を押しつけられていただけではない。彼らには独自の文化――アフリカ人のナショナリティ――があるのだから。それゆえに、ヨーロッパ人がアフリカ人のナショナリティを破壊してしまえば、アフリカ人や彼らの文化を破壊するとまではいかなくても、「アフリカ人をユダヤ人のような民族――自分たちの土地をもたない不幸な民族にしてしまうことになる」[WAS 1901: xviii]。そうした状態をどうか全力で阻止してほしい――そんな祈りにも似た思いで、メアリ・キングズリはつぎのようにペンを走らせる。

あなた方にはできます。アフリカにはアフリカの法と文化があると、アフリカ人には自分自身の制度や国家形態があると、そう主張すればいいのです。もしこのことをうまくできれば、イングランドは、とにもかくにも、これまで故意にではなく無知ゆえにアイルランド人に与えてきたようなこと、すなわち、アフリカのナショナリティを破壊したり、苦痛を与えたりしたいなどとは思わないと私は信じます。アイルランドの古きブレホン法を調べてみれば、そこに、あなた方がアフリカでもっている土地法と同じかたちを見いだすでしょう。イングランド人がこの法のことを知ってまだわずか五〇年ほどにしかなりません。もしエリザベス朝の人びとがこのことを知っていたら、今のアイルランド土地問題などなかったでしょう。あなた方にはチャンスがあります。神はアイルランドの悲劇をくり返さない方法を教える機会をいつも与えてくれるのですから。それも手遅れにならないうちに……。[33]

アフリカとアイルランドとを重ねてみるこのメアリ・キングズリの視点から、アリス・グリーンは、アイルランド史の書き換えについて大きなヒントを得たと思われる。詳細は第六章で考えることにしたい。

このように、メアリは、アフリカ人知識人が自分たちの文化を語る力と勇気をもつことを強く望んでいた。それこそ、自らを「帝国主義者」と語る彼女が、アフリカ人の「庇護者」としてイギリス人がどうあるべきかという帝国への責任の果たし方、いうなれば「メアリの帝国主義」ではなかったか。メアリは、相互理解のために、アフリカ人たちに彼らの「ナショナリズム」を彼ら自身が語ることを求め、それをイギリス人が尊重し、守ることによって、当時のイギリスが陥っていた「不名誉な帝国主義」――植民地省が展開しようとしていた西アフリカ支配――から救い出そうとしたと考えられる。言い換えれば、メアリ・キングズリは、世紀転換期、西アフリカの知識人に「アフリカ人の個性」や「アフリカ人のナショナリティ」といった概念を提示して、彼らに「自らを語る」言葉を与えたといえるだろう。そして、自らを語る言葉をもったアフリカ人知識人がイギリス人と対話し、植民地相チェンバレンが推進しようとしたものとは異なる「帝国（主義）のかたち」を模索することに期待を寄せていたと思われる。

手紙の最後は、つぎの言葉で結ばれていた。

「友人のブライデン博士がリベリアにいます。『民衆心理学』はじめ、私が送った本が無事に届いたか、聞いてください。そして、私の南アフリカの連絡先を伝えてくださいますように」［WAS 1901 : xix］。

アフリカ人たちの反応――ブライデンとヘイフォード

メアリからの伝言を受けて、カンフォーはエドワード・W・ブライデンと連絡をとり、メアリの手紙を見せた。西インド生まれのブライデンもまた、ミッション教育を受けてリベリアに渡り、シェラレオネでも活躍した教養人である。一八九五年には財政難のために閉鎖されていたリベリア・カレッジを再組織化し、イスラム教育局長を勧めるなど、教育者として、あるいは外交官として、ヨーロッパにもその名を知られていた[34]。

ブライデンの書簡集には、このメアリ・キングズリの手紙にたいする返事が収録されている。日付けは一九〇〇年五月七日。メアリの死まで一ヶ月足らずの時間しか残されていなかったこのとき、「ケープタウンのスタンダード銀行気付け」のこの手紙を彼女が読んだかどうか、今となっては定かではない。

手紙のなかでブライデンは、メアリのアピールを受ける黒人の側に大きな矛盾が存在することを指摘している。それは、メアリの主張に共感し、それに応じようとする人は、英語が話せず、イギリス流の教育も受けたことのない異教徒たち、多くがムスリムだということである。宣教師から英語で教育を受けた黒人の多くが、アフリカの制度を邪悪なものとして軽蔑して距離を置いており、自分たち本来の法や宗教など知ろうとは思わず、もちろんそれをヨーロッパ人にアピールしようとするはずもないとブライデンは語る。「イギリスやヨーロッパ諸国の博愛主義者たちに、彼らが最高の意図を込めて黒人（negro）に提供している教育が、黒人に最高のものなどではないことを理解させることはむずかしい」のである［Lynch（ed.）1978 : 461］。

エドワード・W・ブライデン
（Birkett 1992: 102-03）

ブライデンは、キリスト教が問題解決の唯一の手段ではないというメアリの意見を支持すると同時に、キリスト教やヨーロッパ文明の影響下にある沿岸部のアフリカ人よりも、それらと接触したことのない奥地のアフリカ人のモラルの高さを認めて、メアリが提唱した「アフリカ人の個性」という概念にも賛同を示している。(35) そして、「アフリカ人は独自の到達点をもつべきである」というメアリ・キングズリの言葉について、「二〇年前、私が『キリスト教、イスラム、そして黒人』という著作で述べた考え方を、あなたは一言に圧縮してくれた」[Lynch (ed.) 1978: 467] と述べて、アフリカ人知識人にたいするメアリの貢献を評価するのである。

メアリの手紙、ならびにそれをめぐるリベリアでのやりとりは、世紀転換期、西アフリカにアフリカとヨーロッパを結ぶ知的ネットワークが築かれつつあったことを伝えてくれる。それゆえに、この時期、メアリの植民地経験が刺激したのは、西アフリカ支配をめぐって植民地省と対立していた、リヴァプールを中心とするジョン・ホールトのようなイギリス人商人以上に、彼ら、ミッション教育で学んだ英語を駆使して帝国の営みにも関与しはじめたアフリカ人エリートたちだったのかもしれない。メアリの死後、追悼の意を込めて、『アフリカ人から見たメアリ・H・キングズリ』(一九〇一) というパンフレットを執筆した西アフリカ人、CMSの聖職者であるマーク・C・ヘイフォード師もそのひとりである。

ヘイフォードは、メアリ・キングズリのアフリカ経験、アフリカ理解に深く共鳴する一方で、彼女の宣教師批判、ミッション・ボーイ批判にたいしては、つぎのような反論を展開している。第一に、メアリ・キングズリが、ミッション教育を受けたアフリカ人を、「完全にヨーロッパ化されており、かつての自分たちの文化であったフェティッシュを失うか、それなしですませられる存在」[WAS: 418] と、一枚岩的に語っていること。この点について、ヘイフォードは、ミッション教育を受けた黒人たちの多様性を強調しながら、「ラゴスのジョンソン主教、シェラレオネのサミュエル・ルイス、リベリアのE・W・ブライデン博士、ゴールド・コーストのジョン・サルバー」ら、西アフリカ各界で活躍するアフリカ人の名前を具体的にあげて反駁している [Hayford 1901: 4-

5]。

第二に、メアリがアフリカ固有の文化や規範、たとえばフェティッシュをまったくの「善」とみなし、アフリカ人の「ヨーロッパ化」のみを批判していること、である。すなわち、ヘイフォードらミッション・ボーイズにしてみれば、「程度ではなく、種属の差」としてメアリが提示したアフリカ人とヨーロッパ人の差異は、一見したところ多文化主義のようにみえて、実は、「あるタイプのアフリカ人」、すなわち、ヨーロッパ文明に汚染されていないアフリカ人を「本物」とみなして理想化し、固定化していることにほかならないのである。

とはいえ、ヘイフォードは、それ以外の点においては、とりわけ、アフリカにたいするヨーロッパ人の誤解がヨーロッパ人の無知あるいは不完全な知識の産物だとみなすメアリの見解にはまったく同意し、アフリカの過去に黒人の文明が存在したことを具体例をあげて証明しながら、文明ある過去の延長線上にアフリカの現在と未来を置くことを主張する。[36] すなわち、ヘイフォードら、世紀転換期の「ミッション・ボーイズ」たちは、植民地主義による「伝統社会」の変容を経験しながら、先のブライデンの言葉にあったように、アフリカ人は精神的にも文化的にも白人と対等の存在であることを主張すべく、適切な表現を模索しつつあった。そんな彼らにメアリは、「アフリカ人の個性」、あるいは「アフリカ人のナショナリティ」といった言葉を提示したのである。

ヘイフォードは、「メアリがいうように、アフリカのナショナリズムは、野蛮や残虐さ、カニバリズムではなく、よきものとして、調査、研究する価値がある」と強調している[Hayford 1901: 14]。彼のこの主張こそ、南アフリカに向かう軍艦のなかで書いたメアリ・キングズリの手紙に触発された友人たちが設立するアソシエイション、次章で分析するアフリカ協会（現王立アフリカ協会）の目的でもあった。

シモンズタウンの埠頭におけるメアリ・キングズリの葬儀の様子（Pearce 1990: 96-97）

メアリの死

一九〇〇年五月下旬、シモンズタウンにあるパレス兵舎で看護婦としてボーア人捕虜を介護していたメアリは、身体の変調を覚えた。腸チフスに感染したのである。すぐに手術がおこなわれたが、彼女が回復することはなかった。六月二日深夜、死を悟ったメアリは、軍医長ジェラール・カレにこう頼んだ。「死んだら水葬にしてほしい」――そういうと、彼女は、「ひとりで逝きたい」とつぶやいたという。カレ博士と看護婦たちは、後ろ髪を引かれる思いで病室を後にした。それから数時間後の翌六月三日早朝、彼女は亡くなった。こうした死の様子は、カレ博士からの手紙で、友人たちの多くに伝えられることになる［Stephen Gwynn 1932 : 250］。

遺言に従って、水葬にいたる手順はすべて海軍の形式に則っておこなわれた。彼女の遺体が収められた木製の棺は、ユニオン・ジャックにくるまれて砲車に乗せられ、軍楽隊の演奏とともに港へと向かった。シモンズタウンの埠頭にたどりつくと、棺は「もっともな荘厳さと礼儀作法でもって」魚雷艇スラッシュ号に移され、三マイル沖合のケープ・ポイントへと運ばれた。ここから見える岬は、強い突風が吹き荒れることから、当初「嵐の岬（Cape of Storms）」と名づけられていた。それを「喜望峰（Cape of Good Hope）」と改めたのは、かのヴァスコ・ダ・ガマである。その岬を遠くに臨みながら、彼女の棺はゆっくりと海面へ向かってレールを滑りおりていった。ところが、棺の重さが足りなかったのか、棺は海上に浮いたまま、なかなか沈もうとしない。けっきょく、魚雷艇から救命ボートが降ろされ、乗組員のひとりが棺にスペアの錨を結びつけて、なんとか事なきを得た［Frank 1986 : 297–99］。いささか後味の悪い水葬儀式の最後を、新聞はこう締めくくっている。

「沈みはじめた棺のあとには丸い波紋だけが残った」［Cavendish 2000 : 54］。

メアリ・キングズリが敬愛したリベリアのエドワード・W・ブライデンは、彼女の死にふれてこう述べたという。

「アフリカとアフリカ人に尽くすためにこの世に遣わされた霊」——［WAS 1964 : lxvii］。

第四章　メアリ・キングズリを追悼する

――アフリカ協会の設立とその変質

一九〇〇年七月二六日木曜日午前一〇時、ケンジントン・スクェア一四番地に二二名の男女が集まった。南アフリカで亡くなったメアリ・キングズリの早すぎる死を悼み、追悼の「かたち」を話し合いたい――それが、この日、自宅に二一名の友人、知人を招いたこの家の主、アリス・グリーンのねらいであった。その多くは彼女のサロンの常連ゲストであり、ここでメアリと知り合った人も少なくない（資料④一八二―八三頁）。

この日から二二回の会合を重ねた彼らは、一年後の一九〇一年六月二七日、メアリ・キングズリを追悼するアソシエイションを正式に発足させた。[1] アフリカ協会（African Society, 一九三五年からは王立アフリカ協会 Royal African Society）である。現在、事務局はロンドン大学東洋アフリカ研究部（SOAS）に置かれ、季刊誌『アフリカ協会』（*Journal of the African Society*, 一九四四年七月号から『アフリカン・アフェアーズ（*African Affairs*）』に改称）の発行はじめ、講演会や各種セミナー、フォーラムなどを主催してアフリカへの関心を底上げし、イギリスとアフリカとの交流を推進するさまざまな活動を展開している。こうした今につづく活動の青写真が作られた場こそ、アリス・グリーンのサロンにほかならない。

アリス・グリーンとそのサロンがアフリカ協会と密接に結びついていたこと、より正確にいえば、彼女と彼女のサロンが協会の活動路線の決定権を握っていたと周囲が認識していたことは、創立五〇周年を祝う季刊誌『アフリカン・アフェアーズ』（一九五一年七月、第五〇巻二〇〇号）の特集記事――いうなれば五〇年後の記憶――にはっきりとみてとれる。本章では、アフリカ協会がメアリ・キングズリの「植民地経験」をどのように受け継ぐものであったかを考えていくが、そのために、まずは「五〇年後の記憶」のなかに、設立動機となったメアリ・キングズリ、そして設立準備に中心的な役割を果したアリス・グリーン（ならびにそのサロン）をこの任意団体がどのように記憶していたのかをみていくことにしよう。

第一節　五〇年後の記憶

『アフリカン・アフェアーズ』の五〇周年特集号は、冒頭、ジョン・ホールトに宛てたアリス・グリーンの手紙二通を、全文イタリック体で紹介している。それは、アリス・グリーンこそが協会設立の立役者であるという理解の表れであろう。まずはその二通の手紙、ならびにそれを受けて書かれた五〇年史のなかに、二人の女性をめぐる記憶を探ってみたい。

西アフリカ支部設置計画

一九〇〇年一二月一三日付けの一通目(2)には、協会の準備の様子が綴られている。協会の議事録とつき合わせてみると、手紙の内容は、その二日前、一二月一一日に開催された協会設立準備第六回会合の決定事項を反映したものだとわかる。(3)この日の会合では、合同の可能性もあったリヴァプールのメアリ追悼企画（熱帯病専門病院設立）と、ロンドンの計画（すなわちアフリカ協会設立）とが切り離されることが決定したが、アリス・グリーンは、西アフリカに強力なコネクションをもつホールトに、地元リヴァプールの計画のみならず、ロンドンの計画への協力を打診したものと思われる。具体的には、アフリカ協会（当時の名称では「西アフリカ・メアリ・キングズリ協会」）の「西アフリカ調査特別委員会」のメンバーになってほしいという要請であった。

注目すべきは、アリスが同じ手紙で、西アフリカ沿岸部にアフリカ協会の支部の設立を提案していることである。彼女はこう書いている。

マシュー・ネイサン（Major Matthew Nathan）
　シェラレオネ副総督はじめ、アフリカの植民地行政を経験した軍人
J・G・B・ストップフォード陸軍大佐（Colonel J. G. B. Stopford）
　アリス・グリーンの実弟
メアリ・ウォード（Mary Ward）
　小説家、成人教育運動、反女性参政権運動などで知られる

●リヴァプールの友人代表
アダム博士（Dr. Adam）
　（詳細不明）
カーター教授（Prof. Carter）
　（詳細不明）
ジョン・ホールト（John Holt）
　メアリが敬愛する西アフリカ貿易商人
A・L・ジョーンズ（Alfred L. Jones）
　リヴァプール商業会議所代表
ミルヴ氏（Mr. Milve）
　（詳細不明）
R・ロス少佐（Major Ronald Ross）
　マラリアが蚊によって媒介されることを発見した軍医

●マンチェスタの友人代表
J・A・ハットン（J. A. Hatton）
　西アフリカ有数のイギリス商社代表

【出典】Minutes, 26 July 1900.（順序は上記議事録の記載順）

資料④ アフリカ協会設立準備第1回会合参加者

●ロンドンの友人代表

サー・ジョージ・ゴールディ（Sir George Goldie）

　元王立ニジェール会社（RNC）代表

C・ハーフォード・バタスビー（Dr. C. Harford Battersby）

　民族学者

ルイーザ・ブラントン（Lady Luisa Brunton）

　アリス・グリーンの実妹。夫はセント・バーソロミュー病院内科医トマス・ブラントン

J・R・グリーン夫人（Mrs. J. R. Green）

　アリス・グリーン。設立会合のよびかけ人

ド・カルディ（Count de Cardi）

　コルシカ島出身。メアリの友人。後に協会事務局長となる

アルフレッド・C・ハッドン（Prof. Alfred C. Haddon）

　人類学者。トレス海峡諸島探検リーダー

エドウィン・S・ハートランド（Prof. Edwin Sidney Hartland）

　神話学者

イヴラード・イム=サーン（Everard F. Im-Thurn）

　1880年代、南米ギアナを調査した植物学と人類学の専門家

レディ・ジョンストン（Lady Harry Jonston）

　外交官サー・ハリー・ジョンストン夫人

アルフレッド・ライアル（Sir Alfred Lyall）

　元インド高等文官。『エディンバラ・レビュー』を中心に活発な文筆活動を展開した

ジョージ・マクミラン（George A. Macmillan）

　メアリの出版を引き受けたマクミラン社代表

J・L・マイヤーズ（John Linton Myres）

　歴史家、考古学者

資料⑤ アフリカ協会設立趣意書に発起人として記名の西アフリカ人

R・B・ブレイズ（Richard B. Blaize, 1845-1904）
　アフリカ商人（ラゴス）
E・W・ブライデン（Edward Wilmot Blyden, 1832-1912）
　リベリア・カレッジ教授（モンロヴィア）
J・A・アバヨミ・コール（John Augustus Abayomi Cole, 1848-1943）
　医師（フリータウン）
サミュエル・ジョンソン師（Rev. Samuel Johnson, 1846-1901）
　CMS 主教（ラゴス）
アイザック・オゥウォレ師（Rev. Isaac Oluwole, ?-1932）
　CMS 西赤道アフリカ主教助手（ラゴス）

【出典】Minutes, 19 Dec. 1900.

「西アフリカ沿岸に、黒人（the black people）をメンバーとする協会の支部を設置してもらいたいと思います。黒人たちはそこで活動し、報告書や手紙を「イギリスにいる」われわれに送るのです。今後二週間のうちに理事会でその骨子のようなものができればいいと考えております」。

このアリスの提案は、西アフリカで活発な活動を展開していた現地アフリカ人の商人や知識人との間に、植民地省とは無関係の独自のネットワークを構築しようとするものだと思われる。すでにそれは、アリスがラゴスの現地人商人、R・B・ブレイズを準備委員会に加えるように求めた第三回会合（一九〇〇年八月一〇日）の席上で示唆されていた[4]。

このように、ミッション教育を受けて英語を流暢に操る西アフリカの知識人や商人たちとのネットワークの拠点としてアフリカ協会を展望するアリス・グリーンの姿勢は、ホールトへの先の手紙の数日後、一九〇〇年一二月一九日に開かれた協会設立準備理事会でさらに具体化されている。この日、アリスが自ら起草し、提出した協会設立のアピール文には、彼女のサロンのゲストであった自由党議員や、ラゴス総督ウィリアム・マグレガー、ラゴスの首席裁判官ジョン・スマルマン・スミスらとともに、数名の西アフリカ人が名前を連ねている（資料⑤）。

こうして広く西アフリカ人の参加を促すアリス・グリーンの意図はど

こにあったのだろうか。アリスが構想したアフリカ協会西アフリカ支部とはどのようなものだったのか。

それは、現地人による運営という意味で、シェラレオネ小屋税反乱（一八九八）の渦中で書かれたメアリ・キングズリの西アフリカ統治「代替案（Alternative Plan）」を継承するものと考えられる。メアリは、植民地相ジョゼフ・チェンバレン率いる植民地省が、外務省からの管轄委譲にあたって構想した西アフリカ政策への異議申し立てを「代替案」と題する論文にまとめ、二冊目の著作『西アフリカ研究』第一七章（初版）に収録した［WAS：392-419］。彼女の「代替案」では、イギリス商人の代表から成る代議制機関が、イギリス、アフリカ双方に設置された小委員会の協力を仰ぎながら、イギリス君主（English Crown）にたいして責任を負うという間接統治が論じられている。その組織を要約するとつぎのようになろう。

中心となるのは、イギリスに置かれた大評議会（Grand Council, アフリカ評議会 African Council ともいう）であり、庶民院に似た役割を西アフリカにかんして果す。そのメンバーは、リヴァプール、マンチェスタ、ロンドン、ブリストル、グラスゴーの商業会議所が各々指名する商人が無給で務める。大評議会には、総責任者となる総督を一名任命する権限がある。[5] 大評議会の下には二つの小委員会（Sub Council）が、ひとつはイギリスに、もうひとつは西アフリカに、設置される。イギリスの小委員会は弁護士や医師といった専門家から構成され、アフリカの小委員会メンバーは西アフリカの現地人首長から選出される。後者は定期的に会合をもち、「現在の意見と要求」を大評議会に提出することを義務づけられている［WAS：392-419］。

メアリ・キングズリによれば、この組織の大きな特徴は、西アフリカに広がるイギリス人商人のネットワークを活用し、沿岸部の現地人の協力を大々的に仰ぐことで、イギリス人行政官の数を最小限に抑えることができるため、経費節約になるとともに、できる限りアフリカ人の社会に手を加えないという原則を貫くことができることにある。すなわち、西アフリカに設置される小委員会とは、現地固有の伝統を維持し、「アフリカ人の個性」

を活かすための組織なのである。[6]

こうして考えると、アリス・グリーンが提案したアフリカ協会西アフリカ支部とは、メアリの代替案にいうアフリカ小委員会に酷似している。換言すれば、アリスは、メアリの代替案にあった「大評議会（＝アフリカ委員会）」にも似た組織を、メアリ追悼のアソシエイション、アフリカ協会に重ねていたと思われるのである。

実は、メアリ・キングズリ自身、一八九七年末ごろから、アフリカにかんする議論とネットワークの要として、「アフリカ協会」という名称の非政府組織を構想していた。彼女によれば、それは、王立アジア協会とインド評議会を合わせたようなものであり、民族学研究を発展させる学術団体であるとともに、現実の統治政策に具体的な提言をおこなう半政治組織でもあった。[7] その第一歩として、メアリ・キングズリは、多様な人びとが集まって意見交換ができるよう、イギリスにおけるアフリカ（とりわけ彼女が深くかかわっていた西アフリカ）への関心を底上げすることを、自らの主たる活動にしたのである。メアリの意志を知っていたアリス・グリーンは、メアリ・キングズリ追悼のアソシエイションに、メアリの植民地代替案の実現を試みたといえる。アリス・グリーンが起草した設立趣意書のつぎの一節は、それをはっきりと物語るだろう。

> ミス・キングズリは、英領西アフリカの十分な価値を実現する正しい方法は、ヨーロッパの文明や習慣を現地人に押しつけるのではなく、まずは現地の制度を研究すること――その制度はある程度、環境に適しているにちがいないのだから――であり、そのなかから有益でよりよい要素を選び、発展させることだと思っていた。現地人にはすでに、たとえ未発達であろうが、「ヨーロッパとは」違った自分たちの社会制度があるからである[8]（傍点引用者）。

しかしながら、アリス・グリーンの西アフリカ支部設置案も、ホールトに依頼した西アフリカ調査特別委員会も、ともに実現しなかった。それはなぜか。また、一〇〇通をはるかに超えるホールト宛てのアリス・グリーンの手紙のなかで、実現されなかった内容を記録したこの手紙が五〇年史の冒頭を飾ったのはなぜなのだろう。こうした疑問を念頭におきながら、もう一通の手紙をみることにしよう。

二通目の手紙

五〇周年記念号冒頭に引用された二通目の手紙は、アフリカ協会の創立総会を三週間ほど後に控えた一九〇一年七月九日深夜に書かれたものである。そこでは、この秋に刊行予定の季刊誌創刊号の準備状況が綴られており、季刊誌発行に賭けるアリス・グリーンの意気込みが感じられる。(9)「一年に一度、季刊誌にちゃんとした文章が書ける統計の専門家を紹介してほしい」という彼女の依頼は、アフリカ協会がどのような活動をしたか、新会員を何人獲得したか、収支はどうなっているかなど、毎年の記録を数字のかたちで残すためかと思われる。

とりわけ目をひくのは最後の一節、西アフリカの統治方法、とりわけ酒取引きをめぐって、メアリ・キングズリと激論を交わしたフレデリック・ルガード——この手紙が書かれた一九〇一年当時は、北部ナイジェリア高等文官——に触れた以下の箇所であろう。

> ルガードとは、話したり手紙を交わしたりしましたが、あなたに報告するような目新しいことは何もありません。彼には、人にひどい害を与えるという魔力があります。高慢にして頑迷で狂信的な精神の持ち主、無慈悲な異端審問官です。彼の魔力は、イングランド人の心をとらえるでしょうが、アフリカ人にとっては残酷でひどいものです。アフリカに行ったことのある人で彼ほどひどい害を与える人物が他にいるでしょうか。彼に

とってなによりの関心事（それだけではないのですが）は、人びとの目を、「アフリカの植民地」行政官からそらして、石や魚、象といった人間以外のものに向けることなのです。よき神は、プロテスタント審問官から、われわれを救い出してくれましょう。アイルランド人は、ベルファストにいる「ルガードより地位は」（ずっと下ながら）その種の人たちを知っていますから。

ここに記されたルガード批判からは、二つのことがあきらかになろう。第一に、アリス・グリーンの発言が、メアリ・キングズリとルガードとの対立を、すなわち、自らの代替案の重要性を強固に植民地省に訴えたメアリの信念を引き継いでいることである。言い換えれば、アフリカ協会は「アンチ植民地省」というメアリの信念を継承するものであることを、アリス・グリーンのこの手紙は物語っているといえる。

第二に、西アフリカ統治における植民地行政官批判が、アイルランドの状況と重ねられていることである。アフリカ人にたいするルガードの残酷さを中世カソリックの異端審問になぞらえ、それをさらに二〇世紀初頭の北アイルランドのプロテスタントに重ねるという、かなり強引な連想は、当時よくみられたものというよりは、アリス・グリーン独自の関心のあり方を示していると理解した方がいいだろう。すなわち、他に関心をそらそうとするルガードのやり方は、アイルランド自治法案を二度にわたって却下したロンドン、ウェストミンスタ議会のやり方に他ならないのだと——。ここにすでに、アリス・グリーンが、「メアリの西アフリカ」をアイルランドのコンテクストへと移し換えていく一端が認められよう。

いずれにしても、問題は、この二通の手紙が、一九五一年、五〇年前のアフリカ協会創設の事情を語る「記録」としてなぜ選ばれたのか、である。先述したように、そこからは、アフリカ協会がメアリ・キングズリの友人であるアリス・グリーンを中心に設立されたことが確認されるだろう。しかしながら、話はそれほど単純ではない。問題は、そのことがアフリカ協会五〇年の歩みのなかでどのように位置づけられているのか、である。引きつづき、この二通の手紙を受けて書かれた協会五〇年史に話を進めることにしよう。

否定された追悼

五〇年史の書き出しはこんな刺激的な言葉ではじまっている。

「王立アフリカ協会の歴史は、二つの大きな欠点と、その二つにいくぶんなりとも依拠する、それよりは小さなひとつの欠点に支配されてきた[10]」。

そのあとにそれぞれの説明がこうつづく。ひとつ目の欠点は、メンバーシップがヨーロッパとアフリカに二分されたために、活動方針の決定権が、現地を知らない前者、すなわちイギリス国内のメンバーに掌握され、活動そのものがアフリカの現実とかけ離れてしまったことである。もっとも、これはアフリカ協会に限られた問題ではないだろう。それゆえに、協会にとってより深刻なのは第二の欠点、すなわち、アフリカ協会がメアリ・キングズリの追悼目的で設立されたこと、である。協会設立の根幹にかかわるこの指摘を、五〇年史はさらにつぎのように説明する。

メアリ・キングズリはほとんど「天才」ともいえる人物で、普通ならばひとりの人間のなかでは共存できないいくつかの要素をひとりで抱えることができた。「科学への信念、アフリカ人にたいする人間愛、貿易や「現地」問題への強い衝動」がそうである。この「天才」を追悼する目的で設立されたアフリカ協会は、その胎内に、通常ならばまったく別物となるべき矛盾した要素を抱え込むことになり、それゆえに、協会としての一貫したポリシーを欠くことになった。それがさらに、「この二つよりは小さな」欠点――メンバーシップの伸び悩み、イコール、協会運営資金の不足につながったとされている[11]。

このように、アフリカ協会五〇年史は、まずは設立時に抱えた三つの欠点をはっきりと指摘することによって、それらを克服する物語として五〇年の歩みを語ろうとする。それは、五〇年目を迎えた（王立）アフリカ協会が、メアリ・キングズリの追悼を目的にアリス・グリーンとそのサロンが準備し、立ち上げたものとはまったく違うアソシエイションになっていたことを意味している。

五〇年の歩みをこのように捉える見方は誰のものなのだろう。それは、五〇年史を書いたのは誰かという以上に、協会五〇年史の資料は何なのかという問題だろう。文章のなかでときおり明かされるその出典を協会設立直後の世紀転換期に絞れば、そうした情報がもっぱら二人の人物が残した証言や記録に依拠していることがわかる。

ひとりは、土木技師のフレデリック・シェルフォードであり、彼の証言はつぎのように紹介されている。「フレデリック・シェルフォードが［創設の］二五年後に書いていることによれば、協会を現実的に動かしていたのは、アリス・ストップフォード・グリーン――歴史家の妻にして、重要なサロンをもつチェルシーの有名な自由党系の女主人であった(12)」。後に述べるように、シェルフォードは、協会設立から十数年間というもの、その運営をめぐって、アリス・グリーンとそのサロンの常連ゲストたち（すなわちアフリカ協会設立を準備した人びと）と激しく対立しつづけた。それゆえに、メアリ・キングズリ追悼という設立目的自体を非難する五〇年史の記述を見直すためには、両者の対立が「メアリ・キングズリの記憶」をどのように奪い合うものであったかを考える必要がある。

もうひとり、五〇年史の執筆に際して証言が求められたと思われる人物として、二〇世紀初頭、アフリカ協会の会長を務め、季刊誌の編集委員としても活躍した元植民地行政官、ハリー・ジョンストンがあげられよう。彼は自伝のなかで、「メアリ・キングズリは好きだったが、メアリ神話を創りたくなかった」と、アフリカ協会会長職への就任に消極的だったことを告白するとともに、つぎのように、アリス・グリーンへの不満を記している。

「自分の後見の下にアフリカ協会を設立しようとしたグリーン夫人は、ちょうど私がアフリカにいて相談できなかったため、私の妻を訪ね、彼女を辻馬車に押し込めると、影響力と資産のある人を片っぱしから回り、アフリカ協会設立資金の支持を確保したのだった。……会合の運営や手配を含むすべてがグリーン夫人に託されていた」[Johnston 1923 : 394]。

シェルフォードとジョンストン――この二人の共通点は、ともに「現場の人」として、アフリカにおいて帝国の拡大を強く推し進めたことである。シェルフォードはヨーロッパ帝国主義のシンボルである鉄道建設に従事し、ジョンストンは、西アフリカ貿易で繁栄していた現地人首長、オポボのジャジャ王追放劇の立役者であった（第三章注（11）参照）。この二人の証言に依拠して書かれたアフリカ協会五〇周年特集号は、メアリ・キングズリのアフリカへの思いと理解とを受け継ぐことを謳って設立された協会が、しだいにその中身を、メアリ・キングズリの路線とは別の方向へと変えていく物語、として五〇年の歴史を語ることになった。それは、アフリカ協会をメアリ・キングズリの記憶から切り離そうとする「物語」であるとともに、「協会を現実的に動かしていた」とシェルフォードが述べたアリス・グリーン（ならびに彼女のサロン）の方針を否定していくプロセスを語ろうとするものにほかならないのである。

こう考えてくると、協会設立五〇周年の冒頭になぜあの二通の手紙が紹介されたのかも、なんとなく理解できる。それは、二通の手紙に語られたアリス・グリーンの構想――西アフリカ支部設置による現地アフリカ人（＝ミッション教育を受けたアフリカ人知識人）とのネットワークの構築、それを通じて、植民地省による統治政策の相対化と植民地行政官批判の試み――を「問題視」し、それを「改善」する方向へと協会が歩んだことを語るための、いわば布石だと思われるのである。

ここであらためて強調しておきたい。五〇年目を迎えたアフリカ協会は、メアリ・キングズリ追悼を目的に、彼女のアフリカ経験とそこから生まれたアフリカ理解とを継承すべく、アリス・グリーンとそのサロンのゲストらが設立したものとはまったく違う組織になっていた。それは、女たちの友情——メアリのアフリカ経験をできるだけ忠実に継承しようとするアリスの努力——によって支えられたアフリカへの関心と理解の、すべてではないにせよ、かなり重要な部分が「否定」されたことを意味する。問題は、何が否定されてどう変わったのか、そこから何が読みとれるのか、である。

第二節　アフリカ協会の設立

一九〇〇年七月二六日、アリス・グリーンのよびかけでケンジントン・スクェア一四番地に集まった人びと（資料④）を中心に、正式な発足に至る一年間のうちに、メアリ・キングズリを追悼するアフリカ協会の骨格がつぎつぎと決められていった。活動目的の確定、季刊誌の発行、運営委員会（正式発足後は評議会と改称）を中心とした組織化[13]——こうした詳細については、すでに他所で分析した［井野瀬　二〇〇〇a］ので、ここでは、アフリカ協会の議事録やアリス・グリーンの書簡を中心に、アリスがメアリ・キングズリの経験の何を継承しようとしたのかに問題を絞り、それが先にみた五〇年後の否定的評価とどうつながるのかについて考えていくことにしたい。

アリス・グリーンの設立趣意書

すでに紹介したものも含めて、アリス・グリーンは、数種類の協会設立趣意書を執筆している。それらは、広くイギリス社会にメアリ・キングズリの「経験」を提示し、その「かたち」である協会設立への支持を集めようとするものであるが、同時にそれは、アリス自身のメアリ理解を示すものとして読むことができよう。そこに、ひとつの興味深い事実を認めることができる。一九〇〇年一二月に印刷に回されて広く流布することになる趣意書の原案で、一九〇〇年八月下旬、アリス・グリーンが起草した「西アフリカ・メアリ・キングズリ協会設立のアピール」をみていただきたい。

メアリ・キングズリは、その死の瞬間までアフリカのことを思っていたにちがいない。彼女はだれよりもアフリカを、そこに暮らすさまざまな民族を愛していた。彼女はこういっている。近年の西アフリカにおける数々の悲劇や問題は、アフリカ、イギリス双方に存在する憎悪によって、とりわけイギリス側の無知によって、引きおこされてきた。もっとアフリカの人びとのことを知り、彼らといかに向き合うかを理解していたら、事態はずっと違っていただろう。

必要なのは相互理解である。しかし、民族も宗教も文化も異なる人びとが互いに互いを理解するにはどうすればいいのだろうか。

メアリは、アフリカを知るには、アフリカの人びとにはヨーロッパ人とは異なる彼ら自身の文化があることを理解しなければならないと主張する。もしヨーロッパが無思慮にも彼らの文化を破壊するなら、ヨーロッパはアフリカ人を、ユダヤ人のごとく、自分たちの土地を持たない不幸な民にしてしまうだろう。それはぜったいに避けねばならない。

「西アフリカ・[メアリ・]キングズリ協会」は、こうしたメアリ・キングズリの精神を継承し、西アフリカとそこに暮らす民族について調査、研究し、情報を集め広めることを目的とするものである(アフリカ協会議事録の添付資料より)。

さらに、翌九月の会合では、つぎのようなメアリの主張が確認されている。「民族は、自身の発展路線にしたがわなければ前進できない。アフリカ人を文化という器で進歩させ、世界の市民にしたいとほんとうに思うならば、イギリスの責務は、アフリカ人のナショナリズムを維持し、破壊しないことなのである」(Minutes, 28 Sept. 1900)。

相互理解、イギリス側の無知、アフリカ人のナショナリズム——こういった言葉からは、アリス・グリーンが趣意書の作成にあたり、第三章第三節でみたメアリ・キングズリ最後の手紙を下敷きとしていることがはっきりとうかがえる。おそらく、協会設立準備委員会のメンバーとなったリベリアのエドワード・W・ブライデンがアリス・グリーンにみせたのであろう。また、アリスは、先と同じ一九〇〇年八月の会合で、もうひとつ別の設立趣意書を提示しているが、そこには、メアリ・キングズリの功績と関連させながら、メアリの植民地経験から得たある確信がつぎのように綴られていた。

ミス・キングズリの最初の西アフリカの旅が純粋に学問上の目的であったことは疑いようもない。しかし、さまざまな人種の黒人たちのなかで旅をするにつれて、彼女は、広く誤解された人びとにたいして深い哀れみと愛情を感じるようになり、ついにはこう確信するに至る。必要のない苦悩や軋轢の多くは、西アフリカの進歩と文明に着手してきたヨーロッパ人たちが、現地人の習慣を研究し、今以上に彼らの思考のあり方に親しむよりよい方法をもてば、避けることができる、と(Minutes, 28 Sept. 1900 の添付資料より)。

趣意書の内容を確定した同年一二月の会合ではさらにつぎの点が強調されている。

当協会は訓練を受けた民族誌家を雇い、既存の記録資料を科学的に収集、整理し直すとともに、同様の資料をさらに調査、収集することを目的とする。王立アジア協会のやり方にならって、協会は、その成果を定期的に公表し、知識を追加して、ヨーロッパと西アフリカとの関係を、現地人と帝国双方にプラスになるよう、もっとも安全、かつ効果的なものへと導くものである（Minutes, 19 Dec. 1900 の添付資料より）。

こうして、アフリカ協会は、アフリカにたいする誤解の多くがイギリス側の努力不足によるものであることをはっきりと認め、現地の人びとの考え方や独自の文化の存在を知れば、熱帯アフリカをめぐる諸問題は避けることができるというメアリ・キングズリの認識を継承し、アフリカにかんする科学的な調査と研究、情報収集とその宣伝を活動の主眼とするアソシエイションとして設立されたのである。それが、「メアリ・キングズリを追悼する」という意味であった。この目的は協会会則第一条に謳われ、メアリ・キングズリの横顔が毎号表紙を飾る季刊誌を通じて、たえず会員に確認されることになる。

その意味で、「西アフリカ・メアリ・キングズリ協会」（一九〇一年二月の委員会で「アフリカ協会」に改称）は、まさしく、メアリ・キングズリのアフリカ経験のゆくえ、であった。

初期のメンバーたち

一九〇〇年一二月に確定された設立趣意書は、翌一九〇一年初めから、さまざまな活字メディアに掲載された。全国紙や地方紙、総合雑誌、そして『人類学研究』（*The Journal of the Anthropological Institute of Great Britain and Ireland*）や『スコットランド地理学雑誌』（*The Scottish Geographical Magazine*）といった学術雑誌、その他全国各地の学術団体や商業会議所にも、趣意書は送られている。こうした宣伝やアピールのあり方、とりわけ送付先の状況[14]からは、設立準備途上にあったアフリカ協会の特徴がいくつか確認される。

第一に、この協会が、アフリカ問題の専門家集団とも、商人や行政官として、あるいは旅や伝道を通じて、アフリカを経験したことがある者の集まりともいえないことである。職業を中心にアフリカとの関係をあえて分類すれば、四つほどにまとめることができるかもしれない。ひとつは、ゴールディやホールトのような西アフリカ貿易関係者。それは、本書第三章でみたメアリ・キングズリとの関係から当然の流れであろうし、このアソシエイションが当初、リヴァプールとマンチェスタの商業会議所関係者と合同で構想されたという事情にもよるだろう[15]。第二に、ウィリアム・マグレガーやマシュー・ネイサンといった植民地行政官、ニジェール沿岸保護領総領事を務めたクロード・マクドナルド（協会設立当時は駐日公使）やハリー・ジョンストンのような外交官、あるいはその経験者。第三に、人類学者のアルフレッド・ハッドン、世界有数の民俗学博物館として知られるオクスフォードのピットリヴァーズ博物館学芸員ヘンリ・バルフォア、神話学者のシドニー・ハートランド、植物学と人類学に通じたイム＝サーン、歴史学者で考古学者のJ・L・マイヤー、大英博物館学芸員のチャールズ・リード、法制史家のフレデリック・B・ポロックのような学者たち。そして最後に、すでに紹介したブライデンやブレイズら、西アフリカの知識人や商人である。

しかしながら、上記四つの立場の人びとの間で何が共有されていたかについて、明確な答えはない。また、探検家にして外交手腕を買われたジョンストンのように、この四つのカテゴリーをまたぐ、あるいは、ここには収まりきらないメンバーも少なくない。彼らの間に何か共通したアフリカへの関心を具体的に特定することは困難だといわねばならない。このことは、五〇年史が冒頭で指摘した「メアリという天才の追悼という目的ゆえに一貫した方針が欠如した」というよりはむしろ、設立当時のアフリカ協会はアフリカへの関心以外の何かを核として結びついていた、と捉えた方がいいように思われる。

それを象徴するのが、当時の協会に認められる第二の特徴ともいえる、自由党との関係だろう。たとえば、ケンジントン・スクェア一四番地でおこなわれた協会発足の記者発表を報じる『デイリー・メイル』の記事(一九〇一年三月一日)には、アスキス、グレイ、バクストン、クラークら自由党議員の名が列挙されている。彼ら以外にも、協会設立から一、二年のうちに会員となった政治家の大半は、アリスの自宅に集まった自由党議員たち――ジョン・モーリ、R・B・ホルデイン、ハーバート・サミュエル、ノエル・バクストン(後の労働党政府閣僚)、H・R・フォックスボーンらであった。彼らを会員に推薦し、運営委員会に図ったのがアリス・グリーンであったことは、議事録から確認される。

とはいえ、それは、当時の自由党議員がとくにアフリカに関心があったことを示しているわけではないだろう。設立準備が進められた一九〇〇年七月から翌年にかけての一年間は、いわゆる「ローズベリの反乱」に自由党が翻弄されつづけた時期であり、協会創立総会が開かれた一九〇一年六月下旬といえば、アイルランド自治法案に一貫して反対しつづけるローズベリと、「アイルランドにはアイルランドのやり方で」というリベラリズムの伝統に理解を示したアスキスやホルデインらとの亀裂が深まった時期である[Jalland 1980 : 105-07]。くわえて、協会設立準備の一年間は、次章で述べるように、一八九九年一〇月からつづく南アフリカ戦争がボーア人のゲリラ戦術によって長期化を余儀なくされるとともに、それへの報復としてイギリス軍がおこなった農場焼きうちやボーア人の女性や子どもの強制収容所送致といった方策に、イギリス内外から激しい非難が浴びせられた時代でもあった。アフリカ協会創立総会の少し前、一九〇一年六月一四日には、自由党党首キャンベル=バナマンが、イギリス軍のやり方を「野蛮の手法(Method of Barbarism)」として弾劾する演説をおこない、この戦争をめぐる自由党内部の亀裂はさらに深まっていった。夫シドニーとともにやはり自宅でサロンを開き、アリス・グリーンとゲストの自由党議員を共有していたフェビアン協会のベアトリス・ウェッブは、この時期の自由党の混乱を、「キャンベル＝バナマン率いる古きグラッドストン的伝統の守り手」と「帝国主義派――ホルデイン、アスキス、グレイ」の対立だと、日記（一九〇一年七月九日）に記している。

パーシィ・A・モルテノ
（Solomon〔ed.〕1981: 扉頁）

南アフリカ戦争とアイルランド自治法案をめぐって自由党が混迷をきわめる真っ只中で、ホルデインやアスキス、グレイらは、メアリ・キングズリの遺志を継ぎ、アフリカの諸民族とその社会と文化を調査・研究し、アフリカへの関心を底上げするアソシエイションのメンバーとなったことになる。彼らが協会のメンバーとなるに際して、アフリカへの関心以外の強い働きかけが存在したことは想像に難くない。

さらに、アフリカ協会と自由党の関係は、準備期間中の一九〇〇年九月から一〇月にかけて、次章で述べるように、アリス・グリーンがボーア人捕虜収容所を訪問したことによってさらに深まることになった。ケープ植民地に強いネットワークを有するモルテノ家の一員で、初代ケープ植民地相サー・ジョン・チャールズ・モルテノの次男、自由党議員のパーシィ・A・モルテノ(16)はその好例であろう。アリスの呼びかけに賛同した彼は、設立準備段階から協会の終身会員となっている。

このように、設立当初のアフリカ協会は、当時野党だった自由党議員を――すなわち、与党保守党、ならびに保守党と連立を組んでいたチェンバレン率いるリベラル・ユニオニストが展開した外交や植民地政策に反対しながら党の再編を模索していた自由党議員を、数多くメンバーとして抱えていたのである。やがて、アフリカ協会は政治的に中立な非政治団体であることを強調するようになるが、少なくとも初期のアフリカ協会は、学術団体であるとともに半政治組織を志向していたメアリ・キングズリの構想に近い団体だったといえるだろう。

その一方で、メアリ・キングズリが意図しなかった、いや、むしろ否定的であった女性のメンバーシップを当初から認めたこと、ならびに、やはり当初からアフリカ人、そしてイギリス以外のヨーロッパ人をもメンバーに含めたことを、アフリカ協会の三つ目の特徴としてあげていいだろう。季刊誌創刊号（一九〇一年一〇月）に掲載されたリストによると、二四九名中三三名が女性であった。

こうして、アフリカ協会は、運営委員会（すなわち創立総会以降の評議会）で推薦・承認され、年会費さえ納めれば、人種や国籍、ジェンダーに差のない、完全なメンバーシップを認めたのである。議事録に残された新会員の推薦と承認の状況からは、運営委員会のメンバーによる推薦にかんして、正式な発足まで名誉事務局長を務めたアリス・グリーンと、彼女が運営委員会に指名した委員たちに（暗黙のうちに）大幅な裁量が許されていたことがうかがえる。シェラレオネ、フリータウンの初代市長、サミュエル・ルイスを含む三人のシェラレオネ人を協会のメンバー、ならびに設立準備委員会のメンバーとして強く推薦したのも、アリス・グリーンであった。[17]こうした動きのなかに、季刊誌五〇周年記念号の冒頭を飾った一通目の手紙にあったように、アフリカ協会を通じて西アフリカの知識人との間にネットワークを確立しようとするアリス・グリーンの意図――メアリ・キングズリの植民地経験のゆくえ――も浮かびあがってくるだろう。

創立総会の不協和音――シェルフォードのアフリカ経験

実は、一九〇一年六月二七日の創立総会当日、[18]メアリ・キングズリの追悼という目的自体を「欠点」とみなした五〇年後の非難を予感させる出来事がすでにおこっていた。それは、五〇年史に資料を提供することになるフレデリック・シェルフォードのある発言である。

総会全体の進行を務めたのは、自由党議員のシドニー・バクストン。アリス・グリーンに代わる事務局長にはカウント・ド・カルディが、ジョージ・マクミランに代わる会計にはアリス・グリーンの実弟J・G・B・ストップフォード大佐が選出された。ともにアリスのサロンの常連ゲストである。会長のリッポン卿（侯爵、自由党党首ローズベリの相談役）はじめ、複数で構成される副会長職には、協会の「箔付け」のためであろう、多くの貴族がなかば「名誉職」として名を連ねていたものの、アリス自身を含む一二名の副会長のうち六名が、そして実質的に協会運営とかかわる評議会メンバー一八名中一三名が、アリス・グリーンのサロンのゲストで占められた（資料⑥）。

協会設立を祝う総会でスピーチの指名を受けたフレデリック・シェルフォードは、アリスのサロンの常連ではなかった。しかしながら、彼自身は、アリスからスピーチを依頼されたと前置きした後、つぎのように自分の立場を説明している。


土木技師にとって、こうした演壇はほとんど縁のない場所だと思われましょう。本日の午後に演説をと頼まれたとき、私はほかにも危惧したことがありました。それは、私の見解はおそらく、アフリカ協会の見解とは相容れないと思われることです。しかし、そんな私に、本日私をご招待いただいたストップフォード・グリーン夫人は、即座にこういったのです。協会はいかなる見解ももっていない、他の民族の見方を収集し、広めるだけのものなのです、と。それゆえに自由に話してもいいのだと思い、以下、私の西アフリカ将来像をお話ししようと思います。(19)

資料⑥　アフリカ協会初代役員

会長　リッポン侯爵（Marquess of Ripon）
副会長　オンズロゥ伯爵（Earl of Onslow）
エイヴバリ卿（Lord Avebury）
クロマー卿（Lord Cromer）
サー・ウィリアム・マグレガー（Sir William McGregor）
サー・デヴィッド・テナント（Sir David Tennant）
サー・ゴドフリ・ラグデン（Sir Godfrey Lagden）*
ドクター・ブライデン（Dr. Blyden）
サー・ジョージ・ゴールディ（Sir George Goldie）
サー・ハリー・ジョンストン（Sir Harry Johnston）
サー・I・スマルマン・スミス（Sir I. Smalman Smith）
サー・アルフレッド・ライアル（Sir Alfred Lyall）
J. R. グリーン夫人（Mrs. J. R. Green）
評議会委員　ハンド提督（Admiral Hand）
J. L.マイヤーズ（Mr. J. L. Myres）
レイモンド・ビーズリ（Mr. Raymond Beazley）
ハーフォード・バタスビー博士（Dr. Harford Battersby）
パトリック・マンソン博士（Dr. Patric Manson）**
A・C・ハッドン教授（Prof. A. C. Haddon）
W. リッジウェイ教授（Prof. W. Ridgeway）
リング・ロス（Mr. Ling Roth）
イム＝サーン（Mr. Im-Thurn）
E・ジェンクス教授（Prof. Jenks）
E. B. タイラー教授（Prof. E. B. Tylor）
ジョン・ホールト（Mr. John Holt）
ハーナマン・スチュワート（Mr. Hahnemann Stuart）
スワンジ（Mr. Swanzy）
ハットン（Mr. Hutton）
シドニー・ハートランド（Mr. Sidney Hartland）
G・A・マクミラン（Mr. G. A. Macmillan）
ブレイズ（Mr. Baize）

*英領バストランド弁務官
**ロンドン熱帯医学校創設者

【出典】Minutes, 17 May 1901（人名表記も記載順序も議事録に準ずる）

シェルフォードは、アフリカ協会の目的が、アフリカ、特にメアリ・キングズリが旅した西アフリカにたいするイギリス側の無知や誤解を取り除き、正確な情報を収集、宣伝して、イギリスとアフリカとの相互理解に努めることにあることは理解していた。それを確認した後、そのような「高尚な目的（high object）」を達成するために自分も評議員として奮闘せねばならないのだが、「実用面にたずさわる人間」として、彼は、西アフリカの現地人にたいする広義の教育こそ、協会が掲げるべき大きな目標ではないかと問いかけた。土木技師としての経験をもとにシェルフォードが語った「教育」とは、「国内の機械工と同じように労働者として働くために必要な産業教育(20)」のことである。西アフリカには身体頑強な男たちが多いし、飲み込みも早い。問題は、彼らを働かせる、働きたいと思わせる動機がないことだとシェルフォードは分析する。かといって、植民地行政当局がアフリカ人に労働意欲をおこさせることは難しいだろう。だから、彼はこう提案するのである。

「西アフリカの黒人を働かせる、働きたいと思わせるには、イギリス製品への欲望がなによりも重要だと思われます。たとえそれがシルクハットでもかまわないのです(21)」。

それが、シェルフォード自身の西アフリカ経験であった。彼が披露したのは、ゴールド・コーストの鉄道建設現場におけるつぎのような経験である。労働力として期待していた現地のファンティ人がまったく働こうとしなかったため、アフリカ以外の地域、もっぱらインドから労働者を連れてこなければならなかった。しかも、本来彼らがすべき仕事をインド人がしている間じゅう、ファンティの男たちは線路脇に座り、ただそれをながめていただけだった――。「だからこれだけは心にとめてほしい」と、シェルフォードは集まった人びとにこう訴えた。

西アフリカ人は、哀れで弱く、無害で無垢で、保護が必要な人たちだ、などと思ってはいけないのです。ある事柄をめぐって知性がぶつかったとき、現地人は、自身の知性にしがみついて白人に対抗することができる

のです。だから、まず必要なものは教育であり、保護はそのつぎでいいのです。(22)

ここに表明されたシェルフォードの見解は、アフリカ人の庇護者であることに「帝国の責務」を認め、そのためにアフリカを調査、研究する必要性を訴えたメアリ・キングズリとも、彼女の遺志を受け継ぐ場としてアフリカ協会を立ち上げたアリス・グリーンの意図とも、実に対照的だろう。注目すべきは、そこに、メアリ・キングズリの経験とは異なる、現地人を見るもうひとつの目線があることだ。それは、現地人は、ただ保護され、庇護されるべき対象ではなく、彼ら自身が白人に抵抗できる「自身の知性」をもっているということである。シェルフォードがアフリカ人に認めた知性は、メアリがブライデンらアフリカの知識人に見いだした「知性」とはまったく別物であろう。その彼らの「知性」を認めたがゆえに、シェルフォードは、アフリカをイギリスの市場として、アフリカ人をイギリス製品の消費者としてはっきりと位置づけることができたのである。言い換えれば、シェルフォードは、自らのアフリカ経験のなかで、アフリカ人を「抵抗する主体」と理解するようになったといえる。

このアフリカ人理解にもとづき、シェルフォードが抱いたアフリカ協会のあるべき姿が、メアリ・キングズリやアリス・グリーンの構想とまったく違っていたのも当然であろう。創立総会での演説の最後を、彼はこう結んでいる。

あなた方の協会を企業家にまかせてビジネス路線で運営し、ほとんど知られていない帝国のその部分のカーテンを上げる努力をしてごらんなさい。そうすれば、西アフリカはイギリス王室のなかでもっとも輝かしい宝石のひとつとなりましょう。(23)

アフリカを知るための学術団体か、利潤追求の集団か――五〇年史では、シェルフォード自身がアリス・グリーンとの違いを語ったこんな言葉が引用されている。

グリーン夫人は、協会の主な機能は現地生活の研究にあり、もっぱら科学者や書斎の文人（arm-chair men of letters）から［季刊誌の］原稿を募ろうとしていた。一方、当時若き鉱山技師であったシェルフォードは、アフリカについて帝国的な見解と知識がある人物（men of imperial view and knowledge of Africa）を求めていた。[24]

創立総会の演説のなかで使った「あなた方の協会」を自らが理想とする協会に変えようと、シェルフォードが思い切った方針転換を提案するのは、設立から数年後のことであった。

第三節　アフリカ協会の変質

アフリカ協会五〇周年特集号は、協会の五〇年の歩みをつぎの四つの時期に分けて論じている。

（一）一九〇一―〇六年――草創期
（二）一九〇六―二六年――協会が名声を高め、存在意義を認められた時期
（三）一九二六―四三年――協会がイギリスにおけるアフリカ研究の最重要拠点としての役割を終える時期
（四）一九四三―五一年――第二次世界大戦後、アフリカの世界的な重要性の高まりに対応する新しい時代

このうち、（一）から（二）への移行期とされる一九〇六年前後の時代、一九〇一年の創立総会から一九一二、三年ごろまでの時代を、特集号では、アフリカ協会がアリス・グリーンのサロンの色彩を払拭し、新しい方向性を模索した時代として捉えている。すなわち、それは、具体的な展望のなかった設立直後のアフリカ協会が独自の発展路線を確立していく時期であり、その功労者としてフレデリック・シェルフォードとハリー・ジョンストンが位置づけられるのである。こうした時代区分はどのような事実関係をもとにしているのだろうか。アリス・グリーンとそのサロンの色彩が希薄化したことにより、アフリカ協会に何がおこったのだろうか。

月例ディナーの成功

五〇年史によれば、すでに創設二年目を迎えたころからアフリカ協会の魅力は薄れはじめ、一九〇三年下半期の新入会員はわずか二四名しかなかったという。とはいえ、議事録によれば、協会の評議会が会員数の伸び悩みを深刻な問題として意識するのは、一九〇五年七月、設立五年目の総会が近づく前後のことであった（Minutes, 3 July 1905）。ちょうどこのとき会長を務めていたハリー・ジョンストンは、この事態に対応するよう、小人数の対策委員会を設置した。そのなかでいち早い対応をみせたのがシェルフォードであった。

一九〇五年一二月一八日に開催された評議会で、新入会員の伸び悩み、すなわち財政収入の減少から、協会存続の危機が議論されたとき、シェルフォードは、協会の魅力をアピールする活動として、集客力が期待できる月例ディナーを提案したのである。五〇年史によれば、「協会が解散さえ覚悟した」このとき、救世主となったシェルフォードは力強くこう語ったという。「毎月第一水曜日、カフェ・モニコで月例ディナーを開き、私自身をアフリカ協会とよべばいい」（Minutes, 18 Dec. 1905）。

一九〇六年一月、参加者わずか四人ではじまったシェルフォード提案の月例ディナーは、二回目には一六人、三回目には会長のハリー・ジョンストンが議長として参加して六三人を集め、四回目には早くも一五〇人を超える盛況を呈した。以後も毎月第一水曜日、場所をクライテリオン・レストランに移し、参加費五シリング(ワインは別料金)で月例ディナーはつづけられ、会員内外から招いたゲストの話を聴くという形式が定着していった。(25)そして実際、「人を集める」ことにかんして、月例ディナーはめざましい成果をあげたのである。(26)

月例ディナーの成功を利用して、協会の運営、ならびに新入会員の推挙と承認にあたる評議員も大きく一新された。その結果、シェルフォードのように、メアリ・キングズリにも彼女のアフリカ観にも〝疎遠な〟メンバーが、協会の重要な決定権を握るようになっていくのである。(27)

同じく一九〇六年一月、アフリカ協会の事務所が、「手狭で不便である」という理由から、それまでの王立アジア協会内の一室から、王立植民地研究所(サウス・ケンジントン)の建物内部に移転した(同年一月八日移転完了)。移転後、アフリカ協会のメンバーには、王立植民地研究所の図書室や読書室、一階にある大きな会議室やレセプション・ルームなどの使用が認められ、それが協会の活動内容にいっそうの多様性をもたらしたといえよう。(28)

その結果、アフリカ協会は、ますます社交の場へと傾斜していくことになった。毎号の季刊誌に掲載された協会規約第一条の内容との乖離はあきらかになりつつあった。今一度、規約第一条をみておこう。

アフリカ協会は、メアリ・キングズリの業績を追悼、顕彰するために設立され、つぎのことを目的とするものである。現地アフリカ諸部族の法、制度、習慣、宗教、遺跡、歴史、言語を調査、研究すること。アフリカ大陸に暮らす人びとの幸せを確保するためにもっとも適した方法で、商業的、産業的な発展を援助すること。そして、イギリスにおけるアフリカ研究の中心的組織となること。

しかしながら、一九〇六年六月の年次総会も、そして五〇年史も、この〝ずれ〟を肯定的に捉えていたことは、シェルフォードのつぎの言葉を引用していることから知れよう。「かくしてアフリカ協会は救われた。グリーン夫人の希望にはほとんど反するものだったが[29]……。」

五〇年史が草創期から発展期への画期とした一九〇六年を契機に、シェルフォードが提案した月例ディナーで活気を取りもどしたアフリカ協会は、一九〇六年からの二〇年間で「会員数を三倍」にするとともに、その中身を大きく変質させた[30]。事実、月例ディナーによってふえた新入会員と、協会の質的変化とは深く絡みあっていたのである。

植民地行政官の社交クラブ化

問題は、月例ディナーによって急増した新入会員の中身にあった。その大半が、植民地アフリカを経験した植民地行政官だったのである[31]。月例ディナーのゲスト・スピーカーもまた、アフリカ各地の植民地総督や高等文官の経験者が圧倒的に多かった。彼らこそ、シェルフォードがはじめたこうした集まり――自らのアフリカ経験を語りあう場――を待ち望んだ人たちであった。

この結果は、シェルフォードのアフリカ協会認識とぴったり一致していた。一九〇七年六月六日、自身がゲスト・スピーカーとなったこの日の月例ディナーで、シェルフォードは「西アフリカ一〇年の歩み」と題するスピーチをおこない、アフリカ協会の役割をつぎのように語っている。

アフリカ協会は、長らく求められていた希望に応えるものでありました。それは、アフリカの植民地で酷暑と義務の日々に耐えた人びとに集まる場を与えるとともに、アフリカに関心のある本国の人びととも触れ合う、ということであります。……私は、これまで、アフリカにかんするあらゆる非政治的な話題について情報を集め、それによってアフリカ協会の発展に貢献してきたと自負しております。……それにつけても思いますのは、アフリカ協会の議論を、フォークロアや現地の言語といったテーマの研究のみに限定するのは間違っている、ということです。これらのテーマは興味深いものではありますが、すべての人びとにアピールするとは限りません。ですが、アフリカ協会は、アフリカにかかわるすべての人にアピールせねばならないのです。(32)

アフリカにかかわるすべての人にアピールする――それが、協会を、アフリカ諸民族の文化や習慣、法制度にかんする情報を収集、調査、研究する場ではなく、植民地行政官や軍人、あるいは（シェルフォード自身のような）民間の土木技師といった植民地アフリカを経験した人たちが一堂に集い、誇らしげに自らのアフリカ体験を語る親睦の場へと変質させること、だったのである。それは、植民地アフリカで展開された人間関係――すなわち、植民地支配にかかわった男たちの関係性、を基盤とする集まり方と言い換えてもいいだろう。その意味で、それは、一九〇〇年、ジョゼフ・チェンバレンによって設立され、年に一度、現役・退職者ともども、植民地行政官が一堂に会したコロナ・クラブの拡大版、といえなくもない。

もちろん、コロナ・クラブのように、月例ディナーが女性会員の参加を拒否したわけではなかった。それでも、いやそれだからこそ、この時期のアフリカ協会が「男たちのディナー・クラブ」へと傾斜しつつあったと思われる事実がある。それは、月例ディナーとほぼ同時期、やはりシェルフォードの提案で発足した女性準会員（Lady Associate）制度の存在である。

この制度は、女性一〇〇名に限定して、年会費を半額（一〇シリング六ペンス）に割引いた準会員（Associate）とするものである。女性準会員は、協会の年次総会で役員選挙権をもたず、季刊誌も送付されない（希望者は半額で購入可能）が、それ以外、たとえば読書室や集会場の使用にかんしては正式な会員と同じ扱いを受ける。彼女たちは半期ごとに推挙され、独自の支部を構成して、アフリカ協会の他の活動とは別の活動を熱心に展開している。(33)

注目すべきは、準会員の多くが、月例ディナーによってふえた新しいアフリカ協会の会員たち――その多くが植民地行政官であったことはすでに述べた通りである――の妻や娘、姉妹だったことである。それゆえに、語弊をおそれずにいえば、女性準会員制度では、夫にしたがって植民地を経験した女性たちの親睦が主な目的として想定されていたといえる。一九〇六年一一月二二日の初会合から毎月一度のペースでおこなわれた女性準会員支部主催の会合は、バイオリンやチェロの演奏や独唱といった音楽会か、南アフリカへの女性移民推進のための講演会などが中心であった。(34)そこは、大英帝国を影で支えた妻たちが互いの経験を分かちあいながら、帝国への貢献を評価しあう女たちの場であり、最後に決まって合唱で締めくくられる様子は、さながら、「植民地行政官の妻たちの同窓会」であった。

すでに述べたように、アフリカ協会の最大の特徴は、メンバーシップに人種、ジェンダーにかんする差異をいっさい設けないことにあった。ところがここに、ジェンダーによってメンバーシップが差異化される事態が発生したのである。「月例ディナー効果」によってメンバーとなった植民地行政関係者のニーズに対応したこの差異化に警戒感を強めたのが、アリス・グリーンとそのサロンの常連ゲストたちであった。

危惧された本質

ここで、創設六年目に表面化したアフリカ協会の対立軸を、本書全体にかかわる問題のなかに置いて整理しておきたい。

二〇世紀という新しい世紀とともに姿を現したアフリカ協会は、草創期にあたる二〇世紀初頭、その内部に、イギリス社会に存在した多様なアフリカ観、帝国意識を抱えていた。アリス・グリーンとそのサロンには、メアリ・キングズリのアフリカ認識に共感し、彼女のアフリカ経験を受け継ぐという共通理解があった。その一方で、「抵抗する主体」であるアフリカ人の「教育」をビジネスと結びつけるシェルフォードのような立場もあれば、自らのアフリカ経験をなつかしく語り合いたい行政官たちも多数存在したのである。シェルフォードや行政官らは、イギリスの文化や価値観を拡大することが植民地アフリカのためになるという解釈から、アフリカ人と彼らの社会への介入を主張し、実践しようとしていた。これにたいして、アリスとそのサロンのゲストらは、そうしたイギリスの思いこみと干渉こそがアフリカのあるべき姿、進むべき未来を阻害すると捉え、まずはアフリカを正しく知るべきだと訴えたのである。この考え方《アピール》が「メアリ・キングズリの追悼」を目的に設立されたアフリカ協会の根本にあったことは、すでに見てきたアリス・グリーンの設立趣意書が物語るだろう。

それゆえに、メアリという天才を追悼するという目的ゆえに、アフリカ協会のメンバーはバラバラで、一貫したポリシーを欠如していたという五〇年史の指摘は的確ではない。また、アリス・グリーンらにとっても、月例ディナー自体が問題というわけではけっしてなかった。月例ディナーが会員数の増加に貢献したことは、第二回目のディナー以降、たびたびそれに参加してきたアリス自身の実感でもあっただろう。では、アリス・グリーンは何を危惧していたのか。

彼女が怖れたのは、月例ディナーの成功と女性準会員制度によるジェンダー差の発生によって、アフリカ協会がたんなる社交の場に、それも男性会員が自分たちの経験をなつかしく語り合う親睦クラブと化してしまうこと、もっといえば、なつかしく語り合えるものとして帝国を見る目そのものだったと理解していいだろう。それは、本書第一章で問題提起したように、今なおイギリス社会で再生産されつづけているひとつの雰囲気でもある。それゆえに、この雰囲気——植民地への郷愁——にたいするアリス・グリーンらの抵抗が注目されるのである。
彼らの抵抗は、メアリ・キングズリと彼女の経験への回帰というかたちをとることになった。

メアリに戻れ！

一九〇七年四月一七日、アリス・グリーンは、ジョージ・マクミランやアルフレッド・ライアル、アルフレッド・ハッドンら、アフリカ協会設立準備以来のメンバーであるサロンのゲストや自由党議員によびかけて、アフリカ協会事務局宛てに抗議文を提出した。抗議文には、協会の原点である規約第一条、すなわち、メアリ・キングズリの精神を志向した協会設立時の目的に立ち返るべきであることが書かれていた（Minutes, 17 Apr. 1907）。

このとき、評議会への抗議文に名を連ねた一一名は、ほぼ全員が創設以来のメンバー、すなわち、アリスのサロンのゲストたちであった（資料⑦）。アリス自身は、評議員であったこともあって、表に出ることは慎重に避けていたが、彼らとアリスとのつながりは誰の目にも明白だったと思われる。

この抗議文を受けて開催された五月一四日の評議会では、協会の目的を再検討する小委員会が設置され、そのメンバーにジョンストン、シェルフォード、アリスら七名があたることになった。六月二六日、再招集された評議会では、女性準会員制度と月例ディナーの

資料⑦　アフリカ協会抗議文発起人

アルフレッド・エモット（Alfred Emmott）
ハーバート・サミュエル（Herbert Samuel）
アルフレッド・ライアル（Sir Alfred Lyall）
ジョージ・A・マクミラン（George A. Macmillan）
ランダー・ブラントン（Sir Lander Brunton）
パトリック・マンソン（Sir Patrick Manson）
ロバート・ギッフェン（Sir Robert Giffen）
フレデリック・ポロック（Sir Frederick Pollock）
アーネスト・エルギー（Ernest Elgee）
アルフレッド・ハッドン（Alfred Haddon）
パーシィ・モルテノ（Percy Molteno）

【出典】Minutes, 17 April 1907.（順番は上記議事録の記載順）

是非が議論された。月例ディナーについては、「新入会員の獲得に著しい効果をあげており、それは協会の学問的な側面にもプラスに働く」というジョンストンの言葉で、継続が決まった。また、女性準会員制度も、「なぜ反対するのか、私にはわからない」というジョンストンの言葉で議論が打ち切られた。[35] このとき、アリスがつぎの主旨の発言をしたことが議事録に記録されている。

「グリーン夫人は、学術団体の刊行物に適用されている郵送料の割引きを郵政長官に求める代理委託のことを考えると、協会の季刊誌がこんなにくだらない（rubbishing）性格ではたして科学的な刊行物としてみてもらえるだろうか、というような内容を述べて出席者の注意を喚起した」(Minutes, 26 June 1907)。

この皮肉めいたアリス・グリーンの協会誌にたいする現状批判は、彼女の不安と怒りがどこにあったのかをはっきりと物語るだろう。

実際、季刊誌『アフリカ協会』は、一九〇八年ごろまでに、若い植民地行政官の寄稿がふえたことによる質の低下があきらかになりつつあった。[36] ジョンストンが主張していた「社交、科学、実業」のバランスは、一九〇七年の抗議文が彼自身の発言によってうやむやにされた後も、ずっと危ういままだったのである。しかしながら、現実に月例ディナーが会員獲得に貢献していた当時の状況では、アリスらの抗議に勝算はなかった。一九一〇年五月、アリス・グリーンは、コンゴ改革運動を本格化させていたリヴァプールのジャーナリスト、E・D・モレルに宛てた手紙に、吐き捨てるような強い語調でつぎのように書いている。「評議会にちゃんとした人物を入れない限り、アフリカ協会は未成熟のままで終わるでしょう。この町［ロンドン］にも似て、評議会が無知と下品さへと傾いているのは確かなのです」。[37]

規約第一条に明示されたメアリ・キングズリの「経験」に忠実であるべきか、「現場の人」である植民地関係者の親睦の場を優先すべきか――。あまりにも対照的なこのふたつのバランスが問題として再浮上したのは、一九一二年七月一二日の第一二回総会の席上であった。T・L・ギルモアが、協会の本質、あるべき姿について議論したいと、評議会に再度抗議文を送ったのである。この日の午後に設けられた会合は大荒れとなった（Minutes, 12 July 1912)。

会員数の伸び悩み、協会誌の中身の薄さ、図書室の貧弱さ、あまりにフォーマルにこだわりすぎて意味が薄れてきた月例ディナー——ギルモアは協会の現状をつぎのように言い放った。「アフリカ協会はお食事会《ダイニング・クラブ》になってしまった。お食事会としては満足のいくものだろうが、それでは、規約第一条に明記された目的を達成し、アフリカ問題の解決に向けて光をあてることなどできるはずもない[38]」。

しかしながら、投票の結果、アリス・グリーンやギルモアら、メアリ・キングズリの「経験」への回帰を求めた現状批判派は、二三対一六で敗れた。このとき、アリスらは、植民地行政官ではなく、在英アフリカ人学生に協会季刊誌のスペースを提供し、彼らとの連繋に力を入れるように言い残している（Minutes, 12 July 1912)。と同時に、沈滞気味の協会に活気を取りもどすべく、協会の存在を学校教育の現場や大学などにもアピールするよう主張した。彼女の意図は、植民地省やそこに属する行政官から、協会のメンバーと活動とをできるかぎり切り離すことにあったと思われる。

その一方で、ちょうど同じころ、一九一〇年代に入ったころから、アリス自身はアフリカ協会自体への関心を急速に失っていく。それは、こうしたアフリカ協会の変質のみならず、設立以来、協会の核であった彼女のサロンの変化と大きくかかわっていると思われるが、それについては第五章以下で考えることにしたい。

その後のアフリカ協会

それ以後、アフリカ協会では、メアリ・キングズリとアリス・グリーンの記憶は急速に風化していったと思われる。それを象徴するのは、「メアリ神話を創りたくない」と語っていたハリー・ジョンストンの言動だろう。たとえば、彼は、一九二〇年一二月、会長を引退するにあたり、「設立当初から変わらない」アフリカ協会のひとつの方針として、政治的に論議が分かれるような議論を避けることを強調し、つぎのように発言している。「アフリカ協会は、現地人保護協会やコンゴ改革協会とはちがって、アフリカとの酒の取引きを攻撃したり、擁護したりするような協会ではない[39]」。

それ以上に注目すべきは、協会誌の編集委員を務めていたジョンストンはじめ、協会評議会が、一九二三年末、「協会の存在をより広くイギリス社会にアピールする目的」で、季刊誌の表紙デザインの変更を決定したことだろう。その結果、創刊以来、季刊誌の表紙を飾ってきたメアリ・キングズリの横顔が描かれたメダリオンは、アフリカの地図へと姿を変えることになった。こうして、アフリカ協会内部にいくつかの対立軸を提供してきたメアリ・キングズリの存在とその経験は、目に見える「かたち」を失ったのである。それは、すでに一九二〇年代、アフリカ協会がメアリ・キングズリの経験を受け継ぐものとして設立された一九〇一年とは違うものに変質したことを可視化していた。

一九二九年五月二八日、八二歳の誕生日を二日後にひかえたアリス・グリーンがダブリンの自宅で亡くなったとき、アフリカ協会の季刊誌に掲載された彼女のオビチュアリには、「J・R・グリーン夫人の訣別の言葉」としてこんな彼女の言葉が紹介されている。

アフリカ協会は成功を収めました。しかしそれは、私が意図した協会ではありません。ディナーは協会に名声をもたらし、その役割を果しました。もう十分です！　そろそろ協会の目を真面目な活動に向けてみませんか。その大陸とその問題、その言語や民族についての知識を増進させるという[40]——。

アフリカ協会季刊誌の表紙は第23巻第90号（1924年1月）以降，メアリ・キングズリの横顔からアフリカの地図に変更された（*Journal of the African Society*）

奇妙にも、そして皮肉なことに、季刊誌にこのオビチュアリを寄せたのは、シェルフォードその人であった。このオビチュアリこそ、帝国をなつかしく語る「男たちの物語」、そしてシェルフォードの「アフリカ協会物語」が、アリスとそのサロンが回帰しようとした「メアリ・キングズリの記憶」を最終的に払拭した瞬間だといえるかもしれない。

一九七一年七月、七〇周年を迎えたアフリカ協会は、五〇周年のときと同じく、季刊誌のなかで七〇年の歩みをふりかえった。しかしながら、七〇周年に触れた記事はわずか四頁足らずしかなく、そのなかで、メアリ・キングズリをめぐる記憶は二〇年前以上に薄れていた。頁数もさることながら、五〇周年との最大の違いは、アリス・グリーンへの言及が一ヶ所もないことだろう。それどころか、草創期の協会で「女性の評議員は、植民地行政官R・L・アントロバスの夫人だけだった」[41]と書かれており、事実誤認もはなはだしい。アリスの名前が登場するのは、協会季刊誌創刊号の内容紹介（第三章で紹介した「アリス・グリーン」と題する追悼エッセイ）のみである。本章でみてきたように、五〇周年記念特集号では冒頭にアリス・グリーンの手紙が引用され、メアリ・キングズリからアリス・グリーンへと継承された「経験」を払拭する物語として草創期が描かれていたことを考えると、メアリの記憶、そしてそれを受け継ぐアリスの記憶の忘却がともに急速に進んだことがうかがえる。

さらに驚かされるのは、フレデリック・シェルフォードのつぎの言葉が、「メアリ・キングズリの姿勢におそらくもっとも近い見解」として紹介されていることである。「西アフリカには、丈夫な身体をもった人たちがたくさんいる。彼らは飲み込みが速く、高度に組織化された自治制度をもっている」(42)――このシェルフォード発言が、一九〇一年六月の協会創立を祝う総会における彼のスピーチの一部であることはすでに紹介した。あのとき、シェルフォードは、この発言につづけて、「だからこそ、西アフリカの現地人を「帝国にプラスに働く方向に」教育すべきである」と訴えた。これにたいして、「だからこそ、イギリス人が手を加えるべきではない」と主張したのがメアリ・キングズリであった。アフリカにたいするイギリスの関与のあり方をめぐり、両者がまったく異なる見解をもっていたことは明らかであろう。それを先述のように紹介すること自体、七〇周年を迎えたアフリカ協会が、設立時の記憶をすっかり変質させてしまったことを示している。それでも、メアリ・キングズリの横顔のメダリオンを使っていた設立当時の季刊誌の表紙を再現し、メアリの旅がどのようなものだったかを詳しく紹介するキャロライン・オリーヴの論文［Olive 1971］を掲載したあたりに、かろうじてメアリの記憶がとどめられていたとみるべきかもしれない。

＊

二〇〇一年、協会設立一〇〇周年を祝う特集号で、メアリ・キングズリの植民地経験の記憶をとどめるものは、「アフリカ協会は、そもそもメアリ・キングズリの追悼ではじまった」［Killingray & Ellis 2001：177］という一文のみであり、アリス・グリーンについても、「歴史家でメアリの親しい友人であり、草創期に数少ない女性メンバーであり、協会季刊誌の編集を一九〇六年まで務めた」と紹介されたにとどまる［Killingray & Ellis 2001：

178-79]。一〇〇周年のこの年、新たに王立アフリカ協会事務局長となったリチャード・ダウデンは、メアリ・キングズリの植民地経験のゆくえを追跡する筆者のインタビューにたいし、つぎのように語った。

「これまでわれわれはメアリ・キングズリを忘れてきた。今やもう一度、メアリ・キングズリに戻らねばならないだろう」[43]。

第五章　女たちの南アフリカ戦争

イギリスが南アフリカ戦争（第二次ボーア戦争、一八九九年一〇月一一日―一九〇二年五月三〇日）のさなかにあった一九〇〇年三月一〇日、イングランド南部、サウサンプトン港に停泊中のケープタウン行きの軍艦ムーア号のデッキに、メアリ・キングズリの姿があった。六五〇名あまりの兵士、二つのブラスバンド隊、そして戦争関連物資の積込みを終えた船が錨を上げると、彼女は、今一度埠頭を見つめ、その視線の先にいた小柄な女性、アリス・グリーンに向かって軽く手をふったと思われる［Frank 1986 : 287-89］。

アリス・グリーンは、見送りなどいらないというメアリをなんとか説き伏せ、この日の早朝、メアリとともにウォータールー駅から列車に乗り、兵士や水夫、別れを惜しむ見送りの人びとでごったがえすサウサンプトンの埠頭に到着した。「お互いの気持ちをかき乱しながら」(1)の別れ――このあわただしい別れが、アリスがメアリを見た最後となった。ほどなく届いたメアリ・キングズリ死亡の知らせに、アリス・グリーンは、メアリが死の直前まで看護にあたったボーア人捕虜たちから彼女の最期の様子を知るべく、南アフリカ行きを決意する。

南アフリカ戦争に散ったレディ・トラヴェラーと、彼女の最期の足跡をたどろうとしたサロンの女主人。二人の女性は南アフリカで何を見聞きし、何を感じたのだろうか。彼女たちにとって南アフリカ戦争とは何だったのか。戦争捕虜の問題と二人の女性の経験はどのようにつながるのだろうか。そもそも南アフリカにおける戦争捕虜問題とはどういうものだったのか。

本章では、メアリ・キングズリとアリス・グリーンの「南アフリカ戦争の経験」を具体的に分析しながら、彼女たちが戦争の現場で帝国やイギリスについてどのような理解を得たのか、それが世紀転換期という時代とどのようにかかわり、つぎの展開につながったのかなどについて考えていきたい。

第一節　記憶を奪いあう女性たち

なぜアリス・グリーンは、戦争中の南アフリカに向かったのか。これまで、メアリ・キングズリの伝記作家がこの問題にふれることはほとんどなかったし、アリス・グリーンの伝記では「女たちの友情」と理解されたにとどまっている［Birkett 1992 : 167–68 ; R. B. MacDowell 1967 : 65–66］。では、戦争真っ只中の南アフリカに向かわせてしまう「女たちの友情」とはいったい何なのか。それは、これ以上の説明を必要としないプライヴェートな問題として片づけていいのだろうか。

プライヴェートな問題はパブリックな問題と確実につながっている。だからこそ、一個人の人生から時代を捉え直す意味があるのである。とはいえ、あるプライヴェートな問題が当時のパブリックな問題とどうつながっていたかは一様ではない。アリス・グリーンの南アフリカ行きについていうならば、メアリ・キングズリの死をめぐる一通の新聞投稿によって、二人の友情の本質が公的な場で問われたことが注目される。メアリの南アフリカ行きをどう理解するのか、彼女の死は帝国主義とどのように結びつけられるのか——メアリの植民地経験の根幹にかかわる問題を提示することになるその投稿から、話をはじめることにしよう。

メアリの旅立ち

南アフリカに旅出つ一ヶ月ほど前、一九〇〇年二月一二日、メアリ・キングズリは、帝国研究所（Imperial Institute）で「西アフリカにおける帝国主義」と題する講演をおこなっている。開口一番、彼女は、「今皆さんがもっとも関心を寄せているのは南アフリカのことでありましょうから」と、これから西アフリカを語ろうとする自分をこんなふうに弁解している。

『アラビアン・ナイト』の物語を語ったあの女性のように、私は話の途中で殺されてしまうのではないかと思うことがあります。あの女性以上に恐怖を感じる現実的な理由が私にはあるのです。西アフリカについて私が語ることのできる内容は、彼女の話よりずっと魅力に乏しいうえに、私の文法や文章構成ときたら、彼女に比べてはるかに劣っているからです。でも、［聴衆の］皆さんは、西アフリカを語る私に非常にやさしく、寛大でありつづけてくださいました。そのことに心から感謝いたしております(2)［Frank 1986：282］。

その後、彼女は、間接統治や帝国主義、フェティッシュや秘密結社といった西アフリカ特有の制度について語りながら、改めてつぎのように強調した。ヨーロッパ人の入植が不可能な西アフリカでは現地人の労働力に依拠せざるをえない。それゆえに、直接支配ではなく間接統治が、すなわち、現地の社会制度や慣習を活かしながら、もっぱら貿易関係を通じて西アフリカを発展させていくことが最良の方法であり、それがイギリス人の責務である、と。目新しい発言はほとんどなかったが、演壇上の動きがいつもよりも激しかったことを、ジョン・ホールトは記憶していた［Frank 1986：281-82］。

生前最後となったこの日の講演を、彼女はつぎの言葉で締めくくった。

「聴いてくださってありがとうございました。皆さんの寛大さが私のファミリー・ネームのせいだということ、そして私のなかにあるよきことすべてが、私に受け継がれた先祖の血によるものだということを私はよく存じております。私の帝国主義は、彼らの帝国主義なのです。昨今にあっては、いささか時代遅れではありましょうが。

……それでも、そこから出発して、今の帝国主義について語る私が、家族やかつての冒険商人たち［つまりキングズリ家の祖先］が今なお住みつづけているところ、すなわち水夫の楽園（Fiddler's Green）にたどり着いたならば、彼ら［メアリの家族や祖先］は私を暖かく迎えてくれるでしょう。皆さんさようなら、お別れです。私は家路につくのです」［Frank 1986 : 283］。

このときの聴衆の多く、そしてそのなかに混じっていたメアリの友人たち――ジョン・ホールト、ジョージ・マクミラン、ギュンター博士、そしてアリス・グリーンも、メアリが口にした「家路」とは西アフリカのことだと信じて疑わなかっただろう。その二年前、一八九八年一月に予定していた西アフリカへの三度目の旅は、シェラレオネでおこった小屋税反乱をめぐる植民地省との論争から、見送らざるをえなくなった。だから、今度こそメアリは西アフリカに行こうと決意した――そう捉える点では、伝記作家の多くも一致している［Frank 1986 : 283-84 ; Birkett 1992 : 159］。

ところが、メアリが向かったのは南アフリカ、ケープタウンであった。実はこの講演直前、すでに陸軍省に南アフリカ行きを打診していた彼女は、「三月上旬にはケープタウンに向かってほしい」という返事を同省から受け取っていたのである［Frank 1986 : 282］。このことは親しい友人にも伏せられていたため、この講演が最後になるとわかっていたのは彼女だけであった。そんな彼女は、帝国研究所での最後の言葉にどんな思いを込めたのだろうか。「皆さんさようなら、お別れです。私は家路につくのです」――。

そして、一九〇〇年三月一〇日、サウサンプトン港での別れ。二人の女性にとってこのときの別離がどれほど切ないものであったかは、一九〇〇年四月一一日付けでメアリが南アフリカからアリスに宛てたつぎの手紙からも察せられよう。

［一九〇〇年三月］二三日付けのあなたの手紙を読んで、私の身体を後悔の痛みが走りました。あなたでなくても、［弟の］チャーリーか［友人の］ド・カルディが［見送りに］来ていたでしょうから、あのときのことを重荷に思わないでください。あのときの光景を思い浮かべて動揺しないでください。私は今、［あなたが］半ば死んだも同然の状態ではないだろうかと案じております。(3)

この手紙から二ヶ月もたたない一九〇〇年六月三日、メアリ・キングズリは、ケープタウンの南にあるシモンズタウンの病院で、ボーア人捕虜を看護中、腸チフスに感染し、手術の甲斐なく三七歳の生涯を閉じた。彼女の死を知らせる手紙をアリス・グリーンやジョージ・マクミランら、親しい友人に書き送ったのは、シモンズタウンのパレス病院軍医長ジェラール・カレ博士である。博士は、メアリの献身的な看護に敬意を表しつつ、その過重な労働が彼女の命を縮めたのだろうと書いていた［WAS 1901: xxv］。

この手紙を受け取ったアリス・グリーンは、まもなく南アフリカ行きを決意する。サロンのゲストである自由党議員ジェイムズ・ブライスを介して、ときの陸軍相ランズダウン卿から捕虜収容所での滞在許可を得た彼女は、メアリの死から三ヶ月ほどが過ぎた一九〇〇年九月一六日、メアリが死の直前まで看護にあたったボーア人捕虜の移送先であるセント・ヘレナ島に上陸した。こうして、彼女は、南アフリカ本土以外に初めて設立された海外捕虜収容所への立ち入りを許された唯一の民間人となった。そして、一〇月三〇日にこの島を離れるまでの一ヶ月あまりの間、収容所を預かるイギリス軍側の将校や収容されたボーア軍の捕虜を精力的にインタビューして回り、その詳細を日誌に記して、帰国後、それをもとに陸軍省や植民地省への嘆願書、論文や新聞投稿などを執筆するとともに、さまざまな場で捕虜問題にかんする発言をおこない、戦争継続中のイギリス社会で大きな反響をよんだのである。

アリス・グリーンをこの新たな植民地経験へと導いたもの――それは、直接的には、『タイムズ』に掲載された一通の投稿だと考えられる。投稿したのはフローラ・ショウ。一八九三年以来、『タイムズ』の植民地欄担当編集者として辣腕をふるったジャーナリスト。ケープ植民地相だった「南アフリカの巨人」、セシル・ローズとの親しい関係から、一八九五年末、トランスヴァール国境付近でおきた国境侵犯事件、いわゆるジェイムスン侵入事件との関連を疑われて議会で証人喚問され、起訴は免れたものの、「限りなく黒に近い灰色」とみられた人物。この投稿の三ヶ月後には『タイムズ』を退社し、北部ナイジェリア初代高等文官、フレデリック・ルガードと結婚することになる彼女は、かつて各紙、各雑誌がこぞってメアリ・キングズリの『西アフリカ研究』の書評を掲載するなか、唯一同書を黙殺した人物でもあった［O'Helly & Callaway 2000: 79-97; Blunt 1994: 142; 井野瀬　一九九八：一二八―一三〇］。

フレデリック・ルガード
（井野瀬 1998: 153）

フローラ・ショウ
（井野瀬 1998: 127）

フローラ・ショウの投稿

メアリ・キングズリの死は、「水葬にしてほしい」という彼女の遺言がうやうやしく実行に移されたさま（本書一六二―一六三頁）とともに、当時の新聞や雑誌でドラマティックに伝えられている。記事の多くが、メアリの死を「南アフリカ戦争中の献身的な看護の結末」、「イングリッシュ・レディにふさわしい最期」と語っていた。それらを分析したアリスン・ブラントは、生前の彼女にたえずつきまとった「西アフリカをたったひとりで旅したレディ・トラヴェラー」という語りが、「南アフリカで帝国への責務に殉じた悲劇の女性」へと変化していくさまを分析している［Blunt 1994 : 133-41］。

この新しい語りに、本節冒頭で紹介した帝国研究所での生前最後の講演でメアリがくり返した「私の帝国主義」という言葉が大きく寄与したことはまちがいない。いうなれば、南アフリカ戦争は、メアリ・キングズリのそれまでのイメージと言動を再解釈し、再記憶化する契機として作用したといえる。一九〇〇年八月七日付けの『タイムズ』に掲載されたフローラ・ショウの投稿は、まさしく、メアリの再解釈に寄与するものであり、それにたいする異議申し立てこそ、アリス・グリーンに南アフリカ行きを決意させる大きな動機となったと思われる。

さて、件の投稿は、つぎの言葉ではじまっていた。

> 拝啓　故ミス・メアリ・キングズリの書類のなかに、私宛ての未完の手紙がみつかったそうで、先ほど拝受しました。手紙には日付けがありませんし、文章も途中で切れておりますが、死の直前に書かれたものと推察されます。
>
> 彼女［メアリ］は、帝国主義的な共感で（with Imperialistic sympathies）、自分がシモンズタウンでボーア人捕虜看護の仕事に就くことになった経緯を説明したのち、つぎのように書いております。おそらくそれは、人びとの関心をひくでしょうし、彼女の時期尚早の死によって嘆かわしくも失われてしまったものに、感傷をこめて光をあてるものともなろうかと思われます[4]（傍点引用者）。

以下、フローラ・ショウは、メアリ・キングズリが書いた未完の手紙を全文引用している。内容は、ボーア人捕虜にたいする医療と看護の問題点を指摘するものであり、すぐ後に紹介するアリス・グリーン宛ての文面とほぼ同じ内容であった。曰く、自分がシモンズタウンに派遣されたとき、事態は最悪だったこと、病院で多くの死者が出た背景には主に二つの原因があり、ひとつはすでに瀕死の状態で病院に運ばれてくること、もうひとつは彼らが罹っている熱病が悪性の腸チフスにちがいないこと。チフスはクロンイェ将軍らが劣悪な環境の下にあったときに発生したが、捕虜収容所という環境が伝染性のこの病気の被害をさらに拡大させたこと。病院では死亡率を下げるために必死の努力がつづけられ、それが徐々に功を奏しはじめたこと。イギリス当局も、新鮮な牛乳や卵、ブランデー、救護ベッドなど入手困難な物品の調達に奮闘していること——。

フローラ・ショウが引用したメアリの手紙は、つぎの言葉で切れていたという。「私が初めてここ［シモンズタウンの病院］にきたとき、軍医のカレ博士は——」。フローラ・ショウは、この後につぎのような短いコメントをつけ加え、投稿を終えている。

ここで手紙は途切れています。彼女［メアリ・キングズリ］が生きていれば、われわれすべてが深い関心を寄せる問題にもっと貴重な証言をしたことでしょう。しかし、彼女のこの短い証言からも、その証言に終止符を打った死がもつ物言わぬ雄弁さが失われることはないのです。

おりしも、従軍記者が配信する記事によって、ボーア人捕虜にたいする過酷な扱いが問題視されつつあった。『タイムズ』でも、彼女の投稿前後、連日のように戦場の野戦病院にかんする記事が紙面を飾っている。おそらくフローラ・ショウは、配達されなかったメアリ・キングズリの手紙を、その一例として公表したのであろう。帝国観もアフリカ理解もまったく異なるフローラ・ショウにメアリ・キングズリがこの手紙を書いたのも、『タイムズ』の植民地欄担当という彼女の立場ゆえと思われる。それならば、なぜメアリは、その重要な事実を書きとめた手紙を途中でやめてしまったのだろうか。それは、フローラ・ショウが推測したように、書くことを断念せざるをえないほど死がさし迫っていたからなのか。それとももっと別の事情があったのだろうか。

先にみたように、フローラ・ショウの投稿はメアリ・キングズリの手紙の全文掲載に終始しており、彼女自身のコメントはほとんど付記されていない。そのため、フローラがメアリの何をどう評価していたのか、この文面から正確に読みとることはむずかしい。だからこそ気になるのが、手紙の引用以外の冒頭の数行、とりわけ、メアリ・キングズリがボーア人捕虜を看護することになった経緯を説明した「帝国主義的な共感」という言葉である。それがメアリ自身の言葉かどうかは、定かではない。それがフローラ・ショウの解釈だとしても、この言葉に彼女がまったく違和感を覚えていないことが問題なのである。そこからは、フローラ・ショウもまた、「風変わりなレディ・トラヴェラー」から「帝国の責務に殉じた愛国者」へとメアリ・キングズリの記憶を書き換えたひとりであったことがあきらかだろう。

この書き換えに異議申し立てするため、アリス・グリーンは、その日のうちに『タイムズ』の投稿欄にペンを走らせた。

失われた文章

フローラ・ショウの手紙が載った翌八月八日の『タイムズ』の投稿欄に、フローラとまったく同じタイトルで、アリス・グリーンの手紙が掲載された。

まったくプライヴェートな手紙にせよ、公に読まれることを念頭に置いた投稿にせよ、本題に入る前の前置きには書き手の個性が現れるものであり、ときにそれは、本題以上に書き手の真情を物語ることがある。アリス・グリーンの投稿はまさしくそのような文章ではじまっていた。

死者の証言をよびおこすことほど、憂鬱な作業はありません。死者たちにはもはや、自らの証言を訂正することも、ちゃんとした場所にそれを置くこともできないのですから。しかも、彼らがこの世の出来事とは無縁の状態になった後の問題に「生前の言葉を」あてはめることなど、本来してはならないことだからです。

とはいえ、本日ミス・フローラ・ショウが貴社に投稿した手紙には、ミス・キングズリがシモンズタウンの病院から私に宛てた手紙から、抜粋して付け加えなければならないことがあるように思われます。というのも、ミス・ショウ宛ての手紙は文章の途中で切れているからです。「私が初めてここにきたとき、軍医のカレ博士は……」ここで手紙は終わっています。しかしながら、「この先に」ミス・キングズリが語りたかった話があることはあきらかです。それは、私宛ての手紙に綴られておりました。(5)

これにつづけて、アリス・グリーンは、フローラ・ショウ宛ての手紙で唐突に終わっていたあの文章の続きとして、一九〇〇年四月一一日の日付けが入ったメアリ・キングズリからの長い手紙を披露している。そこには、シモンズタウンのパレス兵舎に配属され、ボーア人捕虜の看護にあたるようになった彼女がどのような事態に直面したかが詳細に綴られていた。そこにメアリ・キングズリの南アフリカ戦争があった。とりわけ重要なことは、彼女がこの戦争を、兵舎《バラック》を改造した捕虜収容病院という空間から見ていた事実にある。ここから彼女が何を見て、どう感じていたのかを、手紙の該当部分の少し前から引用しておきたい。

……ここでの状況は笑うしかありません。

捕虜たちは、イギリス当局が認めたくないような死に方をしております。

ここに来た私は、その週の間に地獄のような日々を経験しましたが、一〇日間で死亡率を五〇パーセント下げました。もっと下げねばならないことはわかっています。

真実は単純です。一週間もの間、死人や馬といっしょに塹壕にとどまり、泥水を飲んでいたために、クロンイェ将軍の部隊におそろしい野営熱が発生したのです。熱病は、科学が説明する通り突然発生したのですが、[ここでは]科学というものに関心が払われていないことは以前に話した通りです（傍点引用者）。

この後に、フローラ宛ての手紙にはなかったつぎの文章が紹介されている。

私が到着したとき、医師がひとりと看護婦二人だけで、腸チフスの発生と闘っていました。以来私もずっとがんばってきましたが、今では医者がさらに二人、看護婦も三人増員され、当番兵や陸軍兵士の数もふえて、業務も組織化されつつあります。それでも、今日一日だけで、私は一〇〇人を超える患者を受け持ちました。耐え難い事態です。三人にひとりの患者が自分の面倒をみてくれる看護婦を求めているのです。

イギリス人の当番兵は、ボーア人にとても親切で、彼らとともうまくやっています。ボーア人と私や医者との間に憎悪が存在しないように、ボーア人とイギリス人兵士の間にも互いを憎しみあう気持ちはもはやありません。

ボーア人自身はとても礼儀正しい人たちです。彼らの大半は、大農場主から割り当てられた土地を耕し、その見返りに、要請があれば徴用に応じた人たちですが、折り目正しく、かならず「ありがとう」を忘れません。

……[中略]

マラリア熱で徘徊する患者たちのパジャマのお尻をつかもうとするのですが、彼らはパジャマを着ないのです。でも、それにも馴れました。他の病棟を歩き回る患者がいた場合には、「看護婦さん、外に誰かいるよ」

という決まり文句で呼ばれます。この言葉、長く忘れないでしょうね。私たちはとてもうまくやっていますが、それは、私が植民地人（Colonial）ではないからだと思います。捕虜たちはあらゆる植民地人を嫌っています。でも、私とイギリス人当番兵は［植民地人とは］違っているからと、私たちには思いやりを示すのです。今日、危篤状態をなんとか脱したある患者が最初に口にした言葉はこうでした。「あなたはいつもここにいてくれますね」——私が、「大丈夫、ベッドにいてください」というと、「あなたはとても疲れているにちがいない」というのです。私は彼の言葉にうなずきました。ある大柄なスカンディナビア人が逃亡しようとしたところを銃剣で突かれ、運び込まれてきました。まっすぐに座るには枕が必要だったのですが、枕が傷口に触れるかどうかも口にせず、ただ押し黙ったままでした。スカンディナビア人と本物のボーア人はとても対照的です。

フランス人もいますが、彼らはヒステリーです。ボーア人は、耐え難い苦痛に襲われてもヒステリーにはなりません。彼らの忌まわしい宗教、旧約聖書、キリスト教をのぞけば、彼らはちゃんとした民族です。彼らの宗教だけはいただけません。これらのボーア人たちが［宗教ではなく］科学を盲目的に信じるように変えられれば、私はほんとうに彼らが好きになれるでしょう。……

どうかお元気で。あなたは、高尚な政治論議（Haut Politique）において、私よりずっと多くのことができるのですから。そして忘れないでください。この「高尚な政治論議」こそが、私をここに連れてきたのだということを。ここで、私は、真夜中に、力のある大柄の男たちのナイトガウンのしっぽをつかみ、彼らが沈んでいるときにはそばにいて、彼らが死ぬときにはそのあごを上げるのです。最近では一晩に五つ、六つのあごを上げました。高尚な政治論議なんてくたばってしまえ。(6)

以上からわかるように、フローラ・ショウ宛ての手紙で抜け落ちていた部分には、捕虜の介護に忙殺される様子とともに、イギリスが戦っているボーア人とはどういう人たちなのかについての観察が記録されていたのである。そのなかで、メアリは、スカンディナビア人やフランス人といった外国人との比較において、ボーア人の辛抱強さと礼儀正しさを高く評価していた。また、最後の段落に、アリス・グリーンら友人たちが抱いた最大の疑問――なぜメアリ・キングズリは西アフリカではなく、南アフリカに向かったか――にたいするひとつの答えを認めてもいいだろう。初めてメアリ・キングズリの伝記を執筆したジャーナリスト兼作家でアリス・グリーンの友人でもあったスティーヴン・グウィン以来、伝記作家の多くが、この疑問に答えたいという誘惑をしりぞけることはできなかった。ここには、彼女を南アフリカ戦争に連れてきたものが、前章で触れたシェラレオネ反乱の解釈（第六章第一節参照）はじめ、西アフリカ統治をめぐる植民地省との激しい論争――Haut Politique――であったことが示唆されている。(7)

さらに、先の文面には、第三、第四章で見てきたメアリ・キングズリの植民地経験のキーワードともいえる言葉が散りばめられていることにも留意されたい。本物のボーア人、科学、キリスト教への否定的見解――。「本物のボーア人」がスカンディナビア人やフランス人らと比較されている点も注目されよう。なぜこの比較が、南アフリカ戦争の捕虜収容所において成立しえたのだろうか。これらは、後述するアリス・グリーンの捕虜へのインタビューのなかで考えねばならない問題である。

横領された帝国主義

アリス・グリーンが補完した以上の文面からは、フローラ・ショウが想像したメアリ・キングズリの「帝国主義的な共感」を見つけ出すことはかなり困難だろう。ここに、アリス・グリーンがペンをとった動機もあったと思われる。アリス・グリーンは、「ボーア人は礼儀正しく、感謝の言葉を忘れない」など、ボーア人を高く評価したメアリの文章を引用することで、「メアリ・キングズリの帝国主義」とは何かをあきらかにしながら、フローラの曲解を正そうとしたのである。

帝国研究所での最後の講演の少し前、メアリ・キングズリは、「帝国主義」と題するリヴァプールでの講演で、自分のことを誇らしげに「時代遅れの帝国主義者（old-fashioned Imperialist）」と称し、同時代の植民地省が志向する「ジュビリー帝国主義（Jubilee Imperialism）」と対比したことがあった［WAS 1901 : 417-23］。前者は、イングランドの精神である「自由」を世界に拡大しようとするものであり、領土拡大を望む後者とは明確に区別される。それは、「リチャード・グレンヴィル、フランシス・ドレイク、ジョン・ホーキンス、ウォルター・ローリー」［WAS 1901 : 423］ら、テューダー朝の海賊や冒険商人らが体現した帝国主義であり、イングランドの古いジェントルマンの家系であるキングズリ家に脈々と受け継がれてきたものだと、メアリ・キングズリは説明している。

こうした理解を背景に、アリス・グリーンは、フローラ・ショウへの反論として、「帝国主義者メアリ・キングズリの帝国への責務や騎士道的な意識の意味は、彼女をよく知る友人たちには自明のもの」であり、それは、フローラ・ショウが想像する「帝国主義的な共感」とはまったく別物だと断言する。すなわち、メアリのいう「真の帝国主義者（a true Imperialist）」とは、「機会があれば、病気のボーア人を介護し、その命を救うことをはっきりと自分の責務だと考える人物」のことなのである。そして、メアリのシモンズタウン行きは、「帝国主義的な共感」に駆られてのものではなく、もっと単純な理由——ウィルスン軍医の打診に従うものだったことをあきらかにした後、重要なことは、その結果、メアリ・キングズリが得たつぎの確信にあるとして、彼女の手紙にあった言葉をこうくり返し、アリスは投稿を終えている。「捕虜たちは、イギリス当局が認めたくない死に方をしております」（傍点引用者）。

このようにアリス・グリーンが不完全な手紙を補うことによって、フローラ・ショウが横領《アプロプリエイト》したメアリ・キングズリの「帝国主義」は、その本来の意味（少なくともそれに近い意味）を回復したといっていいだろう。この横領は、フローラ自身の「帝国主義」を投影するものであり、それは、ボーア人理解に示されたメアリの感情とは対照的なものだったと思われる。すでに本書でくり返し述べてきたように、世紀転換期の帝国主義、そして帝国主義者はけっして一枚岩ではなく、捕虜となった敵を手厚く介護することを「帝国主義者の責務」と捉える見方も存在しえた。たとえば、アリス・グリーンの投稿掲載の一週間後、八月一四日の『タイムズ』の投稿欄には、アリス・グリーンの主張を援護するアグネス・S・ルイスからの投稿が掲載されているが、両親を亡くしたメアリの後見人となり、彼女と一〇年以上の交友関係をもつアグネスもまた、フローラ・ショウの投稿によってメアリの真意が曲解されるのをおそれたのであろう。「メアリ・キングズリという女性の人となりについて語らねばならないと思い、ペンをとりました」ではじまるアグネス・ルイスの投稿は、「ボーア人捕虜にたいする彼女の献身こそ、イギリス人が帝国においてしなければならないことではなかったでしょうか」という言葉で結ばれている。(8)

『タイムズ』の投稿欄を舞台に、「帝国主義者」を自認するメアリ・キングズリの記憶を奪いあう女性たちの論争は、世紀転換期のイギリスに存在した帝国主義の多様性を示すとともに、メアリ・キングズリの記憶を通じて、南アフリカ戦争をどうみるかという問題を提示していたといえる。と同時に、こうした議論によって、イギリスが当時新たに抱えつつあった戦争捕虜をめぐる問題も浮かび上がってきたといっていい。南アフリカ戦争が迎えつつあったこの新しい段階こそ、メアリ・キングズリの死を準備したのだから――。

なぜメアリは死ななければならなかったのか。この問いかけがもついささかロマンティックな響きを削ぎ落とすためにも、問題をつぎのように問い直そう。メアリ・キングズリは南アフリカ戦争のどの局面に居合わせたの

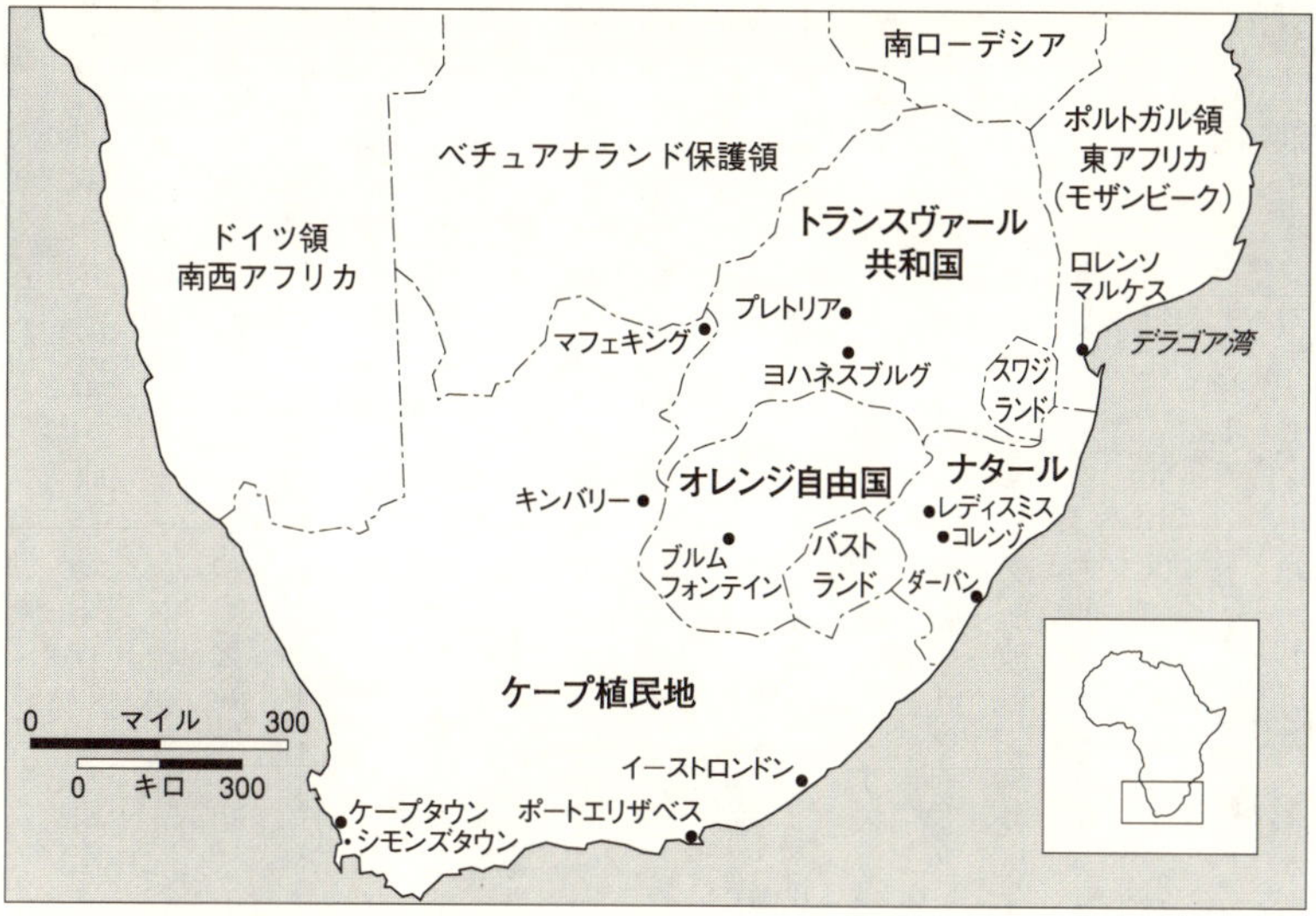

地図④　南アフリカ戦争関連地図（Bayly〔general ed.〕1989: 148より作成）

だろうか。

戦況変化と捕虜収容所の設置

一九〇〇年三月二八日、ケープタウンに到着したメアリは、軍医長ウィルスンから、シモンズタウンに設置されたボーア人捕虜収容病院への配属を打診された。あきらかに「否定」の返事を想像していたウィルスン軍医にメアリはこう答えたという。「それが私に望まれることならば……」[9]――彼女へのこの打診そのものが、南アフリカ戦争に新たな局面が訪れたことを物語っている。

その前年、一八九九年一〇月一一日にはじまった南アフリカ戦争は、当初、現地の地理を熟知したボーア軍有利に展開していた。一〇月三〇日、わずか二四時間でイギリス軍が惨敗、包囲されたレディスミスでは、一〇〇〇人に達する捕虜が出た。さらには、南北ローデシアとケープ植民地を結ぶ交通の要衝、トランスヴァール、ベチュアナランド双方の国境にほど近いマフェキングが、そして、かつてセシル・ローズが「ピカデリーほどに安全だ」と豪語したキンバリーが、つぎつぎとボーア軍に包囲されて、イギリス軍は孤立無援に陥った。従軍記者からは、たび重なるボーア軍との銃撃戦に加えて、食糧不足や疫病の蔓延に苦しむイギリス軍兵士の叫びが連日のように伝えられている。一二月一〇日から一五日にかけて、一週間のうちに三度の敗北を経験し、多くの死傷者を出した（いわゆる）「ブラック・ウィーク」は、イギリス国内のジンゴイズム（戦闘的、排外的愛国主義）を高揚させ、その熱狂のなか、さらに多くの義勇軍が南アフリカに送られることになった。ケープ植民地でも、ケープ・ダッチとよばれるボーア人らの蜂起がつづくとともに、二つのボーア人共和国の軍隊と合流してイギリス軍を苦しめていた。[10]

その後、戦況は、一九〇〇年一月、一八万人あまりのイギリス兵士とともにケープタウンに到着した総司令官フレデリック・ロバーツ陸軍元帥、ならびに参謀長ホレイショ・キッチナー男爵によって大きく変化する。一月下旬、スピオン・コプの激戦で一五〇〇名をゆうに超える死傷者、ならびに捕虜を出したイギリス軍は、その直後から攻勢に転じていく。一九〇〇年二月半ばにキンバリーが解放された後、二月二七日、ボーア軍はパーダベルクの戦いで大敗北を喫し、以後、両軍の形勢は大きく逆転する［Pakenham 1979 :329-42; 岡倉 一九八〇（八七）：一〇九―一九］。パーダベルクの戦いの翌日、二月二八日には、一一八日間にわたってボーア軍に包囲されていたレディスミスが解放された。メアリ・キングズリがサウサンプトンを出航して三日後、三月一三日にはオレンジ自由国の首都ブルムフォンテインが陥落。五月一七日にはマフェキングが二一七日ぶりにボーア軍の包囲を突破した。このマフェキング解放の知らせにイギリスじゅうが沸き返り、ミュージック・ホールで大人気だったロッティ・コリンズのヒット曲「タ・ラ・ラ・ブーム・デュ・アイ」がロンドンの街角に響き渡ったと伝えられる。[11] 五月二八日にはヨハネスブルグもイギリス軍の手に落ち、六月五日、トランスヴァール共和国（南アフリカ共和国）の首都プレトリアもイギリス軍によって占拠された。トランスヴァール併合宣言が出されるのはそれから三ヶ月後、アリス・グリーンが南アフリカへ出航するころのことである。

イギリス、ボーア両軍の形勢逆転の転換点となった一九〇〇年二月二七日のパーダベルクの戦いは、戦争捕虜問題にかんしても大きな節目となった。この敗戦を契機に、ボーア軍から戦争捕虜が急増していくのである。彼らをどこにどのように収容すればいいのか——イギリスは新たな問題に直面することになった。

すでにそれ以前から、固定した場所に捕虜収容所を設置する必要性は指摘されていたが、パーダベルクの戦いまで、イギリス軍は、ボーア軍の捕虜たちを、ケープタウンかシモンズタウン周辺のキャンプ、あるいは沖合に停泊中の船に収容してきた。戦争勃発からわずか一〇日後、一八九九年一〇月二一日のエランズラーフテ(Elandslaagte)の戦いでボーア軍に二二〇名あまりの捕虜が発生したとき、シモンズ湾内のイギリス海軍に要請して、捕虜たちは湾内に停泊していた輸送船ペネロプ号内に一時的に留め置かれた。これが前例となり、その後も多くの輸送船が、海に浮かぶ収容所として、捕虜の受け皿となってきた。そのなかには、負傷した捕虜を収容した病院船スパルタン号(Spartan)も含まれる[Ineson 1999 : 61]。ボーア人捕虜に聞き取りしたアリス・グリーンは、船という捕虜収容空間にかんする捕虜たちの語りをつぎのように紹介している。「三ヶ月以上船に投獄されている間は、ビスケットとコンビーフで過ごした。甲板に出ることを許されたのは一日に一時間だけで、新鮮な空気から遮断された生活だった」[Alice Green 1900b : 981]。

パーダベルクの戦いで投降したボーア軍兵士
(Pakenham 1979: 426-27)

その後、ケープタウンの南にある港町、シモンズタウン郊外

ボーア人捕虜を収容したシモンズ湾に浮かぶペネロプ号（1899年）
（Simons Town Museum & Historical Society 所蔵）

に捕虜収容所ベルビュー（Belle Vue）が設置され、一九〇〇年二月四日から、船から捕虜たちを移送する作業が開始された。三月一二日、ウォリック州連隊のマカルモント大佐が責任者として着任したとき、ベル・ビューにはすでに二三〇〇人ほどの捕虜がいたと記録されている［Ineson 1999 : 61］。

　こうした捕虜収容状況を大きく変えたのが、二月二七日、ボーア軍最初の大敗北となったパーダベルクの戦いであった。ボーア人の名将として名高いピエット・クロンイェ将軍率いるボーア軍約四〇〇〇人（外国人義勇兵を含む）が投降したのである。一気に膨らんだボーア人捕虜の収容場所確保が急務となったこのとき、その候補地として注目されたのが大英帝国の島々であった。島という地理が、捕虜の逃亡を防ぎ、見張りの効率化を実現する環境を提供したからだけではない。インドや西インドに点在する英領の島々を捕虜収容所とすることにより、カナダやオーストラリアといった白人入植地に広くよびかけた兵士の動員とは違ったかたちで、南アフリカ以外の植民地を戦争協力体制に巻き込むことが可能になったからでもあった。その意味でも、南アフリカ戦争は、イギリスにとって文字通り、「帝国の戦争」だったのである。

シモンズタウン郊外，ベルビュー捕虜収容所（1900年）（Ineson 1999: 61）

メアリ・キングズリの到着

帝国に続々とボーア人捕虜収容所が開設されるにあたり、移送直前まで捕虜を預かるトランジット・キャンプとして、ケープタウンとシモンズタウンのほぼ中間に、グリーン・ポイント・キャンプ（Green Point Camp）が開設された。ちょうどメアリがイギリスを後にした一九〇〇年三月半ばのことである［Ineson 1999 : 65］。ここから初めて捕虜が送られた収容所こそ、アリス・グリーンが民間人として唯一訪問を許されることになるセント・ヘレナ島にほかならない。南アフリカ戦争初の海外捕虜収容所が設けられたこの島に、パーダベルクの戦いで敗れたボーア軍捕虜の第一陣が移送されたのは、一九〇〇年四月一六日のことだった。移送されるまで、彼らは、先述したシモンズタウン郊外のベルビューに収容されていた。ところが、四月二日、シモンズ湾内に停泊中のマニラ号とシティ・オヴ・ケンブリッジ号に収容されていた約八〇〇人の捕虜が、船内の衛生状態悪化によりベルビューへと移送されたため、ベルビュー収容の捕虜数が一気に膨らんだのである。それは、イコール、シモンズタウンの古びた砲兵隊の兵舎に設営された簡易病院施設、パレス病院（メアリ・キングズリの手紙ではパレス兵舎）に運ばれる捕虜数の急増を意味していた。これが、三月二八日、ケープタウンに到着したメアリ・キングズリをシモンズタウンに引き寄せる直接的な原因であり、アリス宛ての四月一一日付けの手紙に綴られた内容であった。すなわち、メアリ・キングズリは、南アフリカ戦争の戦況が大きく変化し、ボーア軍の捕虜急増という新たな局面を迎えた瞬間のケープタウンに行き合わせたことになる。そして、彼女が遭遇した戦況から、メアリが、イギリス軍傷病者ではなく、イギリス軍が戦っているボーア軍捕虜の介護にあたったことが、この戦争を見る彼女の目を決定づけることになったといえよう。

アリス宛ての先の手紙からもわかるように、シモンズタウンのパレス兵舎でボーア人捕虜の介護に忙殺されるなか、メアリ・キングズリは、イギリスが戦っているボーア人を詳細に観察していた。それゆえに、彼女の手紙は、南アフリカ戦争における彼女のフィールドワークでもあった。「植民地経験のゆくえ」をキーワードに世紀転換期という時代を見直そうとする本書では、メアリ・キングズリの伝記作家たちのように、「なぜ西アフリカではなく、南アフリカだったのか」という問題に憶測をめぐらせることも、南アフリカ戦争をレディ・トラヴェラーである彼女の人生のエピローグ、あるいは付録として捉えることも、ともに否定する。そうではなくて、メアリ・キングズリが南アフリカでボーア人捕虜を介護したという事実を、もっと積極的に彼女の「南アフリカ経験」として捉え、その意味を探りたいと考えている。それこそ、新聞や雑誌の追悼記事の多くに認められた「イングリッシュ・レディにふさわしい結末」とか、フローラ・ショウが書いた「帝国主義的な共感」の顛末として、メアリ・キングズリの死を理解できなかったアリス・グリーン自身の、南アフリカ行きの理由でもあろう。

先述したように、メアリの手紙には、この戦争を考えるさまざまなキーワードが散りばめられている。ボーア人が礼儀正しい人たちであること。彼らが、イギリスのみならず、南アフリカのコンテクストにおいて、植民地人、すなわちケープ植民地のイギリス系住民と対立関係にあったこと。スカンディナビア人やフランス人といった外国人が捕虜のなかにいたこと。さらには、「本物のボーア人」と「そうでないボーア人」という境界線の問題や彼らの宗教をめぐる問題――これらは、メアリ・キングズリの経験を求めて南アフリカに渡ったアリス・グリーンをどのように刺激したのだろうか。とりわけ、手紙に書かれていたメアリの言葉――アリスが『タイムズ』への投稿の最後に記したあの言葉、ボーア人捕虜たちが「イギリス当局が認めたくない死に方」をしているとはどういうことなのか。

メアリの訃報にふれ、フローラ・ショウの投稿に疑問を覚えたアリス・グリーンは、メアリの死の意味を、いや南アフリカにおけるメアリ・キングズリの「生」の意味を見いだすために、彼女が最後まで介護にあたったボーア人捕虜の多くが移送されたセント・ヘレナ島に向かった。

第二節　アリス・グリーンの捕虜収容所訪問日誌

一九〇〇年九月一六日、セント・ヘレナ島のデッドウッド・キャンプに到着したアリス・グリーンは、到着直後、陸軍省の命令で彼女を出迎えたイギリス軍の将校に、メアリ・キングズリの最期を知りたいのでシモンズタウンから送られてきたボーア人捕虜に会わせてほしいと申し出た。九月二二日、デッドウッド・キャンプで数人の捕虜を紹介されたアリスは、彼らにこう語りかけた。「私はあなた方と会い、ミス・キングズリのことを語るためにここにやってきました。どなたかシモンズタウンでメアリ・キングズリといっしょだった人はいませんか？」(12)（九月二二日）。

しかしながら、タイミング悪く、シモンズタウンからセント・ヘレナ島に移送されたボーア人捕虜は、アリスが訪問する三週間ほど前に、全員、セイロンに新設された収容所に移送されたあとであった。この事実自体、ボーア軍の捕虜数が依然増加傾向にあったこと、そして海外捕虜収容所間での捕虜の移動が頻繁におこなわれていたことを物語るだろう(13)。

メアリ・キングズリの最期を知るという最大の目的は失われたものの、アリス・グリーンは、その後一ヶ月あまりをこの島で過ごして捕虜たちから聞き取りをおこない、彼らの証言をできるかぎり正確に日誌に記録しつづけた。それは、「ボーア人は当局が認めたくない死に方をしている」というメアリの言葉の意味をあきらかにするプロセスであるとともに、ボーア人捕虜の介護というメアリ・キングズリの「南アフリカ戦争経験」が、かたちを変えてアリス・グリーンの「戦争経験」に置き代わっていくプロセスとして捉え直すことができるだろう。以下、アリス・グリーンの日誌を中心に、彼女が南アフリカ戦争をどのように記録したかを見ていくことにしたい。

セント・ヘレナ島デッドウッド・キャンプ

一八一五年にナポレオンが流刑され、二一年に亡くなるまで過ごしたことで有名なセント・ヘレナ島は、西大西洋の火山島であり、ケープタウンの北西二八〇〇キロあまり、もっとも近いアフリカ大陸本土からでも一〇〇〇マイル以上という沖合に浮かんでいる。面積は一二二平方キロメートルほどというから、長崎の壱岐島より少し小さい。一五〇二年、無人島として発見されたこの島は、一六五九年、インドへの交通の要衝としてイギリス東インド会社が所有することになって以後、入植が進み、一八三四年、イギリスの直轄植民地（Royal Crown Colony）となって総督が置かれ、現在に至っている(14)。周囲を高い断崖に囲まれたこの島は自然の要塞であり、捕虜収容所として最適の条件を備えていた。南アフリカ戦争勃発の少し前、一八九〇―九七年にかけては、ズールーランドの英領化に反対したとして、ズールー王セテワヨの息子、ディニズールーがこの島に流されている

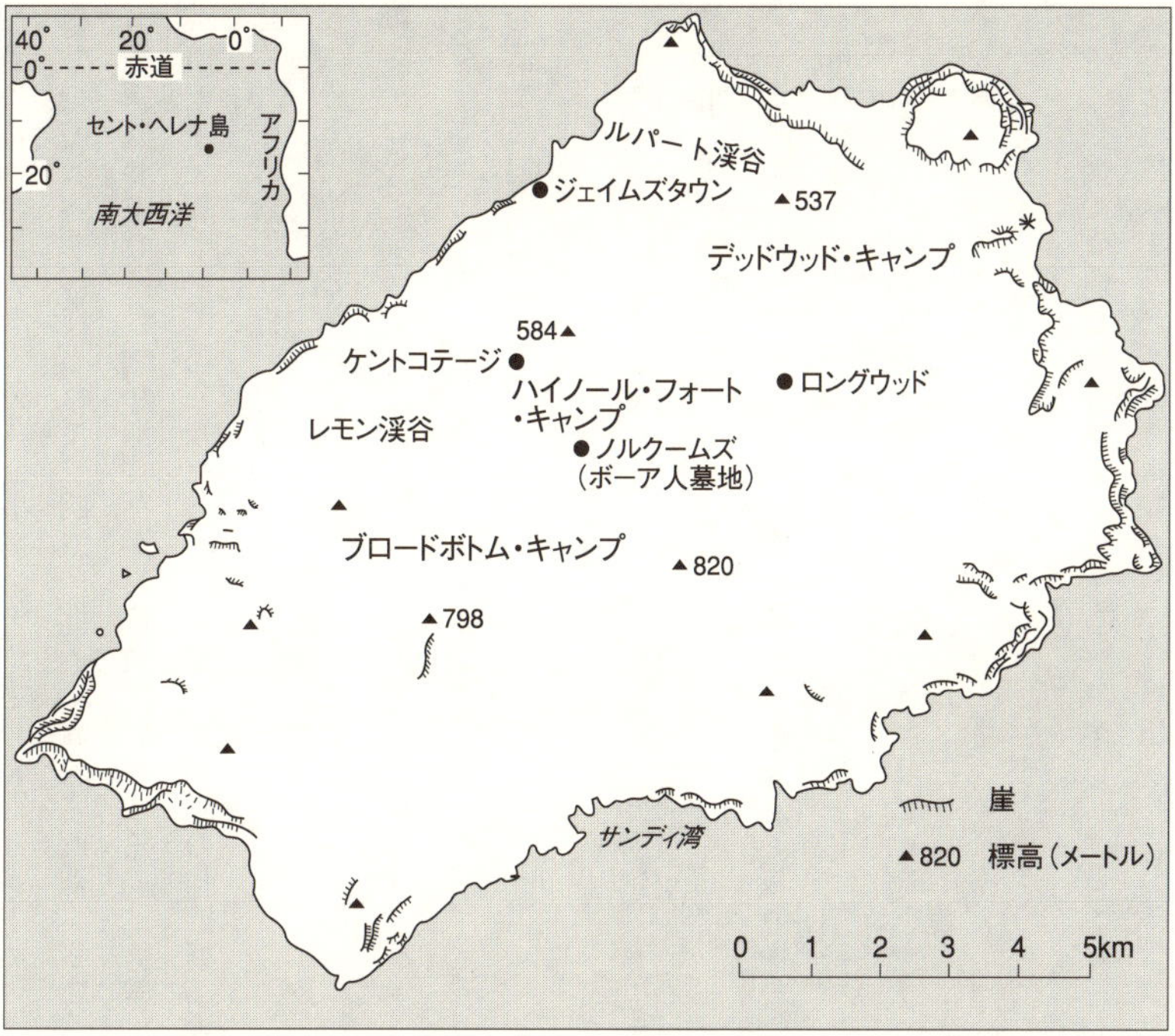

地図⑤　南アフリカ戦争時代のセント・ヘレナ島（Royle 1998: 58）

[Jackson 1903 : 9ff. ; Laurent 1991 : 2]。

この島に設けられた南アフリカ戦争初の海外捕虜収容所デッドウッド・キャンプに、メアリ・キングズリが介護にあたったパーダベルクの戦いの投降者を含む五一四名の捕虜が到着したのは、先述したように一九〇〇年四月一一日のことであった。以後、一九〇二年五月の終戦までに、この島に設置された三ヶ所の収容所に、移送合計一四回、総計五六八五人の捕虜が収容されることになる。ちなみに、一九〇〇年八月に設置されたセイロン島の収容所は合計五ヶ所にまたがり、四八六一人の捕虜が送られた[Ineson 1999 : 69]。陸軍省の統計によれば、一九〇〇年一二月の時点で、ボーア軍捕虜全体の四七パーセントが南アフリカ本土以外の海外植民地に収容されていたが、その比率は、終戦時（一九〇二年五月）には七二パーセントにまで上昇している。その後、インド本土に設けられた一七ヶ所の収容所には合計九一二五人が収容され、さらに西インドのバーミューダ諸島でも、グレート・サウンド諸島などに七つの収容所が作られて、四六一九人が収容された［Benbow 1962（1982）］。やはり西インドのアンティグアにも捕虜収容所設置計画があったが、建設に着手する前に終戦となった。また、一五〇〇人ほどの捕虜がポルトガル領モザンビークに逃亡したため、イギリス当局の強い要請を受けたポルトガル政府によって、ポルトガル本土に六つの収容所が作られている［Royle 1998：55］。

こうした海外捕虜収容所第一号となったのが、セント・ヘレナ島であった。「中国系や革命前のフランス人入植者の子孫、西アフリカ人、マレイ人、ウェールズ人、ランカシャ出身者、奴隷船貨物の黒人たち」［Alice Green 1901b：755］が住むこの島の総督R・A・スタンデイルは、一九〇〇年四月五日、つぎのような布告を島の随所に掲示している。

数日のうちに、HMSニオベ号（Niobe）に護送された輸送船ミルウォーキー号（Milwaukee）が戦争捕虜を乗せて到着する。

上陸時、許可されていない者の波止場への立ち入りを禁ず。軍隊指揮官の命令の下、警察官はできるかぎり、軍隊を支援して秩序維持にあたること。総督として望むべくは、島民が捕虜を思慮深く丁重に扱い、そうした対応を、自国の大義と信じるもののために勇敢に戦った人たちすべてに広げて、見苦しい行動を慎むよう助けあってほしい［Jackson 1903：106-07］。

一〇日後に到着した捕虜第一陣、五一四名は、クロンイェ将軍夫妻以外、五マイルあまり先の丘の向こうにデッドウッド・キャンプができるまで、一週間以上蒸し暑いジェイムズタウンの港に抑留された(15)。その後、徒歩で六時間かけてようやく彼らが到着した収容所とは、周囲に有刺鉄線が張りめぐらされ、要所要所に歩哨ボックスが設けられた空間に粗末なテントが広がっているだけだった。屋根代わりに毛布がかけられたいかにも急ごしらえのテントは、大きさも形状もバラバラで、いずれも一二名ほどが暮らすにはあまりに狭かった［Alice Green 1900b 974-75］。

アリス・グリーンの到着と新たな戦況

メアリ・キングズリの死からアリス・グリーンのセント・ヘレナ島到着まで、すなわち、一九〇〇年六月から九月にかけての三ヶ月あまりの間は、南アフリカ戦争の前半が終わり、後半がはじまる端境期と捉えられている［Pakenham 1979：438-59；岡倉　一九八〇（八七）：一四一―一六］。それは、不利な形勢の巻き返しを図るべく、ボーア人の将軍クリスチャン・デ・ウェットのもと、ボーア軍がゲリラ戦へと戦略を大きく転じる時期であった。一九〇〇年六月の時点で二つのボーア共和国の首都を陥落させながらも、一九〇二年五月までイギリス軍が戦争を終結できなかったのは、もっぱらデ・ウェット考案のゲリラ戦法のせいだとされている。駅や線路、道路の破壊といったゲリラ戦が本格的な展開を迎える一九〇〇年九月以降、南アフリカ戦争は新たな局面に突入するが、その直前、八月上旬のブランドウォーター周辺における戦闘では、ボーア軍から四三〇〇名を超える捕虜が出たため、捕虜収容所の必要性は一気に膨らむことになった［Pakenham：1979：441-44；岡倉　一九八〇（八七）：一三一―三五］。

ゲリラ戦術にたいする報復措置として、キッチナー参謀指揮下のイギリス軍が新たな対抗策を展開したことにより、戦争はさらに複雑化、かつ泥沼化することになる。それは、ボーア人の農場や家屋に火を放つ焦土作戦と、ボーア人女性と子どもの強制収容所送りであり、ともに非戦闘員をターゲットとするものであった。こうした戦略転換がはじまった一九〇〇年九月半ばから一〇月半ばまでを、アリス・グリーンはセント・ヘレナ島で過ごしたのである。一〇月上旬、この戦略転換によって捕虜となった人びと（たとえば、農場で拘束されたボーア人の老人たち）がセント・ヘレナ島に到着したことで、アリス・グリーンは、聞き取り調査の後半、それまでとは異なる「帝国の緊張」を経験することになった。言い換えれば、アリス・グリーンは、メアリが出会ったパーダベルクの戦いの経験者に加えて、上記の戦略転換の「成果」が出はじめる時期に捕虜となった人びとからも戦争にかんする情報を得ることができたのである。そしてこのことが、アリス・グリーンとメアリ・キングズリの南アフリカ戦争経験を決定的に分かつことになったといっていいだろう。この時期の捕虜への聞き取りがどんな意味をもっていたのか、以下、アリスの日誌を分析しながら考えていきたい。

捕虜収容所訪問日誌

帰国後に発表した論文のなかで、アリス・グリーンは、ボーア人捕虜収容所を訪問し、捕虜たちの声を記録する作業についてこう記している。「直接自分で見たいくつかの出来事について、自分が知る範囲で語ること」[Alice Green 1900b : 972]――伝聞ではなく、自らの「経験」を重視する姿勢は、インタビュー時からあきらかであった。まずは彼女の聞き取りの概要をおさえておこう。

アリス・グリーンがセント・ヘレナ島に渡った一九〇〇年九月半ばの時点で、捕虜の数はほぼ二五〇〇名。「戦場の将校、兵站部の将校、プレトリア行政府の役人、ヨハネスブルグの鉱山労働者、町のよろず屋や商人、測量技師、農夫たち。貧富もさまざまで、現地生まれか移民か、保守的か革新的か、教育の有無を含めて多様な」トランスヴァールの人びとが中心であった [Alice Green 1900b : 976]。彼女は、できるだけ多くの捕虜と会い、彼らに戦争ならびに捕虜体験を自由に語らせるという手法をくり返した。

セント・ヘレナ島のデッドウッド・キャンプ（Belewenisse 1963: 60）

インタビューに際しては、まず出身地やそれまでの職業、家族関係などがあきらかにされ、つづいて捕虜になった経緯、そのときに感じたことなどが語られる。それとともに、捕虜の多くは、自分がどのようにして戦争に参加することになったのか、ボーア軍の戦い方はどうだったのかなどに言及しながら、捕虜という現在の境遇を語っている。

アリス・グリーンがとりわけ関心を寄せたのは、ボーア人とはどのような人びとか、「国民《ネイション》」としての彼らはどのようなものだったのか、彼らの「愛国心」とはどのようなもので、それはこの戦争とどのように関係しているのか、といったことであった。それは、先のメアリの手紙にあった「本物のボーア人」の中身を、アリス自身が確認する作業ともいえるだろう。興味深いのは、「ボーア人とは何か」をあきらかにするプロセスで、アリスが、「ボーア人」以外の捕虜へのインタビューを多く試みようとしていることだろう。そこからは、二つのボーア人国家の「国民」——彼らが"burgher"とよぶ人びと——の中身が実に多様であることに加えて、ボーア側で戦った多数の外国人義勇軍とその多様性、いうならば、メアリ・キングズリが「本物のボーア人」と対比させた人びとの存在も浮き彫りにされるのである。

インタビューの質問事項では、捕虜収容所という空間についても大きな比重が置かれている。捕虜たちがどのような生活を送っているのか、そのなかで何を感じているのか、彼らにとって何が問題なのか、その解決にはどうすればいいのか——これらにかんする証言を通じて、彼女は、捕虜収容所がイギリスにとって、そして大英帝国にとってどういう意味をもつのかという点にまで考察を深めるのである。

さらに、アリスの質問は、南アフリカ戦争を捕虜たちがどのように理解しているかにも向けられている。この戦争の原因を捕虜たちはどう捉えているのか、誰がどのように「悪い」のか、どういう解決方法があるのかなどが、捕虜たちの視点で語られるのである。アリス・グリーンは、捕虜の多くに「ほんとうに戦いたかったのか」という率直な質問をぶつけているが、それにたいする彼らの反応はさまざまである。彼女はそれをじっくりと観察し、彼らの言葉をできる限り忠実に記録しようとしている。

インタビューする相手にたいする彼女の印象、彼らとの距離感(それは、幾度か会ううちに確実に縮まっているように彼女には思われた)はさまざまであり、相手の答えに応じて、話は他の話題に拡散したり戦争とは直接関係のない話に飛んだりするが、アリスには、捕虜たちの話をまとめ、なんらかの結論にもっていく気持ちはほとんど認められない。むしろ捕虜たちに自由に語らせるなかで、彼女自身が彼らを理解しようとしているように思われる。とにかく、相手の多様な語りに任せるのだから、いきおい、話題は多岐にわたる。それを彼女ができるだけ詳細に、相手の言葉に忠実、かつ克明に書きとめようとしたことは、インタビュー時に走り書きした原稿(AGP, MS 10465)と、記憶が鮮明なうちにそれを清書した原稿(AGP, MS 421)という二つの記録の存在からもわかるだろう。こうした彼女の姿勢ゆえに、九月二二日から約一ヶ月間に記された日誌の量は、三〇〇頁をはるかに超えることになったのである。写真も適宜撮られ、資料に彩りを添えている。(16)

また、聞き取りに際して、彼女がなるべく現実の政治と距離を置こうと努めていた様子は、次の日誌の記述からもわかるだろう。すなわち、日曜日の礼拝後、ボーア人との会食中、ひとりのボーア人がアリスをイギリスのう。「私は政治的に自立しており、どの党派にも属していない」（一〇月七日）。

もっとも、こうした彼女の発言や心がけと、それを捕虜たちがどのように捉えたかは別問題である。インタビューされるボーア軍の捕虜たちは、突然島を訪れ、自分たちへのインタビューを開始した奇妙なこの中年女性をすんなりと受け入れたわけではないだろう。陸軍省から許可を得てやってきた彼女は、民間人といえども、捕虜たちにはあくまで「敵」側の人間と映ったことだろう。アリスもまた、彼らが自分をイギリス側の人間として見ていることを十分承知しており、それに媚びようとする捕虜の証言については、その人物以外の証言と照応することを忘れていない[17]。また、露骨に彼女に警戒心を募らせる捕虜も少なくなかった。彼らとの距離を縮める努力のなかで、滞在一〇日あまりが過ぎるころには「自分の訪問を収容所全体が歓迎してくれる」（一〇月一日）と感じるようになり、三週間近くたつころには、数人のボーア人との間に信頼関係の確信がもてるようになったと日誌に記している（一〇月一〇日）。デッドウッド・キャンプ訪問の最終日、一〇月一三日には、多くの捕虜が別れを惜しみに集まったという。ここでは、この彼女の感覚を尊重することにしたい。

こうして重ねた膨大な記録は、帰国後、捕虜収容所を管轄する陸軍省、および直接の関係はない植民地省にたいして、捕虜の待遇改善を求める陳情や提案をおこなう際の資料として使われた。と同時に、遠く離れた帝国の片隅で高まる「緊張」の実態とその意味を広くイギリス社会に知らせるべく、新聞投稿や雑誌論文にまとめる際にも、資料として利用されている。

捕虜収容所という空間

まずは、アリス・グリーンの日誌から捕虜収容所の概要をみておくことにしよう。

すでに述べたように、収容所は、周囲を有刺鉄線で囲われ、要所要所に歩哨ボックスが置かれ、絶えず監視される空間であった。内部には大小さまざまな粗末なテントが無造作に並べられ、ひとつのテントに一二人ほどの捕虜が生活するようになっていたが、手狭なことから、ビスケットの空き缶を使い、トタン葺きの小屋らしきものを作りはじめる捕虜がいたことをアリスは記録している（九月二四日）。その後も、捕虜の増加にともない、収容所が無計画に拡大していったことへの危惧が、帰国後のアリス・グリーンに陸軍省と植民地省への嘆願書を書かせることになる。

食事の配給は、毎日、一ポンド（四五三グラム）の牛肉（骨と脂肪付き）、一・二五ポンド（五六六グラム）のパン、コーヒー。ジャムはなく、さつまいもが二週間に一度支給されたが、野菜はかなり不足がちだったと思われる。コンデンス・ミルクの小さな缶は、一テントに一個、一日おきに支給されたにとどまる。一方、ジェイムズタウンの病院で出される食事は収容所よりもましで、魚や肉などのタンパク源もあり、一日に二度、濃い牛肉スープ（beef tea）やコンデンスミルクなどが医者から処方されている（九月二四日）。

捕虜の不満は、食料配給のひどさよりも、収容所内の売店で売られる商品の値段が、ジェイムズタウンにある店に比べてかなり割高だったことにあった。たとえば、町では一袋二五シリングの小麦が、収容所内では二ポンド一〇シリングもした。しかも値段は毎日変動したため、捕虜たちは、町に行く仲間に日用品の購入を頼むのが常だったという。ここから二つのことが明らかになろう。ひとつは、収容所のなかで通貨が流通していたこと。やがて収容所内部では、元パン屋がパンを作り、肉屋が屠殺するなど、捕虜による経済活動がおこなわれることになる。[18] もうひとつは、捕虜たちに収容所の外で働くことが許可されていたことである。実際、アリス・グリーンの日誌によれば、仕事を望む捕虜には町での仕事が斡旋されており、アリス・グリーンの訪問時には、常時三〇―四〇人ほどの捕虜が町で仕事をして、一日一シリングの給与を稼いでいた（九月二四日）。島民の平均日給が二ポンド六シリングだとされているから、捕虜たちは島の人びとにとって「格安の労働力」だったことになる。また、クロンイェ将軍夫妻以外の捕虜は、デッドウッド・キャンプに収容された後、仮釈放が認められて町に住み、働いて家賃を稼いでいた者もいたというから、捕虜のあり方はけっして一様ではなかった。一九〇一年の人口統計では、セント・ヘレナ島の住民は三三四二人、ボーア軍捕虜は四六五五人［Royle 1998 : 59］。島の人口の過半数を占めた捕虜たちは、島の経済にさまざまなかたちで貢献していたのである。

また、ジェイムズタウンの病院のアイルランド人医師ロイド・ロウ（Dr. Lloyd Roe）は、イギリス軍看護兵からボーア人捕虜へと介護の仕事を委譲することで、イギリス軍が提供する日給二シリング六ペンスよりも高い四シリングの給与を捕虜たちに支払っていた（九月三〇日）。こうした経済活動が捕虜の自立にとってきわめて重要であることを、アリス・グリーンは聞き取り調査のなかで理解し、帰国後、彼らの自立支援プログラムをイギリス政府に求めることになる。

メアリ・キングズリからの手紙にあったボーア人の宗教的熱狂についても、アリス・グリーンの日誌は興味深い証言をしてくれる。それによると、収容所には、ボーア人たちが信仰するオランダ改革教会（Dutch Reform Church）の司祭が派遣され、日曜日の礼拝や葬儀など、必要な儀式がおこなわれた（九月二八日）。セント・ヘレナ島の地元のバプティストたちとの関係から選ばれたというこの司祭には、ノルクームズ（Knollcombes）にあるバプティスト礼拝堂の使用が許され、一九〇〇年四月に収容所が設置されて以来、戦争が終わるまでの約二年間に死亡した捕虜一八〇人あまりの葬儀もこの礼拝堂でとりおこなわれ、その後、礼拝堂近くのバプティストの墓地に埋葬された［Royle 1998 : 58］。

では収容所というこの非日常空間にアリス・グリーンは何を見たのだろうか。

監視する人びと

セント・ヘレナ島のデッドウッド・キャンプには、明確に異なる二つの立場が存在する。捕虜を監視する人びとと、監視される捕虜たち、である。前者はイギリス軍、後者はボーア軍として、それぞれ戦っている人たちということになろう。しかしながら、各々の中身はけっして一枚岩ではない。アリス・グリーンの日誌でまず目をひくのは、戦争捕虜収容所という空間に鮮やかに浮き彫りにされた、両陣営における多様性だといえる。この多様性を中心に、具体的な中味をみていくことにしたい。

まずは前者、監視するイギリス軍側に多様性を与えていたのは、帝国各地から派遣された兵士である。アリスの日誌に頻繁に登場するのはカナダ人兵士であるが、オーストラリア人兵士や黒人兵士への言及もみられる。[19] さらには、捕虜監視や収容所運営に直接携わった英領南アフリカ、ケープ植民地の出身者、いわゆる植民地人(Colonial)も多い。とりわけ、セント・ヘレナ島に上陸した彼女に捕虜とのインタビューを手配しつつ、彼女と捕虜の行動を監視していた四人は、いずれも植民地人であり、ボーア人にたいして悪意にみちた偏見を抱いていた。[20] ボーア人は嘘つきで人をだます、感謝の念がない(九月二二日)、賄賂が横行し、腐敗している、盗みをはたらく、信頼できるボーア人など収容所に四人もいない(九月二九日)——だから、「ボーア人にたいしては、抹殺すべきか、イギリス流に教育し直すか、いずれかの方法しかない」という検閲官アレクサンダーは、その一方で、ウィスキーを闇で捕虜に売りつけて利鞘を稼いでいた。このことに、アリス・グリーンは、南アフリカにおける民族対立の根深さを感じている。[21]

監視する彼らとの会話を通じて、アリス・グリーンは、程度の差こそあれ、収容所の監督、運営を任された植民地人のなかに、検閲官アレクサンダーのようにボーア人政府のもとでは望むポストも富も得られないというジレンマを抱えた者が少なくないことをつかみ、そこに、ボーア人の悪口を唯一の気晴らしにするしかない彼らの歪んだ感情の原因を認めた。そして、収容所という環境が生みだした「監視する者／される者」という二つの立場にある人びとがともに、泥沼化して先の見えない当時の戦況のなかで、似たようなストレスを抱えているとアリスは分析している（九月二八日）。

興味深い記述のひとつは、後にセント・ヘレナ島での体験記を公刊する西グロスタシャ民兵隊イギリス人将校、パジェット大佐（Colonel A. L. Paget）との会食であろう。このとき、大佐はアリスにつぎのように話しかけたという。「収容所のボーア人はまったく無知でしょう」（一〇月四日）――この言葉に、アリス・グリーンは、このイギリス人将校がボーア人――すなわち、やがて自分たちが支配することになる可能性の高い人びと――に抱く偏見とともに、その真偽を確認しようとしない彼の無責任さを感じとっている（一〇月四日）。そこからアリスは、パジェット大佐のセント・ヘレナ島体験記［A. L. Paget 1901a : 513–27 ; 1901b : 35–48］を、捕虜収容所を過去の罪に対する懲罰の場としか捉えていない、誤解にみちた書として酷評するのである。(22)

もっとも、偏見にみちたボーア人観は、パジェット大佐に限らない。たとえば、ウィンストン・チャーチルの叔母にあたる第七代モールバラ公爵の末娘、王室騎馬隊隊長ゴードン・ウィルスンの妻であるレディ・サラ・ウィルスン（Lady Sara Wilson）は、『デイリー・メイル』の特派員として、マフェキング包囲の日々を報道したことで知られる。彼女にかんする近年の研究では、彼女が、労働者に広く読まれたこの新聞を通じてボーア人にたいする偏見を涵養し、この町の解放を指揮したベイデン゠パウエルを「英雄」とする大衆向けイメージ操作に貢献したことが指摘されている。(23)

また、当時首相だったソールズベリの長男と結婚したレディ・エドワード・セシル（Lady Edward Cecil）は、戦争勃発三ヶ月前の一八九九年七月にケープタウンに到着し、「ボーア人が嫌悪するのは、黒人を差別することなく、秩序ある統治と進歩的精神を有するイギリスの支配である」という語りを日誌でくり返した［Krebs 1999 :

12]。この戦争が終わった後、南アフリカ高等文官アルフレッド・ミルナーと再婚することになる彼女のボーア人への目線が、この戦争を正当化する言説の一角を形成していたことは否めないだろう。彼女たち以外にも、イギリス貴族の娘や妻たちが、とりわけ一九〇〇年五月のマフェキングの解放以後、戦勝祝賀会にあわせて南アフリカに渡っていた事実は、泥沼化していくこの戦争に「もうひとつの側面」があったことをみせつけるだろう［Roberts 1991］。

レディ・ウィルスンやレディ・セシルら上流階級の女性たちの南アフリカ行きと、ミドルクラスのサロンの女主人であったアリス・グリーンの訪問の動機がまったく違っていたことはいうまでもない。アリスは、メアリ・キングズリ追悼とともに、サラ・ウィルスンが伝えるボーア人像を含め、「ボーア人とは何かについて、新聞報道よりも明確な印象をどうしても持ちたかった」［Alice Green 1900b : 974］がために、セント・ヘレナ島に向かったと明言している。その背景には、かつてメアリ・キングズリがカナリー諸島で感じたのとよく似た危機感――ここで創られた西アフリカ商人像、「パームオイルに群がるごろつき」という歪曲されたイメージがそのまま本国に伝えられていることへの脅威――があったと思われる。言い換えれば、宣教師や植民地行政官にたいするメアリ・キングズリの批判の根底にあったもの、すなわち、「支配を望むならば、まずは対象について知らなければならない」という意識の欠如を、アリス・グリーンは、イギリスの活字メディアに、そして捕虜を監視するイギリス軍将校の意識に認めたのであった。

その意味で、アリス・グリーンのボーア人捕虜への聞き取りは、旅を通じたメアリ・キングズリの植民地経験を追体験するものとして読むことも可能だろう。それはまさしく、フィールドワークであった。もっといえば、レディ・サラ・ウィルスンがマフェキングの包囲と解放のなかで捉えた南アフリカ戦争を、アリス・グリーンは、ボーア人捕虜収容所という窓からながめ直したのである。彼女が日誌に記した「多様性」は、文字通り、観察の賜物であった。

セント・ヘレナ島に初上陸したクロンイェ将軍配下のボーア人捕虜たち（Laurent 1991: 3）

捕虜たちの多様性——ボーア人

監視する人びと以上に中身の多様性が顕著だったのは、監視される捕虜たちの方だった。南アフリカ戦争でイギリス軍が捕虜にしたボーア軍の兵士たちは、イコール「ボーア人」ではない。そして、捕虜の多様性は、即ボーア軍の多様性を物語る。アリス・グリーンの捕虜訪問日誌の重要性はまさしくこの点に、すなわち、南アフリカ戦争が、従来語られてきたようにイギリス人とボーア人という「二つの白人の戦争」ではなかったことを明確に記録したことにあるといえよう。近年、この戦争は、かつて頻繁に使われた「ボーア戦争」に代わり、「南アフリカ戦争」との呼称が定着しつつあるが、それもこうした実態を考慮に入れての動きにほかならない[24]。

以下、アリス・グリーンが記録する「ボーア人」にかんするいくつかの証言を、証言者を紹介しながら見ていくことにしよう。

まずは、彼女がインタビュー初期に知り合い、その後も何度となく、ボーア人についての知見を得ることになるボーア人三人を紹介しておこう。

ウォルマランズ（Wolmarans）——農民。パーダベルクの戦いで捕虜となる。一六、一七世紀のオランダ人タイプ。温厚だが敏捷で、目先がきく。いったん行動をおこすと威厳にあふれ、演説も情熱的で早口（九月二三日）。

ルース（Roos）――ヨハネスブルグの雑貨店主。元農場経営者。ケープ植民地の古いオランダ系家系出身。パーダベルクの戦いで司令官を務めて捕虜となる。それ以前に戦闘経験なし。この戦争で全財産を喪失。ユーモアはあるが、商売の世界にありがちな粗野でがさつな人物である（九月二五日）。

アリング（Aling）――元弁護士。ルース同様、ケープ植民地の古いオランダ系家系出身。細い顔に細い目。「良心をだますのではなく、良心が彼をだますだろう」と思われるほど善良な人間（九月二五日）。

さらに、アリス・グリーンがたびたび引き合いに出す証言者の証言をみてみよう。

ダーク・バリー（Dirk Barry）――（アリスによれば）収容所内でもっとも敬愛されている人物のひとり。イギリス系ケープ植民地人。西トランスヴァールの土地測量人で、仕事柄、地方の状況に精通する。ジェイムスン侵入事件（一八九五）以後、「イギリス人のひどい行為からこの国を守りたい」と思うようになり、トランスヴァールの市民（burgher）に帰化した（その後アリスは、バリーのように、「ジェイムスン侵入事件を契機に自分のアイデンティティに目覚めた」という捕虜たちの語りに数多く遭遇し、そのたびにバリーの証言を想起している）。バリーによれば、「ボーア人は粗野で、文明の外にいたが、それもいつか時間が解決するだろうと思っていた。素朴という点では悪くない人たちだ」（九月二七日）。

ドイソン（Deusson）――トランスヴァールでは四代目のドイツ人に素晴らしい農夫が多いといわれているが、その典型ともいえる農業労働者。ボーア人とは、「家族と故郷を愛し、家族で戦争に行ったことを自負する民族」だと答えた（この日、彼のテントに集まったドイツ人やボーア人は、捕虜としての待遇に沈黙することはできても、農場焼きうち〔burning of farms〕には深い絶望感を隠せなかった。彼らの話から知ったイギリス軍による農場焼きうちという事態に、アリスは、戦況の変化を意識したと記している）（九月二九日）。

スラベルト（Slabbert）――フランス人のような顔。教師だった彼は、「村々が点在しているせいで学校が成立しないことが問題だが、ボーア人は学ぶ意欲があり、性格もよく、盗みなどしない」と語る。また、「ボーア人は失うものを考えて、イギリスとは戦いたくなかったが、戦争勃発［一八九九年一〇月一一日］直前、九月最後の数日間が過ぎるころ、ボーア人の間で戦わねばならないという空気が生まれた」とも証言している（同様の証言は他にもあり、アリスは、二つのボーア人共和国の人びとにとって、戦争への動きが性急だったことを認識したという）（九月二七日）。

ヘルベルト・バウマン（Herbert Baumann）――ブルムフォンテイン出身。父はドイツ人で、七年間ドイツで教育を受けた。モダー川（Modder River）の戦いで捕虜となったとき、英語を話せる理由を尋ねられ、学校で教わったことを話すと、以後、イギリス軍の兵士から、「ボーア人」ではなく、「ドイツ人（German）」、あるいは「オランダ人（Dutch）」とよばれるようになったという。この分類のあり方から、バウマン自身は、イギリス側はボーア人を「無学な野蛮人」と捉えていたと思うと証言した（一〇月一〇日）。

こうした証言と証言者の背景からは、トランスヴァール共和国、ならびにオレンジ自由国の「国民」が、ヨーロッパからの多様な移民によって構成されていたことが確認されるとともに、彼らが各々、自分たちのルーツをはっきりと意識していたことがわかるだろう。アリス・グリーンは日誌のなかで、帰化したイギリス系ケープ植民地人であるバリー以外、証言者をすべて「ボーア人」とよんでいるが、この表現に奇妙な違和感を覚えたようである。とりわけ彼女の違和感は、「ボーア人」と「オランダ人」との民族的境界にかんする疑問のなかで鮮明なものとなっていった。

ボーア人とオランダ人の境界線

「一七世紀のオランダ人入植者の子孫で、アフリカーンス語を話す現地の白人」——これが、『オクスフォード英語辞典』や『ウェブスタ英語辞典』などにある「ボーア人」の定義である。アリス・グリーンもそのようにボーア人（アフリカーナー）を捉えていたことは、収容所訪問の一年ほど前、南アフリカ戦争勃発前後の時期に彼女が執筆した論文、「過去のイングランド人とオランダ人」（『一九世紀』一八九九年一二月）にはっきりとうかがえる。

「七世紀間というもの、すなわち、一二〇四年のアムステルダムの建設からヨハネスブルグの建設まで、イングランド人とオランダ人は、互いを互いの脅威とみなしてきた」[Alice Green 1899 : 891] ではじまるこの論文は、イングランド人とオランダ人という二つの国民の関係を歴史的にたどりながら、その延長線上に南アフリカ戦争を置き、この戦いの意味を読み解こうとするものである。すなわち、戦争勃発時のアリス・グリーンにとって、「ボーア人」とはあくまでも「オランダ人の子孫」であった。言い換えれば、当時の彼女は、「ボーア人」を、依然として彼らのルーツであるヨーロッパの枠組みのなかで捉えようとしていたといえるだろう。ところが、それからほぼ一年後、セント・ヘレナ島での聞き取りを綴った日誌からは、彼女が、イギリスが戦っている「ボーア人」がそうしたヨーロッパ的理解と枠組みでは捉えきれない存在であることを理解しつつあったことがうかがえるのである。

捕虜の証言からあきらかになったことは、第一に、「オランダ人」と「ボーア人」の間に明確な境界線が引かれており、しかも、両者の間に緊張関係が存在していたことである。

たとえば、主計官リーフ大佐がアリス・グリーンに引き合わせようとしたデ・ウィット・ホーマー(De Witt Hormer)という捕虜をめぐる語り(25)に注目してみよう。

ともに古いオランダ系の出身である「ボーア人」、先にも紹介したルースとアリングは、ホーマーのことを、「イギリスの支配下で何か見つけたいと野心を燃やすような人物であり、まさしくオランダ人そのものだ」と語った(九月二五日)。その意味がアリスには理解できなかったようである。翌日、彼女は、帰化したドイツ人、シール大佐(Colonel Shiel)に、「オランダ人はボーア人に影響を与えてきたのではないのか」と尋ねている。シール大佐の答えはこうだった。

「ボーア人の国で財を成したオランダ人などほとんどいない。オランダ人がボーア人に影響を与えただって?逆ならともかく、オランダ人は、ボーア人にもズールー人にも影響を与えたことなどまったくない」(九月二六日)。

さらに、アリスは、デ・ウィット・ホーマーのことを「オランダ人」という彼のナショナリティと結びつけて批判する証言が多いことに驚かされる。後述する「典型的なボーア人」(あるいは「本物のボーア人(true Boers)」)たちは、彼のことを、「信頼できない偽の愛国者で、ポケットがいっぱいになるなら、イギリスだろうがどの方向にだって傾くだろう」と答えているし(一〇月二日)、やはり後に触れるイタリア人義勇兵ヴィサージョ（Visagio）も、「状況次第でイギリスに寝返る人物で、明確なヴィジョンがなく、戦いを途中で放棄するような信用できない人物」（一〇月一一日）だとホーマーのことを語り、いずれも「オランダ人には彼のような人間が多い」とつけ加えるのである。ジェイムズタウンの病院で出会ったボーア人、ハマン（Hamman）も、憤りながら、「非難したいのは、われわれがともに戦ったオランダ人だ。彼らはボーア人を裏切る」と証言した（一〇月一一日）。

また、オランダ人のフリュス（Captain Friis）は、「自分は義勇兵であり、強制動員の対象とされたボーア人とは違う」と語って、やはりオランダ人とボーア人とをはっきり線引きするのである（一〇月一〇日）。ドイツ人義勇軍のフォン・ブラウン大佐（Colonel von Braun）も、つぎのように証言して、ボーア人とオランダ人との対立関係を強調している。

二〇万人のイギリス軍が五万人のボーア軍に勝てないとは、なんとも恥ずかしい。ドイツ人ならもっとうまくやったはずだ。イギリス軍の将校たちは後塵を拝し、それを見たボーア人は、彼らの指揮下にある兵卒、通称トミーたち（Tommy Atkins）を軽蔑するようになる。しかも、ボーア人の士気は衰えない。イギリス人はボーア人をまったく誤解していた。彼らは声を出さずに、静かに闘う。ドイツ人農民と同じく、ボーア人は実に勤勉である。

イギリス人は、オランダ人の情報を信じたらとんでもないことになる。オランダ人は南アフリカを掠めとりにきた泥棒だ（一〇月九日）。

その一方で、ケープ植民地育ちのバリーは、ケープ植民地居住のボーア人、いわゆるケープ・ダッチとのアナロジーで、「イギリス支配下で、イギリス人とオランダ人は同等の権利をもつことができる」と発言しており（九月二八日）、英領とボーア人国家では「オランダ人」をめぐる言葉遣いも感情もあきらかに異なっていた。なかには、トランスヴァール共和国におけるボーア人とオランダ人の敵対関係を認めつつも、「ジェイムスン侵入事件以前は、オランダ人とボーア人は互いに協力してきた」として、イギリスの介入後に両者の関係が悪化したという見解を口にする捕虜も複数認められる（一〇月一四日）。

こうした証言を通じて、アリス・グリーンは、二つのボーア人共和国において、祖先として語られてきた（そしてアリス自身がそう認識して、その差異をほとんど意識していなかった）「オランダ人」とは一線を画する、「ボーア人」というアイデンティティが育まれつつあったことを徐々に理解していったと思われる。別の言い方をすれば、「オランダ人農民の子孫」は、南アフリカに「ボーア人」（アフリカーナー）という新しい「ナショナリティ」を形成しつつあったのである。このことを、「ボーア人」と戦っていたイギリス人、そして英領南アフリカの人びとはどの程度認識していたのだろうか。イギリス人（広くはヨーロッパ人）にとって、ボーア人はヨーロッパ人の「変形」、もっといえば「逸脱」でしかなかったのだろうか。そもそも、「ボーア人」と「オランダ人」の間に引かれた境界線は何を意味しているのだろうか。

この問題について想起されるのは、『全体主義の起源』第二巻「帝国主義」のなかでハンナ・アーレントが展開したボーア人論であろう。「二〇世紀の人種思想に決定的意味をもったのは、ヨーロッパ人がアフリカで味わった経験である」と捉えるアーレントは、ヨーロッパ人がその経験を自分たちのものにしていくきっかけが、いわゆる「アフリカの争奪戦」にあったと解し、世紀転換期のボーア人の経験に注目した［アーレント　一九七二（九五）：一〇五―三六］。アーレントは、「人種社会」、すなわち、もっぱら人種概念にもとづく政治体制という、ヨーロッパの経験にはない政治過程の結果をボーア人社会に見いだし、それが、ボーア人らが「人間とも動物ともつかぬ存在［＝彼らが遭遇した黒人たち］にたいして抱いた恐怖」によるものだとして、つぎのように論を展開していく。

絶滅するにはあまりに多すぎる「黒い隣人」を前に、「ヨーロッパのキリスト教的、ユダヤ教的伝統が教えた人類の理念と人類同一起源の理念」はいっさいの説得力を失った。ヨーロッパ的な価値観を払拭し、「黒い隣人」を搾取して「怠惰な寄生的生活」を送るうちに、ボーア人自身が「原始的部族の段階」に転落してしまった。それゆえに、ボーア人とは、「民族から人種への決定的破滅的転化」の例証であり、「正常なヨーロッパの生活状態に二度と復帰できない人間となった最初の植民者」だというのがアーレントの分析である［アーレント 一九七二（九五）：一一六―一一七］。この理解に従えば、ヨーロッパにはない独自のアフリカ経験のなかで、「黒い隣人と区別するものは肌の色しかなくなってしまった」［アーレント 一九七二（九五）：一一七］ボーア人は、もはや「オランダ人の子孫」ではないことになろう。

一九世紀末の「ボーア人」をもはやオランダ人の子孫ではないと捉える点で、捕虜への聞き取りを通じたアリス・グリーンの認識は、アーレントと同じである。しかしながら、アリス・グリーンは、「オランダ人であること」を希薄化させ、「ボーア人」としての自己を構築しつつある彼らを、アーレントのように、「民族から人種への破滅的転化」とか「原始的部族への転落」とは捉えていない。彼女はそれを、「ボーア人というナショナリティ」への覚醒として理解しようとしているように思われる。換言すれば、アリス・グリーンは、アーレントとは異なり、南アフリカにおける「ヨーロッパ的価値観」の払拭を、マイナスと思ってはいないのである。かといって、アリス・グリーンは、彼らボーア人を束ねる何らかの共通した「国民意識」のようなものを具体的に把握していたわけではなかった。それが、聞き取りを記録した日誌のなかで、アリス・グリーンが執拗なまでに「ボーア人とは何か」を問いつづけた一因でもあろう。言い換えれば、民族的ルーツとしてのヨーロッパ性と、アフリカに移民したヨーロッパ人の「国民化」との関連をどう捉えればいいのか、ということである。

アリスの日誌によると、捕虜のなかには、トランスヴァール共和国の「市民(burgher)」に帰化しつつも、自らのアイデンティティを「ボーア人」以外の民族性に求める証言が多数認められた。一四年間、農民生活を送りながら、帰化せずに自らをデンマーク人と語るキャプテン・イリス(Captain Iriis)のような人がいる一方で(一〇月七日)、帰化したドイツ出身のシール大佐は、自らを「ボーア人」とは明確に区別しつづけたのである。その意味でも、捕虜収容所はボーア人共和国の縮図であったといえるかもしれない。そのなかで、アリス・グリーンは、「ボーア人であること」、「ボーア人国家の国民になること」にたいする答えはひとつではないと理解していったと思われる。ボーア人国家における民族的アイデンティティとナショナリティとの組み合わせはひとつだけではなかったのである。それが「ボーア人とは何か／誰なのか」という問いを複雑なものにしていた。そして、この問題とかかわりながら、この戦争をさらに複雑化していたのが外国人義勇兵の存在であった。

外国人義勇兵の証言

南アフリカ戦争における外国人義勇兵の存在とその多様性は、これまでイギリス人とボーア人という「二つの白人の戦争」とみられてきた南アフリカ戦争観を書き換える重要な視点として、近年、精力的に調査、研究が進められているテーマである[井野瀬 二〇〇〇c]。アリス・グリーンの日誌からも、この戦争における彼ら外国人義勇兵の存在、そして存在感がはっきりと確認される。

南アフリカ戦争でボーア軍に参加した義勇兵は、フランスやイタリア、ドイツ、ロシア、スカンディナビア、デンマークといったヨーロッパ諸国の出身者であり、アジアやアフリカ、あるいはラテン・アメリカ出身者はいっさい含まれていない。彼らの多くは、一九世紀後半、金やダイヤモンドの発見に沸く南アフリカに移民した人びとだが、この戦争に参加することを目的にヨーロッパからやってきた者が少なからずいたことにも、アリス・グリーンは注目していた[Alice Green 1900b：976-77]。参戦の時期や方法はさまざまだが、いずれも、金で雇われた傭兵としてではなく、ボーア人の愛国心にうたれ、また自らの正義感にもとづいて、自らの意志でボーア軍に加わった点で共通していた(26)。デッドウッド・キャンプでは、彼ら外国人義勇兵は、ボーア人とは別に、国籍別にテントが割りふられている（一〇月七日）。

外国人義勇兵の参戦動機には、彼らが、「ボーア人」とその国家をどう見ていたかという問題が深くかかわっている。以下、まずはアリス・グリーンが聞き取りをおこなった外国人義勇兵の証言を並べてみよう。

ドイツ人シール大佐（Colonel Shiel）の証言――「中肉中背、丸い頭、白髪まじりの金髪で、好感が持てる人物」というのがアリスの第一印象。トランスヴァール大統領クリューガーに深い共感と信頼を寄せている。彼の証言によれば、戦争初期のボーア軍の勝利は、実力ではなく、イギリス軍のミスのせいであり、パーダベルクの戦いの敗因は、クロンイェ将軍が頑固で周囲の助言に耳を傾けなかったことにある。「ボーア人は、家族と馬と故郷を愛する人たちで、ひじょうに保守的で、祖父や父親の行為をそのまま踏襲し、変化を嫌うことが欠点である。つまりは、何よりも戦争などしたくない人たちということだ」（九月二六日）。

イタリア人隊長ブルーノ（Captain Bruno）の証言――ボーア人の愛国心と自立願望に感銘して参戦したという。セント・ヘレナ島への移送船には、捕虜一〇〇名あまりにたいして護衛のイギリス軍兵士は四〇名ほどしかいなかったので、ボーア人に脱走目的の反乱を呼びかけたが、ボーア人は家族のことを考えて沈黙し、これにブルーノは強い失望感を覚えた。マフェキングでの戦いも勇敢とはとてもいえない。ボーア人は、「静かで面倒な問題をおこさない人たち。ここ収容所でも面倒を引きおこすのは外国人義勇兵であって、ボーア人ではない。収容所での盗難の大半はフランス人義勇兵の仕業だ。ボーア人は馬とともに生きる農村的な生活を好む。それゆえに、ボーア人を支配するには平和を与えることが最良の手段である」(九月二八日)。

フランス人義勇兵ボスマン(Bosman)の証言――ボーア人は臆病だ。キンバリーの要塞奪回のため、自分たちフランス隊を援護する志願兵を募ったが、まったく集まらなかった。パーダベルクの戦いを指揮したクロンイェは評価するが、それでも将軍には向いてない。われわれフランス人義勇兵は、クロンイェが塹壕で部下を殴るのを目撃したが、殴られた男たちを助けたのは、フランス人の自分とスウェーデン人義勇兵だった。パーダベルクの戦いでも、ボーア人は塹壕から離れようとしなかった。彼らは信心深いが勇気がない(一〇月七日)。

スカンディナビア連隊の隊長を務めたデンマーク人移民、イリス(Captain Iriis)の証言――正義感にかられて参戦した。南アフリカ全体がイギリスの支配下に置かれることになれば、デンマークに帰国するつもりだ。ボーア人農民はイギリス支配下では不幸になると思う[27](一〇月七日)。

ミュンヘン出身のドイツ人大佐リール(Colonel Riel)の証言――マフェキングにおけるボーア軍の勝利(一八九九年一一月)は、外国人義勇兵の活躍によるものである。とりわけフランス人義勇兵は勇敢だった。彼らとは対照的に、ボーア人将軍エロフ[クリューガー大統領の孫。S. Eloff]はリーダーシップに欠けており、ボーア人の戦力も全体としてはひどいものだった。それでも、ボーア人捕虜といっしょに戦ったことを後悔していない。彼らは名誉を重んじるが、家族や失った財産の話をしすぎることが玉にキズである。イギリス人はジェントルマンだと思っていたが、戦闘のなかでその考えを改めた。彼らほど不正をなす人間はいない。なにしろ将校までが略奪するのだから。……つぎに同じことがおこっても、私はボーア人の大義のためにボーア側で戦うだろう（一〇月二八日）。

こうした外国人義勇兵の証言に共通するのは、ボーア人の臆病さ、彼らの軍事能力を疑問視する声である。それは、自分たちこそボーア軍の戦力だという自負の裏返しでもあろう。と同時に、彼らが、家族や故郷を思うボーア人の思いに強い共感を覚えていたことも共通していた。

興味深いのは、義勇兵たちが理解する戦争原因がイギリス側の理解と大きく異なっていたことである。アリス・グリーンは、聞き取り調査のきわめて初期に、捕虜を監視する主計官や検閲官から戦争原因にかんする意見聴取をおこなっていた。彼らは、戦争原因をもっぱら、ボーア人の政府が在留外国人（アウトランダー）に市民権を与えなかったことにあると考えていた（九月二二日）。それは、南アフリカ戦争への引き金を引いたといわれるジェイムスン侵入事件以来、独占資本による搾取・略奪欲求という動機を覆い隠し、ボーア人との戦争を正当化するべく、イギリス側が強調した理由でもある［Amery（ed.）1900：vii；Pakenham 1979：49-61；Iain Smith 2000：26-28］。それは、同じ時期、イギリス国内で高揚しつつあった女性参政権運動とも相まって、ミリセント・フォーセット夫人ら、選挙権を求める女性が戦争協力する理由ともなっていた［Fawcett 1924：149-74；Roberts 1991：182-206］。

ところが、外国人義勇兵の理解はこれとまったく異なっていたのである。

たとえば、リューマチで不自由な身体をかえりみず、先述したブルーノ隊長の下で戦った六三歳のイタリア人義勇兵、ヴィサージョは、鉱山会社がアフリカ人労働者を管理する非人道的なコンパウンド・システム（隔離宿舎制度）と、ローデシアのことしか考えないセシル・ローズに従うイギリス人の物欲が戦争原因だと断言した。「ローデシアは、豆スープの入った大きなポット。そこに豚肉が入っていればもっとうれしいだろう。その豚肉がヨハネスブルグというわけさ」[28]（一〇月一一日）。

ヴィサージョを含め、アリスが聞き取りにあたった捕虜の多くが、在留外国人に選挙権が与えられなかったこと、少数のボーア人による富の独占、「ボーア人は奴隷制に反対されたから戦争をおこした」といった戦争原因の語りはすべてイギリスの捏造であり、戦争の動機自体がイギリス政府によって操作されていたと思う、と証言した。少なくとも、アリス・グリーンは、戦争原因にかんする双方の落差をそのように解釈していた（九月二九日、一〇月五日、一一日など）。

ボーア軍の「戦力」を自認する外国人義勇兵の証言には、イギリス軍批判も散りばめられている。先述したイタリア隊のブルーノは、「戦争初期、ボーア軍以上の被害がイギリス軍に出たのはなぜか」というアリスの問いにたいして、「イギリス軍の士気低下と軍事物資の不足」と明言し、こうつけ加えた。「イギリスにとって悲劇だったのは、この戦争で将校たちが多数亡くなったことだ。兵卒たちはモラルが低いし、将校を失った後は指揮命令系統がまったく混乱していた」（九月二八日）。

戦闘におけるイギリス軍のモラルの低さ、狡猾さ、そしてイギリス軍の「野蛮性」に触れる証言も、義勇兵たちから多様に飛び出した。イタリア隊のヴィサージョは、攻撃停止を求める白旗を揚げたのに、イギリス軍はこの「文明国のルール」を守らなかったと憤っている（一〇月一一日）。

こうした外国人義勇兵らの証言がどれほど南アフリカ戦争の実態を、そして戦争におけるボーア人の実態を言い当てていたかについては、今後、別の資料——たとえば、ボーア人の戦闘員が残した日誌［Pretorius 1999］や黒人兵の証言［Plaatje 1916；1990；1999］などとつきあわせながら、さらに検証しなければならないだろう。聞き取りを記録するアリス・グリーン自身、外国人のボーア人観にはそれぞれの人種偏見を考慮せねばならないと、自戒を込めて記している［Alice Green 1900b：976-77］。それでも、彼らの証言が、アリス・グリーンに新しい「ボーア人」認識を提供したこと、少なくともそのきっかけとなったことは、「本物のボーア人」に会わせてほしいという彼女の要求が物語るだろう。

「本物のボーア人」とのインタビュー

すでに見てきた捕虜たちの証言には、彼らが「ボーア人」を「オランダ人」らと対比しつつ、もっぱら価値観やモラルの点で、あるいは都市文明に汚染されていない素朴さ（見方を変えれば野蛮性）によって、捉えようとする傾向が強く認められた。と同時に、戦争以前のトランスヴァール共和国では、「国民」を束ねるアイデンティティがさほど明確でなかったことも浮かび上がってきた。聞き取り調査から一週間あまりたったとき、アリス・グリーンは主計官らにつぎのように要求する。「本物のトランスヴァール農民（real Transvaal farmer）」に会いたい――。それは、メアリ・キングズリの手紙にあった「本物のボーア人」、あるいは帰国後のアリスの論文に出てくる「典型的なボーア人（typical Boers）」［Alice Green 1900b：761］と言い換えてもいいだろう。この求めからは、「ボーア人とは何か／誰か」にかんする彼女の混乱が深まりつつあったことが感じられる。

これに応えて、一〇月二日、島で唯一のイングランド人マリス（Marrice）の自宅でインタビューが設定された。集まったのは、五人の司令官とその五人の部下で、全員がトランスヴァール生まれという一〇人のボーア人である（資料⑧）。

そもそも、アリスが想像した「本物のボーア人」とはどういう人たちだったのか。

まずは、英語が話せないことである。集まった一〇人は全員英語が苦手であり、多少なりとも英語を話せるの

資料⑧ ボーア人捕虜への聞き取り

●司令官

Camp Commandant Vester（司令官）　J. H. L. Bosman（民兵隊長）
W. A. Lemmer（民兵隊長）　J. S. Marce（副官）　J. A. Botha（副官）

●その部下

W. L. Rotzea　S. I. Pretorius　T. C. Maritz　A. F. Kock　I. Burger

【出典】AGP, MS 421 より抜粋

は二人だけ。それも、ゆっくり話せば何とか理解できる程度の英語力でしかなかった。それゆえに、質問に際して、アリス・グリーンはできるかぎりシンプルな英語を心がけたという。それでも、議論に熱が入ると、会話は彼らの言葉（アフリカーンス語）になってしまうため、けっきょく、アリスが英語で質問し、それを通訳役の捕虜が彼らの言葉に直して議論するという形式がとられた。議論が白熱した場合には、アリスの隣に座る通訳が彼らの会話を要約して伝えることで、できるだけ会話の自然な流れを邪魔しないように配慮されたことも日誌で強調されている。

集まった一〇人のボーア人に「本物」を保証した二つ目の条件は、都市民ではなく、農民であることである。当時の人気雑誌『パンチ』の諷刺画は、ボーア人を、朴訥とした風貌の田舎に根づいた存在として想像しており、アリス・グリーンも同じイメージで彼らを捉えていたと思われる。それは、当時にあっては、「文明」から遠い存在、と言い換えられるかもしれない。さらには、大家族であることを三つ目の条件としてあげてもいいだろう。

この三条件を兼ね備えた存在を、アイルランド国立図書館所蔵の「アリス・グリーン文書」のなかに認めることができる。「本物のボーア人」とのインタビューの翌々日、一〇月四日、彼女自身が収容所内で撮影したというあるボーア人捕虜の写真である。彼女自身が付記した説明にはこうある。「農民、カントリータイプの大男、六二歳で四人の息子が同じ収容所におり、他の四人が戦場で戦っている」[29]——。これこそ、アリス・グリーンが想像した「本物のボーア人」であった。この写真のイメージは、ブルムフォ

南アフリカ戦争勃発の日にボーア人（右）を威嚇するジョン・ブル（John Tenniel, ‘Plain English’, *Punch*, 11 Oct. 1899）

ンテインのボーア戦争博物館入り口近くに展示されている「ボーア人家族参戦の場面」ともぴったり重なる。この展示に体現された「三世代にわたる大家族と家族同然の馬への深い愛情から」という参戦動機は、今なお、南アフリカ戦争を語る際のボーア人の決まり文句なのである。

このように、「本物のボーア人」なる存在を想定せざるをえなかったこと自体に、「ボーア人とは誰か」をめぐるアリス・グリーンの混乱が投影されているといえよう。

一九〇〇年一〇月二日、ベランダの外で車座になった捕虜たちに、アリス・グリーンはこう語りはじめた。ここでの会話が密告される危険はまったくなく、イギリスに媚びる必要もない。だから、忌憚のない議論をお願いしたい、と――。こうした前置きは他の捕虜へのインタビューには見られないことであり、「本物のボーア人」を知ろうとするアリスの意気込みが感じられよう。実際、彼女は、彼らとの二時間あまりのインタビューを終えた後、自分の質問と彼らの答えをできるかぎり正確に記録したこと、そして、「これほどひとりひとりが自由で自立した議論もないだろう」[Alice Green 1901b : 762] という感想を残している。このときの議論がボーア人たちにとってどうあれ、アリス・グリーン自身がそのように実感したことを、ここでは尊重したいと思う。

「本物のボーア人」とのインタビューは、もっぱら戦争の原因とその経過にかんする理解、終戦のあり方とその後の展望をめぐるものであり、その一部は、雑誌『一九世紀』掲載の論文にも紹介されている［Alice Green 1900b：761-62］。以下、アリス・グリーンの日誌をベースに、彼女の主な質問とそれにたいする捕虜たちの回答を再構成しながら、それらを通じて、アリス・グリーンが「ボーア人というナショナリティ」にかんする思考をどのように深めていったかを考えていきたい。

質疑応答のなかに見えてくるもの

Q：戦争原因は何だと思うか。

A：ジェイムスン侵入事件である。

ボーア人たちは、ジェイムスン侵入事件、すなわち、一八九五年末、選挙権のない在留外国人の不満を口実にセシル・ローズが実行に踏みきった国境侵犯事件こそが戦争原因であるという認識で一致していた。ボーア人たちの憤りは、もっぱら、南アフリカで何が起こっていたかを知りながら、それを食い止める努力をせず、関係者の処罰を見送ったイギリス政府に向けられた。本章第一節で紹介した投稿の主で、アリス・グリーンに南アフリカ行きを決意させる引き金を引いた『タイムズ』の記者、フローラ・ショウも、この事件との関連を疑われ、議会で証人喚問を受けたが、限りなく黒に近い灰色として起訴を免れている［O'Helly & Callaway 2000：50-66；井野瀬　一九九八：一二八―五九］。

こうした事件の処理にたいする不満がイギリス政府への信頼を失わせたと語る捕虜が多くいたことをアリス・グリーンは記録しているが、彼女が注目したのは、それが、ボーア人国家内部に「それまでにはなかった民族的な嫌悪や恨みを引きおこした」と、民族対立の起源として理解されていたことである。言い換えれば、彼女が聞き取りをおこなったボーア人は、この戦争に「民族の戦争」という側面があることを認めていたことになる。もちろん、事件以前に、二つのボーア人国家と英領であるケープ植民地、ナタールとの対立のみならず、二つのボーア人国家内部におけるボーア人とイギリス系住民との間に対立関係がなかったわけではないだろう。しかしながら、そうした状況が忘却されて、「侵入事件までは、イギリス人とオランダ人との結婚も進み、一〇年くらいでいい方向に向かうだろうと思われていた」(九月二七日)とか、「侵入事件以前を知っている者には、今のような民族対立は信じられない」(一〇月一四日)といった言葉で表現されることが問題なのである。もっとも、こうした発言には、ジェイムスン侵入事件が浮き彫りにした「民族的な憎悪」を前提にして「それ以前」をふりかえるがゆえに生じる「誇張」も含まれているだろうから、証言そのものを多少なりとも割り引いて考える必要があることはいうまでもない。だからこそ、アリス・グリーンは、さらにつぎのように質問するのである。

Q：イギリス系とオランダ系の住民が共存するケープ植民地のように、両者に平等な選挙権が与えられれば、トランスヴァール共和国でもボーア人とイギリス人の共存は可能だと思うか？

A：(しばらくボーア人同士で議論した後)トランスヴァールでは、われわれのようなボーア人農民の数より、在留外国人の数の方が多い。だから、選挙権の付与によって自分たちの意見が反映されるとは思われない。トランスヴァールはケープ植民地とは事情がまったく違っている。

ケープ植民地とは違い、トランスヴァールでは「二つの白人」の共存が不可能であるという見方は、他にも、たとえばルースとアリングへの何度かの聞き取りのなかでも確認されている(一〇月四日)。これは、南アフリカにおいて、シティズンシップのメルクマールを選挙権に置く、イギリス的（広くはヨーロッパ的）な「国民の作り方」に限界があることを示す発言と理解していいだろう。ボーア人には、平等な選挙権の付与は民族対立の解決策にならないという認識があったわけだが、問題は、何がその認識の根拠になっているか、である。

アリス・グリーンは、その大きな理由を、オランダ系とイギリス系という白人間の民族的憎悪や対立以上に、黒人にたいするボーア人の人種偏見に見いだしている。一〇月二日の日誌によれば、ボーア人たちは、トランスヴァールとケープ植民地の差は「黒人に選挙権を許すか否か」という問題にもっとも顕著に表現されると捉えており、「選挙権を持った黒人［＝カフィール］のテロル」への恐怖をアリスに訴えた。彼女は、それは人種偏見にすぎないという説得を試みているが、日誌によれば、ボーア人の偏見や恐怖を払拭することはできなかったようである（一〇月二日、六日など）。

南アフリカのバンツー系の黒人——ボーア人は彼らをカフィール（Kaffir）、ないしは現地人（native）と表現している——にたいするボーア人の偏見と嫌悪、そして恐怖は、彼らの証言にさまざまなかたちで織り込まれている。たとえば、ドゥ・トイット（Du Toit）という二二歳の若者は、一九〇〇年九月一〇日、スピオン・コプの戦いにおけるイギリス軍の狡猾さをつぎのように表現している。

イギリス軍の塹壕で白旗が揚がったので、われわれは戦闘を停止し、近づいていった。すると、三〇ヤードほど近づいたところでイギリス軍から発砲された。そういうことが四回つづき、そのたびにボーア軍に数人の犠牲者が出た。イギリス人の戦い方はカフィールと同じだ（一〇月一二日）。

同様に、ボーア人のゲリラ作戦への報復として、一九〇〇年九月からイギリス軍が本格化させていく農場や家屋への焼きうちについて、捕虜の多くは、「ボーア人はそんなことをぜったいしない。するのはカフィールだ」と強い怒りを露にしたという（一〇月一三日）。

アリス・グリーンの日誌に記されたこうしたボーア人の発言は、「黒い隣人」への恐怖ゆえに「民族から人種へと転落した」と語るハンナ・アーレントのボーア人分析を想わせるかもしれない。なるほど、アリス・グリーンは、黒人、とりわけ選挙権を手にした黒人にたいするボーア人の恐怖と偏見には批判的である。しかしながら、彼女は、そんな負の感情を含めて、収容所の彼らに、民族的ルーツであるヨーロッパ性を超えて、独自のナショナリティを形成しようとする強い欲求とそのための試行錯誤を読みとろうとするのである。その結果、アリスが理解したものが、アーレントが指摘した「転落」や「堕落」とまったくニュアンスが異なっていたことは、すぐ後に見る通りである。戦争原因として彼らが指摘したジェイムスン侵入事件の重要性はまさにこの点に、すなわち、この事件が、それまで曖昧なままに放置されてきたボーア人のアイデンティティを考え直す機会として機能したこと、にある。そう捉えるのは、この日集まった一〇人のボーア人だけではなかった。

たとえば、ジェイムズタウンの病院で看護にあたっていたマッケンジーという捕虜は、この侵入事件を契機に兵士に志願したとして、そのときの事情をつぎのように語っている。トランスヴァールのイングランド系移民の家庭で育った彼は、当初、当然のごとくイギリス軍を志願しようとした。そんな彼に、祖母がつぎのように語ったという。「もしお祖父さまが生きていれば、自分のネイションと戦うことについて、きっと何かいったでしょうね」――この言葉で、彼はボーア軍への参加を決意したという（一〇月一四日。傍点引用者）。ヨーロッパに起源をもつ民族的アイデンティティ（すなわちイングランド系）を超える別のアイデンティティが「国民（ネイション）」という言葉で語られている点で、この捕虜の証言はきわめて興味深い。

こうした証言から、アリス・グリーンは、ジェイムスン侵入事件を契機に「国民」を意識しはじめたボーア人は、戦争中の今なお、国民形成の途上にあると捉えた。一八九九年一〇月の戦争勃発時において、彼らの「国民意識」がなお不透明なものであったことは、つぎの質疑応答からも確認されよう。

Q：戦争がはじまったとき、戦おうと思ったか？

A：（ほぼ全員が）いいえ、戦いたくなかった。戦争はイギリスが強要したものであり、ボーア人たちはほんとうに戦争がはじまるなどとは、ぎりぎりまで考えていなかった（この点で、ボーア人捕虜の多くが一致している）。

こうした彼らの気持ちを大きく変えたのが、一八九九年一〇月にはじまる南アフリカ戦争だったのである。それゆえに、文字通り、南アフリカ戦争のなかで「ボーア人」というナショナリティが創造されつつあったといえよう。その意味で、アリス・グリーンはまさしく、国民形成の現場に立ち会っていたことになる。少なくとも、彼女が南アフリカ戦争をそのようにみていたこと、みようとしていたことは、彼女の日誌にあふれる「自立（self-supporting）」「自治（self-governing）」「独立（independence）」といった言葉からもうかがえよう。また、一〇月八日、アリス・グリーンが見学したブロードボトムの新しい収容所建設予定地には、一九〇一年早々、オレンジ自由国出身の捕虜を収容する施設が建設されるが、それは、トランスヴァール共和国出身者とオレンジ自由国出身者との対立が激化したためであった［Jackson 1903：110］。捕虜収容所という極限状況において示される彼らの帰属意識は、この戦争を通して、民族的・人種的な集団以上に、ネイション、ナショナリティへと向かいつつあったといえるのである。

では、その先に何があるのだろうか。アリス・グリーンの質問はきわめて直截的だった。

Q：イギリス支配に下るのか。

この質問をめぐって、一〇人のボーア人の意見は大きく分かれた。「そんなことになればアメリカに行く」（ヴェスタ Vester）、「自分の国で生きられなければ、南アフリカにはいたくはない」（バーガー Burger）という徹底抗戦派と、「できることはやったが、もう救いはない。降伏すべきだ」（レマー Lemmer）、「それが神の意志なら ば抵抗できない」（マリッツ Maritz）という降伏容認派に分かれ、激しい論議の応酬がつづいたのである。この日の一〇人のみならず、最後まで抵抗するか、イギリス支配に屈するかをめぐっては、収容所全体が緩やかに二分されていたとアリス・グリーンはみている。両者の対立は、ゲリラ戦の展開とともに先鋭化し、アリス・グリーンの帰国後まもなく、後者、すなわち降伏容認派だけを集めた第二キャンプ、通称「ピース・キャンプ（Peace Camp）」が設けられることになる。(30)

以上、「本物のボーア人」への聞き取りの様子をみてきた。そのなかでアリス・グリーンが理解したことを整理するとつぎのようになろう。ボーア人がこの戦争を、イギリス人と国内のイギリス系住民、とりわけ英領の植民地人にたいする「民族戦争」と捉えていたこと。彼らが黒人にたいして、払拭しがたい強烈な偏見と恐怖心とを抱いていたこと。こうしたことから、彼らが、イギリス支配下では、ボーア人とイギリス系住民（そして植民地人）が共存することは不可能だと考えていたこと（かといって、かつてのような「大移動」は、今のボーア人の解決策とはなりえないこと）——こうした認識のなかで、彼女は、形成されつつあった「ボーア人のナショナリティ」をどのように理解していたのだろうか。

以下、一〇月二日の「本物のボーア人」への聞き取りの結果(31)がどのように展開されていったのかに注目しなが

火を放たれたボーア人の農家（Hobhouse, 1984〔1999〕: 122-23）

ら、さらに日誌の中身を追いかけてみよう。

新たな戦況があきらかにしたもの

すでに述べたように、アリス・グリーンのセント・ヘレナ島到着は、南アフリカ戦争の後半戦のはじまり、すなわち、ボーア軍によるゲリラ作戦とそれにたいするイギリス軍の報復（農場や家屋の焼きうちと、女性と子どもの強制収容所への送還）により、戦争が泥沼化していく節目の時期にあたっていた。この新しい戦況の最初の成果が現れはじめ、その情報が入手可能になった一九〇〇年一〇月上旬にアリス・グリーンがセント・ヘレナ島に居合わせたこと、これが、彼女とメアリ・キングズリの南アフリカ経験を大きく分かつことになったといえる。アリスは新しい戦況をどのような語りで記録しているのだろうか。

すでにドイツ系四代目の農夫ドイソン（九月二九日）や「本物のボーア人」のひとりであるレマー（一〇月二日）らがイギリス軍による農場焼きうちを批判していたが、[32] イギリス軍の報復が本格化した後の新しい戦況にかんする情報をもたらしたのは、一〇月八日、デッドウッド・キャンプに新たに到着した捕虜たちであった。このとき到着した捕虜のなかには、戦争後半のゲリラ戦を指揮するデ・ウェットの下で戦った者、ならびに焼きうちの被害者である六〇人ほどのボーア人農民が含まれて

強制収容所に移動させられるボーア人の女性と子ども（Hobhouse, 1984〔1999〕: 122-23）

いたのである。前者によれば、イギリス軍からアームストロング銃や弾薬を奪い、線路や橋などを爆破するゲリラ活動による鉄道の被害は甚大で、沿線の農地や農場はイギリス軍による放火で廃墟になりつつあるとのことだった（一〇月一〇日）。ゲリラ活動の活発化と呼応して、ボーア人の農場にたいする焼きうちが「日常の戦闘活動」と化していたことは、イギリス軍兵士タッカー（Tucker）の同時期の日記からもあきらかである［Tucker 1980：132-45］。

注目すべきは、こうした報復の被害者である農民たちの大半が、戦闘員として徴用されなかった老人たちだったことだろう。彼らはアリスにこう証言している。「商店を営む自分たちは、四月以来、戦闘に加わっていなかった。それなのに、突然やってきたイギリス軍によって拘束され、捕虜となった」「特別理由もないままに、自分の農場にいたところを逮捕された」（一〇月一一日）。彼らは、ボーア人ゲリラへの協力を阻止するために捕虜にされ、セント・ヘレナ島に送られてきたのである。彼らがもたらした情報からは、一九〇〇年九月下旬にもなると、現実の戦闘に参加したか否かに関係なく、女性、老人、そして子どもまでもが戦争に巻き込まれていたことがわかる。(33)

それまでとはあきらかに異なる戦局をもたらした、イギリス軍による農場焼きうちと非戦闘員の強制収容所送還にかんする捕虜たちの語りをいくつか紹介していこう。

ジェイムズタウンの病院に収容されていたある捕虜の証言――一ヶ月間ほどデ・ウェット軍に合流して活動し、彼らと別れた後に捕まった。ボーア軍は現在、デ・ウェットの指揮の下、約一万五〇〇〇人が戦場で戦っていると思う。彼らの士気は高く、戦力としてはその倍、三万人の力がある。イギリス軍による農場焼きうちと女性狩り（woman hunting）がボーア人を狂気に駆り立てている。焼きうちはひどいもので、このままではトランスヴァールは死の土地になってしまうだろう（一〇月八日）。

自分の農場で拘束されたプレトリア近郊出身のブリッツ（J. C. P. Britz）の証言――農場を焼きうちすれば、家を焼かれた人間は戦士に変わり、臆病者が英雄になる。……夫が戦闘中で不在の自宅で、［ボーア人の］妻と子どもたちが一室に監禁された。この話を聞いた夫が援軍とともに戻り、イギリス軍に数名の死傷者を出した。その報復として、四〇〇人のイギリス兵がその家を再度夜襲し、農場に火を放った（一〇月一三日）。

ジェイムズタウンの病院に収容された二一歳の青年捕虜の証言――農場は破壊され、家畜も大きな被害を被ったうえに、［一九〇〇年］九月一五日、自分の母も「戦争捕虜」として投獄された。三歳―一六歳までの五人の子ども［この青年の兄弟たち］は残され、幼子が、自分と母とともにヨハネスブルグの刑務所に入れられた。母がなぜ拘束、逮捕されたかはわからない(34)。このとき捕虜となった三一人の女性と子どものうち、自分の母を含め一〇人の母親がおり、そのうちの八人が収容所（Naanport）に送られた。理由は、ボーア人戦闘員（男性）にゲリラ戦を放棄させるためだと思われる（一〇月一二日）。

この青年の推測にたいして、病室の捕虜たちの間では、「それは、妻たちと交換で、自分たちに捕虜になれということか」「自分も、多くの子どもが泣きながら女性たちとともに捕虜にされるのを目撃した」といった言葉が飛び交った。このような新たな戦況にたいする彼らの混乱と怒りもまた、アリス・グリーンの日誌に克明に書き留められている（一〇月一二日）。ボーア人の女性と子どもの収容所送りが本格化するのはアリスの帰国以後のことだが［Pakenham 1979 : 438-41 ; Krebs 1999 : 32-33］、すでにその予兆は、アリス・グリーンの日誌にあきらかであった。

ミュンヘンに帰国しようとしていた義勇兵リール大佐の証言——ボーア人も、ボーア側で戦ったわれわれヨーロッパ人義勇兵も、放火などいっさいしなかった。イングランド人は財産保全を約束しておきながら、将校たちも略奪に加わった。ほしくないものまで彼らは略奪した。それに比べて、スコットランドのハイランド連隊の兵士たちがどれほど勇敢だったことか！　それ以外の兵士は、戦闘など気にも留めず、略奪に夢中になっていたのである（一〇月二八日）。

文明と野蛮の境界線は、ある瞬間、いとも簡単に崩壊してしまうものなのだろう。ヨーロッパ性を喪失し、「民族から人種へと堕落した初めての白人入植者」とハンナ・アーレントが語ったボーア人は、この戦争を通じて逆に、ヨーロッパ文明の頂点に立っている（と自負する）イギリス人の「野蛮」を経験したことになる。デッドウッド・キャンプに新たに移送されてきた捕虜たちによってあっという間に広まった新しい戦況の情報、そこで暴露されたイギリス人の野蛮性は、ボーア人のナショナリティ形成を後押ししたと考えていいだろう。しかしながら、問題は、彼らのナショナリティが、イギリス人の「野蛮性」との対比においてではなく、黒人の「野蛮性」への恐怖をより強烈に打ち出す方向に進んでいったことだろう。アーレントはそこに、もはや肌の色しか「隣の黒人」との差がなくなった彼らの、恐ろしいまでの「白人性」への固執、ヨーロッパの辺境にしがみつきたい彼らに内在する「野蛮性」を見いだし、問題視したのである。(35)

とはいえ、新たな戦況下でおこった上記の蛮行を、「イギリス軍」によるものと捉えるのは正確ではない。最後に紹介したドイツ人義勇兵リール大佐の証言にあったように、こうした蛮行から除外された(少なくとも除外されて語られる)存在——スコットランドのハイランド連隊——があったことは注目に値する。南アフリカ戦争初期、いわゆる「ブラック・ウィーク」の戦闘におけるハイランド連隊の勇猛果敢な闘いぶりは、戦争中から伝説化されて、今なお語り継がれる「神話」でもある[S. J. Brown 1992 : 156-83]。

同じように、もうひとつ、ボーア人捕虜、そしてボーア軍の外国人義勇兵らが賞賛した「野蛮の例外」があった。アイルランド人である。捕虜たちが示したアイルランド人兵士への好意的な証言の数々こそ、捕虜の多様性と並んで、アリス・グリーンの捕虜収容所訪問日誌の大きな特徴だといえる。と同時に、それは、彼女にとってきわめて重要な南アフリカ戦争経験でもあった。つぎにこの問題を考えねばならない。

第三節　捕虜収容所経験のゆくえ

メアリ・キングズリの最期と彼女が残した言葉にどんな意味があるのか——その答えを求めて南アフリカ戦争の現場に渡ったアリス・グリーンは、前節でみたように、ボーア人捕虜への聞き取りを通じて、「ボーア人」への理解を深めていった。そのなかで彼女は、捕虜収容所という空間をどのように捉えるようになったのだろうか。

セント・ヘレナ島の捕虜収容所からながめた彼女の南アフリカ戦争経験とは、つまるところ、どのようなものだったのか。そうした彼女の経験と、ボーア人がこの戦争における「野蛮の例外」と語ったアイルランド人の存在は、どのようにかかわっているのだろうか。

収容所の記憶を創る

ボーア人捕虜の聞き取り調査というきわめて稀有な経験は、帰国後、まずは陸軍省や植民地省（＝植民地相チェンバレン）への嘆願書という「かたち」をとることになった。[36] そこには、アリス・グリーンが聞き取りのなかで気づいた捕虜収容所の問題点——食料配給不足、劣悪な居住空間、そして何より深刻な水不足にかんする私見とその改善策とが記されていた［Royle 1998 : 60-65］。

たとえば、聞き取りを通じてボーア人が清潔好きであることを確信した彼女は、「ボーア人は不潔で不衛生」という前提に立って収容所の衣食住を考えていたイギリス側の認識を改めるよう、つぎのように訴える。すなわち、ボーア人が不潔なのではなく、一ヶ月間も衣服を洗えない水不足が問題なのであり、南半球が夏へと向かうこの時期に、洗面の水さえ節約せよと捕虜に求めるイギリス軍の布告こそ非難されるべきである（一〇月一三日、一五日の日誌をあわせて参照）。しかしながら、慢性的な水不足に対応すべく、三〇〇人ほどの捕虜を労働力として、海水の塩分を除去するパイプライン建設の計画がもちあがるのは、アリスが帰国して半年以上後、一九〇一年五月になってからのことである。[37]

水不足への対応の遅れと関連して、陸軍省ならびに植民地相宛ての手紙でアリスが厳しく非難しているのは、捕虜を監視し、収容所を管理・運営する立場にあったイギリス軍将校の管理能力の欠如である。彼女は、主計官リーフや検閲官アレクサンダーらとの会話から、捕虜数の増加にともない、無計画に収容所が拡大していることに強い危機感を抱いた。とりわけ彼女を不安にさせたのは、捕虜にたいする独善的、専制的な彼らの態度であり、ボーア人にたいする根拠なき偏見であった（九月二三日、二四日）。彼らのそうした姿勢ゆえに、収容所では捕虜にたいする屈辱的な扱いといじめが日常化しており、捕虜たちは日々、不要な恥辱を被り、イギリスにたいする警戒感と不信感を募らせている。監視する収容所職員と監視される捕虜の間のこの冷たい距離感を問題にすべきだと、アリスは強く訴えるのである。

その原因を、アリス・グリーンは、彼ら収容所を監視する人びとにこの戦争にたいする展望が欠けていることに見いだした。日々捕虜と接する検閲官や主計官らは、「本来ならオランダ語［＝アフリカーンス語］を学び、ボーア人のことをもっと研究して彼らから尊敬と信頼を獲得し、収容所が解消した後、ボーア人とイギリス人を仲介する存在にならなくてはならないのに――」（九月二六日）。将来への展望を欠いた彼らの愚行によって、和解準備の機会が失われていることにたいして、アリスは激しい憤りを隠さない。まさにこの点、終戦後の展望のなかで捕虜収容所を捉えるという発想に、アリス・グリーンのユニークな視点が認められる。帰国後の彼女が植民地相チェンバレンに宛てた一通の手紙は、彼女のユニークさを端的に示している。手紙の冒頭、彼女はこう語りかける。

「私が言いたいことは、陸軍省の考えとは異なり、収容所と戦争捕虜の問題を、戦後処理、すなわち未来の南アフリカに結びつけて考える、ということです。ボーア人捕虜にとって、収容所とは、イギリス人による統治とはどういうものかを学ぶ場なのです。収容所で目撃した状況とその改善策を、戦後のイギリス支配との関連において考えてみたいと思います[38]」。

すなわち、彼女は、戦争終結とともに解放されるであろう捕虜たちを、きたるイギリスの南アフリカ支配と関連づけて、今なすべき改善策を提案しようとするのである。なぜなら、二五〇〇人あまりの捕虜を数えるセント・ヘレナ島で今おこっていることは、帝国各地に設けられた収容所にいる総計二万人ほどの捕虜たちにも通じることであり、捕虜たちが、戦後というごく近い将来、まちがいなく大英帝国となんらかの関係をもつであろうからである。彼女が、ボーア人捕虜収容所という特殊な空間を、「やがてイギリスの支配下におかれるボーア人が、初めて大英帝国を経験する場」として、言い換えれば、ボーア人に「帝国のあるべき姿を示す貴重な機会」として捉えている点こそが、きわめてユニークな戦争理解といえる。

先にも触れたように、アリス・グリーンは、戦争捕虜の問題と直接かかわる陸軍省にも同様の内容の手紙を送っているが、彼女には同省の対応に強い不満があった。なぜなら、陸軍省は、捕虜たちを「過去の行動によって捕われた人びと」としか見ず、収容所を「過去の罪に罰を与える場」としか捉えていないからである[39]。そうではなくて、やがてきたるべき和解、その後の南アフリカ統治のあり方、とりわけ終戦後のイギリス人の入植という青写真のなかに収容所の今を置き、ここを「大英帝国にたいする偏見をとり除く場」として捉え直すことが急務だと、アリス・グリーンは訴える。彼女が、戦争捕虜問題にまったく権限をもたない植民地省の担当大臣であるチェンバレンに、自らの南アフリカ経験とそこから得た収容所改善の提案を書き送った背景には、捕虜たちの「過去の罪」にこだわる陸軍省とは異なり、植民地省ならば、「ふたたび南アフリカの住人になるべき人間」として捕虜を捉えることができるかもしれないという期待があったからだろう。

聞き取りの間じゅう、イギリスに支配されることにたいする捕虜たちの絶望感を何度も耳にしていたアリス・グリーンは、収容所滞在中、そして帰国後も、彼らへの適切な回答を模索しつづけたと思われる。そして、彼女がたどり着いた結論は、終戦後、ボーア人に独立や自治を与えることが不可能ならば、彼らにイギリス臣民(British subject)となるメリットを感じさせるような収容所運営をするしかない、ということであった。そのために彼女が強調したのは、「[他とはちがう]格別な士官についての最高の記憶(the most remembrance of special officers)」を創ること、である。それは、聞き取りのなかでアリス自身が「発見」した彼らのひとつの特性——ボーア人は個人的な関係から影響を受けやすい人たちである——にもとづくものであった。ボーア人への偏見ゆえに、彼らのこの特性に気づかないイギリス軍士官の怠慢をアリスが激しく批判していたことについては、すでに述べた通りである。彼女はつぎのように書いている。

> ボーア人は、自分たちの声をだれも知らない、いや知ろうともしていないと思っています。収容所の生活が彼らの警戒感を強めています。……収容所の職員たちは、捕虜たちと最小限のコミュニケーションもとっていないため、こうした実情がわからないのです。
>
> 収容所の職員の間では、ボーア人にたいする虐待が日常化しており、セント・ヘレナ島の住民たちも彼らに倣ってしまいます。とはいえ、何度調査しても、それ［捕虜へのいじめや虐待］が立証されることはほとんどないと聞いています。それが彼らの警戒感と不信感を煽っているのです（一九〇〇年一二月三日付けの陸軍省宛ての手紙より）。

このままでは、ジェイムスン侵入事件が顕在化させたイギリスと英領植民地人にたいする民族的な嫌悪感の記憶だけが生きつづけ、将来の和解の可能性が奪われてしまう——それを、アリス・グリーンは何よりも恐れたのである。

言い換えれば、アリス・グリーンは、ボーア人の捕虜収容所経験を「記憶」の問題として捉え直し、その記憶を創り直す必要性をイギリス政府に求めたといえるだろう。戦後の南アフリカをにらんで、やがて故郷に戻っていく捕虜たちに、自分たちは理解され守られていたという「収容所の記憶」を創ること、そのためには、収容所内部で明確に異なる二つの立場の間に個人的な信頼関係を築くしかない——これこそ、アリス・グリーンが、ボーア人捕虜収容所という窓からながめた大英帝国の将来像であった。そのためにも、捕虜たちの言葉にもっと注意深く、耳を傾けねばならないのである。

男らしさの喪失と回復

物理的な環境以上にアリス・グリーンが深刻さを強調しているのは、収容所という空間自体が捕虜に与える精神的な悪影響であった。彼女は、捕虜たちが収容所で安定した精神状態を維持するのにかなりの努力を要することに気づく。捕虜収容所という空間が、想像を絶する緊張と抑圧を捕虜たちに強いる場であることを、彼女はつぎのような証言から意識するようになったと思われる。

ここにくるまで陽気だった人間の性格が変わった（九月二三日）。深い憂鬱で食欲は失せ、話もしたくなくなり、入院する者もでた（一〇月四日）。「兄が殺される！」と熱にうなされ、錯乱した捕虜に二人の兵士が飛びかかり、殴る蹴るの乱暴の末、ベッドに連れもどした（一〇月一一日）。

病院のロイド・ロウ医師によれば、収容所という空間の重圧に耐えきれず、すでに五人の捕虜が発狂したという（九月二八日、一〇月一三日）。二度目の病院訪問時、アリスはそのひとり、クロンイェというボーア人に聞き取りをおこなう機会を得た。このとき、彼女は、つぎのようなショッキングな場面を目撃することになる。すなわち、家族恋しさに鬱になり、妻から届いた家族写真が引き金となって発狂したという彼は、アリスの質問中も、

「兵士が自分を恐ろしい場所に連れて行こうとしている」とか、「食事に毒が盛られている」といった妄想に取りつかれたままだったが、途中でいきなり病院を逃げ出そうとして取り押さえられ、パニックに陥った。その様子を見ていた他の捕虜たちも、「自分たちはこの戦争で何を失うのか、この戦争はけっきょく何なのか、わからない」と嘆いたという(九月二八日)。

アリスは、クロンイェという この捕虜のような極限状況にまで追い込まれなくても、程度の差こそあれ、捕虜たちがなんらかの憂鬱や抑圧を感じていることに気づいていた。収容所での抑留が長引けば、それだけ精神的な犠牲者がふえることになる。しかも、そうした負の感情を解消する場が、収容所という空間にはほとんどなかったのである。確かに、園芸や絵付けなどの作業に四〇人ほどの捕虜が島民とともに加わり、収容所以外の空気に触れてはいた。しかしながら、それ以外の大半の捕虜は、どうにもならない時間を怠惰にもて余すしかなかったのである。その時間のなかで、捕虜たちの憂鬱や悲壮感は増すばかりだった[Alice Green 1900b : 981]。ところが、収容所の運営を担当するイギリス軍関係者は、捕虜たちのこうした負の感情——見えない心の傷——にはまったく無頓着であった。翌年三月、再度チェンバレンに宛てた手紙のなかで、アリス・グリーンはこう書いている。「医者からの情報では、鬱病がふえ、暴力を伴わない急性の躁状態へと発展しつつあるということです」(40)。

注目すべきは、そうした収容所の現状を、アリス・グリーンが、捕虜たちから「男らしさ(man's manliness)」が奪われつつあると理解していることであり、その解決には彼らに「希望」を与えるしかないと強調していることである(九月二七日)。彼女のいう「希望」とは、終戦後のボーア人による自治の見込み、展望を意味する。それが、収容所のなかで捕虜たち自身を自立させることにもつながり、ひいては長引く戦争を終わらせる決め手ともなるというのが、アリスの主張であった(一〇月七日)。

同様の理由から、陸軍省ならびに植民地相に宛てた手紙では、捕虜たちに「男らしさ」を回復し、彼らを自立させるために、アリス・グリーンは、収容所を捕虜たちの教育・職業訓練の場とすべきことを訴えている。(41) 教師経験のある捕虜が中心となって、手工芸の手ほどきや読み書き能力の向上など、捕虜たち自身の手で運営される各種学びの場を設けようとのよびかけは、捕虜を罪人や何もできない子どもの立場に置くべきではないという彼女の主張ともあいまって、捕虜収容所に自立の枠組みを構築する試みとして捉えられよう。

とりわけ興味深いのは、捕虜収容所という空間で喪失される「男らしさ」を、「自治」という政治形態、そしてその能力証明ともいえる「自立」と結びつける彼女の視点である。このことは、第一章で述べたように、第二次選挙法改正(一八六七)以降、世紀転換期にかけて、シティズンシップのメルクマールである選挙権が「男らしさ」の言説をともなっていたことと結びつけて考える必要があるだろう [Hall & McClelland & Rendall 2000 : 28-29]。この言説に異議申し立てをしたのが、同じ世紀転換期に高揚した女性参政権運動の担い手たちであったが、彼女たち(彼ら)の運動にたいしてアリス・グリーンが否定的な見方を崩さなかったことは、すでに述べた通りである。日誌に頻出する「自治」「自立」といった言葉を「男らしさ」と関連させた彼女の発言は、女性のシティズンシップを、選挙権とは異なる「かたち」――サロンという知の空間――に見いだした彼女のジェンダー意識にもとづくものと考えていいだろう。その意味で、ジェンダーにかんして、彼女は保守的な姿勢で一貫していた。それが、後述するように、この戦争におけるジェンダーの問題を彼女が看過する一因となったことは否めない。

しかしながら、「収容所が奪う男らしさ」というアリス・グリーンの語りが重要性を帯びるのは、ジェンダーとの連関にではなく、別の問題とのつながりにあると思われる。すなわち、終戦後、ボーア人による自治への展望を示し、捕虜たちの自立を支援することは、彼らに「男らしさ」を回復させるだけではなく、「帝国支配を愛すべきものにする (to make Imperial rule beloved)」[Alice Green 1900b : 982] のに役立つという彼女の主張である。

イギリスの国旗の下にいる人びとのことを考えられるような本物のイギリス人（true Englishman）がボーア人捕虜収容所を見たならば、きっと悲しみと畏怖とを感じるに違いない。大事なことは、傲慢さを追い出し、共感することである［Alice Green 1900b : 982-83］。

安全な場所にいて、強情で無知の賜物としてボーア人［捕虜］を見るイギリス人には、彼らの恐怖など信じられないかも知れない。しかし、［彼らが捕虜になった］原因はそのようなことにあるのではない。［それゆえに］将来の和平の枠組みのなかで、収容所を調査、研究する必要がある。南アフリカの運命を握っているのはイギリス人なのだから［Alice Green 1901b : 771］。

こうしたアリス・グリーンの主張には、相互理解のために偏見を払拭し、正確な知識と情報を得る努力こそ重要であること、しかも、その努力を怠っているのは、「彼ら」ではなく、「われわれ」だという、メアリ・キングズリの経験が重なってくる。捕虜収容所を「世界史上例のない和解の機会」［Alice Green 1901b : 768］として捉えるアリス・グリーンの視点は、民間人として唯一立ち入りを許され、捕虜への聞き取りに成功した彼女だからこそ持ちえた南アフリカ戦争観であったといえるだろう。

限界——ボーア人女性と黒人

アリス・グリーンの日誌やその後の活動からは、捕虜への聞き取り経験から得たユニークな視点とともに、彼女の限界とでもいうべきことも指摘することができる。それは、この戦争の被害者であった二つの存在への目配りが欠けていたことである。

ひとつは、農場への焼きうちと並んで、南アフリカ戦争におけるイギリス軍の野蛮性のシンボルとされたボーア人女性（そして子ども）の強制収容所送還にたいしてである。アリス・グリーンの日誌には、ジェイムズタウンの病院での聞き取りの際に耳にした、母が拘束されて収容所に送られたという青年の話（一〇月一二日）のように、ボーア人女性の苦難を想像させる記述がいくつか見られる。しかしながら、そこには、捕虜の証言以上に踏み込んだ説明もなければ、女性たちへの共感もほとんど認められないのである。この点で、アリス・グリーンは、ボーア人女性の悲惨な強制収容所生活を救済するために立ち上がったエミリ・ホブハウスとは対照的であろう［Hobhouse 1984（1999）］。日誌のなかのアリス・グリーンがこの戦争におけるジェンダーの問題にきわめて限定的な言及しかできなかったのは、彼女がメアリ・キングズリの追悼という目的から、ボーア人捕虜収容所という「男性空間」のなかでこの戦争を経験したことが大きく影響したと思われる。

もっとも、エミリ・ホブハウスが「南アフリカ女性と子どもの困窮救済基金」のためにという明確な目標を掲げて南アフリカに渡ったのは、アリス・グリーンのセント・ヘレナ島滞在から三ヶ月あまり後の一九〇一年一月のこと。ボーア軍によるゲリラ戦の本格化とともに、イギリス軍によるボーア人女性の強制収容所送りもまた本格化していく時期のことであった。この時間的なずれが、二人の女性の戦争観を微妙に分けたことも無視できないだろう。戦争のどの局面に、どのように立ち会ったかで、戦争への目線は大きく変わるのである。

同じような事情から、アリス・グリーンが、視野の片隅には収めつつもこの戦争のなかにうまく位置づけることができなかった存在がある。黒人たちである。

すでに触れたように、アリス・グリーンは、デッドウッド・キャンプ内外で黒人兵を目撃している。彼らは全員、イギリス軍の協力者であり、ボーア人捕虜の脱走を見張るためにこの島の要所要所に配置されていた（九月二九日）。それゆえに、アリス・グリーンは、黒人を「収容所を監視する立場」として捉えることになった。彼女は、捕虜への聞き取りのなかで、彼ら島の黒人兵を含めて、ボーア人が「カフィール」、すなわち黒人全般をひどく嫌悪し、恐怖していること、しかも彼らの黒人に対する偏見は容易に払拭できないほど強烈なものであることを実感していた。事実、アリス・グリーンは、植民地省や陸軍省に宛てた手紙のなかで、黒人の存在、具体的にはイギリスが黒人に選挙権を与えるという「恐怖」がボーア人の不安定要因となっていると助言している。しかしながら、その具体的な解決策についてはいっさい言及していないのである。(42)

同じように、イギリス軍に協力する黒人についても、アリス・グリーンが、彼らがこの戦争とどうかかわっているのか、セント・ヘレナ島でイギリス軍に協力する彼らがどうやって徴用されたのかなどの問題に目を向けることはなかった。たとえば、ジェイムズタウンの病院に行く途中、アリスは丘をみつめる黒人兵士の部隊に遭遇したが、彼らは、「島民といっしょに、丘の上にいるヤギが岩を落下させないように、ヤギを射殺しようとするイギリス人兵士をおもしろそうに見ていた」と記述されるにとどまっている（九月二八日）。日誌はもちろん、手紙や嘆願書の記述からも、彼女がこれ以上、南アフリカにおける黒人の問題に、広くはインド人や中国人を含む非白人の問題に踏み込むことはなかった。これも彼女のボーア人捕虜収容所経験の限界といえるかもしれない。

エミリ・ホブハウス（Hobhouse 1984〔1999〕: 122-23 1984〔1999〕: 122-23）

とはいえ、南アフリカの裁判所通訳を務めたプラーチェ（Sol Plaatje）のマフェキング日誌の公刊（初版一九一六）以来、この戦争が「白人の戦い」でないことは徐々に知られつつあったものの、南アフリカ戦争のなかに黒人を可視化する作業が本格的に展開されていくのは、P・ウォリックの『黒人と南アフリカ戦争』（一九八三）出版以降のことでしかない。黒人専用の捕虜

南アフリカ戦争における黒人専用収容所の様子（Oakes〔ed.〕1988: 314）

収容所が南アフリカ本土に八〇ヶ所以上も設置され、アリスが改善を訴えたボーア人捕虜収容所以上に劣悪な環境にさらされていた彼らのなかから、白人以上の犠牲者が出たことが一般に知られるようになるのは、もっとずっと後のことである。(43)

セント・ヘレナ島を訪れたアリス・グリーンの目線は、捕虜とされたボーア軍の多様性、そして形成途上にあったボーア人のナショナリティに強い関心を寄せながらも、それ以上、当時の南アフリカの人種や民族の現実に及ぶことはなかった。その意味で、非日常空間であるセント・ヘレナ島の捕虜収容所は、「男性の空間」であるとともに、「白人の空間」でもあったのである。

南アフリカ戦争のなかのアイルランド人たち

すでに述べたように、アリス・グリーンは、終戦後、南アフリカが大英帝国のなかで再編されることを展望して、収容所のボーア人捕虜たちに、イギリス支配下での希望、すなわちボーア人による自治の可能性を拓《ひら》くように、陸軍省や植民地省に訴えていた。こうしたユニークな収容所理解のなかで、しだいに彼女は、セント・ヘレナ島の捕虜収容所に別の存在を重ねるようになっていく。すなわち、日誌に何度も登場する自治、自立という文字、ボーア人たちが共感を込めて語った存在――アイルランド、そしてアイルランド人である。

聞き取りのなかでアリス・グリーンがアイルランドの存在をとくに強く意識するようになったきっかけは、一〇月二日、「本物のボーア人」とのインタビューにあたり、英語の話せない彼らとの通訳を務めたボーア人捕虜が口にしたある発言にあったように思われる。それは、今回の戦争がはらむ複雑な対立の構図――すなわち、戦争は、イギリス人対ボーア人の戦いであるとともに、南アフリカ内部における植民地人（英領植民地のイギリス系住民）の戦闘的な愛国主義者（Colonial Jingo）とボーア人の戦いでもあること――を表現したつぎの発言である。

「その点で、私たちはアイルランド人に似ている」（一〇月二日）。

しかも、同じ日、「本物のボーア人」は、自分たちとともに戦ったアイルランド人についてこう語っているのである。「彼らはとても勇敢で、われわれは彼らを自分自身のように信頼していた。ボーア人とアイルランド人とはとてもうまくいっていた。」

彼らが言及したのは、南アフリカに渡ったアイルランド人移民のことだと思われる。さらに、収容所勤務の任期が終了して故郷に戻るイギリス軍関係者が移送船のなかでボーア人批判として語ったつぎの言葉を、ある外国人義勇兵はちゃんと記憶し、アリスに伝えている。曰く、「ゲリラ戦を指揮するデ・ウェットでさえ、ボーア人をそばにおかず、周囲をアメリカ系アイルランド人で固めている」（九月二六日）。

アリス・グリーンの日誌でひときわ目をひくのは、捕虜たちがアイルランド人の戦いぶりを好意的に語るさまが、何度もくり返し記録されていることである。すでに聞き取り開始の翌日、彼女は、古いオランダ人家系のボーア人、ルースからつぎのような証言を得ていた。

〔イギリス軍の〕アイルランド人兵士は、ボーア人に共感を示し、歩哨はわれわれを見て見ぬふりをしてくれた。彼らがわれわれの大義を知っていれば戦うことなどなかっただろうに（九月二三日）。

ルースがいうのは、南アフリカ戦争初期の激戦地、ナタールのタラナ・ヒル、コレンゾ、スピオン・コプなどでイギリス軍の一員として戦ったアイルランド人のことである。レディスミスへの先陣を切ったのも、ダブリン・フュージリア歩兵連隊であった［McCracken 1989：123］。ジェイムズタウンの病院医師ロウによると、捕虜のなかには、ドニゴール・カソリック部隊（Donegal Catholic Brigade）やアントリム・プロテスタント部隊（Antrim Protestant Brigade）のアイルランド人に護衛されてこの島に到着した者もいたという（九月三〇日）。アリスは、ボーア軍として戦った外国人義勇兵からも、ボーア人とアイルランド人との親密な関係を何度も耳にし、それを克明に日誌に書き留めるのであった。

南アフリカのアイルランド人――英領ケープ植民地やナタールに渡った彼らは、農場経営や各種取引きに従事する以上に、植民地の行政や軍隊に活動の場を見いだしていたといわれる［McCracken 1989：130-31］。南アフリカ戦争が勃発すると、彼らはケープ植民地やナタールの軍隊を率い、イギリス軍の一員としてボーア人と戦った。他方、戦争勃発時に、そしてブラック・ウィーク後の大量徴用にともない、イギリスからも多くのアイルランド人が動員されて南アフリカに渡った。その結果、この戦争に投入されたアイルランド人兵士は、歩兵大隊一三隊、騎兵連隊三隊、合計三万人を超えており、イギリス軍全体の一三・二パーセントを占めたという(44)。彼らはもっぱら、敵陣に切り込む「ミサイル隊」として使われたため、戦死者、負傷者ともに、スコットランドのハイランド連隊同様、イングランド人に比べて高い割合を占めたといわれている［McCracken 1989 : 12-22］。

アリス・グリーンの日誌からは、スコットランドのハイランド連隊のメンバーとともに、アイルランド兵士のことを、ボーア人捕虜が共感と親しみ、そして敬意を込めて語る様子が伝わってくるが、アイルランド人の将校や兵士が抱いていた親ボーア人感情については、他にも多くの証言が存在する。アイルランド人の親ボーア派を分析したドナル・マクラッケン（Donal McCracken）はつぎのような例を紹介している。王立アイルランド・ライフル隊の一員として捕虜となったジェイムズ・クレイグ（Captain James Craig）は、収容所で監視にあたるボーア人兵士と親しくなり、彼らの死をも恐れぬ態度に魅かれて熱狂的なボーア人支持者となった。(45) この話が正しければ、アリス・グリーンが聞き取りした外国人義勇兵たちの「ボーア人は臆病だ」という語りとは対照的なボーア人の姿を、アイルランド人は経験したことになろう。

また、王立アイルランド連隊のある大佐は、配下のアイルランド人が、最後まで抵抗をつづけたトランスヴァール軍最高司令官補佐ベン・フィリュン（General Ben Viljoen）を捕らえたと聞くと、フィリュンにつぎのような伝令を送ったという。「あなたを捕虜収容所に迎えることを光栄に存じます。これまで何度も互いに戦ってきたせいか、まるであなたは旧友のようです」［McCracken 1989 : 124］。

マクラッケンは、イギリス軍として戦ったアイルランド人が当初ボーア人にたいして抱いていた人種偏見を、現実の戦闘を通して払拭していくさまをも紹介している。たとえば、ランカシャ・フュージリア連隊のアイルランド人、ジョン・ニコラス・ホワイト（John Nicholas Whyte）は、ナタール、スピオン・コプの戦いで、勝者であるボーア人の兵士や軍医が、戦死したイギリス軍兵士を埋葬し、負傷者を介護し、イギリス人捕虜を丁重に扱うさまを目撃して、ボーア人への印象を大きく変えたという。彼の母親宛ての手紙には、「ボーア人はイギリスの新聞がいうような野蛮人ではない」と書かれていた［McCracken 1989 : 124］。

さらに、戦争勃発直前のケープ植民地でイギリス駐屯軍総司令官だったサー・ウィリアム・バトラーもまた、ボーア人と接するなかで彼らへの偏見を払拭したアイルランド人のひとりであった。南アフリカ高等弁務官代理を務めたことのある彼は、親ボーア感情ゆえに、戦争勃発直前の一八九九年九月、高等弁務官として赴任したロード・アルフレッド・ミルナーと対立して辞職に追い込まれ、戦線からの離脱を余儀なくされた［McCracken 1989：125］。南アフリカから戻ったバトラーは、アリスの自宅サロンの常連となり、彼女の「南アフリカ経験」を確認するとともに、彼女のサロンに新しい空気を持ち込むひとりとなっていくのである。(46)

一八〇〇年の合同法によって、当時のアイルランドが連合王国の一部を構成していたことを考えると、ボーア軍に義勇兵として参加したアイルランド人移民のみならず、イギリス軍として戦ったアイルランド人がボーア人に強い共感を示したことは、微妙なニュアンスを帯びてくる。アリス・グリーンは、両陣営においてアイルランド人が親ボーア感情を示していたことにくわえて、敵と味方に分かれてアイルランド人同士が対峙せねばならなかった戦場の構図そのものに、アイルランドのもうひとつの悲劇を感じたのではなかっただろうか。(47)

アイルランド義勇兵たち——マクブライド隊

ボーア軍の一員として戦ったアイルランド人は移民だけではなかった。ボーア軍を支援すべく、はるばるアイルランドから七〇〇〇マイルの海を渡ったアイルランド義勇軍がいたのである。先のルースの発言にあったナタールの激戦地、スピオン・コプで勇敢に戦った「アイルランド部隊」——ジョン・マクブライド少佐（Major John MacBride）率いる、通称「マクブライド隊」がそうである。マクブライド隊は、コレンゾやレディスミスなどの戦場で、イギリス軍側で戦うダブリン・フュージリア連隊やエニスキレン連隊（エニスキレンは北アイルランド南西部の中心地）のアイルランド人と対峙している。

マクブライド隊は、アメリカ系を含み、五〇〇名あまりのアイルランド人によって構成された親ボーア義勇軍である。マクブライドは、元々、アイルランド北西部コナハトのメイヨ州出身の薬剤師だったが、一八九六年六月、トランスヴァールに渡り、ヨハネスブルグの鉱山地帯ラントのアイルランド人コミュニティのリーダー的存在となっていった。翌年一月、アイルランド人ナショナリストで当時シン・フェイン党副党首であったアーサー・グリフィスを南アフリカに招いて、アイルランド協会を設立。一八九八年末にグリフィスがアイルランドに帰国して以後もラントに留まったマクブライドは、一八九九年九月、クリューガー大統領にアイルランド義勇軍の結成を提案し、戦闘経験のない自分に代わり、ウェストポイント（アメリカ陸軍士官学校）の出身であるアメリカ人、ジョン・ブレイク大佐に隊の指揮官就任を要請した。ここに、七五〇名を有するアイルランド・トランスヴァール部隊（Irish Transvaal Brigade）が結成されることになった。マクブライド隊の前身である［McCracken 1989 : 133–36, 142–51］。

結成まもないころのアイルランド・トランスヴァール部隊（向かって右端がマクブライド）（McCracken 1989: 110）

マクブライドが英雄視されていくのは、南アフリカ戦争後半、ボーア人のゲリラ戦と協同戦線を張っての活躍においてである。この新しい戦局のなかでアイルランド・トランスヴァール部隊は分裂し、多くがモザンビークへと逃亡した。この危機的状況において、第二アイルランド・トランスヴァール部隊（通称マクブライド隊）を立ち上げたマクブライドは、最後までボーア人の大義を尊重し、イギリス軍への攻撃をつづけたのである［McCracken 1999］。

一方、アイルランドに戻ったアーサー・グリフィスは、『ユナイティッド・アイリッシュマン』という新聞を創刊し、戦争前後の時期、アイルランド人に親ボーア感情を訴えつづけた。一八九九年一〇月一日、グリフィスは、詩人W・B・イェイツが崇拝する若手女優モード・ゴンらとともに、ダブリン市内を流れるリフィー川の土手、カスタム・ハウス近くで、この戦争に反対する大規模な抗議行動とマクブライド隊への募金をよびかけた。同時期、ヨーロッパ各地でおこなわれた親ボーア・デモのなかで、もっとも有名かつもっとも暴力的だといわれるダブリンのこの反戦デモに触発されて、二〇〇名ほどのアイルランド人が義勇兵として南アフリカへ——すなわち、「七〇〇〇キロ離れたアイルランド」へと渡っていったと記録されている［McCracken 1989：46-57］。『ユナイティッド・アイリッシュマン』は連日、マクブライド隊の活躍を伝えつづけた。南アフリカ戦争中に高揚した親ボーア感情と数々のデモが一九一六年のイースター蜂起の予行演習といわれるのは、やがてフランスでモード・ゴンと結婚してアイルランドに戻り、この蜂起の罪を問われて処刑されるマクブライドの存在に多くを依拠していると、マクラッケンはみている［McCracken 1999；大野 一九九八：一九五―九八］。

南アフリカはアイルランドである

「南アフリカにもうひとつのアイルランドはいらない。だから即時停戦せよ」［Koss（ed.）1973：70-73］——一九〇〇年一月、ロンドン、エクセター・ホールで早々と結成された「停戦委員会（The Stop-the-War Committee）」のこのキャッチフレーズは、イギリス国内のものだけではなかった。マクブライドやグリフィスら、世紀転換期アイルランドのナショナリズム運動の旗手たちは、イギリスの「停戦委員会」とは別のやり方で南アフリカ戦争と向きあっていたのである。この事実はもっと注目されていいだろう。後に本書でもふれるアースキン・チルダーズ（Erskine Childers）、ロジャー・ケイスメントの右腕となるロバート・モンティース（Robert Monteith）らアイルランド人が親ボーア・ネットワークの一角を形成していたことは、スティーヴン・コスやアーサー・デイヴィらの研究からもあきらかである［Koss（ed.）1973 : xxviii, 33-34, 108-11 ; Davey 1978 : 130-44］。

しかしながら、アリス・グリーンをそうした親ボーア派アイルランド人に含めることには無理があろう。なぜなら、彼女は、反英感情を基盤とするアイルランド人や彼らの組織とはまったく異なる動機から、すなわちメアリ・キングズリとの個人的な関係で南アフリカへと渡り、南アフリカでもアイルランド人の親ボーア・ネットワークとはまったく別行動をとっていたからである。(48) 事実、アリス・グリーンは、義勇軍を率いてイギリス軍と戦ったジョン・マクブライドについて、日誌や手紙でまったく触れていない。それに何より、彼女がイギリス陸軍省から特別の許可を得てセント・ヘレナ島に滞在していたことは、アリス・グリーンがこの時期のアイルランド・ナショナリズムの大義とまったく無関係であったことを雄弁に物語るだろう。

もちろん、親ボーアの中身は、その目的も意味もさまざまである。即時停戦を求める者もいれば、女性や子ども、老人といった民間人を巻き込むことに批判を集中させた集団もあった［Koss（ed.）1973 : xiii-xxxviii ; Davey 1978 : 7-12］。親ボーアについて「正義とは何か」などと問いはじめたら、その定義には際限がなくなるだろう。そうした意味から、アリス・グリーンのセント・ヘレナ島訪問を分析したS・A・ロイルは、親ボーア派を大きく、（一）アイルランド・ナショナリスト、（二）国教会関係者、（三）ミドルクラス女性、の三つに分け、この三つの重なりにアリス・グリーンを位置づけようとしている［Royle 1998 : 55-56］。アリス・グリーンが、アングロ・アイリッシュであり、聖職者の娘であり、同じく聖職者であり歴史家でもあった夫の職業からミドルクラスに属していたからであろうが、彼女の経験の意味とそのゆくえを再考しようとする本書にしてみれば、こうした分類自体にさほど重要な意味があるとも思われないのである。

重要なことは、アリス・グリーンがボーア人捕虜収容所でアイルランド人の存在をどのように意識したかである。「ボーア人のナショナリティ」を考えながら、終戦後を展望する「南アフリカ戦争の記憶」にこだわった彼女はどのような結論に至ったのだろうか。それを端的に示す言葉が、デッドウッド・キャンプでの聞き取りを終え、島を離れる前日に彼女が記した日誌にある。それはつぎの言葉である。

南アフリカはアイルランドと同じである(一〇月一五日)。

これこそ、ボーア人とは誰か、彼らにとって南アフリカ戦争とは何か、彼らは今何を望んでいるのかを問いつづけた捕虜への聞き取りの果てにたどりついた、彼女の結論であった。すなわち、ボーア人捕虜への聞き取りというフィールドワークは、アリス・グリーンにとって、彼女自身のアイデンティティとナショナリティを問い直す作業として機能したのである。それは、彼女が自身の国民としての帰属意識——アイリッシュ・ナショナリティ——を模索し、内面化していくプロセスでもあった。

経験は言語によって構築される。アイデンティティを内面化するのもまた言語であろう。とすれば、捕虜とのインタビューを克明に記したこの日誌こそ、アリス・グリーンが自己を再構築していく確かな歩みの記録に他ならないのである。

「南アフリカはアイルランドと同じである」——ボーア人とアイルランド人になんらかの相似形を見いだそうとする意識、だからこそあきらかにしたかった「ボーア人とは何なのか」という問いかけ——ここから、アリス・グリーンにつぎのステップが準備されていく。

そう考えると、アリス・グリーンがこの戦争のなかに黒人の存在をうまく位置づけられなかった理由にも、別の想像が可能だろう。それは、彼女がこの戦争そのものを、つまるところアフリカのコンテクストに置くことができなかった、すなわち、あくまでヨーロッパのコンテクストで捉えようとしていたからではなかっただろうか。この意識は、ヨーロッパの民族的ルーツとは異なるところに自分たちの新たなアイデンティティを求めつつ、けっきょく「白人性＝ヨーロッパ性」にしがみつくしかなかった同時期のボーア人のナショナリティそのものであろう。

アリス・グリーンの南アフリカ戦争経験——彼女は、南アフリカで「アイルランド」を経験したのである。

その後のセント・ヘレナ島

帰国後もアリス・グリーンと捕虜たちの交流がつづいたことを、アイルランド国立図書館の「アリス・グリーン文書」は語ってくれる。たとえば、一九〇一年二月一一日付けでダーク・バリー（本章でも紹介した捕虜のひとり）から届いた手紙には、つぎの内容が書かれていた。前年の一二月末、デッドウッド・キャンプに学校委員会が設立され、捕虜たちがヴォランティアで互いに教えあっていること。図書室が作られつつあること。測量技師をしていた経験を活かして、自分は数学を教えようと思うこと。新たに移送されてきた六四〇名の捕虜のなかに一二名の子どもたちがいるので、ここで教育しようと思うこと——このとき、アリスは、彼の求めに応じて、大量の英語の書籍を送っている。(49) それ以外にも、彼女は、捕虜収容所が解消されるまで、収容所の物理的な状況改善を求めるとともに、将来のボーア人自治への希望をつなぎつづけた。収容所における自立の試みが自治獲得への歩みでもあるという彼女の信念はその後も揺るいでいない。

たしかに、捕虜を未来の帝国臣民として捉え直し、大英帝国の青写真のなかで収容所を見直すという彼女の視点と具体的な提案そのものは、陸軍省の政策に直接反映されることはなかったかもしれない。しかしながら、その後も継続された元捕虜たちとの交流を通じて、あるいは、アリスのサロン・ゲストとして新たに加わったエミリ・ホブハウスやパーシィ・モルテノを介して、彼女にはその後、アイルランド問題の解決にボーア人の支援を仰ぐことも可能になっていくのである。(50)

最後の捕虜移送船がセント・ヘレナ島に到着したのは、終戦のための和平協定を四ヶ月後に控えた一九〇二年一月のことであった。そのなかには、ぎりぎりまで抵抗をつづけたボーア人の将軍、王立アイルランド連隊の大佐が敬意を表さずにはいられなかったベン・フィリュンの姿もあった。〇二年六月からはじまった捕虜の釈放は、その年の一〇月までにはほぼ完了し、一九〇三年一月まで残っていた捕虜はわずか五人しかいなかった。そのひとり、プレトリアのパン職人だったカレル・シュミット（Karel Smit）は、「チャールズ・スミス」と名を変えて島に残り、一九五九年に亡くなるまで、「ボーア・スミス」という愛称で親しまれたという［Laurent 1991 : 2-31］。

南アフリカ戦争の終結とともに、かつてのアイルランド・トランスヴァール隊の大半はアメリカに去って行った。戦後、アイルランドにおけるボーア人への関心は急速に薄らいでいく。アイルランド・ナショナリストらの「南アフリカ戦争の記憶」がその後の彼らのナショナリズムとどうかかわったのか、彼らの親ボーア感情は、あくまで反英感情の裏返しにすぎなかったのか。それは、今後検討を加えねばならない大きな問題である。元捕虜たちとのネットワークを戦後新しい国づくりが進む南アフリカに維持しながら、そして設立まもないアフリカ協会の活動と積極的にかかわりながら、二〇世紀初頭のアリス・グリーンは、自らの南アフリカ経験を別のコンテクストに移し変える作業に本格的に着手していく。その先に、独自の「アイルランド国民の物語」が生まれることになる。

第六章　アイルランド国民の「創造」

――アイルランド史を書き換える

世紀転換期は、ヨーロッパ諸国において、そして日本においても、ナショナル・ヒストリー、すなわち「国民の物語」が語り直され、書き直された時代であった［Berger & Donovan & Passmore 1999］。歴史を書くことは国民を創ることでもある。そしてそこには、人びとの間にさまざまな差異を設定し境界線を引く、「包含と排除」の過程がともなう。世紀転換期のアイルランドの場合、国民を分ける境界線の問題には決定的な意味があった。アイルランド国民はひとつ（one nation）なのか、それとも二つ（two nations）なのか。

アリス・グリーンはあくまでも前者にこだわり、そのためにアイルランド史の書き換えを試みていく。現実のアイルランドが二つに大きく引き裂かれるちょうど同じ時期、アリス・グリーンはどのようにしてこの分裂を食い止めようとしたのか。彼女が想像／創造した「ひとつのアイルランド国民」とはどのようなものだったのか。それは、メアリ・キングズリのアフリカ経験、そしてそれを追いかけたアリス・グリーン自身のアフリカ経験とどのようにかかわっていたのだろうか。本章ではこれらについて考えていきたい。

第一節　新しいイングランド史から新しいアイルランド史へ

第二章でみたように、アリス・グリーンが、イングランド史からアイルランド史へと歴史記述の問題関心を大きく変化させたのは、一九〇〇年をはさむ前後数年ほど、より正確には、一八九五年前後から一九〇四年にかけてのことであった。この時期の彼女が、メアリ・キングズリの追悼を目的とする二つの活動――アフリカ協会設立とボーア人捕虜収容所訪問――に献身していたことは第四、五章でみてきた通りである。と同時に、アリス・

グリーンの著作リスト（資料③一〇八頁）からは、この時期の経験、すなわち彼女の直接的、間接的な「アフリカ経験」が、アイルランド史の書き換え作業と深くかかわっていたと考えられる。

問題は、アフリカ経験のゆくえがなぜアイルランド史だったのか、であろう。それは、この時期のアリス・グリーンがひとつの問題を抱えつづけていたからにほかならない。一八九五年以来、彼女を悩ませつづけたその問題——それは、大西洋の彼方、アメリカから舞い込んだイングランド史の教科書執筆の依頼であった。

その依頼が、どのようにしてアイルランド史の執筆へと変わっていったのか。なぜアイルランド史は書き換えられねばならなかったのか。まずはそのあたりの事情から考えることにしたい。

シカゴからの依頼

一八九五年一二月、「ハーパー・ブラザーズ商会」（Harper & Brothers Publishers）というニューヨークの出版社から、J・R・グリーンの『イングランド国民小史』（以下『小史』と略す）にかんする一通の手紙が、著作権をもつアリス・グリーンのもとに届いた。アメリカのある大都市が、公立の中等教育機関で『小史』を教科書として使いたいと考えている。「『小史』は宗教についての偏向があまりなく、学校の教科書として非常に望ましいが、ぶ厚すぎる」[1]のが難点である。ついては縮約版の出版を考えているが、それは可能だろうか——これが問い合わせの内容であった。翌九六年三月には、再度、同社から手紙が届き、その大都市がシカゴであることを明記したうえで、シカゴ教育委員会の要請を受けて、「簡略、かつ大幅な短縮」を『小史』におこない、出版したいとの旨が綴られていた[2]。翌月、ハーパー・ブラザーズ商会から届いた手紙からは、アリス・グリーンが、教科書用に限るという条件付きで、提案のあった縮約版の出版を了解したことがわかる[3]。

ところが、一八九六年八月、同商会が指定したロンドンの代理人（Messrs. Osgood, McIlvaine & Co.）からアリス・グリーンに連絡が入った直後、彼女は、この代理人に宛てて、「慎重に検討した結果、『小史』の縮約という考えを受け入れることはやはりできない」という判断を示したのである。(4) この間、四ヶ月ほどの間に、アリス・グリーンの周囲で、夫のイングランド史の縮約出版を拒否させる〝何か〟がおこったと思われるが、それについては、『小史』の出版元、マクミラン社からの手紙が示唆的だ。それによれば、ハーパー・ブラザーズ商会の提案は、シカゴのエージェントを通じてすぐさまニューヨークのマクミラン社の知るところとなり、そこからロンドン本社に向けてつぎの情報が伝えられていた。曰く、アメリカでは著作権が守られず、海賊版の出版が横行しており、『小史』にもいくつかの海賊版がすでに存在する。また、縮約版は、売り上げの点でも、著者への影響という点から考えても、イギリス同様アメリカでもマイナスである。今回の件について、われわれは、『小史』の縮約原稿なるものがすでに存在し、当社［ニューヨークのマクミラン社］に持ち込まれて却下された後、ハーパー・ブラザーズ商会に再度持ち込まれたものの、そこでも断られたと聞いている。すでに完全版が広く読まれている『小史』の場合、縮約によって被る損害は甚大だと思われる。くわえて、ニューヨークからの情報によれば、今回の問題の背景には、教科書市場をめぐる熾烈な出版競争というアメリカ独自の事情があり、それゆえに、アメリカにおける『小史』関連の出版をハーパー・ブラザーズ商会に任せるべきでないことが強調されていた。(5)

こうしたニューヨークからの手紙を受けて、ロンドンのマクミラン社代表でサロンの常連ゲストでもあったジョージ・マクミランとこの件を検討した結果、アリスは四ヶ月前の了解を撤回したと思われる。と同時に、『小史』の縮約ではなく、『小史』をモデルに、アリス・グリーン自身が新たなイングランド史の教科書を執筆する可能性が浮上してきた。このアイデア自体は、彼女がハーパー・ブラザーズ商会とそのロンドン・エージェントとの手紙のやりとりのなかで発想されたものだったが、同時期にアリスは、マクミラン社との間でも同様の出版計画を進めようとしたのである。(6)

けっきょく、ハーパー・ブラザーズ商会とのトラブルを一八九六年末までひきずりながら、[7]アリス・グリーンは、シカゴ教育委員会が選定にあたるイングランド史の教科書構想を練りはじめた。その編集を直接担当したのは、ニューヨーク・マクミラン社編集部ジョージ・P・ブレット（George P. Brett）である。執筆に際して、ブレットは、「執筆内容を制限するつもりはない」と前置きしつつも、アメリカ市場向きのイングランド史の教科書とはどういうものかについて、つぎのような助言を与えている。

第一に、アメリカの学校教科書用に書かれたイングランド史はすべて、ローマ・カトリックの感情を損なっているという欠陥があり、この点に配慮せねばならないこと。第二に、イングランド史のみならず、スコットランドやアイルランドの歴史をしっかりと書き込む必要があること。とりわけ、シカゴ教育委員会の教科書選定委員には、アイルランド系、およびスコットランド系アメリカ人が多く加わっており、教科書選定にあたり、アイルランド史とスコットランド史がどう描かれているかはきわめて重要な鍵を握っている。[8]シカゴがボストンと並んでアイルランド系の人口が多いことをくれぐれも忘れないでほしい、とブレットはくり返した。

アリス・グリーンがメアリ・キングズリと出会ったちょうど同じころ、一八九七年一月、ブレットは、「新しいイングランド史（new History of England）」と銘打って、さらにつぎの二点に留意するよう、アリスに書き送っている。ひとつは、「アメリカの読者は、イングランドの歴史や法、さまざまな活動がアメリカの利害にどのような影響を与えたかを知りたがっている」ということ。そしてもうひとつは、イングランド史をどう見るかという問題は、アメリカでは読者となるアメリカ人の「ナショナリティ」にかかわっていること。[9]これは、スコットランド系、アイルランド系などの存在を視野に入れねばならないという先述の要請と同じなのだが、「ナショナリティ」という言葉を使っていることが注目される。

ナショナリティという言葉

ここで、「ナショナリティ」という言葉について少し整理しておきたい。

すでに見てきたように、メアリ・キングズリの使った「アフリカ人のナショナリティ」、アリス・グリーンのいう「ボーア人のナショナリティ」、そして、アリス・グリーンの二冊目の著作となる『アイリッシュ・ナショナリティ』――すなわち「アイルランド人のナショナリティ」――にあきらかなように、「ナショナリティ」という言葉は、メアリからアリスへ受け継がれた植民地経験のゆくえを示すキーワードとしてきわめて重要である。『オクスフォード英語辞典』(*OED*)には、現在の一般的理解と思われる「ある特定の国民に属している事実、とりわけ、権利と義務を含む国家と個人の法的な関係」(*OED*, s.v. nationality, 3a)という意味の他にも、「国民としての資質や性格」(*OED*, s.v. nationality, 1)、「他とは別の、完全な国民としての存在」(*OED*, s.v. nationality, 4)、「ときに民族、エスニック集団である国民」(*OED*, s.v. nationality, 5)などが紹介されているが、重要なことは、この言葉にはたえず何らかのメルクマールが必要であるが、それがきわめて曖昧にしか定義されていないことである。

たとえば、一八八七年、アイルランド・ナショナリズムを批判したA・V・ダイシーにたいして、M・マッコールはつぎのように「ナショナリティ」を持ち出して反論している。「ナショナリティ」という言葉には、「言語、人種と血統、宗教、地理上の境界線、民族の歴史、過去の事件と関係する集団の誇りや自尊心、喜びや悲しみといった記憶」などのメルクマールがあり、これらを基準にすれば、「アイルランドもひとつのナショナリティ」なのである[安川 一九九三:一二一―一二三]。

同様の使い方は、アリス・グリーンの『アイルランド国民の伝統』(一九一七)にも認められる。同書冒頭、彼女はつぎのように問いかける。帝国の拡大によって、イングランドでは、二五〇年もの間、「ナショナリティ」

という概念が帝国の下位概念とみなされ、曖昧にしか理解されてこなかったが、今こそ、この概念を再定義するときがきているのではないか、と。ここにいう「ナショナリティ」概念再考のきっかけが一九一六年のイースター蜂起にあることは、この著作が、蜂起翌年、雑誌『ヒストリ』(一九一七年七月)に掲載された論文をパンフレットのかたちで刊行し直したものであることからもあきらかだろう。

そのうえで、ナショナリティ再考をよびかけたアリス・グリーンは、従来、「ナショナリティ」のメルクマールとなってきたものをつぎのように列挙している。「人種[=民族]、王朝、地理的領域、経済、宗教、国民の伝記、歴史すなわち過去、建国神話、文明の段階、政治形態」[Alice Green 1917b : 3]——ここに、ナショナリティがフィクションであるという彼女の認識がはっきりと認められるだろう。そのうえで彼女は、こうしたメルクマールにもとづいて創造された「ナショナリティ」は、そこにいくぶんかの真実があろうとも、頭のなかでしか理解されず、感情として心の奥底におちてこないのはなぜかと、さらに問いかける。「ナショナリティ」の構築へとつながる希望や責任のあり方が地域によって多様だから、というのが、アリス・グリーンの答えであった。そこで彼女はこう主張する。「ヨーロッパに類を見ないユニークなアイルランドのナショナリティを理解するには、子どものころからなじんだイギリス式の考え方をやめて、別の考え方をしなければならないのである」[Alice Green 1917b : 3]。

ここで彼女が提起する「別の考え方」とは、タイトルに謳われた「国民の伝統 (national tradition)」への注目であり、そのなかで構築、再構築をくり返しつつも、「アイルランド国民はひとつである」という考え方なのである。

このように、本書が対象とする世紀転換期において、「ナショナリティ」という言葉は、「ネイション」、すなわち「国民」という言葉とほぼ同義語として用いられつつも、そのメルクマールの多様性ゆえに、「国家への帰属」とか「国籍」といった現代的な意味以上に広範な使用が可能だったと思われる。この言葉をアフリカに拡大・適用する際にメアリ・キングズリが提起した留保条件――「アフリカ人のナショナリティ」を知るには、ヨーロッパの、あるいはイギリス式の考え方や偏見を払拭すること――をアリス・グリーンが応用しようとしたことは、先の引用にあった「ヨーロッパに類を見ないユニークなアイルランドのナショナリティ」という表現からも読みとれよう。問題は、そのユニークさを何が保証していたかであるが、この問題は本章第二節で考えることにして、話をいま一度、アメリカで使用する教科書構想へと戻すことにしよう。

最初の構想

ブレットからアリスへのいくつかの助言、いや注文からは、ひとつの興味深い事実が浮かびあがってくる。それは、アメリカの中等教育で教えられる「イングランド史」とは、イングランドの拡大史ではなく、スコットランドやアイルランド、ウェールズを含む連合王国の歴史、もっといえば四つのネイションの歴史として想像されていたことだ。それゆえに、それは、夫グリーンが手がけた「イングランド国民の物語」であってはならないのである。

こうした理解から、アリス・グリーンが、スコットランド、アイルランド、そしてウェールズの歴史を精力的に勉強しはじめた様子は、「アリス・グリーン文書」に残されたいくつかのファイル――彼女自身が鉛筆で「私の新しい歴史（一八九五―九八年）、マクミラン社とともに」（On my new history〔1985-98〕with Macmillan Co.）と手書きしたぶ厚い手紙の束（AGP, MS 15124）や、彼女が集めたおびただしい歴史書の書評や細かなメモ類（AGP, MS 10455, 10456）などにはっきりと認められる。

では、夫グリーンが描いた「イングランド人の物語」に、スコットランド人やアイルランド人、ウェールズ人の物語をどのように接ぎ木すれば、新しい「イングランド史」(いうなれば連合王国の歴史British history)になるのだろうか。一八九五年末から九八年一二月にかけて、ロンドン、およびニューヨークのマクミラン社とアリスとのやりとりにはその試行錯誤が投影されている。すなわち、アリス・グリーンの原稿は、当初予定されていた一八九七年春の刊行には間にあわず、その後、一時的ながらも、出版社とのやりとりが中断しているのである。とはいえ、その後もこの「新しいイングランド史の試み」が継続されていたことは、彼女が複数の友人に送ったと思われる「現在構想中のイギリス史(British history)計画」への助言を求める手紙の存在からもあきらかだろう。[10] そこからは、ノルマン人のイングランド征服から、アリスの同時代である一九世紀末に至るイングランドと諸外国との関係史を中心に、彼女がイングランドの歴史を五章に分けて考えていたことがうかがえる。その具体的な構想は以下の通りである。[11]

第一章　島国帝国(The Island Empire)　一〇六六―一三二七年
　外国の王たち、イングランド人の復活、アイルランドとスコットランドにおけるイングランドの覇権
第二章　イングランド商業の発展(The Growth of English Commerce)　一三二七―一六〇三年
　冒険商人、プランテーション、スパニッシュ・メイン
第三章　イングランド帝国のはじまり(The Beginning of the English Empire)　一六〇三―一七一三年
　インド、アメリカ、海上
第四章　帝国の発展(The Growth of the Empire)　一七一三―一八〇五年
第五章　海上支配(The Dominion of the Sea)　一八〇五―一八九七年

以上のアリス・グリーンの構想からは、一八九七年末の時点で、彼女が、イングランド史の書き直しとは、まずはヨーロッパ大陸との関係で、一七世紀以降は帝国の文脈で、イングランドを語り直すことだと認識していたことがはっきりと読みとれよう。それは、各章を区切る年号に象徴的に示されている。一章と二章を区切る「一三二七年」は、イングランド王エドワード三世が対仏戦争（いわゆる百年戦争）を宣言した年であるが、アリス・グリーンは、ノルマン征服からそれまでの時代を、ブリテン島内部にイングランドの覇権が拡大していくプロセスとして捉えるとともに、そこにすでに帝国の姿を認めている。ここに、百年戦争の終焉――港町カレーを残してイングランドがフランスから撤退した一四五三年――に時代区分上の意味を重視し、イングランド中世を「大陸国家」であったイングランドが島国化していったと捉える現在の通説との違いもまた、あきらかだろう。

さらに、二章と三章を区切る「一六〇三年」は、エリザベス一世の死去にともなう、テューダー朝からスチュワート朝への王朝交替の年であるが、百年戦争勃発からこの時期までをイングランドの冒険商人を主人公とする「ひとつの時代」としてながめる点に、アリス独特の目線がうかがえよう。第四章がはじまる「一七一三年」はスペイン継承戦争の講和条約であるユトレヒト条約締結の年、第五章がはじまる「一八〇五年」はトラファルガーの戦いの年であり、その間の歴史は、ユトレヒト条約でもっとも大きな恩恵を受けたイギリスが、他のヨーロッパ諸国と覇権を争いながら海上帝国へと発展していく物語、ということになるだろう。そして、ヨーロッパにおけるイギリスの覇権が確立した一八〇五年以降の同時代史、すなわち一九世紀史では、文字通り、ヨーロッパを大きく超えてイギリスの支配が拡大していく様子――言い換えれば、人やモノ、情報や文化を動かす帝国という枠組み――が問題にされるのである。

こうした時代区分からは、当時のアリス・グリーンが、大英帝国を島国イングランドの拡大として捉えていたことがうかがえる。彼女は、中世以来のイングランドに帝国的性格を認め、それを問題にする。しかも、それを大英帝国（British Empire）ではなく、イングランド帝国（English Empire）と解している点で、全体のストーリーは、依然として「イングランド国民の物語」でしかないのである。言い換えれば、この時代区分では、大西洋の彼方に登場したアメリカはイングランド世界の延長でしかないことになる。また、スコットランドやウェールズ、アイルランドがどういうかたちでイングランドの拡大と絡んでいたのかについて、ここから「新しい解釈」を読みとることはかなり困難だろう。端的にいってしまえば、アリス・グリーンのこのイングランド史構想からは、彼女が求める「新しさ」も、シカゴ教育委員会が求めた「連合王国の歴史としてのイングランド史」も、想像することはできないのである。

修正案

ところが、その半年後の一八九八年六月、編集担当者ブレットに宛てた手紙では、こうしたトーンは大きく様相を変える。その差はなにより、時代区分の違いとして現れた。時代を何によってどのように区切るかは、歴史をどのように見るかという歴史家の目線と深くかかわっている。アリス・グリーンの新しい構想は以下のようであった。(12)

一、ロビンフッド—一五〇九年（The Hood to 1509、ヘンリ七世治世の終焉）　二五〇頁
二、ヘンリ八世—一七八三年（Henry VIII to 1783）　二五〇頁
三、一七八三年—現在まで（1783 until now）　二五〇頁

先の五章構成とは異なり、この新しい構想では、アメリカ独立戦争を終結させたパリ講和条約締結の年、一七

八三年が時代区分の指標となっているが、これは読者となるアメリカ人への配慮だろう。但し書きとともに示された一五〇九年——ヘンリ七世の死去とヘンリ八世の即位——の意味について、これ以上の詳細は記述されていないが、「シカゴ教育委員会の構成員を念頭に置くこと」という先のブレットの助言を考えあわせると、おそらくはスコットランド系、とりわけアイルランド系のアメリカ人を考慮に入れた修正かと思われる。それは、同じ手紙に記された「三部構成の各々にアイルランド史を織りこむつもりです」という言葉からも裏づけられよう。換言すれば、それは、イングランドとアイルランドの関係が、ヘンリ八世の治世以後変化していくという認識の現れとみていいだろう。いうなれば、「新しいイングランド史」を模索していたアリス・グリーンは、ようやく、「新しさ」の入口、具体的にいえばテューダー戦争再検討の端緒についたといえる。

一八九八年六月のこの時点で、アリス・グリーンが、アメリカ人に「新しいイングランド史」を語るという仕事に熱意をもって取り組んでいたこと、その構想を練る試行錯誤の過程で彼女がアイルランド史に並々ならぬ関心を寄せはじめたことは、同じ手紙に記されたつぎの文章からもあきらかだろう。

私が切に望むのは、アイルランド人を歴史の知識に引っぱり込むことです。アイルランドの歴史は、一方にアイルランドが、もう一方にイングランドが位置するかたちで、これまでずっと、常に軽蔑的な見方でアイルランド人に与えられてきたのですから。

この企画［先の構想］では、アメリカ人は、独立戦争までに五〇〇頁の歴史をもつことになります。第三部には、独立戦争にかんするアメリカ側の最新研究をできるだけ盛り込みたいと思っています。さらには、イングランドにおける思想の動き、イングランド人と彼らの言語の拡大についても、これまで以上の研究内容をつけ加えようと思います。このように扱えば、アメリカ人はその歴史［＝イングランド史］に関心をもつでしょうし、もしそれで満足がいかなくても、一七八三年までの中身があるのです。この全体構想になんとか従ってみたいと考えています。……

この仕事を進めるにつれて、私はますますこう確信するようになりました。この種の著作がこれまでうまくいかなかったのは、執筆者たちが読者を軽視し、必要な骨折りを惜しんだからにほかならないのだと。『小史』の成功は、ひとつには、そうした骨折りを惜しまなかったことにありました。この仕事への私自身の関心はふくらんでおります。私の考えていることがほんとうに価値あるものになれば幸いです。

この文面からは、「新しいイングランド史」の構想を試行錯誤するなかで、屈辱的な歴史叙述を与えられてきたアイルランド人こそ、「過去の発掘」がもっとも急務だとアリス・グリーンが意識しはじめたことがわかる。この意識はどうやって生まれたのだろうか。

修正案の背景——シェラレオネとアイルランド

この問題を考えるには、一八九七年一二月の五章構成から、半年後の三部構成への修正の間に、アリス・グリーンの周囲で何がおこったかを考える必要があるだろう。実際、一八九八年上半期、彼女のごく身近で大事件がおこっていた。九八年二月、シェラレオネでおこった小屋税反対の反乱をめぐるメアリ・キングズリと植民地省との激論である。

一八九六年八月、イギリス植民地省は、フリータウン周辺の直轄植民地に隣接するシェラレオネ内陸部を保護領化した。その一年半ほど後の九八年一月、シェラレオネでは、保護領化の布告に盛り込まれていた小屋税の徴収が開始された。それからまもなく、武勇で鳴らした現地人首長、バイ゠ブレの指揮下、北部でテムネ人の反乱が勃発し、それは四月になると南部のメンデ人にも飛び火して、シェラレオネじゅうを巻き込む大反乱に発展したのである。(13) メアリ・キングズリは、新聞報道でインド大反乱（セポイの反乱）にたとえられたシェラレオネの小屋税反乱の原因は、内陸部のテムネ人、メンデ人固有の土地をめぐる考え方を無視して、ヨーロッパ概念である小屋税を彼らに押しつけた植民地行政官の無知にあると主張して、植民地省の政策を手厳しく非難した［Kingsley 1898a: 407–08; 1898b: 537–60; 井野瀬 一九九九］。『スペクテイター』（一八九八年三月一九日）に掲載されたメアリ・キングズリの長文の投稿、「アフリカの小屋税」は、シェラレオネ総督以下、現地のイギリス人行政官を激しく批判する論調に貫かれている。

アフリカには彼らの法と彼らの社会システムが存在している。植民地省のお役人たちは、アフリカ人が、自分たちの法に従い、法を遵守する民族であることをご存じないようである。小屋税導入に反対する彼らの反乱は、基本的な人間の正義に反したものではけっしてない。小屋税は、アフリカ人が守ってきた彼らの財産所有形態をまったくだめにしてしまい、アフリカ人を反乱に駆り立てるだけなのである。われわれイギリス人の利害と現地アフリカ人の利害とが平和と繁栄を共有し、それを推進、維持できる道はほかにあるというのに……［Kingsley 1898a: 407–08］。

そのうえで、メアリが植民地省の統治施策に代替すべき青写真を構想し、それをアリス・グリーンがアフリカ協会設立にあたって生かそうとしていたことは第四章でみた通りである。

九八年五月、シェラレオネ反乱の問題は議会でもとりあげられた。その口火を切ったのは、アイルランド・ナショナリストとして知られた議員、マイケル・ダヴィット（Michael Davitt）である。彼は、雑誌や新聞に掲載されたメアリ・キングズリの反乱理解を引用しつつ、植民地相ジョゼフ・チェンバレンにたいして、小屋税と反乱との因果関係を追及する質疑応答を開始した［Birkett 1992: 117-18］。反乱原因解明のために、西アフリカ経験をもつ弁護士で貴族院議員のエドワード・チャーマーズ（Sir Edward Chalmers）を委員長とする王立調査委員会が設置されたのは、アリス・グリーンが先の構想修正をあきらかにしたのと同じ、九八年六月のことである。自ら現地を訪れ、二七二人にのぼる聞き取り調査をおこなったチャーマーズは、メアリ・キングズリ同様、反乱と小屋税施行との因果関係を明確に認め、小屋税の撤廃を求める報告書を提出したが(14)、シェラレオネ総督のフレデリック・カードゥは、それを真っ向から否定する報告書を執筆、提出した。それを受けて、植民地相チェンバレンは、「反乱は白人支配にたいする一般的な不満の噴出であり、小屋税の施行自体は反乱と無関係である」とする見解を貫いたのである(15)。

先の引用からもわかるように、一八九八年の「小屋税論争」のなかでメアリ・キングズリが恐れたことは、ヨーロッパとはまったく異なる西アフリカ固有の財産権や習慣に認められる「アフリカ人の個性」が、植民地行政官の無知によって無視されることによって、イギリス人が「アフリカ人のナショナリティ」を破壊してしまうことであった。そこには、現地の法体系をできるかぎり維持しようとしてきたイングランドの伝統が失われつつあることにたいするメアリの危機感が込められていた。そんな彼女をもっとも身近で見守っていたのがアリス・グリーンであった。すなわち、「新しいイングランド史」構想をめぐるアリス・グリーンの試行錯誤がアイルランド史と分かちがたく結びついていく背景には、同時代のイギリスが破壊しようとしていたアフリカの文化や制度にたいするメアリの強い共感と、それゆえに抱えこんだ重々しい苦悩とが共鳴しあっていたのである。

その結びつきを促進する事情が同時期のアイルランドにも存在した。一八九八年一月、ウィリアム・オブライエンによる「連合アイルランド同盟（United Irish League）」の設立と拡大である。

一八九五年七月、総選挙で自由党を破り、政権に就いた保守党ソールズベリ内閣のアイルランド担当大臣ジェラルド・バルフォア（後に保守党党首となるアーサー・バルフォアの弟）は、アイルランド問題とは土地問題であり、この問題が解決すればアイルランド問題は解消すると考え、小作人の権利や彼らの土地購入を認める改革立法をつぎつぎと成立させていった。イギリス政府の「善意ある行動」によってアイルランドの抵抗を封じ、アイルランド自治運動を骨抜きにしようとするバルフォアの政策、いわゆる「温情をもって自治を殺す（Killing Home Rule with Kindness）」というアイルランド統治は、一八九五年以降、自治運動の沈静化にそれなりの成果をあげたと考えられている［O'Day 1998 : 178-206］。同じころ、保守党のアイルランド改革諸立法によって、一九〇〇年前後の時代、分裂の後遺症を抱える自由党の自治法案は後退していった。言い換えれば、「アイルランドに自治を与えることは、アイルランド問題解決の万能薬ではない」という認識が広まった時期に、アリス・グリーンは新しいイングランド史を構想していたことになる。

そこであきらかになったこと、それは、アイルランド人がさまざまに土地を獲得し、自作農化したことによって、土地問題が、もはや「プロテスタントの地主vsカトリックの小作人」という単純な図式では捉えきれなくなったことだろう。しかも、土地立法によって自作農となった零細農家の間で農業問題が再燃するとともに、保守党のやり方にたいして、ユニオニスト、とりわけアイルランド南部に点在するユニオニストの地主たちが異議を唱えた。こうした新しい局面に対応しようとしたのがオブライエンの「連合アイルランド同盟」であり、それはアイルランドじゅうに確実に支部をふやしていったのである。

こうして、シェラレオネの小屋税反乱とアイルランド土地問題の変質がオーバーラップした一八九八年前半のうちに、アリス・グリーンは、アイルランド史への関心を強めるとともに、それをイングランド史としてどのように描けばいいのかという難しい問題に突き当たったのであった。

ている。

「新しいイングランド史」のゆくえ

アリス・グリーンの先の構想とその意図にたいして、ブレットはすぐさま、つぎのような否定的な回答を送っている。

ご提案は将来の構想としてはよいと思いますが、今回の本はやはり、イングランドの視点から書いていただくのが適切かと存じます。アメリカの対応に言及し、アメリカの切実な希望をくみ取りながら、若者たちにアピールする興味深い論点のある、しかしあくまでイングランドの歴史を書いていただきたいのです。こちら［アメリカ］での売り上げを考えても、あなた自身の考えは一時的に白紙にして、イングランドの歴史をお願いします。(16)

その後、一八九八年一〇月下旬、著作権に触れたブレットの手紙を最後に、アリス・グリーンとニューヨーク・マクミラン社とのやりとりは途絶える。(17) 以後、『アイルランドの形成と解体』（以下『形成と解体』と略す）が出版される一九〇八年までの間に、アリスがイングランド史の著作を執筆したことを示す記録は見あたらない。マクミラン社の出版リストにも、アリス・グリーンの「イングランド史」は存在しないのである。この時期に彼女が手がけた論文が、女性の居場所、メアリ・キングズリの追悼、そして南アフリカ戦争関係に終始していたことはすでにみた通りである（資料③一〇八頁参照）。

では、彼女の「新しいイングランド史」構想はどうなったのだろうか。アリス・グリーン自身が保存していたある新聞記事がそれを語ってくれる。一九〇四年一〇月二九日付けのシカゴの地元夕刊紙『シカゴ・イヴニング・アメリカン』には、アリス・グリーンの渡米を伝える記事がつぎのように大きく掲載されている。この記事から何が読みとれるのか、考えてみたい。

> ついに本物のアイルランド史が！
> 偉大なる才能と知性をもつ女性が現在執筆中。著作権はスター出版で、マクミラン社より刊行予定。
> アイルランド生まれ、ないしアイルランド系のアメリカ人は全員、J・R・グリーン夫人が現在アメリカ訪問中であるという事実に関心があるだろう。アイルランド人の血をひく人（Irish in race）、アイルランド人に共感できる人（Irish in sympathies）はもちろん、良書を評価する人たちにとって、彼女の渡米は望ましいものである。(18)

このときの渡米は、古いゲール語の手稿を英語に翻訳するための基金のよびかけが目的であったが、記事はもっぱら、アリスが執筆中のアイルランド史の著作に集中している。「かつてJ・R・グリーンが『小史』でおこなった偉大なる役割を、その夫人が、アイルランド人と彼らの闘争、彼らが成し遂げたこととその栄光のために引き受けつつある」として、この記事の記者はその著作をつぎのように紹介している。

> アイルランド史の執筆を準備するよう、グリーン夫人を説得したとき、マクミラン社は［それを］公立学校で使用する教科書にする予定であった。そのいくつかの章を読んでみて、［私＝記者は］完成のあかつきには、この本をアメリカのすべての学校の子どもたちに——できればイギリスの子どもたち全員にも——手にとってほしいと心から思った。
> 歴史や教育がアイルランド人の物語に正当な評価を与えるときがきている。アイルランド国民ほど迫害を受

けた国民はいないだろうし、アイルランド人が抵抗してきたイングランド人による抑圧ほどひどい抑圧を経験した国民も他にいないだろう。

記者は、「迫害と抑圧」に苦しんだアイルランド人を、大英帝国という空間に浮き彫りにしていく。曰く、カナダやオーストラリアはもちろん、赤道周辺やインドでも、イングランドの支配が浸透してしまったせいか、自分たちが独立していた過去を忘れてしまったが、アイルランドだけは違う。イングランドと一〇〇〇年を超える闘争の後も、「アイルランドはアイルランドなのであり、これからも変わらない」――記事全体に「抵抗するアイルランド人」をにじませたこの記事は、つぎのような言葉で結ばれている。

彼女［アリス・グリーン］のアイルランド史の教科書を公立学校にとり入れれば、この国［＝アメリカ］の子どもたちに、本物のその民族［＝アイルランド人］――つまり、アメリカ人であること（American nationality）と結びついて永遠に離れない人びとを多く輩出したその民族――とはほんとうはどういうものなのかを考えさせることが必ずやできると確信する。

シカゴ教育委員会のイングランド史の教科書選定に絡む企画として持ち上がったアリス・グリーンの「新しいイングランド史」執筆が、同じシカゴの地元紙に紹介された完成間近の彼女の「アイルランド史」とどのように関係しているのか、この記事からはよくわからない。また、一九〇四年一〇月末の時点で「完成間近」と伝えられたアリスのアイルランド史の著作[19]が、一九〇八年にマクミラン社から出版される『形成と解体』と同一のものなのか、そうだとしたらなぜ一九〇八年まで刊行されなかったのか、こうした問題を解決する資料は今のところ見つかっていない。

しかしながら、この『シカゴ・イヴニング・アメリカン』の記事からはっきりといえることが少なくとも三つある。

ひとつは、一九〇四年一〇月の時点で、マクミラン社と組んで、シカゴの公立学校で使用される教科書執筆の計画が依然として継続されていたことである。ただし、それが記事にあるようにアイルランド史なのか、あるいは、先述したニューヨークのマクミラン社編集部のブレットが主張しつづけた「新しいイングランド史」なのか、それはよくわからない。

二つ目は、アリス・グリーンが修正構想を立ち上げ、アイルランド史への思いを表明した一八九八年六月、そして、あくまでイングランド史の執筆を求めるブレットとのやりとりが途絶えた同年一〇月以降、この新聞記事が掲載される一九〇四年一〇月までの数年間が、アリス・グリーンにとって、アイルランドという存在を自分のなかに内面化させていくプロセスであったということである。すでに何度も言及したが、一八九八年から一九〇四年にかけての時期は、アリスがメアリ・キングズリの追悼を目的とするさまざまな活動を通して、メアリのアフリカ経験を自分の経験に加えていく時期でもあった。まさにこの時期に、彼女は「新しいイングランド史」から「新しいアイルランド史」へとテーマの転換を図ったのである。

以上の二つの点と関連して、「一九〇三年一二月」という日付けが入った「初期ブリテン（Early Britain）」と題する講演原稿を第一、二章として、彼女がさらに「新しいイングランド史」の構想を練りあげていたと思われる証拠が「アリス・グリーン文書」のなかに認められる。全一六章から成る構想（資料⑨）[20]からは、一九〇三年末の時期になお、彼女がイングランド史のなかにアイルランド史を織りこもうとする努力をつづけ、その方法と枠組みを模索していたことがうかがえるのである。と同時に、この構想からは、アリスの関心がしだいに中世と

資料⑨　「1106年までのブリテン史」章立て構想

第1章　初期ブリテン（Early Britain）1
第2章　初期ブリテン 2
第3章　イングランドの征服（The English Conquest）
第4章　イングランドの人びと（The English People）
第5章　ケルトの人びと（The Celtic People）
第6章　ケルト教会（The Celtic Church）
第7章　イングランドの改宗（The Conversion of England）
第8章　学問の発展（The Growth of Learning）
第9章　デーン人の到来（The Coming of the Danes）
第10章　ブリテンとデーン人（Britain and the Danes）
第11章　デーン戦争の終焉（The End of the Danish Wars）
第12章　アイルランドとデーン人（Ireland and the Danes）
第13章　ノルマン征服（The Norman Conquest）
第14章　外国支配（The Foreign Rule）
第15章　ノルマン諸侯（The Norman Barons）
第16章　ノルマン支配：イングランドとノルマンディー（The Norman Rule: England and Normandy）

【出典】AGP, MS 10456

いう時代に収斂していったことも知れるだろう。

三つ目に注目すべきことは、連合王国の歴史としてイングランド史の書き換えを模索する彼女が、夫J・R・グリーン同様[21]、旺盛な読書力で数多くの先行研究を読破するという方法をとっていることである。ここに、彼女の歴史研究の手法が端的に示されている。すなわち、アリス・グリーンは、オリジナルな資料を求めてフィールドワークするのではなく、「幅広く読書し、それを消化して、優雅で説得力ある筆致で記録する[22]」ことを得意としていた。そしてそこから、従来のアイルランド史が何を資料としてどのように記述されてきたかを学んだと思われる。

精力的に先行研究を追うなかで、アイルランド史がイングランド人によって「敗者の歴史」に歪曲されて語られてきたという事実に直面したとき、アリス・グリーンは、アイルランド史をイングランド史のコンテクストのなかで語ることはできないと悟ったのではなかったか。資料⑨の構想の存在を考慮に入れれば、おそらく、「新しいイングランド史」の構想が明確にアイルランド史の書き換えへと姿を変えたのは、先の渡米記事にあった一九〇四年になってからのことであろう。そしてそれが、彼女の最初のアイルランド史の著作、『形成と解体』にほかならないと本書は考えている。

第二節　中世アイルランド文明の発見

アリス・グリーンが執筆したアイルランド史関係の著作は、一九〇八年の『形成と解体』以後、一〇作品を数える（資料③一〇八頁）。そのうち、最初の『形成と解体』と『一〇一四年までのアイルランド国家の歴史』（一九二五）の二冊は各々五〇〇頁を越える大著であり、詳細な注が付記された点からも、アカデミズムを意識した研究書だといえよう。もっとも読まれたとされる『アイリッシュ・ナショナリティ』（一九一一）は広範囲の普及を目的とした読みやすいポケット版の中編であり、『古きアイルランド世界』（一九一二）は講演や論文を集めた、やはり二〇〇頁ほどの中編であるが、他はすべて二〇―四〇頁ほどのパンフレット形式をとっている。

こうした出版のあり方自体が、アリス・グリーンの歴史叙述において二つの目的が表裏一体の関係にあったことをうかがわせる。ひとつはイギリスの歴史学界や知識人らに向けたアカデミックなアイルランド史の書き換えであり、もうひとつは、それを噛み砕き、わかりやすい言葉と表現でアイルランド人の間に広めることである。アリス・グリーン自身の持ち味は、前者より後者にあったといえるだろう。たとえば、アイルランド史の大家、オクスフォード大学のロイ・フォスターは、アリス・グリーンの歴史叙述スタイルについて、「連合王国からの分離独立へと向かうアイルランドのなかで、情熱的でアカデミックではない叙述形式をとったからこそ、人気を博した」と分析している[Foster 1993: 1]。フォスターのこの理解は、彼女の伝記に「情熱の歴史家」という副題を与えたR・B・マクドウェルの解釈とも通じるだろう。

では、アリス・グリーンが叙述した「アイルランド国民」とはどのようなものであったのか。それはいつどのようにして形成されたのか。その原動力とは何か。そもそも二〇世紀初頭、「歴史を書くこと」と「国民を作ること」とはアリス・グリーンのなかでどのように関係しあっていたのだろうか。本節ではこうした問題を考えていきたい。

アイルランド史の記憶と忘却

歴史を記述する者にとってもっとも重要なことは、どの立場から誰に向かって書くのかというスタンスの問題である。それは、何を書くか、あるいは何を書かないか、という問題、すなわち「記憶」の選択と深くかかわっている。アリス・グリーンが、アイルランド史の書き換えにおいてこの選択を強く意識していたことは、『形成と解体』の序文冒頭からすでにあきらかであった。

多くの理由がアイルランド史の叙述を阻んできた。[「アイルランドを」]侵略した民族は、絶滅してしまおうとする社会の記念碑を消去し、あまりにも効率よくその文明の記憶を拭い去ってしまったがために、その記録を回復し、理解するには、一世代の間、研究を重ねる必要があるだろう[Alice Green 1908 : ix]。

この短い文章のなかにちりばめられた単語――絶滅する(extirpate)、消去する(extinguish)、拭い去る

(efface)、記念碑（monument）、記憶（memory）が、この本の基調をはっきりと物語るだろう。これにつづけてアリスはこう綴っている。

かくして、アイルランド人民の歴史は、まるで存在しなかったかのように、記録されないままに放置されてきた。その歴史を、不名誉と非難の歴史のごとし、と語る人さえいる。

本書に記す研究は、テューダー戦争によって壊滅させられる以前に存在したアイルランド文明の記録をまとめ、産業、富、知識における進歩の足跡をたどりながら、その国民生活を破滅させた暴力をあきらかにすることを目的としている［Alice Green 1908: ix-x］。

ここには、アイルランドにおける「記憶と記録」の問題に光をあてようとする彼女の問題意識が鮮明に示されている。執筆動機を綴った序文には、アリス・グリーンの歴史を見る姿勢がさらにはっきりと映しだされている。まずはそれをみておきたい。

アリスはいう。歴史は、常に勝者の視点から、勝者のために、勝者によって「記録」されてきた。しかしながら、この偏った見方から書かれた物語は、当の勝者にさえ、真実を――たとえば、自分たちが勝利した戦争の真の正体を――伝えていないのではないだろうか。テューダー戦争におけるイングランドの勝利とは何だったかを、敗者であるアイルランドの文脈で再考すること――これが、『形成と解体』を執筆した第一の動機だという［Alice Green 1908: x］。そこには、アイルランドの過去がテューダー戦争以後に歪曲されたという認識があり、それが、この著作をめぐる一大論争の争点ともなっていくのである。

では、「敗者の物語」、すなわち「アイルランド人の物語」はどうなってしまったのか。アリスは、そのゆくえを「第二の死（second death）」［Alice Green 1908: x］とよんだ。勝者が中傷と誹謗とともに意図的に忘却した敗者の記憶――すなわち、かつて文明を築いた誇り高き人びとの記憶――が、最初から存在しなかったかのごとく、沈黙の墓に葬られたことを意味する言葉である。それは、ハンナ・アーレントがナチスによるユダヤ人虐殺の歴史について語った「忘却の穴」にも似た響きをもつ。「だれもがいつなんどき落ちこむかもしれず、落ちこんだらかつてこの世に存在したことがなかったかのように消滅してしまう忘却の穴」［アーレント 一九七二（一九九五）：二二四―三五］――死者は、その死さえも忘却されることによって、この世に存在していたことすら抹殺されてしまう。それとほぼ同じ意味で、アリス・グリーンは、アイルランド人の歴史に「第二の死」という言葉を与えたと思われる。死してなお、敗者アイルランド人に歴史が正当な居場所を与えることはなく、逆に、勝者イングランドが捏造した「野蛮で救われない民」というイメージが、アイルランドにたいするイングランドの侵略と破壊を正当化しつづけた、とアリスは理解する。そのイメージや語りは、その後何度も再生産されて、アイルランド人から気概も自信も奪ってきたのである［Alice Green 1908: xi］。この悪循環を断ち切り、アイルランド人が正当な誇りと勇気を回復するには、その歴史を研究し、記録し直すしかない。アイルランドの記憶を「第二の死」から救い出すこと、これが第二の執筆動機だとアリス・グリーンは語っている。

もうひとつ、彼女が三つ目に指摘しているのは、他の国民の歴史とは異なり、アイルランド史においては、歴史家の仕事そのものが歪曲されてきたということである。テューダー時代以降、アイルランドとそこで暮らす人びとを描く作業は、彼らの政治的無能さと無秩序、個々人の残虐ぶりを示すことに終始してきた。その結果、アイルランド中世は、殺戮と略奪に満ち、都市も教会も修道院も存在せず、無法で無秩序な世界、「堕落した民族の歴史」として提示されることになった。富者の暴力、貧者の無知と残虐行為しかない歴史に耐えうる国民などどこにいるのだろう［Alice Green 1908: xi-xiii］。

こうした理解にもとづき、アイルランド史を歪めてきた従来の枠組みを打破し、暴力と無秩序、残酷さが支配すると語られてきた中世アイルランドを再考し、そこに豊かな「学識、信仰、人間性」の存在を証明しようとしたのが、『形成と解体』である。「中世」という時代が選ばれたのは、それが、一六世紀のテューダー戦争のなかで、勝者イングランドによって抹消、忘却され、歪曲されたアイルランドの過去を「記憶」している場であるからにほかならない。ピエール・ノラは「記憶の場」を広義に定義してこういっている。それは、「物質的なものであれ、非物質的なものであれ、きわめて重要な含意を帯びた実在である。それは人間の意志もしくは時間の作用によって、なんらかの社会的共同体のメモリアルな遺産を象徴する要素となったものである」[ノラ 二〇〇二：一八―一九]――アリスは、まさにそうした場として、アイルランド中世の再記憶化を試みたといえるだろう。

もっとも、「近い過去」に奪われ、失われたアイデンティティを取りもどすために、「遠い過去」の記憶に注目すること自体はそれほどめずらしいことではない。過去の問題が現在の出来事としてたえずよみがえるアイルランドにおいて、過去を考えることは今を考えることでもある。また、一八三〇年代ごろにはじまるとされるナショナリスト的、愛国的歴史叙述のなかでは、古代からずっと連続するものとしてアイルランドの過去が語られるとともに、中世アイルランドは文明社会として描かれて、青年アイルランド党のイデオローグにも利用された[Foster 1988 (1989) : 311-12]。それゆえに、アイルランド中世に「文明」を読み込もうとする試み自体は、アリス・グリーンの独創ではない。

だからこそ、問題は、中世という時代に「国民」というヨーロッパ近代の概念をいかにして位置づけるか、にあったといえる。これこそ、アリス・グリーンの最初の著作、『形成と解体』の挑戦であった。

『形成と解体』の挑戦

『形成と解体』は、一二世紀以降、アイルランドでどのように豊かな文明が形成、発展し、それがテューダー朝イングランドの侵入によって一七世紀初頭までにどのようにして解体したかを、経済と文化の二部構成で綴ったものである。

第一部「通商と産業」では、豊かな文明社会としてアイルランド中世を展開させた基盤である通商ネットワーク、それを支えたアイルランド国内の諸産業、そうした経済活動の結節点となった都市の発展などが記述される。アリス・グリーンは、アイルランドの中世の記憶をこう語りはじめる。

アイルランド――紀元一〇〇〇年ごろ、少なくとも南フランスでこの島全体がこの名で知られていた――は、当時つぎのように特徴づけられていた。「とても豊かな国で、そこには一二の都市、広い司教管区があり、王がひとりいて、独自の言葉とラテン語があった。」一四五〇年ごろ、そこは依然として豊かだった。……アイルランドは、長らく［ヨーロッパ］大陸の人びとに望まれた地だった［Alice Green 1908: 1］。

ヨーロッパ大陸諸国との通商ネットワークの展開とともに、アイルランドには多様な産業が開花する。それを要約すればつぎのようになろう。

アイルランドは大理石の採石場に恵まれ、木材交易も活発で、沿岸部は漁業で有名で、鮭とウナギは輸出され、麻はすべての市場の屋台に並び、アイルランド各地で亜麻が栽培され、羊毛と麻が取引きを競い、染料と皮革製品はヨーロッパ大陸で評判だった［Alice Green 1908: 45–56］。

こうした豊かな通商と産業から、中世アイルランドにはその拠点となる都市が成長して地方との結節点となり、国全体の繁栄を支えていた。そうした諸都市が、ヘンリ八世時代にはじまる「征服」計画によって、まずは通商権と自治権を維持するための争いに、ついで「国民の自由（national freedom）」のための戦いに巻き込まれることで、どのように衰退していったかが、第一部の後半で語られる［Alice Green 1908: 203-34］。

第二部「教育と学問」では、通商ネットワークと産業活動がもたらす富に支えられ、「社会のなかで学者にもっとも敬意が払われた」［Alice Green 1908: 235］中世アイルランドにおいて、ヨーロッパでもっとも発達した「知的民主主義（intellectual democracy）」がどのように展開されたかが語られる。オクスフォード大学で学んだアイルランド人がこの島とヨーロッパ大陸とを結ぶ知的ネットワークの確立に多大な貢献をする一方、彼ら知識人は、アイルランドの部族長らから手厚くもてなされ、保護された。知的水準がきわめて高く、文化に大きな意味を認めていた中世アイルランドでは、島内で対立する諸部族も、島外から侵入した諸民族も、時間をかけて文化的に融合しあうことで、一五世紀までに「アイルランド国民」が形成されていた、というのがアリス・グリーンの主張である。その結果、彼女は、「国民意識の欠如から政治的な統一がとれず、『固められない砂』や『内部の憎悪』によって、もろくも崩れ去った民族転落の物語」［Alice Green 1908: 488］として語られてきたアイルランド人の物語をきっぱりと否定したのである。逆に、アリスは、「アイルランド国民」の形成と発展を支えてきたアイルランドの通商ネットワークや経済活動、教育・学問制度が、ヘンリ八世以後、イングランド人の侵入によって破壊されたという見方を提示するのである。

こうして、豊かな文明社会として描かれたアリス・グリーンの中世アイルランド像は、当時のイギリス歴史学界で広く共有されていたテューダー戦争理解――この戦争こそが、文明など何もなく、対立する諸部族が血なまぐさい残酷な戦いをくり返すだけの野蛮なアイルランドを「文明化」させ、「国民」という意識を導入したという語りと、真っ向から衝突することになった。

ヨーロッパの例外としてのアイルランド

中世アイルランド文明を背景に、アリス・グリーンは、八、九世紀ごろから形成されはじめ、一五世紀までにはっきりとその姿をみせたという「アイルランド国民」をどのような存在として描き出していたのだろうか。

『形成と解体』におけるアリス・グリーンの強調点のひとつは、構築、再構築をくり返しながら、アイルランドの過去を通じて、一貫して「アイルランド国民」が存在してきたという主張である。彼女は、すでに紹介した『形成と解体』の序文のみならず、同書全体を通じて、そして他の作品においても、「アイルランド国民の記憶(Irish national memory)」、「アイルランド国民の生活(Irish national life)」、「アイルランド国民の伝統(Irish national tradition)」といった言葉を多用している。こうした言葉によって、彼女は、アイルランドにおける「国民」の問題を、現実の政治に直結する存在としてではなく、文化の問題として捉え直し、その連続性こそを問題にしたといえるだろう。この連続性を保証するものとして求められたのが「歴史」にほかならない。

それを徹底的にテーマ化したのが、二冊目のアイルランド史の著作、『アイリッシュ・ナショナリティ』である。[23] それは、『形成と解体』が対象とした時代をさらに前後に拡大し、「国民形成の物語」を前面に押し出しながら、「アイルランド国民とは何か」を一貫して追求している。普及版として書かれたこの著作には、『形成と解体』以上に、アリス・グリーンが想像(創造)する「アイルランド国民」の姿がわかりやすく提示されているといえる。たとえば、アリスが創造したアイルランド国民の独自性を端的に物語るものとして、その妥当性を含め、新聞や雑誌の書評で何度も引用されたつぎの一節をみていただこう。

ローマ帝国は、臣民の心に、そしてその後継者となったテュートンの野蛮人に、国家とは中心にいる支配者によってまとめられ、守られ、治められ、取り締まられる組織であるという考え方を刻みつけた。君主は、権力の領域と秩序の維持における最高の存在であり、その領域外にあるもの――芸術であれ、学問であれ、歴史であれ、何であれ――は、すべて二次的な問題として、人民《ピープル》に任された。国民の本質的な生活は、彼らの主人の意志と権力で表現された。

ゲールの考え方はまったく違っていた。彼らの法は人民の法であり、法にたいする信頼を人民が失うことはなかった。法が制裁を必要としなかったため、中央の権威を強化することもなかった。法典は［アイルランド］全民族のためのものだが、行政はできるかぎり幅広い自治コミュニティに分けておこなわれており、各コミュニティを結びつけていたのは自発的な連盟であった。その結合力は、物質的なものではなく精神的なものであり、人民の生活は、軍事的な凝集力ではなく、精神的な共有遺産――伝統、英雄の栄光ある記憶、疑問の余地のない法、そして文学の誇りを同じくする人びとの結びつきの上にあった。そのような国民生活（national life）の本能は、粗野でも卑しむべきものでもなく、中世ヨーロッパ論［の枠組み］に反するという理由で軽蔑される必要もないものだった。アイルランドの部族の統治制度には、少なくとも後にイングランドの政治的信条となる封建制度と同じくらい、人間の美徳と幸福の展望が含まれていた。広範な人民の自治に確固たる基礎を置く、濃密な国民生活を認めなければ、アイルランドの歴史は理解できないのである［中略］。

それゆえに、ローマ帝国の時代、アイルランド人は、自分たちはひとつの民族（one race）であり、ひとつの法に従い、ひとつの文化にまとまり、ひとつの国家に属していると考えていた。彼らのまとまりを象徴するのは偉大なる系図の編纂であり、そこで全ゲール人をたどればひとつの祖先に行きつくのである［Alice Green 1911: 13-15］。

アイルランドは、イングランドとまったく異なる独自の発展をしてきたという考え方こそ、アリス・グリーンがアイルランドを、そして「アイルランド国民」を語る際の大きな拠りどころであった。そして、この独自性は、先の引用にあったアイルランドの過去、すなわち、ローマ帝国の侵入と支配を受けなかったことに求められた。ローマ帝国という政治的、文化的な「経験」を欠いたことにより、アイルランドは、その洗礼を受けた他のヨーロッパ諸国とは違った、もちろんイングランドともまったく異なる「国民形成」のプロセスとパターンをとるようになった、というのがアリスの主張である。と同時に、ローマ帝国に組み込まれた経験を持たないがゆえに、アイルランドは、ローマ、テュートン、デーンといったヨーロッパの諸民族が有する属性——アリスの言葉を借りれば、征服による「帝国への運命」[Alice Green 1911: 68]——と無関係でいられたのであった。このアリスの主張には、イングランドによるアイルランド征服のみならず、大英帝国の拡大とそれによって引きおこされた同時代のアフリカの「緊張」——メアリとアリスのアフリカ経験——が重ねられていたと考えられる。

いうなれば、アリス・グリーンは、アイルランドを「ヨーロッパの例外」と捉え直し、それによって、国家や国民にかんする既存の考え方や議論の枠組みを変えようとしたのであった。

国民形成の文化力

では、ローマ帝国の外部に位置していたがゆえに、物理的な外への膨張、すなわち帝国的拡大への欲求がなかったアイルランドで、古代から中世にかけて、「帝国への運命」をもつ民族の侵入をつぎつぎと受けながら、「国民の形成」が可能だったのはなぜなのか。

アリス・グリーンは、デーン人（ヴァイキング）やノルマン人ら、アイルランドのケルト人（ゲール）よりも軍事的、政治的、物理的に優れた文明をもつヨーロッパ諸民族の侵入の歴史を語りながら、彼らはけっきょく、アイルランドの文化に絡めとられていったという解釈を示している [Alice Green 1911: 57ff.]。たとえば、デーン人の侵入によって、アイルランド人は、物理的な知識や技術、すなわち「文明」を彼らから学んだが、「ドイツ人が文化とよぶもの」――社会や法のシステム、生活や思想など――については、「ちょうど西洋文明を受け入れた日本人と同じように」、ナショナルなものへの忠誠と愛着を忘れなかった、と説明されるのである [Alice Green 1911: 76]。こうしてアリス・グリーンは、侵入する諸民族を吸収、同化、融合して、「国民」として胎内に収めていく「文化力」の存在をアイルランドに指摘するのである。

換言すれば、アリス・グリーンが見いだしたアイルランド国民の形成力とは、イングランドのような中央集権的な政治体制や議会の伝統、あるいは政治指導者の力量にではなく、歴史のなかで文化的、精神的に脈々と継承されてきたもの――「伝統、栄光ある英雄の記憶、疑いのない法、そして文学の伝統」などにある。それをアリス・グリーンは「アイルランド国民の伝統」とよび、その後の著作でその中身にかんする考察を深めていくのである。

こうしたアリス・グリーンの解釈にかんして注目すべきは、「国民」を形成する力を物質的なものと精神的なものとに分け、精神的なものをアイルランド国民形成の特徴として捉え、評価しようとする目線である。「物質/精神」という二分法を使うことによって、アリス・グリーンは、外部からの侵入者による物質的・物理的な破壊が精神的・文化的なものの破壊にはつながらず、「アイルランド国民」は諸民族の侵入を生き残ることができた、と主張することも可能になったのである。それは、「物質的ヨーロッパ/精神的アフリカ」、イコール、「文明/文化」という二分法を持ち込むことでアフリカ人の精神性を強調し、「アフリカ人の個性」に手を加えることなく、その庇護者であることをイギリス人に求めつづけたメアリ・キングズリの主張とぴったり重なるだろう。

さらに、同様の二分法は、アイルランド人の「礼儀正しさ（civility）」の再解釈にも応用されている。「礼儀正しさ」は、イングランド人の「文明」とアイルランド人の「野蛮」の好例としてよく引き合いに出されるが、この対比が成立するかどうかは「礼儀正しさ」をどう解釈するかによるとして、アリスはつぎのような例をあげている。テューダー朝のイングランド人は売買の契約を扱う際のマナー（civil manner）、すなわち物質的、物理的なモノを扱うときの礼儀にかんしては、アイルランド人より優っている。しかしながら、「礼儀正しさ」を「気前のよさ、ホスピタリティ、チャリティ」というコンテクストに置き換えれば、その美徳の持ち主はアイルランド人ということになる［Alice Green 1911: 165］。こうして、メアリ・キングズリが準備した〝方程式〟を使って、「文明／野蛮」を「文明（物質的）／文化（精神的）」に読み直すことで、アリス・グリーンは「野蛮なアイルランド人」という言説をさまざまに修正し、「国民」としての自立性を読み込む突破口にしたのであった。

こうしたアリス・グリーンによるアイルランド国民の形成過程の理解は、同時代の歴史家たちとまったく対立するものであった。たとえば、一六世紀アイルランド史を専門とするジョン・P・マハフィは、一九〇七年二月、王立ダブリン協会主催でおこなわれた「エリザベス朝アイルランド」と題する講演で、聴衆たちにこう問いかけている。「ほんとうの現地人（real natives）」は、外部の侵入者から何をどれほど学んだのだろうか――。マハフィの答えは、「野蛮な現地人」は何も学ばなかった、であった。すなわち、ノルマン人はアイルランドに多くの建物を建築したものの、現地の人びとを文明化することはできなかった。もしイングランド人がいなければ、アイルランド人はいまだ野蛮人のままだろう。言い換えれば、テューダー朝のイングランド人がアイルランドに侵入したとき、彼らが破壊できるような文化がアイルランドに存在していたわけではなかったのである。「かつてアイルランドが聖人と学僧の島であり、ヨーロッパ人の文学上のパイオニアであったことを示す証拠は廃墟しかない」という皮肉で、マハフィは講演を終えている。(24)

これにたいして、アリス・グリーンは、マハフィの講演記事を掲載した新聞『フリーマンズ・ジャーナル』にすぐさま、批判の投稿を送った。そのなかで、彼女は、マハフィがいう「文明／野蛮」という二項対立に疑問を投げかける。アリスの主張はこうである。中世という時代において、イングランドとの関係も、英語を話せるか否かも、ともに「文明」のメルクマールではなかった。当時のコンテクストではラテン語こそが文明の証しであり、それゆえに、「文明」の有無を語るならば、イングランドとの関係ではなく、ヨーロッパ大陸諸国とのつながりを問うべきであろう。アイルランド人の「野蛮性」についても、当時のコンテクストにおいて判断する必要がある。[25]

さらにアリス・グリーンの批判は、アイルランド人を語る際に、マハフィが「野蛮」「非宗教性」「無知」「暴力」といった表現を多用しすぎることにも向けられた。アリス・グリーンが書き換えねばならないのは、アイルランド史をとりまくこうした現状そのもの、投稿に記した彼女自身の言葉にしたがえば、「トリニティ・カレッジの特別研究員《フェロー》ですら、アイルランドにあるのは従属の歴史、せいぜい野蛮の歴史だと思っている現状」にほかならないのである。

この書き換えのために彼女が注目したのは、歴史学の研究業績のみならず、考古学や民俗学、ひいては人類学的なフィールドワークの成果だったと思われる。一八世紀後半以降、アイルランドで設立されたいくつかの学術団体では、失われたアイルランドの過去を復元する努力がつづけられてきた。考古学の発展のなかで具体的な遺跡が発見されたことは、吟遊詩人の詩歌や口誦伝承に代わって、アイルランド文化がそこに存在した確固たる「証拠」として、当時アングロ・アイリッシュのミドルクラスを狂喜させたといわれる［Westropp 1916］。さらには、同時代のアイルランドで進められた民俗学の発見から、それまで歴史分析の資料とは思われなかった証言——たとえば盲目の詩人の証言（後述）——を資料に加えることによって、アリス・グリーンはアイルランド史の叙述に新しい可能性を探っていったのである。

ハイブリディティの意味――アングロ・アイリッシュ

『形成と解体』以来、アリス・グリーンは、「侵入する諸民族を融合し、国民に変えてしまうアイルランドの文化力」、すなわち「アイルランド国民の伝統」をめぐる考察を発展させているが、それを全面に掲げて「アイルランドのナショナリティ」を議論したのが、先にも触れた『アイルランド国民の伝統』(一九一七)である。それにしたがえば、アイルランドの神話や歴史、叙事詩などが文字化される七、八世紀以後、一二、三世紀にかけて形成がはじまった「アイルランド国民」は、一七世紀半ば、オリヴァ・クロムウェル軍によってこの伝統が破壊されるまで確実に存在していた [Alice Green 1917b: 7-8]。彼らこそ、『形成と解体』で語られた豊かなアイルランド中世文明の担い手にほかならない。

彼らによって文字化された英雄伝説や神話、それらをとどめるゲール語の写本は、アイルランドに豊かな文明が存在した証拠でもある。さまざまな記憶が文字化され記録されていく八世紀以降、年代記が定着し、法典が編纂され、さらには文法的な規則が確立することで、言語の上でも「アイルランドはひとつ」であることが意識されたとアリスはいう。ヨーロッパ大陸諸国が〝自分たちの言葉〟を創造しつつあったとき、アイルランド語にはすでに「標準化」が進み、「国民文学」を育もうとしていた、というのだ [Alice Green 1917b: 9-11]。この文化的な一体感こそが、九世紀以降、デーン人やノルマン人を現地のアイルランド人と融合して、「アイルランド国民」を再構築し、『形成と解体』で描かれた豊かな文明を支えたのである。

では、「アイルランド国民」とは具体的にどのような人びとだったのか。

ここで注目したいのは、『形成と解体』以来、アイルランド史の著作全般において、アリス・グリーンが、「ケルト」、あるいは「ゲール」という人種を想像させる用語をできるだけ避け、時代を問わず、「アイルランド国民（Irish nation）」、あるいは「アイルランド人（the Irish）」という言葉を使っていることである。ときに彼女は、「ゲール人（the Gaels）は交易をつうじて文化的にアイルランド人（the Irish）に恩恵を与えた」といった表現をとることもあれば［Alice Green 1911: 164］、「ケルト人」「ゲール人」「アイルランド人」を同義語として使っている場合も少なくない［Alice Green 1911: 21］。

そこには、八世紀以来、「アイルランド国民」が形成（再形成）されつづけてきたという彼女の主張を際立たせる意味が込められていたのであろう。また、それは、アイルランド自治法案の実現を奥深いところで阻みつづけた、イギリス社会に根強い人種偏見――アングロ・サクソンを優性、ケルトを劣性とみなす見方――を意識したものだともいえよう。当時の歴史家たちにはこの偏見がとりわけ強く(26)、たとえば、オクスフォード大学の歴史学教授F・J・フロードは、一二世紀のノルマン人によるアイルランド征服を分析した著作のなかでつぎのように書いている。カソリックのアイルランド人は犯罪の温床であり、アングロ・アイリッシュのナショナリズムも腐敗しており、ともに自治能力に欠けている。アイルランド人は、「武装した野蛮人の暴徒の域を出るものではなく、定住することも経済活動もできず、財産概念もほとんどなく……人間としてのなにがしかの特徴といえば、音楽とバラッドを歌うことが好きだということだろう」［Froude 1872: 15-16］。

さらに、メアリ・キングズリの伯父で、評論家、キリスト教社会主義者として知られたチャールズ・キングズリもまた、アイルランド西部のスライゴを訪れた経験のなかで、アイルランド人を「人間チンパンジー（human chimpanzees）」とよび、「白いチンパンジーを見ることは恐ろしいことだ。もし黒ければ、これほどの恐怖を感じることもないだろうに」［Curtis 1968: 84］と記し、アイルランド人に黒人のイメージをだぶらせた。メアリが叔父の人種的偏見の影響を受けず、自らの経験から「アフリカ人の個性」や「アフリカ人のナショナリティ」を主張できたこと自体、ひとつの興味深いテーマといえるかもしれない。

しかしながら、アリス・グリーンの場合、こうした一般的理解以上に、アイルランド国民の歴史を「ケルトの物語」、あるいは「ゲールの物語」として語れない事情があった。彼女が、一七世紀半ば、クロムウェルの時代に新たな征服者としてやってきたイングランド人軍人を祖先にもつ、プロテスタントのアングロ・アイリッシュだったことである。言い換えれば、アリス・グリーン自身の祖先は、彼女が『形成と解体』で糾弾した「アイリッシュ・ナショナリティ」の破壊者のひとりなのである。

では、彼女は、このアイルランドの悲劇とアングロ・アイリッシュの存在を、「アイルランド国民の物語」のなかでどのように処理しているのだろうか。

アリスは、『形成と解体』が対象とした時代以後、一七世紀から一八世紀にかけて、「アイルランド国民」をめぐって一種の断絶があったことを指摘する。そして、一六世紀のテューダー戦争から一七世紀半ばにかけて、クロムウェル時代の侵略で破壊された「アイリッシュ・ナショナリティ」を再生する役割を担った存在として、自らの出自であるアングロ・アイリッシュを位置づける。つまり、八世紀ごろから形成がはじまり、中世という時代のなかで育まれた「ひとつのアイルランド国民」がテューダー朝イングランド人によって破壊された後、新たな「国民」構築の使命に目覚め、一八世紀末に高揚するナショナリズムの担い手になるのが、アリス・グリーンの先祖、アングロ・アイリッシュだと説明されるのである［Alice Green 1911: chap. XII, passim］。

正確には、それは、「アイルランド国民」の断絶ではなく、アングロ・アイリッシュの断絶、というべきであろう。この断絶は、アングロ・アイリッシュが「市民的自由（civil liberty）」を手放してしまった時間でもあった［Alice Green 1911: 175］。それが復活、再生する一八世紀後半以降、リベラルなアングロ・アイリッシュの地主が、「ひとつのアイルランド国民」を再創造する運動にリーダーシップを発揮する［Alice Green 1911: 196］。

このように語られる「アイルランド国民の物語」において、「アイルランド人」は、ケルトやゲールといった民族性が強調される存在でもなければ、民族としての純粋性が問われるような存在でもない。「アイルランド国民」とは、ケルト人とか、ケルト系ゲール人といった民族上の分類によって線引きされる存在ではないのである。それどころか、アリス・グリーンによれば、宗教の違いもまた、「アイルランド国民」の内と外を線引きする基準とはなりえないのであった。

くり返しになるが、アリス・グリーンが創造した「アイルランド国民」とは、この島の内外に存在し、互いに争い、侵入をくり返した多種多様な民族が文化的に融合し、歴史的に構築されたハイブリッドな存在であり、言語や法、神話や英雄伝説といった伝統を共有することによって成立する文化的な統合体なのである。その内部を構成する民族、階級、宗教などの多様性は、「国民」としての一体性を損なうものとはまったく捉えられていない。アングロ・アイリッシュに期待されるのも、政治的なリーダーシップ以上に、文化的な貢献なのである[Alice Green 1911: 174-76]。これに加えて、さらにアリスは、アイルランドにおける国民感情の中心は、ケルト(ゲール)の血(すなわち民族)にではなくて土地にあり、土地こそ人格化されて崇拝の対象とされてきたとも説明している[Alice Green 1917b: 7-8]。

「国民」の包含と排除をめぐるアリス・グリーンの考え方は、議会制度とそこで涵養された「自由」を国民形成の主軸にして「イングランド国民の物語」を描いた夫グリーンとは、一見、対照的のように思われる。たしかに、J・R・グリーンは、同時代のイングランド史家の多くと同じく、アングロ・サクソンの優位を信じて疑わなかった[Curtis 1968: 9; Kumar 2003: 218]。しかしながら、彼は、民族(人種)としての純粋性のみを重視していたわけではけっしてない。たとえば、夫の死の直後、彼の遺作『イングランドの征服(*The Conquest of England*)』(一八八三)の編集にあたったアリス・グリーンは、夫の原稿のなかにつぎの言葉を見つけたはずだ。

現在のイングランド国民ほど血の混ざり合った民族はいない。今生きている人で、どんな民族であれ、われわれが命名してきた民族の血が混ざっていないと確信をもっていえるイングランド人などいないのである。もっとも、人民の政治、あるいは社会構造にかんして、血の混合はほとんど、ないしはまったく何の影響ももたらしていない。彼らは純粋にイングランド的、あるいはテュートン的でありつづけている［J. R. Green 1883: 31］。

グリーンにかぎらず、一九世紀後半の「国民」をめぐる議論では、民族の純粋性を強調するのではなく、むしろ民族的なハイブリディティを前面に押し出しながら、それを文化の問題としてどのように議論するかに重心が移行しつつあったと思われる［Stuchtey 1999: 30–46］。アリス・グリーンもまた、「アイルランド国民」の民族的な境界線を消去し、あくまで「アイルランド人」と表現することによって、当時のイギリス社会に根強く認められた「劣性としてのケルト人」という民族（人種）的イメージを払拭するとともに、彼らを「国民」とよぶことでそれが文化的存在であることを強調し、中世アイルランドからの連続性を主張したのであった。彼女によれば、テューダー朝イングランド人の侵入によって破壊されたのは、こうした文化的な意味での「アイルランドの文明と国民」にほかならない。それゆえに、アリスは、「侵入したイングランド人が破壊できる文化など、アイルランドになかった」というマハフィにたいして、強い憤りを禁じえなかったのであろう。

アイルランドの文化とナショナリティをめぐるこうした理解をアフリカのコンテクストに置き換えて、イングランドによる破壊という悲劇を阻止しようとしたのがメアリ・キングズリだったことを、ここで改めて強調しておきたい。彼女が南アフリカ戦争に向かう軍艦のなかで書いた手紙にはこうあった。アフリカにはアフリカ独自の法や文化、制度があるとちゃんと主張すれば、イギリス人は、「これまで故意にではなく無知ゆえにアイルランド人に与えてきたこと、すなわち、アフリカのナショナリティを破壊したり、苦痛を与えたりしたいなどとは思わないと私は信じます。……もしエリザベス朝の人びとがこのこと[ブレホン法]を知っていたら、今のアイルランド土地問題などなかったでしょう」(本書一七一―七二頁)。アリス・グリーンがこの手紙をひとつの手がかりとして、テューダー戦争に「アイリッシュ・ナショナリティ」の破壊を読み込み、歴史の書き換えを通じてその回復を試みようとしたことは、メアリが指摘したアイルランド固有の土地法であるブレホン法を、ヘンリ二世とアイルランド人部族長らの争点として分析し直したことからも明らかであろう[Alice Green 1911: 99]。それは、その二〇年あまり前、『ヘンリ二世』(一八八八)を執筆したときにはまったく認められない視点であった。(27)

部族制度への再評価

『アイリッシュ・ナショナリティ』からの先の引用にもあったが、アリスが描きだした「アイルランド国民」の大きな特徴は、それまで野蛮のシンボルとみなされてきたアイルランドの部族制度を、国民の伝統の維持装置として捉え直し、その自治能力を高く評価して、部族制度こそが「アイルランド国民」意識の揺籃であったという認識を示したことにある。

たとえば、『形成と解体』第一部第三章で論じられたケルトの部族長たちの「都市性、騎士道精神、知識欲、ホスピタリティ」などを受けて、文化や芸術、学問を議論した第二部第九章では、部族長たちは、各地を移動する知識人や吟遊詩人を歓待し、保護するホスト的存在であったことが強調される。「アイルランド人部族長の家は、礼儀と会話のアカデミーであった」[Alice Green 1908: 338]。とりわけ、「国民の言葉」を巧みに操る吟遊詩人は、どの部族長の家でも歓待され、その活動は文字通り、ナショナルなものだったとアリス・グリーンはみている[Alice Green 1908 : 341]。そこから、彼女は、彼ら部族長率いる部族間の血なまぐさい抗争以上に、彼らを通じて部族間にゆるやかな連合が成立できたことを高く評価する。その結果、中世アイルランドには、全体として「ひとつの法、ひとつの英雄伝説、ひとつの言語から構成されるひとつの国民」が保たれてきたというのが、アリス・グリーンがもっとも強調する主張である。

換言すればこうなるだろう。すなわち、部族制度は、ローカルな利害をナショナルな利害に優先させることで「国民」の形成を阻止したのではない。逆に、部族制度こそが、アイルランドのナショナリティ、すなわち、アイルランド人独自の発展方向を育み、「ひとつの国民」を維持してきたのである。部族制度を見直すこの視点がなければ、アイルランド中世を豊かな文明社会として描くことなど不可能だっただろう。それゆえに、部族制度の再評価は、アリス・グリーンのアイルランド中世文明論の屋台骨ともいえるのである。

こうしたユニークな見直しが、メアリ・キングズリのアフリカ経験を下敷きとして展開されたことを想像するのはさほどむずかしいことではないだろう。西アフリカの旅のなかで、メアリは、アフリカにはヨーロッパのものさしでは測ることのできない文化や価値観があることを理解し、西アフリカにヨーロッパの価値観をあてはめる愚行を指摘して、宣教師や行政官らの無知を批判しつづけた。先述したように、一八九八年を通して彼女が関与したシェラレオネの小屋税反乱においても、彼女が主張しつづけたことはただひとつ、財産や土地をめぐる考え方が異なる西アフリカにヨーロッパの法概念を押しつける愚かさであった。メアリ・キングズリは、独自の法認識や宗教観を発展させ保持したシステムとして西アフリカの部族制度を擁護し、それを単なる「野蛮」として切り捨てることに強く異議申し立てをしていた。イギリス人（広くはヨーロッパ人）は、まずは彼らを理解しなければならない――これがメアリ・キングズリのアフリカ経験であった。そのための観察や調査をメアリは何よりも重視したのである。

アリス・グリーンは、メアリのこの経験と異議申し立てをアイルランドのコンテクストに移しかえ、アイルランドの野蛮性の根拠とされてきた部族制度にあてはめたのである。すなわち、彼女は、イングランドの封建制度とアイルランドの部族制度を対比しながら、後者に前者とは異なる自由と自立性を見いだし、そこに「国民の伝統」を維持する力を指摘する［Alice Green 1911: 32-33］。その根拠となったのも、イングランドとアイルランドとの歴史的な経験の違い、すなわち、アイルランドがローマ文明の外部に位置したことであった。通常、「野蛮性」との関係で言及されるこの事実――たとえば、アイルランドがローマ帝国の征服を免れたのは、ローマの欲望をそそるようなものがアイルランドに存在しなかったからであるといったような語り――を、アリス・グリーンは、ローマ帝国の洗礼を受けた他のヨーロッパ諸国、諸地域との違いとして肯定的に捉え直すことで、アイルランドにおける「国民」、「文明」という概念の独自性を主張する糸口を見いだしたのである。

このように、アリス・グリーンは、イングランド人侵入以前のアイルランドに豊かな文明が存在したという中世の記憶を随所に織りこみながら、アイルランド史を書き換えた。一九一〇年、フランシス・ビガーに懇願されて列席したブリュッセルでのパン・ケルト会議においても、アリス・グリーンは、「暗黒時代のヨーロッパ文明を救った存在」として、アイルランドを語っている［R. B. MacDowell 1967 : 81］。それは、アイルランド人に誇りと自信を回復するためだけではない。これまで歴史分析の資料として無視されてきたアイルランド語（ゲール語）の資料を付加することで、豊かな文明社会として再構成されたアイルランド中世像を提示することによって、アイルランドにたいするイングランドの偏見も払拭できると考えたからである［Alice Green 1911: 222; 1917: 5］。アリス・グリーンがもっとも恐れていたのは、無知による破壊――それもまた、最後の手紙にメアリ・キングズリが込めた願いであったはずだ。「相互理解のためには、ヨーロッパ人がアフリカ人を〝科学的に〟知る必要がある」というメアリの思いを実現させるべく、アフリカにかんする研究、調査、情報収集、宣伝をおこなうアソシエイションとしてアフリカ協会を立ち上げたのは、ほかならぬアリス・グリーンであった。そして同じことは、アイルランド研究についてもいえたのである。

先のマハフィ批判の言葉にあるように、アリス・グリーンは、世紀転換期、オクスフォード、ケンブリッジ両大学やロンドン大学に、アイルランドの歴史や文化をまじめに研究する機関がないことを遺憾に思っていた[Alice Green 1911: 248]。彼女の想いは、「アイルランド研究」の専門機関となる大学院大学構想へと発展していく。しかしながら、その過程で、彼女は既存の歴史学界との衝突を覚悟せねばならなかった。彼女のユニークな部族制度擁護とそこから発展したアイルランド国民理解は、ローカルな利害しか考えないシステムとして部族制度を否定し、その破壊こそがナショナルであることを展望するより高次の政体、すなわち「国民」の創造を可能にしたとして、テューダー朝以降のイングランド人の侵入を肯定する当時の歴史家たちの見解と、真っ向から対立するものだったのである。

第三節　アイルランド国民はひとつ

歴史家ジョン・ケニヨンは、『近代イギリスの歴史家たち』のなかで、アリス・グリーンの『形成と解体』のことを、「アイルランド史にかんして先駆的な役割を果したただけでなく、この論争におけるひとつの党派的な声明であった」と紹介している[ケニヨン　一九八八：一九九]。ケニヨンのいう「この論争」とは、テューダー朝イングランドのアイルランド侵入、いわゆるテューダー戦争の評価をめぐるものである。それを象徴するのが、マンチェスタ大学歴史学教授ロバート・ダンロップとアリス・グリーンとの論争であろう。

『コンテンポラリ・レビュー』誌（一九〇九年一月）に掲載された「アイルランド史における真実と虚構」と題

するダンロップの書評は、エリザベス朝におけるイングランドとアイルランドの関係を扱った他の三冊の著作と比較するかたちで、実際にはアリス・グリーンの『形成と解体』の酷評に終始した［Dunlop 1909: 254-74］。二二頁にもおよぶ長文の論調は糾弾ともいえるほど激しく、厳しいものである。ダンロップはアリス・グリーンの何を批判したのだろうか。二人の争点はどこにあり、それは何を意味しているのだろうか。

ダンロップの批判

ダンロップはつぎのように書評の口火を切る。

イギリス＝アイルランド関係は、アカデミズム以外の場で関心が高く、歴史家だけでなく、政治家や詩人、ジャーナリストや小説家らがそれぞれの作品を著し、イングランド人やアイルランド人のみならず、ドイツ人やイタリア人など他のヨーロッパ諸国の人びとも関心を寄せてきた。しかしながら、いまだに誰ひとりとしてこの問題の権威はいない。それほど、アイルランドの「今」を歴史的に説明することはむずかしいのである。問題のひとつは、イングランドによる植民地化が進展するなかで、アイルランドの過去をいかに物語ればよいかにある、と［Dunlop 1909: 254］。

ダンロップは、ほぼ同時期に出された三冊の著作(28)を使って自らの立場をあきらかにしながら、アリス・グリーンの『形成と解体』へと話を進め、「歴史叙述家としての彼女の名声、幅広いその読書量、言及された膨大な参考文献などから彼女の話を信じてしまうだろうが、それが問題だ」［Dunlop 1909：258］として、以下、強烈なアリス・グリーン批判を展開していく。大きな論点を整理すれば以下のようになろう。

第一に、彼女の執筆動機でもあった「アイルランドの記憶」への疑念である。アリス・グリーンは、「イングランドによって消されたアイルランド国民の記憶を回復することが目的である」と謳っているが、はたして、アイルランドの記憶はイングランドによって消されたのだろうか［Dunlop 1909：259］。一九世紀半ばまでにアイルランド史にかんする公文書は広く閲覧が許されるようになったが、ダンロップが確認するかぎり、アイルランドの記憶を留めるもの——たとえば記念碑——をイングランド人が破壊したとする記録は皆無である。何がイングランド人によって破壊されたか、特定すべきであろう。

二つ目の論点は、ダンロップが「グリーン夫人お好みの同化理論」と皮肉ったアリスの主張、すなわち、「外部から侵入した諸民族を同化、融合するアイルランドの文化力」にかんするものである。曰く、中世アイルランドで豊かに開花した文明がテューダー朝のイングランド人によって破壊される直前まで存在したとアリスが主張する「アイルランド国民」とは具体的に誰のことか。ケルトか。ケルト、デーン、アングロ・ノルマンの混血か。『形成と解体』は、ケルト的要素が外から侵入した諸要素を吸収、融合したと論じているが、ほんとうにそうなのか。もしそうであれば、ヘンリ八世にはじまるイングランド人の侵入、テューダー戦争もまた、そのような融合のプロセスとして位置づけるべきだろうが、そうしないのはなぜか［Dunlop 1909：261］。

もちろん、ダンロップ自身は、部族制度の破壊、すなわちテューダー戦争を、部族制度から「国民」形成へ至るプロセスに不可欠なものとして位置づける持論をいっさい崩していない。そのうえで、都市居住のアイルランド人が成功をめざしてイングランド文明を選んだ事例——すなわち、アイルランドの土着文化が外来民族や外来文化を吸収したわけではけっしてないこと——を示し、イングランドから入植した人びと、すなわちアングロ・アイリッシュは、ケルト文化を核とする土着文化に絡めとられるどころか、逆に、絡めとられることをおそれて、もともと現地にいたアイルランド人たち（ダンロップは彼らをほんとうの現地人〔real natives〕とよび、ケルト人と捉えている）とは一線を画しつづけたのだ、と主張するのである。こうして、彼は、土着のアイルランド文化がアングロ・アイリッシュ文化をもその胎内にとりこみ、「ひとつのアイルランド国民」を成立させていたとする

アリスの説を真っ向から否定したのである。(29)

三つ目の大きな論点——これが歴史家としての資質がもっとも問われることなのだが——は、アリス・グリーンが、自説に都合がいいように恣意的に資料を選んでいたこと、すなわち、歴史分析の資料として何が重要かを相対的に判断する力がアリス・グリーンに欠落していることへの批判である。彼女は、アイルランド史の記述にあたり、イングランド人の証言を資料として拒否し、自分の見解と矛盾する内容の公文書は削除して、アイルランドの年代記(*Annals*)にある大言壮語にしがみつく。エリザベス朝のアイルランド総督であったエドマンド・スペンサーやジョン・デイヴィスらのような、広く知られている資料を無視する一方、吟遊詩人の詩的で想像にみちた言葉を額面通りに受け取り、明らかな誇張を事実のごとく引用する。しかも、そこに誤読もつきまとう。(30)彼女は資料批判の基準をもっているのだろうかと、ダンロップの言葉は容赦ない [Dunlop 1909 : 266-67]。そうした資料によって構築されたアイルランド文明とは「もっぱらグリーン夫人の想像力のなせる技」[Dunlop 1909: 261] でしかない。しかも、アイルランドのイングランド人は、けっして彼女の想像に絡めとられるような存在ではなかったことをダンロップは強調している。(31)

また、『形成と解体』第一部で雄弁に語られるアイルランドの産業と交易についても、ダンロップは、それらの存在は認めたうえで、「問題は彼女が触れていないこと、つまり、誰がいつこうした天然資源を開拓したのかということだ」として、テューダー朝イングランド人の侵入以前、こうした産業の担い手たちはアイルランド人(native Irish)ではなかった証拠を列挙するのである [Dunlop 1909 : 264]。

こうして、ダンロップは、アリス・グリーンが豊かな文明世界としてアイルランド中世を描くという目的のために資料を恣意的に選択し、しかもそこから自分の議論にあう部分だけを抜粋したと糾弾するのである。アイルランドが豊かだったとも貧しかったともとれる資料の読み方、使い方によって「史実」が捏造されている。「国民の記憶」を創る素材の偏向は、そうした資料から紡ぎ出されるアリス・グリーンの「アイルランド国民の物語」の偏向に他ならない、というのがダンロップの批判の要であった。

ダンロップは、テューダー朝イングランド侵入以前のアイルランドに「ひとつの国民」が存在したというアリス・グリーンの主張は、彼女の想像にすぎないと結論した。そして最後に、彼女を動かしている政治的党派性に触れて、つぎのような辛辣な言葉で長い書評を終えている。

「グリーン夫人がこの本を書いたことを深く遺憾に思う。きっとこの本はいくつかの集団で人気を得るだろうが、そのようなところでは、歴史が政治の下僕のごとく扱われているのである。それは、歴史をまじめなテーマとして尊重する人びとの思いや、軽く見てはならない歴史家の仕事を犠牲にするものである」[Dunlop 1909 : 275]。

アリス・グリーンの反論

歴史家生命を傷つける資料の誤読と恣意性を指摘したダンロップの書評にたいして、アリス・グリーンはすぐさま反論を試みる。一九〇八年一〇月五日、「中世のアイルランド」と題するアイルランド国民文芸協会（National Literary Society）での講演[32]にはじまる彼女の反論は、雑誌『一九世紀とその後』掲載の論文「アイルランド史における伝統 vs 探求」（一九〇九年三月）で全面的に展開された。いずれの反論も、ダンロップ批判の根本にはアイルランド史の叙述全般にかんするアカデミズムの「伝統」――すなわち、アイルランド史は「探求」する価値がないという偏見――があることを指摘したうえで、この「伝統」にはほとんど触れないまま、それよりもつまらない「私［アリス］自身の力不足を長々と取り上げた」[Alice Green 1909 : 480] ダンロップの批判を二つに大別し、それぞれに反駁を試みている。

ひとつは、ダンロップが展開した資料批判についてである。それについて、アリス・グリーンは、自分が使った資料をつぎの三つに分類し、その詳細を語っている。

(一) 主な資料として、法令公文書、布告、都市の文書、年次報告書

(二) 同時代の著作として、『政府関係文書』、旅行記、手紙、歴史書、詩など

(三) 現代の著作として、考古学協会の公刊資料

アリスは、証言者が直接見聞きした発言か否かを十分に吟味し、直接見聞きした言葉のみを、それを記した人物の政治的・文化的な環境を考慮したうえで使ったことを講演で具体的に述べている。そのうえで、問題は自分の資料の読み方ではなく、それ以前——ダンロップのアイルランドにたいする偏見にあることを強調して、もうひとつの論点、すなわち、アリスの主張の要となっている「アイルランドの野蛮性の否定」に移っていく。

アリスは語る。アイルランドの野蛮性は、三世紀もの間ずっと主張され、その信憑性を問われることはほとんどなかった。あまりにも曲解されたために、この「常識」を疑ってその逆を主張すること、すなわち「アイルランド人は野蛮ではなかった」と口にすることなど、そもそもありえない、無思慮、無分別のなせる技とみなされてきた。「アイルランド人の生活、礼儀、習慣はすべて野蛮人のものであり、アイルランド人に自治を与えれば、彼らは文明から見放されてしまうだろう」という考え方は、イングランドでは知識人の世界でも「常識」なのである。だからこそ、『形成と解体』のある書評で、「グリーン夫人は、まるで古い伝統のために現代の学問に突進するドン・キホーテのようである」といわれたことを、アリスは自嘲気味に記す [Alice Green 1909 : 482–83]。

これにたいしてアリスがくり返し強調するのは、国家や国民のイメージというものは「他者」によって作られるものであり、アイルランドが野蛮であるという見解もロンドンの創造物でしかないということだった。(33) それゆえに、彼女は、ダンロップの批判は自分に向けられたものというよりも、イングランド人の証言や資料に否定的

な人間一般に向けられていると断じる。こうした「否定（negation）」こそ、これまでのアイルランド史がアカデミズムのなかで被ってきたものだとして、アリスは、アイルランド史のなかで「否定」されたものをつぎのように列挙してみせる。「人類の進歩、精神生活、愛国心、成長、殺人以外の行動、朽ちて失敗に帰す以外の運動」［Alice Green 1909：481］——こうした「否定」の連続からアイルランド史を救済するものとして書かれたのが、『形成と解体』にほかならない。

とりわけアリス・グリーンが批判するのは、ダンロップが書評のあちこちで「現地人（native）」という言葉を濫用していることだった。中世のイングランド人にたいしてはけっして使われないこの言葉が、同時代のアイルランド人を指す言葉として頻出する不可思議さ——アリスはこう指摘し、それは、ダンロップをはじめとするイギリスのアカデミズムが、アイルランド人を「文明ある白人」として捉えていない証しであるとして、その背後にある考え方を「ズールー＝ホッテントット＝野蛮人理論（a Zulu＝Hottentot＝barbarian theory）」とよび、激しく非難した。[34] 保守党党首ソールズベリのホッテントット演説[35]を想起させるこの命名からは、アリス・グリーンが、ダンロップが濫用したこの言葉に、アイル

地図⑥　世紀転換期のアイルランド略図

ランド人を非白人、とりわけアフリカ人にたとえるヴィクトリア朝時代の人種表現の典型を認めていたことがわかるだろう。ダンロップの批判そのものに、「アイルランド人には、普通の白人ヨーロッパ人（ordinary white Europeans）がもっている属性がない」とみなすアカデミズム一般の姿勢を見いだしたアリス・グリーンは、言語に表現されるこうした偏見にこそ意識的であるべきだと強調するのである［Alice Green 1909：484］。

語りに意識を研ぎ澄ますこうしたアリスの主張は、ポストコロニアリズムの見方に近いといえるかもしれない。同様の視点から、アリス・グリーンは、ダンロップが「誰がいつ発展させたのか」を問題にしたアイルランド中世の産業と通商についても、彼のこの問いかけ自体に、「アイルランド人は野蛮だから経済発展が可能なはずがない」といった偏見をまずは読みとるのである［Alice Green 1909：491–92］。すでにみてきたように、それがメアリ・キングズリの西アフリカ経験であり、アリス・グリーンのボーア人捕虜収容所経験でもあった。だからこそ、アリスはこう問いかける。「彼らは野蛮だから教育も産業もなく、戦争と略奪の連続しかない。アイルランド人についてはこういわれる。しかし、これを逆に考えることはできないだろうか」――すなわちこうだ。

アイルランドは排水状態が悪く、泥炭地と森林の土地だというが、そこに穀物が生育したことがわかれば、アイルランドのイメージはまったく変わる。中世のアイルランド人がラテン語の写本を翻訳したことがわかれば、アイルランド人は〝無教養な野蛮人〟ではなくなるし、産業や交易の存在は、アイルランド人には戦闘以外にすることがあった証拠となるだろう。部族長の寿命が八〇、九〇歳であれば、彼らが殺し合いをせず、ちゃんと生活していた証しともなろう。だからこそ、反論はこれらの証拠にたいするものでなければならないのである。(36)

盲目の詩人は何を語るのか

ダンロップの反論のなかに当時のアカデミズムが共有するアイルランドへのいわれなき偏見を見いだしたアリス・グリーンは、自分を弾劾する彼の資料批判にたいしてさらにつぎのように反論している。

ひとつは、資料に使用される言語の問題である。彼女は、アイルランド史を語る資料として英語が偏重されている事実を問題視し、同時代のアイルランド語の資料によって、歴史叙述のイングランド中心主義を相対化する必要性を訴える。この点にかんしても、彼女は、「現地人［アイルランド人］の記録を偏重しすぎる」というダンロップの批判にまったく動じない。なぜなら、イングランド人が英語で記録した資料からは、中世アイルランドの豊かさは見えないからである［Alice Green 1909：490］。

もうひとつの問題点は、資料に何を読み込むか、何が資料になりうるかということである。この点に、アリス・グリーンとロバート・ダンロップの決定的な違いが映し出された。

彼女が例にあげたのは、ダンロップが「想像ばかりでいいかげんなことを口にする」と批判した盲目の詩人オヒギン（Teigue Day O'Higgin）についてである。

アリスの主張はこうである。盲目の詩人には何も見えていない、だから証言者としてふさわしくないと、ダンロップはいう。しかし、その存在と証言はまったく無視され、否定されるものなのだろうか。重要なことはこうである。「盲目の詩人の心とはどのようなものなのか。詩人たちはアイルランド社会でどのような権威を行使しえたのか。盲目の詩人に人びとは何を求めていたのか。彼らが語るときに用いた資料とはどのような性格のものか」［Alice Green 1909：489–90］。

アリスがいうように、盲人は視力以外の感覚で時代を確実に〝見て〟いる。では、盲人の証言には、アイルランドの過去を構成する資料としてどのような意味があるのだろうか。彼らの証言の中身をどう読みとるかをアリスは考えようとする。アイルランドの記憶を再構築しようとするアリス・グリーンが資料に向けるこうしたまなざしは、言説や記憶を問題とする現代の歴史学研究の一潮流を想起させる。これにたいして、ダンロップは、文字資料とその忠実な解読を何よりも重視する点で、(今では多少古めかしく感じる)伝統的な実証主義者といっていいだろう。アリス・グリーン自身は、反論の論文タイトルに掲げたように、ダンロップと自分の差は、「伝統」を重んじる者と、それを見直す「探求」を試みる者との違いと捉えているが、彼女の「探求」が、ダンロップが指摘したように、アイルランドの野蛮性を払拭するという目的優先のゆえに、ロマンティックなナショナリズムに絡めとられた側面があることは否めない。たとえば、アリスは、中世アイルランドの部族社会がもっていた好戦性の大半を削ぎ落としてしまっているのである[Melman 1993 : 28-29]。アイルランドの過去が「探求」とは別の方向にねじ曲げられた側面があることはあきらかであろう。しかしながら、少なくとも資料にかんする限り、アリス・グリーンの「探求」精神は、ダンロップの批判のずっと先をいっていたといえないだろうか。とはいえ、そのことは、『形成と解体』はじめ、彼女の著作が、同時代のイギリスのアカデミズムには受け入れられないことを意味していた。「アイルランド史は、『ケンブリッジ現代史』や『クォータリ・レビュー』誌[に掲載されたダンロップの論文]以上に、より真実の路線にしたがい、より確実な基盤にもとづいて書き直されうると私は確信する」[Alice Green 1909 : 494]——アリス・グリーンは反論の最後をこうしめくくったが、この言葉を深刻に受け取る歴史家が、当時のイギリスにどれほどいただろうか。

アリス・グリーンの「アイルランド国民の物語」を拒否したのは、ダンロップとの論争に象徴されるイギリスのアカデミズムだけではなかった。『形成と解体』の出版後まもなく、王立ダブリン協会(一七三一年創設)は、アリス・グリーンからの献本の申し出を拒否し、同書を禁書扱いとしたのである。受け入れを判断する同協会図書委員会は、それを「宗教的な理由」と説明したといわれるが、真意は不明である。真実追究の学術団体である

はずの王立ダブリン協会にあるまじき逸脱行為――新聞はそれを「文学的ボイコット」とよんで非難している。(37)

論争の顚末

ダンロップとの論争からアリス・グリーンは何を得たのだろうか。あるいは失ったのか。

論争の過程でアカデミズムの「伝統」にアイルランド史にたいする根強い偏見を再確認した彼女が痛感したのは、アイルランド語で書かれた文字資料の発掘と英語への翻訳の必要性であったと思われる。イングランド人が英語で書いた証言を相対化するには、同時代のアイルランド語の資料が必須であるが、そうした資料を用いて著書を発表するだけでは十分ではない。アイルランド語の文献をイギリスの学者や知識人が読める環境づくりをしなければ議論すら成立せず、アイルランドにたいする偏見は再生産されるだけである――これが、アリスがダンロップとの論争から得た教訓だったといえるだろう。いや、もともとそうした知の整備、知の探求こそ、アイルランド語の文献資料を駆使してアリス・グリーンが描き出した「アイルランド国民」創造の原動力であったはずだ。それゆえに、彼女は、「[アイルランド文明の解体から]ほぼ三〇〇年がたった今、アイルランド人は[ジョン・]リンチ博士と手をとり、アイルランドの弁明に乗り出さねばならない(38)」とよびかけるのである。一六世紀半ば、アイルランド西部の町、ゴールウェイのアレクサンダー・リンチは、ここにアイルランド全土から一二〇〇人の学者を集めて、ギリシャ・ローマの古典とアイルランド学の基礎を築いた。それは、いわば「国立大学(national University)」である[Alice Green 1908 : 370-71]。その息子であるジョン・リンチ博士は、ラテン語とアイルランド語を使いこなす弁証家として知られるとともに、破壊される直前のアイルランド文明の存在を証言しうる最後の人物でもあった。そのアイルランドの記憶をとり戻すことが、アリスの悲願となっていく。

アリス・グリーンは、同時期、ゲール語(アイルランド語)とその文化の普及を目的に設立されたゲーリック・リーグにたいして、言語そのものの普及ではなく、「自尊心、知性、公的義務を負うといった新しい精神をアイルランドに広げたこと」を評価していた[Alice Green 1911: 248]。その一方で、論争の過程で必要性を痛感したゲール語資料の翻訳は、ゲーリック・リーグとは別の、もっとアカデミックな研究機関に任せるべきだと彼女は考えていた。アリス・グリーンは、そのようなアカデミックなアイルランド研究の場として、アイルランド学研究所(School of Irish Learning)の設立を提案する。そのモデルは、一八二一年、古文書学者や司書、公文書保管の専門家を育成するために設立されたパリのエコール・デ・シャルト(Ecole des Chartes)だといわれている。ベルリン大学ケルト文献学教授となったクノ・マイヤーを中心に、ゲーリック・リーグのダグラス・ハイドをアイルランド文学講師にすえるという具体的な人事構想もあきらかにされた(39)。そのための資金援助をイギリス政府に求める活動を展開する彼女には、アイルランドの将来は、埋もれ忘れられた知の発掘とその復活のうえに築かれるべきであるという強い確信があったといえる(40)。それが具体的にどのようなかたちをとっていくのか、そのなかでアイルランド史の資料をめぐる論議はどうなっていくのか、などについては今後の課題にしたい。

時代の変化と和解の可能性

先に、アリス・グリーンとロバート・ダンロップの違いに触れて、歴史資料を見る目について、自らを「伝統」の対極にある「探求」の徒として位置づけたアリス・グリーンの目線が、むしろ現代の歴史学研究、文学批評研究に近いと述べた。それがどのようにして得られたものかを考えたとき、そこに浮かび上がるのがメアリ・キングズリのアフリカ経験であることは本章で見てきた通りである。それが、「新しいイングランド史」の叙述を試行錯誤していたアリス・グリーンに与えた影響は否定しがたい。言い換えるならば、一八九八年のシェラレオネ反乱を含めて、メアリ・キングズリを媒介とする「アフリカ経験」――いうなれば人類学的な知――を歴史叙述の問題と結びつけることによって、アリス・グリーンはアイルランド史に新たな局面を切り開く可能性を得たといっていいだろう。とりわけ、「歴史分析の資料は何か」という先述の問題にたいする彼女の認識の広がりはその賜物であった。

しかしながら、ここにひとつの皮肉がある。一八九五年ごろから一九〇四年ごろにかけて、アリス・グリーンが「新しいイングランド史」の構想を試行錯誤し、「新しいアイルランド史」を書くことを決めた直後から、すなわち、アリス・グリーンがアイルランド史の著作をつぎつぎと執筆していったまさにその時期に、彼女がくり返し強調した「ひとつの国民」という彼女の主張を裏切る現実が、アイルランドで顕在化するのである。一九〇五年末、保守党から自由党への政権交替とあいまって、自治運動がふたたび復活すると同時にその変質もはじまる。非常に微妙な時代にあって、その微妙なぶれが、国民の包含と排除のメルクマールにも影響を与えていく。

すでに見てきたように、アリス・グリーンは、プロテスタントかカソリックかという宗教上の差は、「アイルランド国民」を線引きするものではないと考えていた。それを裏切り、宗教を排除のメルクマールとする「二つの国民」が現実味を帯びはじめたことは、すでに『形成と解体』の書評にあきらかであった。「二つの民族、二つの宗教、二つの党派はあるが、国民はひとつである」という彼女の主張にたいして、「それでは国民概念を弱めることにしかならない」と『タイムズ文芸批評』（*TLS*）が論評したのである（一九〇八年六月二五日）。また、「国民」の線引きにかんしては、ダンロップの考え方も現実に見合うものとはいいがたい。彼は、一六世紀と比べながら、アイルランド人の間にある線引きは民族や宗教によるものではなく、もっぱら経済的な利害関係にもとづくものであり、それも、アイルランド人の小作人を自作農化する保守党の政策を通じて、対立は収束に向かうと考えていた［Dunlop 1909: 257–58］。この和解の手法も、政権が自由党に移って以後、一九一〇年前後に行き詰まっていくのである［Jeremy Smith 2000: 17–35］。と同時に、自由党内部にも新旧の対立、すなわち、オールド・リベラルの「遺産」であるアイルランド自治の問題を社会改革推進の桎梏と捉えるニュー・リベラルのいらだちも深まりつつあったのである［Peatling 2001：54-55］。

変化は、まず国政レベルであきらかになった。一九一〇年一月、そして同年一二月から翌年一月にかけて、二度にわたっておこなわれた総選挙の結果、自由党の当選者が激減したため、政権の運営と安定をアイルランド人議員（アイルランド国民党）の協力に頼らざるをえなくなったのである。このことが、自治に反対するアイルランド北部、アルスターを中心とするユニオニストたちを刺激した。彼らは、一八九五年以降の保守党によるアイルランド政策――「温情をもって自治を殺す」――に危機感を強めていたが、一九一一年、自治法案通過を阻止する最後の砦となってきた貴族院の立法権が一部制限されたことに脅威と恐怖を深めた。一九一二年、自治法案が通過すると、「自分たちは見捨てられるかもしれない」との思いを強めたアルスター・ユニオニストを率いるエドワード・カーゾンは、一九一三年一月一日、この法案の施行からアルスターを除外するよう働きかけ、暫定統治機構、アルスター・ユニオン評議会を成立させるとともに、アルスター義勇軍（Ulster Volunteer Force）を結成した。ユニオニストらのこうした動きにたいして、ナショナリストたちは、同年秋、自治実現をめざしてアイルランド義勇軍（Irish Volunteers）を立ち上げた［Jalland 1980：56ff；O'Day 1998：207-37］。こうして、第一次世界大戦前夜のアイルランドには、アリス・グリーンが『形成と解体』を上梓したときとはまったく異なる状況が姿を現しはじめたのである。

こうした一連の動きにアリス・グリーンが無知だったわけではない。それでも彼女は、執拗なまでに「ひとつの国民」にこだわりつづけた。たとえば、自治法案通過とほぼ同じころ、『ウェストミンスタ・ガゼット』（一九一二年五月一三日）の投稿欄に掲載されたアリス・グリーンの記事、「アイルランドの二つの国民」にはつぎのように書かれていた。

かつてわれわれは、アイルランドには二つの民族、二つの宗教、二つの派閥があると聞いたことがあった。ところが、この数週間ほどのうちに、いや数日のうちにだろうか、新しい用語が突然現れ、今ではなんと、アイルランドに二つの「国民」がいるという。われわれは突如として、新聞や議会の演説でそのことを知ったのである。

いったい「国民」とは何かを問い直しながら、アリス・グリーンは次の皮肉で投稿を終えている。

アイルランドのもうひとつの国民の名はなんというのでしょうか。(41)

「ひとつのアイルランド国民」にたいする彼女のこのこだわりは何なのか。それには二つの見方ができるだろう。

ひとつは、それがまったくの理想にすぎないということである。言い換えれば、もはや理想を語るしかないほど、アイルランドの政治の現実が、彼女が創りあげた「アイルランド国民」を裏切っていたということだ。しかしながら、はたしてそれは「理想」でしかなかったのか。

もうひとつの見方は、「ひとつの国民」という主張が当時のアイルランドにおいて、それなりの現実性を依然として保持していたことである。すでに触れたように、アリス・グリーンが「新しいイングランド史」から「新しいアイルランド史」への道を試行錯誤していたのは、保守党が改革諸法を通じて自治運動を骨抜きにしようとした時期であった。アイルランド史家オデイによれば、保守党の政策は一九〇五年末の政権交替により破綻したとされるが、それでもなお、自由党が議会運営を数のうえでアイルランドに依拠していた当時、アイルランドを

「ひとつの国民」として想像する余地が残されていたのではないだろうか。

ひとつの例を引こう。アリス・グリーンの『アイリッシュ・ナショナリティ』が出版された一九一一年の七月、ジョージ五世の即位式とともに、ウェールズ、カナヴォン城において初めて、皇太子エドワード（後のエドワード八世）のプリンス・オヴ・ウェールズ叙位式がおこなわれた。この称号は、一三〇一年、ウェールズを平定したイングランド王エドワード一世が、ウェールズ人と和解すべく、家系が断絶したウェールズの首長（Prince of Wales）に代わって、カナヴォン城で長男エドワード（後のエドワード二世）に与えたとされる。しかしながら、実際にカナヴォン城で叙位式が挙行されたのは一九一一年が最初であり、それゆえに、それは二〇世紀初頭のこのときに「創られた伝統」なのである［John Ellis 1998 : 391-418］。注目すべきは、このとき、新しい王室一家がケルト辺境巡行を実行したことである。それが、すでに述べたようなこの時期のアイルランドの状況を念頭に置いたものであったことはいうまでもないだろう［John Ellis : 1998 : 404-07］。

巡行の起点となったダブリンでは、王室一家の訪問を歓迎するフェスティヴァルが企画された。建物にはシャムロックや緑のハープ（ともにアイルランドのシンボル）の装飾に混じってイギリス王室の紋章が飾られ、古代アイルランドの上帝（high king）をイメージしたパレードも計画された。上帝の周囲を彩るケルト神話の登場人物たち――戦士や予言者、音楽家や詩人らには、アイルランドのナショナリストたちが扮することになっていた。『アイリッシュ・フリーマン』（一九一一年七月）によれば、パレード参加者には、ダグラス・ハイドやフランシス・ビガー、ジョージ・ラッセル、ホレス・プランケット、そしてアリス・グリーンの名前がみえる(42)。ダブリンにはじまり、ウェールズ、そしてスコットランドへというこの王室一家の巡行は、イギリス君主を中心に多様な民族から成る連合王国の姿を可視化するものだといえよう。それは、一九一一年当時に存在したひとつの可能性――連合王国の枠組み内でのアイルランド問題の解決――を象徴するものでもある［John Ellis 1998 :

415］。いや、その可能性があったからこそ、一九一一年という時点で、中世以来一度も実現されなかった皇太子叙位式を〝復活〟させる企画がもちあがったのであろう。その和解の可能性に、アリス・グリーンもまた、「ひとつの国民」の希望をつなぐことができたのではなかっただろうか。だからこそ、アリス・グリーンは、同じ一九一一年に公刊された二冊目の著作の最後に、アイルランドにたいするイングランドの認識が変わったと、つぎのように主張することもできたのであろう。

アイルランドの歴史を知れば、宗教的な不安も流行《はやり》の偏見も姿を消さざるをえないに違いない。アイルランドはイングランドの「所有物」であり、イングランドに都合よく搾取できるという古い考え方は、過去のものになりつつある［Alice Green 1911: 250-51］。

愛国者たちの長く手厚い歓待の記録を記念して、彼らの長きにわたる忠誠、国民的な信念、栄誉と苦悩の物語への追悼を込めて、アイルランドの人びとは、今一度、自分たちの土地を自分たちで治めることを求めよう。それは、アイルランドの土地に暮らす全国民をつなぎ、共通の義務と共通の繁栄を創造するだろう。二つの民族から成るひとつのアイルランド国民は、アイルランドの歴史をふり返ることを恐れなくていい。人間の感情に酔い、喜び悲しむその地の伝統は、いまだ大地からそびえ立っている［Alice Green 1911: 253］（傍点引用者）。

自治を求めるために、あくまで「アイルランド国民はひとつ」でなければならないと、アリス・グリーンは訴えつづけた。そんな彼女が「ひとつの国民」の可能性のために、自治を求める枠組みを連合王国以外に移していくのは、それからまもなく、第一次世界大戦により自治法発効が停止された一九一四年以降のことであった。

結びにかえて——コモンウェルスへの道

本書は、一八九三年から九五年にかけて、二度にわたって西アフリカを単身旅したレディ・トラヴェラー、メアリ・キングズリのアフリカ経験のゆくえを、彼女をサロンのゲストとして擁した歴史家未亡人、アリス・グリーンと彼女のサロンに探りながら、二人の経験が共鳴しあった一八九〇年代半ばから一九〇〇年代半ばまでを中心に、イギリス本国と帝国との関係を再考するものであった。アフリカ協会設立やボーア人捕虜収容所訪問、そしてメアリ追悼のエッセイや陸軍省、植民地省への嘆願書の執筆などをはじめとして、アリス・グリーンが理解し、想像し、文字化し、かたちを与えたメアリ・キングズリの経験を見直すなかで、アリス・グリーン自らが、歴史家として何をどう書くかの方向性を大きく変えていった様子も、本書で分析した通りである。

アフリカとは何か。南アフリカ戦争とは何か。それらを抱える帝国とはどのような空間であるべきなのか——こうした問題を、アリス・グリーンは、メアリ・キングズリのアフリカ経験を受け継ぐなかで考え、その答えを、「自分はいったい何なのか」という問いかけのなかに見いだすことになった。とりわけ、南アフリカ戦争初の海外捕虜収容所が置かれたセント・ヘレナ島での捕虜への聞き取り調査のなかでつかんだひとつの結論——「南アフリカはアイルランドと同じである」という日誌の言葉は重い。セント・ヘレナ島でアリスは、南アフリカに、「ボーア人」という――いや、アフリカーナーといった方がいいだろう――、民族的ルーツであるヨーロッパ人とは異なる、それでも白人であることを志向する、新しい「ネイション」形成の現場に立ち会う自分を実感していた。そして、彼らにアイルランド人の苦悩を重ねることで、あるいは彼らが口にしたアイルランド人への共感の意味を自問自答するなかで、南アフリカ戦争の経験は、アリス・グリーンに、アイルランド人とは何かを見つめ直す契機ともなったのである。

こうして、文字通り、アリス・グリーンにとって、メアリの植民地経験を追い求める作業は、イコール、「アイルランド人」として自らのアイデンティティを再構築する作業となった。メアリ・キングズリの「アフリカ経験のゆくえ」のひとつは、アリス・グリーンの「アイルランド国民の物語」だった、と言い換えてもいい。重要なことは、「アフリカ経験」から「アイルランド国民の物語」へという、二人の経験の重なり方とそのプロセス自体が、ひとつの重要な事実を物語っていることである。それは、イギリス（正確にはイングランド）の拡大として帝国を見ること、語ることへの否定だ。

第六章で述べたように、教科書執筆のために「新しいイングランド史」を模索していたアリス・グリーンは、当初、イングランドの拡大史として「帝国」を描こうとしていた。この考え方に歯止めをかけたもの――それが、アメリカの読者を意識せよという出版社編集部の要望以上に、アリス自身が同時進行で目にし、感じたであろう、メアリ・キングズリのアフリカ経験であったことは先述した通りである。イングランドの拡大として帝国を、そしてかつて植民地だったアメリカを見ることをやめた彼女がたどり着いた結論は、勝者の歴史によって歪められ、抹消された敗者の記憶をとり戻すこと、すなわち、アイルランド史の書き換えであった。こうして、「新しいイングランド史」は「新しいアイルランド史」に変わったのである。これがひとつの、メアリ・キングズリの「植民地経験のゆくえ」だといっていいだろう。それは、従来の帝国史の叙述——イギリスが植民地で何をしたかの物語——を拒否することで、植民地郷愁の再生産を阻むとともに、植民地での経験が帝国のメトロポールをどのように変えたかを語る物語ともなっているのである。

植民地からメトロポールへという「植民地経験」のベクトルは、第一章で述べたように、世紀転換期イギリスにとって大きなテーマであったシティズンシップとアイデンティティの問題ともしっかり結びついていた。アリス・グリーンとメアリ・キングズリが出会った一八九〇年代半ばからの一〇年間あまりの時期、「イギリス人とは誰か／何か」という問題は、階級、人種、そしてジェンダーという差異のカテゴリーをどのように解釈するかによって、「排除と包含」の境界を大きく揺らしつづけた。たとえば、第三次選挙法改正（一八八四）でシティズンシップから排除された女性の選挙権を求める運動の担い手たちは、同時期、オーストラリアや南アフリカで議論された選挙権付与の範囲にかんしては、現地の非白人をシティズンから除外する白人男性に与したのである [Fletcher, Mayhall, Levine (eds.) 2000]。その一方で、アリス・グリーンのサロン、ならびに「女性の居場所」をめぐる彼女の論考からは、選挙権の有無とは関係なく、女性たちがシティズンとしての自分を表現する「かたち」を模索していたことがわかる。「帝国には解決しなければならない問題が他にたくさんある。女性たちは待てるでしょうに」といって、女性参政権の問題から一線を画しつづけたメアリ・キングズリ同様、アリス・グリーンは、サロンという場に自らのシティズンシップの発現を求めることで、この問題と直接かかわることを回避した。そこから、世紀転換期の彼女に、アフリカとアイルランドを重ねて考える発想も育まれていったと思われる。そして、このことが、彼女のサロンを同時代のサロンのなかでも異色の存在にしていたといえる。

本書を終えるにあたり、以下、一九〇〇年を挟む前後数年のうちに彼女のサロンがどのように変化したかを見ながら、メアリ・キングズリの「アフリカ経験のゆくえ」であったアリス・グリーンの「アイルランド国民の物語」がさらにどのような展開をみせるのか、展望しておくことにしたい。

E・D・モレル（Hochschild 1992: 116-17）

南アフリカ経験の副産物

南アフリカでの経験は、メアリ・キングズリ追悼を掲げて設立をよびかけたアフリカ協会関連の諸活動とあいまって、世紀転換期、アリス・グリーンの自宅サロンを大きく変えた。南アフリカから帰国直後から、アフリカ協会設立準備事務局が置かれていたケンジントン・スクェア一四番地には、アフリカに関心を抱くさまざまな人びとが新たなゲストとして加わったのである。

その代表的な存在は、リヴァプールのジャーナリスト、E・D・モレルであろう。彼が、メアリ・キングズリの植民地代替案を高く評価する『西アフリカ研究』の書評を書いたことは第三章で触れた。二〇世紀初頭、モレルは、『赤いゴム』（一九〇六）、『黒人の重荷』（一九二〇）などの著作で、ベルギー王レオポルド二世が所有するコンゴ自由国奥地——まさしくアフリカの「闇の奥」——でおこなわれていた現地人への搾取と虐待の実態を告発するとともに、コンゴ改革協会（Congo Reform Association, 以下CRAと略す）を立ち上げ、コンゴ改革運動（Congo Reform Movement）とよばれる国際的な活動の中核を担っていた。彼の活動に賛意を示した人物のなかには、シャーロック・ホームズで知られる作家コナン・ドイル、文字通り『闇の奥』（一八九九）というタイトルの小説でこの運動を支持したジョゼフ・コンラッド、『トム・ソーヤの冒険』などの作品を残したアメリカの作家マーク・トウェイン、ドレフュス事件でドレフュス擁護のペンを奮ったノーベル賞作家アナトール・フランスらがいる［Morel 1901, 1909, 1910; Twain 1907; Louis & Stengers 1968］。

モレルがアリス・グリーンと知り合ったのは、CRA設立直前のことであった。ロンドンに活動のコネクションを持たなかったモレルに、ケンジントン・スクェア一四番地を訪ねるよう助言したのは、リヴァプールのハットン・アンド・クックソン商会のR・E・デネットとジョン・ホールトである。一九〇一年三月、アフリカ協会の骨格がほぼ固まり、アリス・グリーンの自宅で記者発表がおこなわれたころ、彼女の自宅を初めて訪れたモレルは、以後サロンの常連ゲストとなり、ロンドンに人脈を拡大していくことになった[1]。アリスとモレルの間には、モレルの亡くなる一九二四年までに三〇〇通を超える書簡が交わされており、コンゴ改革運動以外にも幅広くアフリカについて議論された様子がうかがえる。

ロジャー・ケイスメント
(Doerries 2000: 8-9)

モレルがゲストに加わったちょうど同時期、南アフリカ戦争の経験を通じて、アリス・グリーンのサロンに新たな人間関係がもたらされつつあった。たとえば、この戦争の直前、南アフリカ高等文官アルフレッド・ミルナーと対立して戦線離脱を余儀なくされたアイルランド人将軍、サー・ウィリアム・バトラー。彼の紹介でゲストとなったアイルランド人政治家ジェイムズ・マッカン。さらには、両者の紹介でアリス・グリーンがナイジェリアの土地制度について尋ねたことが契機となってゲストに加わったサー・アントニー・マクドネル[2]。彼は、一九〇二年から数年間、自治権の付与ではなく、土地法の改正や社会改革を通じてアイルランド問題の解決を図ろうとする保守党政権下でアイルランド担当次官を務め、アイルランドへの権限委譲（分権化）を推進した人物である。

また、南アフリカ戦争後半にイギリス軍が展開した対ゲリラ戦略の犠牲者、強制収容所に送還されたボーア人の女性と子どもたちを救済すべく、現地で精力的な調査をおこなったエミリ・ホブハウスも、アリスの新たなゲストとして姿を見せている。彼女は、アリス・グリーンの紹介でアイルランドの農村を訪れて織物の行程を視察し、ボーア人女性の生計の糧を得るひとつのモデルとした(3)［Reenen (ed.) 1984: 328］。また、アリス・グリーンのセント・ヘレナ島訪問に際してさまざまな便宜を図ったパーシィ・A・モルテノは、アフリカ協会の活動にかんしても彼女と強い絆を保ったゲストである。一九一〇年代に再燃したアイルランド自治問題をめぐって、アリス・グリーンが南アフリカ、ケープ植民地の政治家を頼ることができたのは、モルテノをゲストとして抱えたことが大きいと思われるが、モルテノを介したアリスの南アフリカ・ネットワークについては今後さらに検討を重ねる必要があろう。たとえば、イギリス政府が派遣したボーア人女性と子ども救済のための調査委員会がアリス・グリーンの参加を拒否し、フォーセット夫人に調査が任されることになる内幕を暴露したモルテノの書簡の役割はきわめて大きいだろう(4)。さらには、現実にゲストとして彼女の自宅サロンを訪れたわけではないが、南アフリカ戦争終了後、故郷に戻ったセント・ヘレナ島のボーア人元捕虜とアリスの間には長らく手紙による交流がつづいている(5)。こうしたことから、アリス・グリーンは、戦争終結後も南アフリカとのネットワークをさまざまに維持し、南アフリカからの情報にアイルランドの今後を重ねて、必要とあらば支持を求めることもできたと思われる。

サロンの変化

ゲストの顔ぶれにサロンの変化が顕在化するのは、アリス・グリーンが二〇年あまり暮らしたケンジントン・スクェア一四番地を去り、ヴィクトリア駅の南、テムズ川北岸に沿うグロヴナー・ロード三六番地に引っ越した一九〇三年晩秋以後のことだといえる。(6) ここを訪れたゲストは、ジャネット・トレヴェリアンが *DNB* に描いたケンジントン・スクェア一四番地のゲストたちとは大きく違っていた（資料⑩）。たとえば、帝国主義批判を展開したJ・A・ホブスンと親しいジャーナリスト、H・W・ネヴィンスンは、回想録のなかでこう書いている。

私が初めて彼女［アリス・グリーン］と知り合いになったとき、彼女は、［テムズ］川を見はらすウェストミンスタ地区に住んでいた。私は、彼女がディナーでもてなす数々の著名人に目を見張った。サー・アントニー・マクドネル、オーガスタン・ビレル、アーサー・バルフォア、E・D・モレル、ロジャー・ケイスメント、そしてとりわけ、パドラック・コランやロバート・リンドといった若きアイルランド作家たち――。彼女［アリス・グリーン］は、女王のように、そう、まるでエリザベス女王［一世］のごとく、われわれの真ん中に座った。すでに白髪で年齢を感じさせたが、まだまだ多くの年月を幸せに生きていくであろうと思われた。彼女は知識とウィットにおいてわれわれすべてを圧倒しており、私のような恥ずかしがり屋も温かく励ましてくれるような、実は飾り気がまったくない、ユーモアにあふれた人物なのである［Nevinson 1925: 295–96］。

また、子どものいないアリス・グリーンが甥ロバートとともにこよなく愛した姪、ドロシー・ストップフォード（ロバートの妹）は、一九〇二年のロンドン転居後、頻繁に訪ねたここグロヴナー・ロード三六番地で出会った面々を日記に書き残している。彼女の日記にくり返し登場するのはつぎの人物たちである。「E・D・モレル、ロジャー・ケイスメント、トム［トマス］・ケトル、パドラック・コラン、サー・アントニー・マクドネル、オ

アイルランド人軍人、ズールー戦争やゴードン将軍救出遠征（スーダン）などに参加

ジェイムズ・マッカン（James McCann, 生没年不詳）

アイルランド国民党議員

アントニー・P・マクドネル（Sir Anthony Patrick MacDonnell, 1844-1925）

元インドの州総督、アイルランド担当次官（1902-07）

エミリ・ホブハウス（Emily Hobhouse, 1860-1926）

南アフリカ戦争でボーア人女性と子どもの救済にあたったイギリス人女性

パーシィ・A・モルテノ（Percy Alport Molteno, 1861-1937）

自由党議員。ロンドン在住。ケープ植民地相を務めた父はじめ、一族はケープ植民地に強力な政治的ネットワークを有する

パドラック・コラン（Pádraic Colum, 1881-1972）

アイルランドの詩人、劇作家

ロバート・W・リンド（Robert Wilson Lynd, 1879-1949）

ベルファスト出身の随筆家

トマス・ケトル（Thomas Kettle, 1880-1916）

ユニヴァーシティ・カレッジ（ダブリン）経済学教授

オウン・マクニール（Eoin MacNeill, 1867-1945）

ゲーリック・リーグ創設者のひとり。ユニヴァーシティ・カレッジ（ダブリン）古代・中世アイルランド史初代教授

ジョージ・ラッセル（George Russell, 1867-1935）

アイルランドの詩人、画家、ジャーナリスト

ダレル・フィッギス（Darrel Figgis, 1882-1925）

アイルランド人ジャーナリスト、作家、詩人

フランシス・J・ビガー（Francis Joseph Bigger, 1863-1926）

ベルファスト出身の弁護士。古物研究家。アルスターのゲーリック・リーグで活躍したプロテスタント

バルマー・ホブスン（Bulmer Hobson, 1883-1969）

アルスターのナショナリスト。ケイスメントの友人。今の IRA（アイルランド共和国軍）の前身、IRB（アイルランド共和兄弟団）のメンバー

クノ・マイヤー（Kuno Meyer, 1858-1919）

ハンブルグ出身のケルト文献学者。アイルランド学研究所設立（1903年、ダブリン）に尽力。後にベルリン大学教授。

アースキン・チルダーズ（Erskine Childers, 1870-1922）

イングランド生まれの作家。ホワース銃密輸事件の実行者のひとり

資料⑩ グロウヴナー・ロード36番地の主なゲストたち

R・B・ホルデイン（R. B. Haldane, 1856-1928）
　自由党議員、第一次世界大戦中の陸軍相（1905-12）
H・H・アスキス（H. H. Asquith, 1852-1928）
　自由党議員、首相（1908-16）
エドワード・グレイ（Edward Grey, 1862-1933）
　自由党議員、外相（1905-16）
シドニー・バクストン（Sidney Buxton, 1853-1934）
　自由党議員、逓信相（1906）
ジョージ・ゴールディ（George Goldie, 1846-1925）
　元 RNC 代表。アフリカ協会会長経験者
ジョン・ホールト（John Holt, 1841-1915）
　リヴァプールの西アフリカ商人、アフリカ協会副会長
マシュー・ネイサン（Matthew Nathan, 1862-1939）
　植民地行政官、イースター蜂起時のアイルランド担当次官
ジョージ・カドベリ（George Cadbury, 1839-1922）
　チョコレートで知られるカドベリ（・ブラザーズ）の創設者。*Daily News* 社主（1901）
E・D・モレル（Edmund Dene Morel, 1873-1924）
　リヴァプールのジャーナリスト、コンゴ改革運動の中心人物
ロジャー・ケイスメント（Roger Casement, 1864-1916）
　イギリスの外交官。アイルランド・ナショナリスト。コンゴ改革運動に参加した後、第一次世界大戦中の対英活動により反逆罪で処刑
H・W・ネヴィンスン（Henry W. Nevinson, 1856-1941）
　J・A・ホブスンと親しいジャーナリスト
ハロルド・スペンダー（Harold Spender, 1864-1926）
　リベラルのジャーナリスト
J・L・ハモンド（John Lawrence Hammond, 1872-1949）
　リベラルのジャーナリスト、*Speaker* 編集長（1899-1907）。妻ルーシーとの共著で18、19世紀の社会経済史関係著作多数
スティーヴン・グウィン（Stephen Gwynn, 1864-1950）
　Daily News を中心に活躍したジャーナリスト、アイルランド・ナショナリスト。メアリ・キングズリ初の伝記作家
ウィリアム・バトラー（Sir William Francis Butler, 1838-1910）

ウン・マクニール、ダレル・フィッギス、フランシス・J・ビガー」(7)――。とりわけ、ドロシーの印象に深く刻まれたのが、ロンドンにくるたびにグロヴナー・ロード三六番地に顔を見せたというロジャー・ケイスメントであった。

E・D・モレルを介して、ならびにリチャード・E・デネットの勧めから、ケイスメントがアリス・グリーンと会い、サロンの常連となったのは一九〇四年秋のこと。前年末に『コンゴ報告書』を書き終えた彼が、故郷北アイルランドで休暇中のおりであった［Sawyer 1984: 47–48］。グロヴナー・ロード三六番地を訪ねた彼は、アリスに、E・D・モレルとともに設立したコンゴ改革協会のメンバーになってくれるよう求めた。このときアリス・グリーンは、「他にしなければならないことがあるから」という理由でこの申し出を断っているが、それが新しいアイルランド史の執筆であったことは、ケイスメントとの出会いの直後、渡米した彼女を取材した『シカゴ・イヴニング・スタンダード』（一九〇四年一〇月二九日、第六章参照）の記事が物語っている。それはちょうど、彼女がアフリカ協会の活動に深く関与していた時期でもあった。ケイスメントにしてみれば、一九〇四年から〇五年という時期は、一九〇六年八月、ブラジルのサントス駐在領事として赴任するまでの、二年以上におよぶ長い休暇中にあたる［Inglis 1973: 91–106; Reid 1976: 56–61; 竹内 二〇〇〇：一九二―九四］。その数年後、大英帝国の外交官からアイルランド・ナショナリストへと大きく方向転換したアングロ・アイリッシュ、ロジャー・ケイスメントにとっても、転身の時代となった世紀転換期、頻繁に訪れたアリス・グリーンのサロンは、彼自身のアイデンティティを再構築する場となっていたのであろう。

このように、グロヴナー・ロード三六番地の主要なゲストは、それ以前から出入りが認められたアフリカ関係者にくわえ、ケンジントン・スクェア一四番地にはほとんどいなかった人たち、すなわち、ゲーリック・リヴァイヴァルや自治法案の実現などに強い関心をもつ多様なアイルランド・ナショナリストであったことがわかるだろう。くり返しになるが、これこそ、アリス・グリーンの伝記執筆に資料を収集・整理して提供した彼女の甥、ロバート・ストップフォードが記憶する叔母のサロンであった。一八八〇年代半ばから九〇年代にかけて、ジャネット・トレヴェリアンが目にした、歴史家や政治家を中心としつつも、知的で親しみにあふれ、多彩な人材が自由に交流していたサロンは、世紀が変わった直後から、アフリカとアイルランドへの関心が混じりあう独特の空間へと変化したのである。そこに、目的を共有する非公式の同志の集まりのようなものを想像することも不可能ではないだろう。

とはいえ、グロヴナー・ロード三六番地にやってきたアイルランド人ナショナリストは実に多様であった。そこには、ケイスメントやその友人バルマー・ホブスン、ダレル・フィッギスのように、やがて連合王国からの分離・独立を求め、共和主義を志向していくアングロ・アイリッシュもいれば、アリス自身を含めて、議会制度の枠組みの改編や分権化政策などを通じて、あくまで連合王国内部での自治の実現を求めたマッカンやマクドネルのような政治家もいた。言い換えれば、一九〇〇年代半ばから一九一〇年代にかけてのグロヴナー・ロード三六番地には、さまざまなアイルランドの将来像が混在していたのである。

すでにアイルランド史再検討の流れのなかで、世紀転換期において、後にアイルランドがたどることになる連合王国からの分離・独立、そして共和主義がけっして唯一の選択肢ではなかったことはあきらかにされている[Boyce & O'Day 1996: 1-14; 小関(他)一九九九：二二―三三]。当時のナショナリストの間では、アイルランドのあるべき姿も、「アイルランド国民」にかんする展望も、あるいは大英帝国にたいする思いや理解も、けっして一枚岩ではなかった。言い換えれば、一九世紀末、二度にわたって議会でアイルランド自治法案が却下されたことによって、あるいはチャールズ・パーネルのような才能豊かで人望の厚い政治指導者を失ったことによって、一九〇〇年代のアイルランドには、ナショナリストをひとつに束ねられるような政治理論も展望もなかったということだろう。

それゆえ、アイルランドの将来像もけっしてひとつではなく、いくつかの選択肢とその組み合わせが存在したことになる。グロヴナー・ロード三六番地で執筆されたアリス・グリーンの「ひとつのアイルランド国民」像は、サロンのゲストの多様性を意識しながら、それらを緩やかに束ねうるものとして、そして何よりアイルランドの自治を展望して「創造」されたといえるだろう。それは、保守党政権下（とりわけ一八九五―一九〇五年）に実施された諸改革がそれなりに機能した時期を経て、一九〇五年以降、自由党政権下で深化していくユニオニストとナショナリストの対立、再燃する自治運動といった変化をうけて、アリス・グリーンのサロンで展開されたアイルランド・ナショナリストの試行錯誤を投影するものでもあろう。

くり返すようだが、グロヴナー・ロード三六番地は、さまざまなアイルランド人ナショナリストと、アフリカ協会の活動、戦後の再編が急がれた南アフリカとのネットワーク、コンゴ改革運動などを通じたアフリカ関係者とが入り混じった空間であった。重要なことは、アイルランド問題とアフリカ問題とが重なりあうアリス・グリーンのサロンでは、多様な組み合わせが可能だったことである。そのことが、一九〇〇年代から一〇年代にかけての彼女の試行錯誤を深めることになる。

帝国批判の集団として

本書が対象としてきた世紀転換期、とりわけアリス・グリーンが歴史家として誰に向けて何をいかに書くかについて試行錯誤を重ねた一八九五年から一九〇五年ごろまでの時代は、南アフリカ戦争によって表面化した帝国批判が、コンゴ改革運動を通じてさらに批判のすそ野を広げた時代でもあった。そこには、J・A・ホブスンやラムジィ・マクドナルドといった姿がすぐに浮かんでくるだろうが、当時の帝国批判は、その中身も方向性も、大英帝国そのものにたいする感情も、実にさまざまであった［Porter 1968: 168-90］。帝国主義の中身自体もけっして一枚岩でなかったことは、植民地相ジョゼフ・チェンバレンの西アフリカ政策を批判したメアリ・キングズリが「時代遅れの帝国主義者」を自認していたことからもわかるだろう。キャサリン・ホールのいう「文明化する臣民」が展開した「博愛主義の帝国」、あるいは帝国主義批判を十分に展開することができなかった自由党急進派による「反帝国主義という帝国主義」も存在しえた時代——それが世紀転換期のひとつの特徴であったことは、バーナード・ポーターの『帝国主義批判の系譜』（一九六八）からも読みとれよう［Porter 1968: 5-17］。

アリス・グリーンもまた、単純に帝国の存在を否定したわけではなかった。南アフリカ戦争の捕虜収容所を終戦後の世界と帝国の未来を展望して捉え直すよう、彼女が陸軍省と植民地省に求めたことは第五章で見た通りである。また、先述したグロヴナー・ロード三六番地の常連ゲストの顔ぶれからは、その多くが、現実の政策担当者と深刻な対立関係にあったことが注目される。サー・ウィリアム・バトラーは南アフリカ高等文官アルフレッド・ミルナーと、エミリー・ホブハウスは戦争を遂行する陸軍省、ならびに、イギリス政府が強制収容所調査のリーダーに任命したフォーセット夫人と、サー・アントニー・マクドネルは新しいアイルランド担当相オーガスタン・ビレルと、パーシィ・モルテノはアフリカ協会に新しい路線をうちたてようとするフレデリック・シェルフォードと、それぞれがほぼ同時期に、激しい対立を展開していたのである。彼らは帝国経営の現状を強烈に非難しており、その点で、グロヴナー・ロード三六番地を、帝国の現状批判の場のひとつとしてみることもできるだろう。しかし、それは、よりよき帝国をめざすものであり、帝国の存在そのものを否定したわけではなかった。少なくとも、サロンを主宰するアリス・グリーンを含めて、サロンのゲストの多くは、帝国という枠組み自体を批判するのではなく、アフリカやアイルランド各々のコンテクストのなかでその有効性やあるべき姿を模索していたといっていいだろう。

その意味で、メアリ・キングズリの植民地経験は、アリス・グリーンに、他のヨーロッパ諸国とは異なる独自の国民概念や部族制度にたいする肯定的な評価を発想させ、新しい「アイルランド国民の物語」へと移し変えられただけではなかった。本書が対象とした一八九五年から一九〇五年にかけて、メアリの「アフリカ経験」がアリスの「アイルランド国民の物語」へと転換していく背後で、帝国の現状を批判する集団へと中身を大きく変貌させたアリス・グリーンのサロン自体が、メアリ・キングズリの「植民地経験のゆくえ」にほかならないのである。

では、その帝国批判はアイルランドの将来像とどのように結びついていたのだろうか。アイルランドがどういう「かたち」をとれば、帝国批判の意味をもつのだろうか。

カナダへの関心——ダーシィ・マギー再考

この問題をめぐるアリス・グリーンの試行錯誤の顚末は、一九一六年四月、共和国を宣言したイースター蜂起が失敗に終わった直後の五月、彼女がとった行動のなかに暗示されている。彼女は、この蜂起との関連でカナダで「再発見」されたアイルランド人、トマス・ダーシィ・マギー（Thomas D'Arcy McGee, 一八二五—六八）にかんする記事を精力的に収集したのである。一九一六年五月、アリス・グリーンが集めたカナダ発行の新聞各紙には、マギーを再評価するつぎのような大見出しが躍っている。(8)

輝かしきアイルランド人の経歴を伝えよう。ダーシィ・マギーはカナダ連邦というドラマの立役者であった。イギリス政府の強力な支持者の間にて——（『ブランドン・デイリー・サン』一九一六年五月二〇日）。

ダーシィ・マギーは偉大なるカナダ人であり、フィニアンの敵であった。四八年前の連邦結成における立役者は、愛国心ゆえに暗殺された（モントリオールの『イヴニング・ニュース』一九一六年五月二七日）。

イースター蜂起直後のダブリン（Duffy〔general ed.〕1997: 112）

このモントリオールの新聞記事にあるように、「四八年後」という中途半端な時期に「偉大なるアイルランド人」としてマギーの記憶がよびおこされるにあたっては、その直前、アイルランドでおこったイースター蜂起がかかわっていたことはあきらかだろう。

青年アイルランド党が設立した「アイルランド連合（Irish Confederation）」の書記だったダーシィ・マギーは、同党の蜂起が失敗に終わった一八四八年、滞在中のスコットランドで辛くも逮捕を逃れ、アメリカに亡命した。一〇年後、モントリオールに移ったマギーは、一転して大英帝国の枠組みの意義を評価し、ジョン・マクドナルド（カナダ自治連邦初代首相）の片腕となって、カナダ連邦の結成と自治領化（一八六七）に尽力したのである。一八六五年五月、当時農業相を務めていたマギーは、カナダ植民地政府代表としてダブリンで開催された農業博覧会を訪問し、久しぶりに故郷の土を踏んだ。このとき、ウェックスフォードで「アメリカにおけるアイルランド生活二〇年の経験」と題する講演をおこなったマギーは、つぎのようにかつての自分をふり返っている。「私は青年アイルランド党のことをまったく恥じていない。政治的には愚かな集団だったが、その愚かさにおいて、私たちは真摯だったからである」[O'Sullivan 1944: 285-90]。しかしながら、こうした彼の信念、カナダにおける一連の活動は、マギーがその暴力性を批判した武闘派組織、武力闘争によってアイルランドを連合王国から独立させようとするフィニアンの目に「変節」として映り、カナダ自治領化の年に蜂起した彼らによって、翌一八六八年、マギーは暗殺された。

イースター蜂起直後、カナダの新聞各紙が、カナダ連邦結成の功労者としてダーシィ・マギーの記憶をよびおこした背景には、イースター蜂起の暴力性にたいする批判が込められていたと思われる。武力による解決を強く否定したアリス・グリーンも、おそらくこの点に興味を喚起されるとともに、カナダにおけるマギーの〝転身〟に帝国という枠組みの意味を再考し、この枠組みのなかでアイルランドの自治領化の可能性を探ろうとしたのではないか。イースター蜂起の結末にたいしてアリス・グリーンが沈黙を守るなか、蜂起直後、彼女自ら整理したと思われるダーシィ・マギー再考の新聞記事は、当時の彼女が何を考えていたかを暗示する資料として興味深い。とりわけ、イースター蜂起直後から八月にかけて、この事件とかかわるある人物の助命嘆願に彼女が忙殺されていたことを考えあわせると、そのなかでなぜダーシィ・マギーの記事だったのか、という問いは、アイルランドの将来をめぐる彼女の変化――連合王国における自治から帝国における自治領へ――を考えるうえできわめて重要であろう。

自治領への関心は、すでに『アイリッシュ・ナショナリティ』のなかに暗示されていた。自治領、すなわち、カナダ、オーストラリア、ニュージーランド、そして一九一〇年以後の南アフリカは、当初からアイルランド人にとって「避難所」となり、「移植されたイングランドの自由の精神を独自の誇りへと発展させる」とともに、

「アイルランドも自身の政府を作る権利を許されるべきだとの判断を公式に表明」していると、アリス・グリーンは記している［Alice Green 1911: 251］。それゆえに、ダーシィ・マギーの記憶は、四つの自治領とアイルランドとの共感的な関係をにじませたこの言葉を後押しするものとして捉えられる。すなわち、青年アイルランド党の蜂起失敗を契機に、カナダの連邦結成と自治領化の推進者へと〝転身〟したダーシィ・マギーを再評価する記事によって、彼女は、カナダ並みの自治権をアイルランドに付与することによって、アイルランドを連合王国から切り離し、帝国のコンテクストに置いて考えるという発想を推進していくのである。それを文字化したものこそ、第一次世界大戦が終結した一九一八年以降に出された彼女の一連のパンフレットであった。

「諸国民のコモンウェルス」への道

アイルランド史のなかで語られるイースター蜂起以後の状況をおおまかに示せばつぎのようになろう。すなわち、じゅうぶんな審議が尽くされないまま、蜂起首謀者が相次いで処刑されたことによって、アイルランドでは、イギリスへの不信感とともに、連合王国から分離・独立し、共和主義の実現をめざす動きが多くの共感を得るようになった。それは、蜂起をリードしたシン・フェイン党の大勝という一九一八年の総選挙の結果に現れた。こうした南部の動きに、北部を中心とするプロテスタントのアイルランド人は警戒感を募らせ、自分たちのアイデンティティとユニオニストとしての結束をさらに強化してそれに対抗した、と［O'Day 1998 : 266-89］。

ところが、同じ一九一八年、アリス・グリーンが公刊したパンフレット、君主制と共和主義との関係を論じた『忠誠と裏切り——アイルランドにおける意味』のなかで、彼女は、アイルランドの自治領化を提案しながら、それを君主制、ならびに帝国という枠組みのなかにつぎのように位置づけたのである。

イギリス君主のもとでアイルランド国民が自治を得るならば、国王とアイルランド国民の関係も一新されるにちがいない。諸国民のコモンウェルスなるものがあるならば、それは、諸権利の平等性にもとづく場でなければならない。友情や結びつきは権利の平等性からしか生まれないからである。統治の問題は、ある国民が別の国民を支配、従属させるという考え方のいっさいを拒絶するところに現れねばならない［Alice Green 1918a: 14］（傍点引用者）。

「ある国民が別の国民を支配すること（the rule of a Nation by a Nation）」への批判は、『形成と解体』以来、アリス・グリーンのアイルランド関係著作すべてに登場する彼女の信念である。この信念にもとづき、アイルランド自治――イギリス君主の下での自治権獲得――と関連づけてアリス・グリーンが口にしたのが、権利の平等性にもとづく「諸国民のコモンウェルス（a Commonwealth of Peoples）」であった。これはいったい何なのだろう。

その意味は、南北アイルランドの分離を決定づけたアイルランド統治法（The Government of Ireland Act, 一九二〇）をもじり、その批判のためにアリスが書いた『アイルランドの統治（*The Government of Ireland*）』（一九二一）というパンフレットでよりあきらかにされている。「序文」「歴史的経過」「四つの提案」の三部から構成されるこのパンフレットは、「ある国民が別の国民を支配すること」がいかに悲劇的なことかを歴史的に分析しながら、アイルランドにとって最良の統治とはどういう「かたち」なのかを問いかける。彼女が準備した選択肢は、二〇世紀初頭のアイルランドが現実に試行錯誤してきたつぎの四つである。

（一）一九一四年自治法案
（二）一九二〇年のアイルランド統治法
（三）自治領という立場

(四) 共和主義

アリス・グリーンの説明はこうである。

一九一二年に議会を通過した自治法案(第三次)にしたがい、連合王国の枠内での自治を認めた(一)は、第一次世界大戦によって発効停止となり、けっきょく実現しなかった。その代替案としての(二)は、アイルランドを連合王国に組み込んだ一八〇〇年の合同法よりもひどい、最悪のシナリオだとアリスはいう。その理由は、アイルランドを北部六州、南部二六州にはっきりと——彼女の言葉を使えば「暴力的に」[Alice Green 1921: 6]——二分したこと、すなわち、アリス・グリーンが主張しつづけた「ひとつの国民」を裏切り、アイルランドにおける「二つの国民、二つの政府」を決定づけてしまったことに尽きるだろう。その弊害は、国民が二分されただけではない。ロンドン、ウェストミンスタ議会の権限が強まることによって、むしろアイルランドにたいするイギリスの支配は強化されたとアリスは捉える。(9) かくして、「自治領が帝国のコモンウェルスの諸国民を解放しようと主張しているのにたいして、アイルランドは、白人のなかで唯一、[帝国]軍隊の下に置かれた王領植民地と同じ運命に脅かされることになった」[Ailce Green 1921a: 5]。

そのうえで、アリス・グリーンは、当時(四)を求める動きが顕在化しつつあることをじゅうぶん意識しながらも、依然として(三)の自治領という立場がアイルランドに望ましいと主張するのである。

ある国民が別の国民によって統治されることにたいする抵抗が常にアイルランドに存在した。しかしながら、先の世紀[=一九世紀]、そうした抵抗は、新しい統治表現を、カナダ、オーストラリア、ニュージーランド、南アフリカといった「植民地(Colonies)」に発見した。これらの植民地は多くの闘争を重ね、「自治領(Dominions)」として、完全に独立した主権と同等の、国民としての自治の力を、コモンウェルス、すなわち諸国民のパートナーシップのなかで確保したのである。その権力とは、課税、貿易、軍隊、外交での発言すべてを統制するものである。［自治領の］各々の部分が真の国民生活を発展させることで、帝国のコモンウェルス（Imperial Commonwealth）全体が新しい力を得てきたと考えられる［Alice Green 1921a: 12］（傍点引用者）。

ここには、アリス・グリーンがアイルランドの自治領化をどういうものとして捉えていたかがはっきりと示されている。彼女の思い描いた自治領アイルランドとは、カナダやオーストラリアなどと同じように、自分たちのことは自分たちで決める権利をもち、自立した「国民」としてその生活を充実させることができると同時に、自治領同士がそれぞれ、互いを「国民」として尊重しあい、対等のパートナーシップで結ばれる協力関係を通じて、帝国（Empire）という枠組みをコモンウェルスへと組み換えることを展望するものだと理解できよう。言い換えるならば、彼女は、アイルランドの自治領化を基軸に、「本国＝支配者」と「植民地＝被支配者」という帝国の「縦の関係」を、対等な立場にある国民と国民との「横の関係」へと転換し、大英帝国という枠組みそのものを再編成することを構想していたのである。それゆえに、アリス・グリーンにとって、アイルランドの自治領化とは、文字通り帝国批判だったのである。

その意味でも、先の引用の最後、「諸国民のコモンウェルス」という表現は重要だろう。大英帝国を構成する植民地の連合体を「ブリティッシュ・コモンウェルス」とよんだのは、一九一〇年の成立と同時に自治領化された南アフリカ連邦の国防相で、トランスヴァール人民党のジャン・クリスチャン・スマッツだといわれている。アリス・グリーンは、南アフリカ戦争中、強制収容所送りとなったボーア人の女性と子どもの救済に尽力してスマッツとの間に密接な協力関係を築いていたエミリ・ホブハウスを介して、スマッツと知りあった。第一次世界大戦中の一九一七年末、国防相として渡英したスマッツをグロヴナー・ロード三六番地のサロンに招待したときの様子を、アリス・グリーンはメモに短く書き残している。(10) 当時彼らが何を議論したかの詳細は今のところ不明だが、このとき、「ブリティッシュ・コモンウェルス」という帝国再編成の「かたち」について、アリスがスマッツから示唆を受けたことは十分に考えられる。その追跡調査は今後の課題にくわえたいが、南アフリカ戦争を契機に南アフリカとの間に築いたさまざまなネットワークのおかげで、アリス・グリーンは、アイルランドの未来を対イギリス関係のみに縛られず、別の関係性においても捉えることができたことを、ここでは再度確認しておきたい。

サロンの危機

このように、アリス・グリーンは、第六章の最後でみた二冊目の著作公刊の年、一九一一年ごろまで貫いてきた自治法案支持(すなわち、連合王国という枠組みにおいてアイルランドが独自の議会をもつこと)の姿勢を大きく変えて、一九一八年までには、アイルランドの自治領化、すなわち、連合王国からアイルランドを離脱させ、自治領として帝国という枠組みに置き直すことを主張するようになった。それは、一九一二年に議会を通過した自治法案の実現が戦争によって絶望的になったという事情を受けるものであろう。と同時に、注目すべきは、その根底に、アイルランドの自治領化によって帝国内部の支配・被支配関係の再編成が可能になるという、帝国の現状批判が込められていたことである。しかもそれは、アリス・グリーンにとって、当時のアイルランドに許された選択肢のなかでもっとも現実的な問題解決の手法でもあったのだろう。ブリティッシュ・コモンウェルスの一員として、カナダや南アフリカなどと連繫しながらアイルランドの将来を探ろうとする彼女の構想は、連合王国からの離脱をもっぱら対イギリス関係のみで捉えていた当時のナショナリストのなかで、きわめてユニークなものだったといえよう。

と同時に、自治領化の主張は、一九一三年のアイルランドで相次いで設立された二つの義勇軍、アルスター義勇軍とアイルランド義勇軍の存在によって緊張関係が露呈した「二つの国民」という現実を前に、アリス・グリーンが一貫して「ひとつのアイルランド国民」にこだわりつづけたこととも かかわっていると考えられる。一八九〇年代後半から一九〇〇年代にかけて、保守党政権下における「温情をもって自治を殺す」政策を通じて自治運動が展望を見失い、イギリスとの連合《ユニオン》の意味が問い直されたとき、言い換えれば、連合を主張するアルスターのユニオニストが独自のアイデンティティを発展させていた一九一〇年代に入っても[11]、アリス・グリーンが彼らを含めて「ひとつの国民」を主張できたのは、イギリスとの連合ではなく、大英帝国という枠組みに頼ることができたからであろう。連合王国としてではなく、帝国の一員としてアイルランドを見直すなかで、彼女は「ひとつの国民」の可能性を求めつづけた。逆に、アリス・グリーンは、「ひとつの国民の物語」を貫くために、自治法案から自治領化へと主張を移行させたといってもいいだろう。

しかしながら、いや、それゆえに、だろう。一九一三年から一六年にかけて、アリス・グリーンがとった一連の行動は、こうした彼女の主張を裏切る、きわめて奇異なものに思われる。すなわち、一九一三年一月、自治法案に反対するユニオニスト、エドワード・カーゾンを中心に結成されたアルスター義勇軍に対抗して、自治法案の実現をめざしてアイルランド義勇軍の設立が急がれ、資金集めの拠点がロンドンで必要とされたとき、その場を提供したのがグロヴナー・ロード三六番地だったのである[12]。一五〇〇ポンドほどの資金が武器購入のために必要であったが、サロンのネットワークを駆使してその半分を集めたのがアリス・グリーンであった［Denis Gwynn 1930: 232-36］。アイルランド義勇軍結成のために、一九一三年七月には、アイルランド国民党党首ジョン・レドモンドと、義勇軍設立提唱者のひとりであるオウン・マクニールとの初めての会談が開かれたのも、ここ、アリス・グリーンの自宅であった［Tierney 1980: 83-84］。

義勇軍設立と深くかかわった彼女は、翌年八月、アイルランド史上、「ホワース銃密輸（Howarth gun-running）」とよばれる事件に巻き込まれることになる。一九一四年五月、アリス・グリーンの自宅で集められた資金を元に、ダレル・フィッギスとアースキン・チルダーズは、ヨットでドイツ、ハンブルグへ向けて出帆。無事に武器の調達をすませると、八月二六日、購入した一五〇〇丁のライフル銃と銃弾とともに、ダブリンの北、ホワースに上陸した。武器密輸に気づいたイギリス軍が上陸とともにその一部を押収したが、その直後、兵舎に戻るイギリス兵士数名が、自分たちに露骨な敵意を見せるアイルランド民衆に発砲し、四一名の死傷者（うち死者三名）を出したのである［Denis Gwynn 1930: 310–12］。オーストリアがセルビアに宣戦布告してほぼ一ヶ月、イギリスがこの戦争、すなわち第一次世界大戦に参戦して三週間ほどが過ぎようとしていた頃のことである。

ドイツとイギリスとの戦争（そしてドイツ勝利の可能性）は、多様なナショナリストの集まりだったはずのアイルランド義勇軍をしだいに変質させていく。そして、イギリスへの大戦協力を拒否した一部の義勇軍を中心に引き起こされたのが、先にも触れた一九一六年のイースター蜂起であった。このときアリス・グリーンは、イギリス軍から、ドイツにイギリスの情報を漏らしたのではないかという嫌疑をかけられている。その一因は、彼女が長年雇っていた家事使用人の女性がドイツ人だったことにあったのだろうが、ドイツとの関与を疑われたのはそれだけではないだろう。くわえて、アイルランド義勇軍の設立事情、ならびに銃密輸への関与から、一九二一年にはじまるアイルランドの内戦では、ダブリンの彼女の自宅がユニオニストの標的ともなっていくのである［R. B. MacDowell 1967: 105–07］。

最初は自治法案支持、ついで自治領化の実現という平和な和解をアイルランド問題の解決に求め、武闘派フィニアンの活動を批判しつづけた彼女が、一九一三年から一六年にかけてのこの時期、なぜ武器の密輸計画やドイツへの情報漏洩疑惑などとかかわったのだろうか。しかも、この時期の一連の行動が、結果的に、グロヴナー・

ロード三六番地のサロンを閉じ、彼女をダブリンに転居させることになるのである。ロンドン有数といわれた彼女のサロンを危機に陥らせたものとはいったい何だったのか。先述した一九一八年以後の彼女の活動や主張を考慮に入れると、「逸脱」にしか見えないこの時期の経験は、アリス・グリーンにとっていったい何だったのか。それは、アイルランドやイギリス、そして大英帝国の未来とどのようにつながっていたのだろうか。

それを考えるために、最後にもう一度、本書冒頭に示したあの写真に戻らねばならない。

ポスト・世紀転換期——ケイスメント事件を超えるために

一九一三年から一六年にかけて、アリス・グリーンに認められた一連の危険な動きは、彼女の自宅サロンに頻繁に出入りしていたひとりのゲストと密接に結びついたものと思われる。アフリカとアイルランドへの関心が混在するグロヴナー・ロード三六番地のサロンを特徴づける存在でもあった彼——ロジャー・ケイスメントである。彼の姿は、西アフリカのメアリ・キングズリを記録した本書冒頭の写真（一〇頁）にすでに確認できる。

ふたたびあの写真を見ていただきたい。

後列に五人の男性が立っている。おそらく、総領事夫人エセル・マクドナルドの到着を歓迎するカラバルの領事館関係者であろう（もっとも、写真を掲載した『西アフリカ』には彼らにかんする情報はいっさいない）。そのなかで、ひとりだけ帽子をかぶらず、他の四人から頭ひとつ抜け出た右端の長身の男。カメラに注いだ目線がひときわ鋭く感じられるのは、たっぷりとたくわえたあごひげのせいだろうか、それとも、その後の彼の運命を知るわれわれにそう見えてしまうのだろうか。彼がロジャー・ケイスメントである。

実は、本書冒頭の序で紹介したように、この写真が一八九五年早々、メアリ・キングズリとエセル・マクドナルドがカラバルに到着してまもなく撮られたとわかるのも、彼が写っているからなのである。

ケイスメントの裁判の様子（Litton 1998: 118）

ケイスメントは、一八九二年七月三一日、クロード・マクドナルドが総領事を務めていたオイル・リヴァーズ保護領に測量部の一員として着任した。同保護領の内陸部をくまなく歩き回り、地域の詳細を報告書にまとめる業務を担当した彼に、ポルトガル領東アフリカにある要衝ロレンソ・マルケス（Lourenço Marques）の領事への異動命令がおりたのは、メアリ・キングズリが西アフリカの旅の途中にあった一八九五年六月。ケイスメントはその通知を休暇中の故郷北アイルランドで受け取っている。伝記作家によれば、彼は、一八九五年早々にカラバルを離れ、ゆっくりと旅をしながら帰国したという［Reid 1976: 20-21］。メアリ・キングズリとエセル・マクドナルドがカラバルに到着したのは一月半ばのことだから、この写真は、実にきわどいタイミングで、メアリとケイスメントの二人を収めたものといえるだろう。

「きわどい」といったのは、この写真の瞬間以降、この二人が同じ空間、同じ時間を共有することは二度となかったからだ。人生は一期一会という。本書では、アリス・グリーンの活動のなかにメアリ・キングズリの植民地経験のゆくえを探ってきた。では、同じ写真にフリーズされたケイスメントの経験はどうなったのだろうか。

その後、ポルトガル領アンゴラの港町、コンゴ川河口のセント・ポール・デ・ロアンダに赴任した彼は、領事としての仕事をこなす一方、コンゴ自由国内部でおこなわれていた現地人虐待に気づき、独自の実態調査を進めた。一九〇三年末、ケイスメントとともに、リヴァプールのジャーナリスト、E・D・モレルがこの「アフリカの闇」を告発するコンゴ改革運動に着手したことについてはすでに触れたとおりである。ケイスメントが一九〇三年末に提出した『コンゴ報告書』が刊行されたのは、その二年後のことであった。その間に彼がアリス・グリーンと知り合い、サロンの常連となったことについてもすでに述べた。やがて外務省を辞し、故郷アイルランドの独立運動に身を投じた彼が、イースター蜂起との関連を問われ、イギリスにたいする反逆罪で処刑されたのは、第一次世界大戦中の一九一六年八月三日。一五名を処刑したイースター蜂起と、ロイド＝ジョージが「二〇世紀最大の愚行」とよぶソンムの戦いの悲劇の合間をぬってのことであった(13)。先述したイースター蜂起直後から八月までアリス・グリーンが忙殺された助命嘆願活動とは、彼、ケイスメントのためだったのである。そして、彼の処刑後まもなく、彼女はロンドンのサロンを閉じ、ダブリンに転居するのである。

一九一三年から一六年にかけて、「逸脱」のようにみえる彼女の行動を理解するには、アリス・グリーン同様、アフリカ経験を通じてアイルランド問題にかかわるようになり、アリスとは異なるネットワークをアメリカやドイツに築きあげていたロジャー・ケイスメントとの関係が問われねばならないだろう。それは、アリス・グリーンと彼女のサロンにとって、ケイスメントをゲストとして抱えた意味とは何だったのかを検証することにとどまらない。それは、一九一八年、ダブリンの中心部、セント・スティーヴンス・グリーン九〇番地で再開されたアリス・グリーンのサロンのさらなる変化とその意義を問うことになるだろう。それは、このケイスメントの悲劇をどのように超えるものだったのだろうか。

いや、それ以上に問わねばならないことがある。それは、メアリ追悼を掲げた雑誌『西アフリカ』に掲載されたこの写真をかならずや目にしたに違いないアリス・グリーンにとって、メアリ・キングズリとロジャー・ケイスメントを同時に収めたこの写真は何を意味したのか、である。二人の植民地経験の重なりにアリス・グリーンは何を見たのだろうか。その重なりの意味を問い直せば、この写真にまた別の意味が与えられるかもしれない。それは今後の課題である。

晩年のアリス・グリーン（R. B. McDowell 1967: 扉頁）

注

序

（1）*West Africa*, 1 June 1901, p. 691. この写真は本書で何度も登場するメアリ・キングズリの友人で、彼女の旅やその他の活動をさまざまなかたちで支援しつづけたリヴァプール商人、ジョン・ホールト（John Holt）の息子、デリク（Derek J. Holt）が王立英連邦協会（Royal Commonwealth Society）に寄贈したものである。二〇世紀末、同協会の図書館がケンブリッジ大学に移転されて以後は、この写真も同大学中央図書館で保存されている。

（2）クロード・M・マクドナルド（Claude Maxwell MacDonald）の経歴については、*DNB*, s.v. Claude MacDonald; Nish 1994: 133-45.

（3）エセルは、アームストロング少佐（Major, W. Cairns Armstrong）の娘、インド高等文官（Sir Craigie Robertson）の未亡人であり、マクドナルドとの結婚は彼女にとって再婚であった。二人の間には娘が二人いる。

（4）北京時代の夫妻については、Coates 2000 に詳しい。

（5）アベオクタのアラケの渡英については井野瀬　二〇〇二を参照されたい。アリス・グリーンは、アラケのイギリス滞在についてアイルランドの新聞『フリーマンズ・ジャーナル（*Freeman's Journal*）』に投稿（7 June 1904）したほか、サロンのゲストであったE・D・モレルらにもアラケの印象を書き送っている。Morel Collection, F8/72, LSE.

第一章　帝国再考

（1）たとえば、現代アラブ文学の専門家である岡真理氏は、「九・一一」という日付けが「私たち」の出来事として記憶されるのに、一九七六年、ベイルート郊外のタッル・ザアタル難民キャンプでのパレスチナ難民大量虐殺は、パレスチナ人が記憶すべきパレスチナ人の出来事であっても、「私たち」の出来事として記憶されないのはなぜか、という問題提起をおこなっている。『朝日新聞』二〇〇一年一〇月二九日第二五面。

（2）Louis（editor-in-chief）1998-99. このシリーズでは、イギリス（Britain）内部の力関係とそのダイナミズムが重視される一方で、奴隷制度廃止をめぐるエリック・ウィリアムズのテーゼ（奴隷制度廃止は、宣教師たちの活動をつうじたモラルの向上によるものではなく、モノカルチャーが西インド諸島の土壌を疲弊させ、利益を生まなくなったためとする説）、あるいは、イギリスの植民地政策（たとえば課税）によるインド織物業への悪影響にかんする従来の考え方などが大幅に修正されて、大英帝国の主たる目的が文明と自由を広めることにあったことが強調されている。批判の詳細は Windshuttle 2000. また、執筆陣がイギリス人男性（それも圧倒的に白人）に偏っていること、ポストコロニアル理論やカルチュラル・スタディーズ、サバルタン研究、記憶の歴史学といった新しい研究動向にほとんど触れられていないこと、さらにはジェンダーや人種、階級といった差異のカテゴリーをめぐる近年の議論がほとんど活かされていないことなどが、同シリーズへの批判として指摘されている。

（3）詳細は、Etherton 1986: 229-35, 258; Buzard 1993: 443-53; White 1997: 478-86 などの書評でとりあげた著作や Midgley（ed.）1998 などを参照されたい。

（4）Becon/Virago Press の Travellers Series 参照。

（5）彼女たちが、本国イギリスを離れたからこそ、自分が誰なのかを示す服装やマナーなどに強い執着を見せたことは、北部ナイジェリア保護領の第二代高等文官となったリース＝ロスの妻、シルヴィアらの証言からもあきらかである。シュトローベル　二〇〇三：四八―五五を参照されたい。なお、“Home-Away” 理論の枠組みについては、たとえば Knowles 2000：263-80 を参照。

（6）たとえば、シュトローベルは、ヨーロッパ人女性自身の人種差別主義や自民族中心主義をじゅうぶん意識したうえで、「植民地化された人びとになんの思いやりも感じないような女性ならば、たとえ彼女たちの態度がどこからくるのかがわかっていても、簡単に扱うこともできるだろう。しかしながら、援助の手をさしのべようとして植民地にやってきた女性の場合はそうはいかない」と記して、現地への共感と、帝国における自分の立場とのはざまで悩んだ女性たちをむげに批判することはできないことを強調している。シュトローベル 二〇〇三：一四―一五。

（7）アンナ・レオノーウェンス（Anna Harriette Crawford Leonowens）の再考については、たとえば Dow 1991. 彼女はこのとき、実姉エルザとも絶縁している。アンナの結婚式列席者名簿に、義父の名はあるが母親の名はないことから、ダウは、母親がユーラシアンであったことをアンナが生涯秘密にしていたことを指摘している。また、インド生まれのアンナは、六歳から一四歳までイングランドで学んだ後にインドに戻ったという説があることも付記しておきたい。Bristowe 1976.

（8）たとえば、インドにおけるアイルランド・ナショナリストの活動にかんする近年の研究については、Piroux, 1998; Silvestri 2000; Howe 2000b; Scott B. Cook 1997 などを参照されたい。大英帝国とアイルランドについては Jeffery（ed.）1996、アイルランドの歴史と文化にイギリス植民地主義の痕跡を読み解こうとする動きについては、Howe 2000b を参照。

（9）こうした権限委譲については、Bogdnor 2001 を、諸島評議会の活動については、O'Leary 1999: 66–96; Ruane & Todd（eds.）1999 などを参照。

（10）順に、Wood 2000; Paxton 1998; Linsell（ed.）1999；Matless 2000; Scruton 2000; Body 2000. これらは今「イングランド人であること」が抱える問題を扱った書物のごく一部であるが、いずれも一般読者向きに書かれ、多くがベストセラーとなっており、この問題への関心の高さを物語る。こうしたイギリスの状況については、高田実 二〇〇二：一七七―九八に詳しい。

（11）interview with *BBC News*, 14 Jan. 1999.

（12）すでにイングランド以外のネイションにおいては、スコットランドとフランスとの親密な関係、あるいはアイルランドの救済として機能したヨーロッパといったように、それぞれの歴史のなかでヨーロッパとの関係があらためて強調されている。そのなかで、スコットランドと正式に合同した一七〇七年にはじまり、アイルランド自由国の成立（一九二二）とともに終焉する連合王国の歴史（いわゆる「イギリス史」）の短命さが指摘され、それが「イギリス史」の意味を変質しつつある。詳細は Scott 1990: 168.

（13）ケルト人やケルト的過去をめぐる論争については、James 1999; 南川　二〇〇三：一三―一五、二九―五九など参照。なお、紙面の関係上論じる余地はないが、アイルランドのアイデンティティにかんする近年の研究については、たとえば、Cullingford 2001 の議論を参照されたい。

（14）Nairn 1977; 1997. それは、『ヨーロッパの歴史』の著者として知られるノーマン・デイヴィスの主張とも重なる。彼は、地球上の四分の一を網羅する大英帝国の存在がイングランド人に何をもたらしたかについて、つぎのように述べている。「多数のイングランド人は、今なお、〃イングリッシュ〃と〃ブリティッシュ〃が同義語であるかのようにふるまっている。」*Sunday Times*, 3 Jan. 1999 掲載のインタビューより。

（15）カナダやオーストラリア、ニュージーランドといったイギリス人入植地を中心とするシーリの帝国史叙述において、イングランド、イングランド人とたえずイコールで結ばれていた「人種」「ネイション」「帝国」についての見直しは、たとえば Hall (ed.) 2000: 1-33. また、京都大学人文科学研究所共同研究「『人種』の概念と実在性をめぐる学際的基礎研究」における小関隆氏の報告「『グレイター・ブリテン』という快感――一九世紀イングランドにおける人種論の展開」からも、シーリの帝国史叙述について学ばせていただいた。記して謝する次第である。

（16）quoted from Linda Colley, 'Britishness in the 21st. Century' (millennium lectures at London School of Economics), held on 8 Dec. 1999 (unpublished papers).

（17）Jose Harris, "Civil Society in Historical and Comparative Perspective", Opening Address of Oxford-Kobe Seminars: The Anglo-Japanese Kobe Seminar on the History of Civil Society（二〇〇三年三月二七

一二九日、神戸インスティテュートにて開催）のセミナー・ペーパー、ならびにHarris 1993; 小関隆編　二〇〇〇：八一―三〇などを参照。

（18）ラグビー校校長としてパブリック・スクール改革をおこなったことで知られるトマス・アーノルドの孫であり、評論家として有名なマシュー・アーノルドの姪でもあるメアリ・ウォード、旧姓メアリ・アーノルドの成人教育運動については、Sutherland 1990: 215-29.

（19）ロンドン伝道協会は、もともと超党派の伝道団体として誕生したが、しだいに会衆派（Congregation）が中心となっていった。Thorne 1999: 10-24.

（20）もっとも、人種的に均質な「イギリス国民（British nation）」が再構築される一九世紀末から二〇世紀初頭にもなると、一九世紀前半には顕著であった労働者とアフリカ人（あるいはインド人）を同一視する表現はしだいに姿を消し、同時に、帝国における差異として、「人種」にいっそう大きなウェイトが置かれるようになっていったとソーンは説明している。Thorne 1999: 168-69.

（21）Mary to Holt, 11 July 1899, quoted from Pearce 1990: 73.

第二章　ロンドンのサロン文化

（1）一九九八年四月―九九年三月、在外研究でロンドンに滞在していた筆者は、ロンドン大学歴史学研究所でマクドウェル教授と会い、伝記執筆のいきさつについて数回のインタビューを試みた。快くインタビューに応じてくれたマクドウェル教授に深く感謝する次第である。

（2）こうした資料は、その後すべて「アリス・ストップフォード・グリーン文書（Alice Stopford Green Papers）」として、アイルランド国立図書館（National Library of Ireland）の文書閲覧室（Manuscript Reading Room）に保存された。なお、AGP, MS 17288には、当時ドーセット州ブランドフォード（Blandford）に住んでいたロバートが、叔母の情報提供を求める手紙をイギリスやアイルランド各地に送っていたことを示す手紙がある。

（3） Robert Stopford, 'Note on Character of A. S. Green', AGP, NFC 56.

（4） 一九二〇年にイギリスが提示したイギリス＝アイルランド条約にかんして、アリス・グリーンは、アイルランド全島（三二県）をイギリスから同時に分離独立することを主張したデ・ヴァレラにたいして、北アイルランド六県を除く二六県の自治を主張したアーサー・グリフィスに賛同した。両者の対立は、一九二一―二三年の内戦へと発展した。

（5） 一九二四年、アリス・グリーンは、宝石を入れる高価な小箱（カスケット）をアイルランド議会に寄贈した。

（6） アリス・グリーンの直接的な家系は、一六四九年にアイルランドに侵入し、ミース州の有力地主となったジェイムズ・ストップフォードの次男ジェイムズの家系であり、もっぱら、ダブリンのトリニティ・カレッジに学び、アカデミズムの世界で活躍する人材を多く輩出したと伝えられている。ストップフォード家についての詳細は、O'Broin 1985 : 1–3 ; R. B. MacDowell 1967: 5–11.

（7） グラッドストンは、ストップフォード大執事の役割を十分に認識しており、当時の外相クラレンドン伯に宛てて、つぎのような手紙を書いている。「政府の要求にみごとに応えたアイルランド人聖職者が二人おります。ひとりは、パイオニア的存在のブラディ。もうひとりはストップフォードで、このテーマ［国教会の非国教化］を完璧にマスターしており、彼と組めば、われわれが試したい点がすべて満たされるというメリットがあったのです。」Gladstone to Lord Clarendon, 15 Oct. 1869, Add. MS 44537, f.98, British Library. 他にも同様の発言については、Hammond 1964: 91; O'Broin 1985: 362.

（8） 一六歳で失明状態となり、二三歳で視力を回復するまでのアリスについては、R.B. MacDowell 1967: 14–18. また、アリスから当時の話を聞いた姪の日記には、当時の彼女の気持ちの一部が吐露されている。Diary of Anne Brunton, Jan. 1913– Apr. 1915, AGP, MS 13620.

（9） 彼女たちがダブリンをあとにした背景には、叔父が教会基金を使い込み、その弁済義務がアリス一家にのしかかったという事情もあった。詳細は R.B. MacDowell 1967: 22–23 参照。聖職者の娘でありながら、著作をつうじて宗教への言及がほとんど見られないのはこうした事情のせいかもしれない。実際、第六章でみるように、アリス・グリーンは、「アイルランド国民」を創造する際にも、国民を規定するメルクマールとして宗教を除外していることは興味深い。

(10) ストップフォード・ブルックは、当時有名な説教者、文人であり、ロンドンの文学協会(Literary Society)における彼の演説によって、ロンドンでのアイルランド文芸復興がはじまったとされている。J・R・グリーンとの関係は Pearsall 1917: vol. 1, 22-26, 264-65, 293-97, vol. 2, 424-25.

(11) Private Papers of J. R. Green, No. 17, No. 22, Jesus College, Oxford. なお、グリーンの生前、夫妻は、グリーンの体調を憂慮して、毎年秋から春にかけてイタリアや南フランスなどに転地療養の旅に出たため、ロンドンの自宅は留守がちで定期的にサロンを開くことはできなかった。なお、アリスからの膨大な量の手紙を含むJ・R・グリーン文書を見るにあたっては、ジーザス・カレッジの文書管理責任者であるブリジット・アレン博士(Dr. Brigid Allen)に力添えをいただいた。記して感謝する次第である。なお、アレン博士によると、J・R・グリーンとアリス・グリーンとの間に交わされた書簡は、一九四七年、アリスの甥であるロバート・ストップフォードによって寄贈されたものである。

(12) Private Papers of J. R. Green, No. 16a, Jesus College, Oxford.

(13) 'An Appeal Against Female Suffrage', *The Nineteenth Century*, vol. XXV, No. 148, June 1889, pp. 781-88.

(14) ジャネットがアリスに宛てた手紙は AGP, MS 15111 参照。

(15) アリス・グリーンの講義は、*The University Extension Journal*, vol. 1, No. 12, 1991, p. 150 に、つぎのように紹介されている。

「場所:ユニヴァーシティ・ホール。テーマ:イングランドの都市。講師:J・R・グリーン夫人。日程:一月一三日(火)から三月までの毎週火曜日、全一二回。」

(16) キャロライン・トレヴェリアンがキャンベル=バナマンに宛てた手紙は、Caroline Trevelyan to Campbell-Bannerman, 23 Nov. 1900, Add. MSS. 41231, f. 25-26, British Library.

(17) グリーンにとって師ともいえる存在、オクスフォード大学歴史学欽定講座教授、E・A・フリーマンとの関係が、アリスと結婚する直前、グリーンが『小史』で大成功を収めたことで冷めたものに変わっていたことは、Brundage 1994: 153-56. グリーンにアンジュー時代のイングランド中世史研究を望んでいたフリーマンは、グリーンの『小史』にたいしては、「君のすばらしい表現力としゃべりすぎの文章によって、史料の大半が破壊された」と辛辣な批評を寄せたにとどまる。Freeman 1883: 119-34 参照。

(18) Private Papers of J. R. Green, No. 17, Jesus College, Oxford; Macmillan Archives, MS Add 55059, British Library; George A. Macmillan 1908: xl-xlix; AGP, MS 15089.

(19) 一八七四年初版の『小史』の増刷、ならびに一九二四年版までの改訂の状況は以下のとおりである。一八七五年一月(二度)、三月、七月、一一月、一八七六年、一八七七年四月、一一月、七八年三月、八月、八〇年、八一年、八二年、八四年、八五年、八六年増刷;一八八八年に全面改訂、この新版の増刷は、八九、九一、九四、九五、九八、一九〇二、〇五、〇七、〇九、一一年;一九一六年の改訂拡大版(長文のエピローグ付)の増刷は、一九一七、一九、二〇、二一、二四年。この後も数回、改訂されている。J. R. Green 1916 (1924): x.

(20) Macmillan Archives, MS Add 55059-61, British Library. 手紙によれば、夫の著作にかんするマクミラン社とのやりとりは結婚直後からはじまり、アリスの死の直前までつづいている。実はもともと、ジョン・モーリがJ・R・グリーンの『小史』にかんする改訂編集を担当することになっていたが、これを不安に思ったスタッブズが、アリスに『小史』の全責任をもつよう、助言したのであった。R. B. MacDowell 1967: 47.

(21) J. R. Green (revised and enlarged with Epilogue by Alice Stopford Green) 1924 の扉に印刷されたこの文章は、International Advertising Convention(一九二四年七月一四日—一九日開催)に参加したペン・コーナー社(The Pen Corner)の取締役社長L・G・スローンによるものである。なお文中では *a History of the English People* が使われているため、『イングランド人民の歴史』と訳出した。

(22) *The University Extension Journal*, vol. II, No. 23, Nov. 15, 1891, p. 133 には、"Books for Students" として、アリス・グリーンがイラスト入りで編集した『小史』にかんするつぎのようなコメントが掲載されている。「一年間に約一万部がずっと売れつづけているという事実だけでも、健全な歴史理解と歴史の扱い方、とくに文体のすばらしさは十分にわかるであろう」。

（23）最初の講義終了直後、メアリ・ウォードがアリスに宛てた手紙には、「あなたにJ・R・グリーンの精神が受け継がれた」という讃辞の言葉がみえる。Mary Ward to Alice Green, 13 Jan. 1891, AGP, MS 15111.

（24）以下、本文中に日付で記したベアトリス・ウェッブの日記は、すべて *The Diary of Beatrice Webb* (ed. by Norman and Jeanne MacKenzie), 4 vols, 1982-85 からの引用による。なお、このときのベアトリスの講義については、たとえば *Daily Chronicle*, 23 Nov. 1891, p. 4 参照。

（25）アリスは、夫グリーンの書簡を整理・収集して、レズリー・スティーヴンに夫の伝記の編者になるよう依頼した［Leslie Stephen (ed.) 1901］が、草稿の大半がアリス自身の手になることは、Private Papers of J. R. Green, No. 22, Jesus College, Oxford. に残された筆跡からはっきりと確認できる。

（26）たとえば、第二次世界大戦後、サロンの女主人として活躍したソフィア・メルチェット（Lady Sophia Melchett）は、女性がサロンを主宰する理由を、㈠ロンドンデリー侯爵夫人らのように夫や子どものため、㈡エティ・デスボラのように孤独や憂鬱を防ぐため、㈢ナンシー・アスターのように明確な目的達成のため、の三つに認めつつも、もっとも多いのは子ども時代の不安定さ（ときに貧困経験）ゆえの「自己権力の拡大」だと述べている。McLeod 1991: 6-7.

（27）ストップフォード家を分析したオブロインは、アリスや彼女の甥や姪らを例に、アイルランド政治史における同家の革命性、斬新性を評価しているが、そのことが、アリスがサロンを開く際にプラスに働いたわけではなかった。O'Broin 1985: 1.

（28）推薦状の詳細は、'Testimonials for Alice Stopford Green, re: appointment of Mistress of Girton College, Cambridge, 1884', AGP, NFC 56. H. A. L. Fisher 1927: vol. 1, 114, vol. 2, 91 には、この件を含む、アリスとブライスとの関係が書かれている。

（29）AGP, MS 15106.

（30）ガートン・カレッジ出身のエリザベス・ウェルシュは、その後一九〇三年まで二〇年間近くも校長の職にあった。その間のガートン・カレッジの発展にたいする彼女の貢献は、学園史において高く評価されている。それによれば、ウェルシュ新校長は、学生と校長との間に愛情にもとづくしっかりとした信頼関係を築くことに成功し、彼女が校長を務めた二〇年間に、入学人員は順調に増え、建物の拡張も大々的に進められた。Barbara Stephen 1933: 71-82.

（31）Kate Norgate to Alice Green, n. d., AGP, MS 15084.

（32）後にマクミラン社から単行本として刊行されることになる『一九世紀』誌の論文は、女たちが知識とウィットを発揮していかに知の世界で活躍し、その能力を開花させたかを、一七世紀、内乱期のノッティンガムを描いたルーシー・ハッチンスンの『メモワール』などを引用しながら歴史的に分析したものであり、女性と社会にかんするアリス・グリーンの基本的な主張が披露されている。リヴァプール女子校（Liverpool High School）での講演の草稿は AGP, MS 9932, MS 10428.

（33）アリス・グリーンと女性参政権反対運動とのかかわりは、'An Appeal Against Female Suffrage,' *The Nineteenth Century*, vol. 25, No. 148, June 1889, pp. 781-88 を、ガートン・カレッジの女子学生学位授与への否定的見解については、Alice Green, 'University Degrees for Women,' *Times*, 19 May 1897 を参照。ガートン・カレッジで女子学生への学位授与が問題化したときの『タイムズ』への彼女の投稿は、「女性に学位は不要である」という趣旨のものであった。その一方で、アリスは、ガートン・カレッジが女性の高等教育推進に果す役割を重視して、奨学金設置を含み、同カレッジに五万ポンドの補助金を募るアピールの発起人に名を連ねている。詳しくは、'Girton College, Cambridge,' *Times*, 6 Feb. 1909.

（34）Sidney Webb to Alice Green, 26 Jan. 1891, AGP, MS 15112.

（35）それゆえに、アリス・グリーンは、メアリ・キングズリを追悼するアフリカ協会の設立に彼らからの協力を仰ぐこともできたのである。たとえば、協会設立を公けにしたつぎの記者発表記事を参照されたい。*Daily News*, 1 March 1901.

（36）ホルデイン、グレイ、アクランドは一八八五年に、アスキスとバクストンは分裂の年である八六年に庶民院議員となり、保守党政府が提案するアイルランド土地法案（Irish Land Law Bill, 1897）や地方自治体法（Local Government Act, 1888）の修正に強い発言力を行使した。Matthew 1973: 8-10.

（37）R.B. Haldane to his Mother, 26 Nov. 1889, Haldane Papers, 5943, f. 113, NLS. この彼の計画は、「アーティクルズ・クラブ」を中心に、ホルデインをコーディネーター役、ローズベリを協力者、そして、ジョン・モーリを顧問として本格化していく。当時の彼らには、自由党の主流であったナショナル・リベラル連盟（National Liberal Federation）への不信感があったと思われるが、グラッドストンのアイルランド自治法案を強く支持するジョン・モーリやハーコートとローズベリの対立が表面化するのは時間の問題であった。なお、弁護士会（Eight Club）の活動を通じて知り合ったアスキスに国会議員への立候補を勧めたのはホルデインだが、彼はまた、エドワード・グレイの誠実な性格（見方を変えれば単純で衝動的であること）を好ましく思っているなど、さまざまな点で五人の要となっていた。詳しくは、Matthew 1973: 3-7; Searle 1971: 16.

（38）このときの法案は、庶民院を通過したものの、九月に貴族院で否決されてふたたび挫折した。これが大きな引き金となって、翌九三年三月、八〇歳を超えたグラッドストンは政界を引退する。

（39）テイラーの略歴については、たとえば以下のオビチュアリを参照されたい。*Manchester Guardian*, 10 Nov. 1902; *Times*, 10 Nov. 1902; *The United Irishman*, 15 Nov. 1902; *Freeman's Journal*, 11 Nov. 1902; *Daily Chronicle*, 10 Nov. 1902.

（40）Peatling 2001: 59 では、一八八八年、C・P・スコットにテイラーを推薦したのがアリスだとされているが、それを示す資料は提示されていない。AGP, NFC 56 に保存されているテイラーのアリス宛ての手紙は、一八九一年五月二四日付けのものがもっとも古く、それ以前に両者が知り合っていた形跡は手紙からは確認できない。

（41）Sidney to Beatrice, 2 Jan. 1892, quoted from Mackenzie（ed.）1978: 371.

（42）NFC 56 は、アイルランド国立図書館司書で、文書閲覧室の責任者でもあるトマス・デズモンド氏のご厚意で閲覧させていただいた。同氏に深く感謝する次第である。

(43) 手紙を日付け順につきあわせてみると、一日に五通の電報を打つという「異常事態」は、その三日前に「冷却期間を置いた方がいい」というアリスの言葉を引き金にしておこったと推察される。J.F. Taylor to Alice Green, 15 April 1894, AGP, NFC 56. それ以前にもいくどか、アリスはテイラーに再婚の意志がないことを伝えていたと思われるが、アリスもまた気持ちが揺れていたことは、テイラーの手紙(一八九四年二月九日付け)が縦に二つに破られているものの、それを捨てられなかった彼女の気持ちから推測できよう。

(44) たとえば J.F. Taylor to Alice Green, 4 March 1894, AGP, NFC 56 にはこうある。「人生において、私はずっと、絶対的に愛することのできる誰かに飢えてきました。便利だからとか、感情の問題だけではなく、私の性質すべてで愛せる誰かをです。」

(45) たとえば、「アリス・グリーン文書」には、彼女自身が自分が書いた新聞記事を整理したスクラップ・ブックがあるが、そこにも一九〇〇年以前の記事はほとんどない。AGP, MS 9932.

(46) 'Letters relating to the conferring the degree of Doctor of Literature by University College Dublin, 1928', AGP, MS 10462.

(47) このとき、一八九七年五月二四日の日記のなかで、ベアトリスは、一八八九年二月にアリスと初めて出会ったときの記述同様、フランス語学校のフランス人校長、ミス・シルヴェスタをふたたび登場させ、「相変わらず元気がよく、共感と興味、愛情にあふれている」シルヴェスタと対比しながら、アリスを批判している。

(48) アリス・グリーンのローズベリ批判については、たとえば、*Times*, 29 May 1900; 1 June 1900.

(49) とはいえ、両者がときに協力しあっていたことは、その後のベアトリスからの手紙が物語っている。AGP, MS 15112.

第三章　インスピレーションとしてのメアリ・キングズリ

(1) メアリ・キングズリの初めての伝記は、アリス・グリーンの友人であったアイルランド人ジャーナリストがてがけた Stephen Gwynn 1932 だが、以後出された伝記も、メアリの人生について、基本的に同書の語りを踏襲している。それ以外に本章で参照した主な伝記は以下の通りである。Howard 1957; Campbell 1957; Frank 1986; Birkett 1992; Pearce 1990; Blunt 1994.

（2） その詳細は、たとえば *Times*, 2 July 1892.

（3） エジプトや中東にかんしてレディ・トラヴェラーが記した風景や人びと、建築物、植物や動物などの描写が、一八六〇年代以降、トマス・クック社の観光ツアーのなかでどのように「消費」されたかについては、すでにいくつかの研究業績がある。たとえば Barrell 2000: 187-206.

（4） Mary Kingsley to Matthew Nathan, March 1899 quoted from Stephen Gwynn 1932: 229.

（5） 途中、ゴールド・コーストのアクラで下船してクリスティアンボルグ城（Christianborg Castle）を見学したこと、ゴールド・コースト一帯におけるウェズレ派伝道活動の責任者であるデニス・ケンプ師夫妻と知り合ったことといった細かな違いについては、*TWA*: 11-41.

（6） 父ジョージが残した遺産の大半を弟チャールズに譲ったことから、メアリ自身には自由になる現金も財産もほとんどなく、旅の資金も三〇〇ポンドほどしかなかった。Birkett 1992: 45-47.

（7） マダム・ティヌブは、一八五〇―六〇年代、ラゴスと内陸部との仲介貿易で財をなしたマーケット・ウーマンであり、イヤロデという政治的発言権のある地位に就いていた（一八六四―八七）。詳細は、Biobaku 1966.

（8） 一八〇七年に大英帝国領内における奴隷貿易が禁止されると、それまで奴隷貿易に従事してきた西アフリカ商人たちは、リヴァプール近辺の石鹸・化学産業の興隆で需要が急増したパームオイルへと、貿易の重心を移行させた。一九世紀半ばにもなると、世代交代によって商人の中身も大きく変わり、その大半が、リヴァプールやブリストル、グラスゴー、ロンドンといった都市に暮らす労働者階級の出身者で占められるようになった。一九世紀後半の西アフリカ貿易商人たちは、「奴隷貿易商人の末裔」というそれまでの悪評が、別の悪評――金儲けのことしか考えず、読み書きも満足にできず、信仰心も薄く、大酒飲みで、現地人女性といかがわしい関係をもつ人たち――に変わっただけで、彼らが依然としてイギリス社会のなかで軽蔑対象であったことにさほど大きな違いはなかった。*WAS* 1964: xlv-xlvii.

（9）たとえば、WAS: 10. 両親の死後まもなく訪れたカナリー諸島で、メアリはすでに、貿易商人がイギリス政府派遣の行政官とは異なるアフリカ観にもとづいて現地人とつき合っている様子を体験して、商人へのイメージを大きく変えたと語っている。

（10）たとえば、CMSで初めての黒人主教となったサミュエル・A・クラウザーの息子で、一八八六年当時CMSの大執事だったダンデスン・クラウザー（Dandeson Crowther）は、RNCの独占に反対して、外務省による保護領化を強く求めた。Flint 1969: 228.

（11）カラバルの西、オポボを拠点とする現地人首長で、奴隷から身をおこしたジャジャ王は、ヨーロッパ人商人の仲買人を排除し、自分の支配領域で取引きするイギリス人商人に課税を求めた。これをリヴァプール商人らが拒否すると、ジャジャ王は外務省に訴えた。当時領事代理を務めていたハリー・ジョンストンは、リヴァプール商人らを支持して、強硬にこのアフリカ人仲買人の排除に乗り出す。当時首相兼外相だったソールズベリ卿は、ジャジャ王の拘束、流刑に反対して、現地アフリカ人首長の意見を聞くように指示するが、電報の行き違いから、ジョンストンはジャジャ王をだまし討ちの形で逮捕し、最初はゴールド・コーストのアクラへ、その後西インド諸島へと流刑した。詳細は、Alagoa 1970; Flint 1969: 230–35.

（12）RNCに対抗して、リヴァプール商人たちは、一八八九年にアフリカン・アソシエイション（African Association）を結成した。RNCのメンバーでもあったグラスゴーのミラー・ブラザーズ商会は、ジャジャ王との間に契約を結び、唯一白人としてこの地域の貿易を任されていた。

（13）マクドナルドが手がけていたブラス反乱にかんする報告書は、一八九五年夏、彼の北京異動により、マクドナルドの路線を継承した後任のサー・ジョン・カーク（Sir John Kirk）が完成させることになる。詳細は、'Report by Sir John Kirk upon the Disturbances at Brass,' *Parliamentary Papers*, 1896, C. 7977.

（14）メアリは、この「収穫」を知らせる手紙を博士に書いた際、いっしょに見つけた小さな白い百合の花を「心逸《はや》る百合（Lily with rapid heart）」と名づけ、押し花にして同封している。それは、サウスケンジントンの自然史博物館が所蔵するギュンター博士の手紙類のなかに今なお保存されている。

（15）ギュンター博士の経歴と業績については、息子がまとめた Günther 1968 に詳しい。メアリ・キングズリとの関係については、Stephen Gwynn 1932: 117; Birkett 1992: 75-78 などを参照。

（16）当時、植物は、フランス語やピアノなどと並んで、ミドルクラス女性のたしなみとみられていた。たとえば、世界各地を旅して八〇〇枚を超える植物画を書きつづけたマリアンヌ・ノースの油絵は、今なお、王立キュー植物園の「ノース・ギャラリー」で見ることができる。

（17）すれ違う別のカヌーから行き先を聞かれた男たちは、「ランブウェ！」と陽気に叫んだが、メアリはこのとき、頭が割れんばかりの頭痛に襲われ、カヌーに前屈みになったまま、じっとしていたという。*TWA*: 232.

（18）途中、アイジンゴ湖を経由する通常ルートが「特別におそろしいファンたち」［*TWA*: 240］に妨害されたため、別ルートを通らねばならなくなったことがあった。この経験が、メアリに（そしてメアリがそのように語ることで読者もまた）、「人喰い」といわれるファンという民族内部に細かな対立関係や区分があり、けっして一枚岩でないことを実感させたと思われる。

（19）Frank 1986: 165. シャイル（Paul Du Chailu, c. 1831-1903）は、フランス生まれのアメリカ人。『赤道アフリカの探検』（*Explorations in Equatorial Africa*, 1862）や、ピグミーを扱った『アシャンゴランドへの旅』（*A Journey to Ashango-Land*, 1867）、『こびとの国』（*The Country of the Dwarfs*, 1871）などの著作で知られる。ブラッツァ（Pierre Savorgnan de Brazza, 1852-1905）は、イタリア生まれのフランス人探検家で、一八八六年からはフランス領コンゴ総督を務めた。コンゴ川河口の町ブラザヴィル（Brazzaville）は彼にちなんで命名された。

（20）その代わりに彼女には、現地の人びとから、ときに薬剤師、また別のときには破産者を裁く裁判官の役割が求められている。

（21）たとえば、*TWA*: 429-30; *WAS*: 112-13. なおフェティッシュと同じく、アフリカの物神崇拝を示すものとして当時使われていたフランス語、"juju"についても、メアリは、それがおもちゃ、あるいは人形を意味する"joujou"を語源としていることから、アフリカ人の宗教、もしくは宗教観を語るのにふさわしくないと否定的である。

（22）Alfred Ellis 1887: 176–98. エリスは著作のなかで、初めて「フェティッシュ」に言及した人物として知られていたドゥ・ブロッセ（De Brosse）の著作、*Du Chulte des Dieux Fetiches*, 1760 に典型的に認められる考え方、すなわち、「西アフリカのニグロは勝手に神を捏造する」という記述がまったく根拠のないものであることを立証している。さらに、メアリは、西アフリカのフェティッシュに多くの流派（school）、もしくは段階（grade）があること、すなわち、フェティッシュの地域性と多様性を認識している。*WAS*, 140 ff. "Schools of Fetish" と題された同書第六章にて、メアリは、西アフリカのフェティッシュを地域別に四つのグループに分け、その類似点と相違点とを分析している。

（23）「一八九三年に蒸気船ラゴス号で初めて西アフリカの沿岸を南下したときにこの山を見て以来、今日まで、その山の荘厳さと魅力は大きく、その誘惑はたいへんなものであった」（*TWA*: 550）。このときの登頂を、メアリは「マンゴの二八人目の登頂者、イギリス人としては三人目で、南東斜面からの登頂としても三人目である」と記している。

（24）彼女は他に、ケガン・ポール社（Kegan Paul）からも出版の依頼があったとして、出版の打ち合わせを急いでいる。おそらく、旅費の不足分を本の売り上げで補塡しようとしていたのだろう。Frank 1986: 203.

（25）エリアス、一九七七　上　八〇—八七。和辻哲郎によれば、日本でも二〇世紀初頭、それまで英語の"civilization"の訳語として「文明開化」にあたる「文明」という言葉とともに、ドイツ語の"Kultur"の訳として「文化」が登場するようになったが、"Kultur"の訳である「文化」が精神的文明を、"civilization"の訳語の「文明」が物質的文明を、という明確な区別がなされていたわけではなかった。和辻哲郎　一九六〇：一—一六。

（26）たとえば、メアリは、時間軸をずらして、「アフリカ人は一三世紀に生きる人びとである」という表現で、アフリカの後進性に言及することがたびたび認められる。たとえば *WAS*: 236.

（27）アリス・グリーンは、メアリ・キングズリが、科学は人種という「きわめて重要な問題」[Alice Green 1901c: 11] に決着をつけたわけではないと考えていたことを指摘しているが、アフリカ人がヨーロッパ人に比べて何がどう劣っているかの分析について、メアリはけっして「科学的」ではなかった。たとえば、彼女は、アフリカ人の「劣位」の論拠として、脳の重さ、ならびに脳の縫合線の閉鎖時期を提示しているが、それは、同じころ、ケンブリッジ大学民族学教授だったA・H・キーン（A. H. Keane）が『民族学（*Ethnology*）』（一八九六）のなかで述べた、アフリカ人が本来的に劣性であるという説を意識したものである。詳しくは、*TWA*: 671-72. メアリの人種論については、たとえば Rich 1986: 27-49.

（28） メアリ・キングズリとフレデリック・ルガードが西アフリカの将来像をめぐって激しく対立したひとつの争点は、この酒取引きにあった。一九六五年五月、王立アフリカ協会でメアリ・キングズリについて講演したジョン・E・フリントは、「メアリとルガードは間接統治支持では似ているのに、なぜ二人は反目しあっていたのか」という聴衆からの質問に答えて、その原因を、酒取引きの問題と、ルガードの妻で元『タイムズ』の植民地欄担当記者だったフローラ・ショウとメアリとの対立、という二つが「決定的な溝を作った」と述べている。Flint 1965: 160-61. ルガードの酒類取引き批判の論文は Lugard 1897: 766-94.

（29） それゆえに、手厳しい宣教師批判を展開したメアリ・キングズリが、唯一、カラバル奥地、オクヨン（Okyong）に配属されたメアリ・スレッサーだけは高く評価している。スレッサーは、現地人をクリスチャンにするのではなく、彼女自身が「現地人化（gone native）」することで、メアリ・キングズリと同じく、現地社会にできる限り手を加えない姿勢を貫いたのである。ちょうどメアリ・キングズリがスレッサーを訪問したときにおこった、カラバル周辺で不吉とされている双子の出産をめぐる事件の処理については、井野瀬　一九九八：一九九―二〇五を参照されたい。

（30） *TWA*: 658-62. メアリ・キングズリは、アフリカ人は農場労働者、鉱夫や水夫などに適しているとしているが、商人としての彼らは評価していない。

（31） この点を厳しく批判するのが、『西アフリカ研究』第三版に序文を寄せたジョン・E・フリントである。*WAS* 1964: lxiv.

（32） この手紙は、受取り人であるカンフォー博士、ならびにその友人であるエドワード・ブライデン博士の強い助言で、『西アフリカ研究』第二版に四頁にわたって全文掲載されることになる。以下、彼女の手紙はすべて、WAS 1901: xvi-xix からの引用である。

(33) これにつづけて、彼女は、アフリカの土地法とアフリカ人のナショナリズム(=ナショナリティ)の関係を追求したひとりのアフリカ人知識人にふれている。コートジヴォアールの熱帯雨林に暮らすファンティ(Fanti)という民族にかんする著作、『ファンティの慣習法』を著したサルバー(John Mensah Sarbah)だ。彼について、メアリ・キングズリはつぎのように述べている。「いかにヨーロッパ文化のなかで育てられようとも、彼は自分の土地の人間に、すなわち、奴隷ではなく自由な市民(free citizen)でありたいと願うその土地の人間に、じゅうぶん値するのです」WAS 1901: xix.

(34) 先の手紙を読んだブライデンは、それを、かつての教え子で、『ニュー・アフリカ』にメアリの書評を寄せたA・B・キング教授に送った。キングは、この手紙にたいするコメントを走り書きしたメモをブライデンに渡し、ブライデンは、それを同封した返事をケープタウンのスタンダード銀行気付けでメアリに送った。Lynch (ed.) 1978: 460. ブライデンの略歴については、たとえば Samuel Lewis, 'Introductory Biographical Note' in Blyden 1888 (1994): xii-xv.

(35) そのうえで、ブライデンは、精神的に高度な段階にあるアフリカ人によって、ますます物質化するヨーロッパを再教育すること、すなわち、ヨーロッパ文明の相対化をメアリに示唆している。くわえて、ブライデン自身はヨーロッパ文明に組み込まれていないアフリカ人ムスリムに期待を寄せており、リベリア・カレッジで担当することになったアラビア語講座にムスリムたちが関心を示していると伝えている。Lynch (ed.) 1978: 462-65.

(36) 一八九九年夏、ヘイフォードはメアリのロンドンの自宅でこうしたアフリカについてのテーマを語ったことがあるという。だからこそ自分は、アフリカの過去を理解し、アフリカ人の諸権利を守るべく孤高の戦いをつづけたメアリの基本的な考え方を理解しているのだと、彼は追悼パンフレットで強調している。Hayford 1901: 16.

第四章　メアリ・キングズリを追悼する

（1）　現在、王立アフリカ協会事務局に保管されている議事録は、「故メアリ・キングズリのナショナル・メモリアル」と題して、アリス・グリーンがサロンのゲストを自宅に招いたこの日、一九〇〇年七月二六日からはじまっており、一九〇一年二月に事務所を正式に借り受けるまでの問い合わせ先も「ロンドン、ケンジントン・スクェア一四番地」とされている。

（2）　以下、手紙の引用は、Alice Green to John Holt, 13 Dec. 1900, quoted from *African Affairs*, vol. 50, No. 200, July 1951, p. 177.

（3）　議事録によれば、この日の会合ではつぎのことが決められている（Minutes, 11 Dec. 1900）。

（一）協会の名称を「西アフリカ・メアリ・キングズリ協会（Mary Kingsley Society of West Africa）」として、リヴァプールで企画されている追悼計画とは切り離す。

（二）新入会員の承認に権限を有する役員会メンバーの確定。メンバーは、ジョン・ホールト宛てのこのアリスの手紙に書かれた「アントロバス、私自身［アリス・グリーン］、ダーウィン少佐、マクミラン、スワンジー」に加えて、バタスビー、ド・カルディ、ストレチリ、サー・ライアルの九名に確定した。もうひとり、このときに指名されたサー・J・スマルマン・スミスの了解を待ち、もし彼が拒絶した場合にはサー・F・ポロックに依頼する。

（三）特別委員会メンバーとして、メアリ・キングズリの弟チャールズ、ならびにメアリの従姉ローズ・キングズリを選出する。

（4）　このときの会合に先立ち、アリス・グリーンは、休暇で帰国中だった当時のラゴス植民地・保護領総督でR・B・ブレイズとの親交で知られるサー・ウィリアム・マグレガーと直接会い、彼から、リヴァプール案（熱帯病専門病院設立）ではなく、ロンドン案、すなわちアフリカ協会設立への全面的賛同を得た。マグレガーは、一八九〇年代初め、ラゴス北部、ヨルバランドの首長らとつぎつぎと条約を結びながら保護領化を推進していったが、唯一独立を認めたアベオクタの最高首長アラケ（Alake of Abeokuta）を通じた間接統治に、西アフリカ統治の期待をかけていた。一九〇四年五月―七月、アラケの渡英でクライマックスを迎えるマグレガーの間接統治案については、井野瀬　二〇〇二参照。一九〇〇年八月一〇日の会合では、アリスは、ブレイズのようなリーダー的存在の現地人に協会設立委員会への参加を呼びかけている。Minutes, 10 Aug. 1900. アベオクタのアラケ渡英の仕掛け人のひとりであったブレイズについては、*Journal of the African Society*, vol. IV, No. XIII, Oct. 1904, pp. 149–50 のオビチュアリを参照。

（5）大評議会で選出され、国王の承認を得た総督の任は重く、それをメアリは、年収五〇〇〇ポンドというかたちで示している。植民地西アフリカを束ねる総督候補として、メアリ・キングズリの念頭には、RNCのジョージ・ゴールディがあったと思われる。Mary Kingsley to John Holt, 5 May 1899, quoted from Birkett 1992: 143.

（6）こうしたメアリの代替案の詳細は、*WAS*: 400–12.『西アフリカ研究』の書評を分析したアリスン・ブラントによれば、多くの書評が、彼女のアフリカ観の中核を成すフェティッシュ論を中心に、彼女の表現力、ユーモア、率直さ、脱線のおもしろさなどに触れているが、代替案そのものへの評価はきわめて低いという。Blunt 1994: 121–22. たとえば、つぎの書評を参照されたい。

「最初の一五〇頁に生き生きとしたストーリーや絵画にも似たスケッチを感じた後、読者を待っているのは、科学的で政治的な長い論文であり、それは、学者には価値のあるものだろうが、最初の数章ほど読者をワクワクさせない。……頁をめくるという労働ですら、筋肉を萎縮同然の状態にしてしまうのである」（*Echo*, 31 Jan. 1899)。そのなかで唯一、代替案を評価したのは『デイリー・クロニクル』に掲載された匿名の書評であったが、その書評の執筆者こそ、当時リヴァプールの船会社、エルダー・デンプスターの事務員で、ジャーナリストへの転身をめざしていたE・D・モレルであった。E. D. Morel, 'Miss Kingsley on West Africa', *Daily Chronicle*, 31 Jan. 1899.

（7）モデルとなった王立アジア協会会長でインド評議会のメンバーでもあったアルフレッド・ライアルに、アリスは、アフリカ協会設置準備計画を相談し、役員として加わってくれるよう、依頼している。メアリ自身は女性会員の存在を否定していたが、後述するように、アフリカ協会は当初から女性にメンバーシップを認めた。

(8) Minutes, 19 Dec. 1900. 一二月一九日の設立準備運営委員会に提出されたこの趣意書は、その二ヶ月ほど前、一〇月三〇日に、やはりアリスが起草して提出した原稿を委員会メンバー全員が閲覧し、修正したものである。そこでは、一〇月の段階で合同追悼となっていたリヴァプールとの関係が削除され、代わって趣意書の中心には、「彼女［メアリ］の第一の目標であり、その時間とエネルギーのもっとも大きな部分を占めていた現地慣習を研究する協会、すなわち、西アフリカ・メアリ・キングズリ協会」にかんする文章が置かれることとなった。

(9) Alice Green to John Holt, 9 July 1901, quoted from *African Affairs*, vol. 50, No. 200, July 1951, p. 178. 文面には、理想的な編集担当者が決まるまで、アリスを含む四人が季刊誌の編集委員を務めること、創刊号に掲載予定の全原稿がそろったこと、そして、著名な貴族の参加によって協会の格を上げようと思うことなどが書かれている。

(10) *African Affairs*, vol. 50, No. 200, July 1951, pp. 178–79.

(11) *Ibid.*, p. 178.

(12) *Ibid.*, p. 179.

(13) 第一回目の会合では、アソシエイションとして正式に発足する準備期間にあたる一年間、暫定的ながら、名誉事務局長（Honourable Secretary）をアリス・グリーンが、名誉会計（Honourable Treasurer）をジョージ・マクミランが務めることが承認され、今後の全体委員会の招集権も、事務局長、ないしはそのときどきに指名される議長に与えられることになった。くわえて、第二回目の会合で、名誉事務局長に事務局長（Secretary）を選ぶ権限が与えられたことによって、アリスは、協会設立準備の実質的な主導権を握ることになったといえる。

アリスが強く求めた定期刊行物の公刊は、運営委員会初の決定事項でもあった。この決定にもとづき、名誉事務局長、名誉会計以外の役員の人選は、西アフリカ諸民族の調査・研究を目的とするアソシエイションにふさわしい定期刊行物の編集責任者の選定からはじまった。Minutes, 1 Aug. 1900-1 Feb. 1901.

(14) 一九〇〇年一月一八日の議事録には、送付先としてつぎのような機関があげられている。

植民地研究所（Colonial Institute）／人類学研究所（Anthropological Institute）／ニジェール会社株主（Niger Company Shareholders）／アフリカン・アソシエイション（African Association）／リヴァプール、ロンドン、マンチェスタの商業会議所アフリカ部門／各種講演団体／西アフリカ植民地の諸センター（以上Minutes, 18 Jan. 1901より）。なお、上記の「アフリカン・アソシエイション」とは、第三章注（12）で述べたように、特許会社RNCに対抗すべく、ジョン・ホールトやアルフレッド・ジョーンズら西アフリカ貿易商人が設立した組織である。

(15) メアリ・キングズリの正式な追悼は、西アフリカの旅以来、彼女との関係が深いリヴァプールとマンチェスタの商業会議所、およびそのメンバーでアフリカ貿易に従事する商人たちが一歩先んじていた。彼らは、メアリの死の直後から、彼女の悲願であった熱帯病治療専門の病院（リヴァプール熱帯医学校と連携）をリヴァプールに建設する計画を表明していた。アリス・グリーンの自宅でおこなわれた第一回会合の時点では、アフリカ協会設立と病院建設という二つの追悼プロジェクトが並行して進められる可能性が残されていたために、リヴァプールとマンチェスタからも代表が加わっていた（資料④参照）。その後、この二つがはっきりと切り離され、アフリカ協会はロンドンのプロジェクトとなった。その経緯には、ロンドンとリヴァプールの利害対立もさることながら、アリス・グリーンの強い要望があったと思われる。なお、メアリ・キングズリ記念病院の設立については、たとえば *West Africa*, 13 Apr. 1901, p. 497.

(16) P・A・モルテノについては、たとえばSolomon (ed.) 1981: introductionを参照されたい。

(17) 他の二人は、メソディストの聖職者だった兄ジョセフ（Joseph Caludius May）が創刊し、シェラレオネの有力紙として成長しつつあった『シェラレオネ・ウィークリ・ニューズ』（*Sierra Leone Weekly News*）の編集者を務め、一九二〇年代にフリータウン市長となるコルネリウス・メイ（Cornelius May）、および、西インド、トリニダード島出身で、ブライデンとともにシェラレオネの教育界で活躍し、『クレオール文法（A

Creole Grammar)』を著したトマス(J. Thomas)である。Minutes, 22 Dec. 1900.

(18) 創立総会の詳細は、*Journal of the African Society*, vol. I, No. I, Oct. 1901, pp. i-xx を参照。総会では、「インド省が王立アジア協会にしているような支援をアフリカ協会に約束する」という植民地相ジョゼフ・チェンバレンの祝電も披露されている。

(19) *Journal of the African Society*, vol. I, No. I, pp. iv-v, ix. シェルフォードは、スピーチはアリスからの依頼だと発言しているが、その経緯についてはよくわかっていない。議事録には、創立総会の直前、一九〇一年六月七日におこなわれた第二一回目の運営委員会で、シェルフォードを運営委員会(すなわち評議会)メンバーに加えるよう、アリス・グリーンが提案したことが記されている(Minutes, 7 June 1901)。この人選が何によるものか、そもそもシェルフォードとアリスの接点がどこにあるのか、今のところ不明である。はっきりしているのは、一九〇一年の創立総会の演説にすでに、まもなくあきらかになる二人の相違がはっきりと示されていることだろう。

(20) *Journal of the African Society*, vol. 1, No. 1, p. xi.

(21) *Ibid*., p. x. この言葉には、黒人たちがイングリッシュ・ジェントルマンを真似しても、という意味が暗示されていると思われるが、それは、メアリがもっとも嫌悪し、アリス起草の協会設立の趣旨説明で回避すべきこととして明言された、ヨーロッパ文化の押しつけにほかなるまい。*Ibid*., p. xi.

(22) *Ibid*., pp. xi-xii. シェルフォードが例にあげたファンティは、一九〇〇年三月、南アフリカに向かう船内でメアリが『ニュー・アフリカ』の編集長に宛てて書いた例の手紙のなかで、彼女が希望を託した現地人知識人、サルバーの出身民族である。サルバーがおこなった現地習慣の調査や研究を高く評価し、彼のような現地人とのネットワークを重視したメアリの遺志を継ぎ、サルバーのような現地人を包含する組織として構想されたのが、アフリカ協会であった。それゆえに、シェルフォードのこの経験は、メアリとは異なる、もうひとつのアフリカ人イメージを語るものとして重要だろう。

(23) *Ibid*., p. xiii.

(24) *African Affairs*, vol. 50, No. 200, July 1951, p. 197.

(25) *Journal of the African Society*, vol. V, No. XIX, Apr. 1906, pp. 329-31.

(26) 月例ディナー開始の一九〇六年一月から六月までの半年間で、一九〇五年一年間に推挙、承認されたメンバー（五九名）の二倍近い九四名が新メンバーとして登録され、〇六年七月から〇七年六月までの一年間に新メンバーの数は二二一名に、アフリカ協会の総会員数は六五二名を数えた。この時期の季刊誌には、従来添付されていた会員リストに加えて、会員各々の会費納付状況が明記されるようになり、会員の増加、イコール年会費の増加という方程式がかなり露骨に示されたことがうかがえる。*Journal of the African Society*, vol. VI, No. XXIV, July 1907, pp. 443-45. この総計のうち、一五七名が後述する女性準会員である。

(27) シェルフォード提案の月例ディナーがはじまったころ、とりわけ大きな影響をもたらしたのは、アリス・グリーンとアフリカ協会のあるべき姿を共有してきたメアリの友人、事務局長兼協会誌の編集責任者を務めたド・カルディ（Count Charles de Cardi）の引退であった。コルシカ島の古い家系の出身で、冒険家として知られた彼の西アフリカ論については WAS, 443-566 を、また、彼のオビチュアリは、*Journal of the African Society*, vol. VI, No. XXII, Jan. 1907, pp. 213-14. を参照。彼の後任が決まるまでその代行はシェルフォードが務めたが、一九〇六年一月に新しい事務局長に就任したオクスフォード大学学監、J・S・レッドメインも、シェルフォードの推薦であった。しかも、このときを機に事務局長は有給となり、発足当時のアフリカ協会が核としてきた濃密な人間関係はしだいに薄れることになる。アリスがこだわりつづけた協会季刊誌の編集業務を引き継いだのは、バンツー語の専門家であるアリス・ウェーナであったが、五〇年史は、テーマが散漫で質も低かった協会草創期にあって、唯一オリジナル性の高い論文を寄稿していたウェーナを評価し、それまで編集の実権を握ってきたアリス・グリーンとの差を強調している。*African Affairs*, vol. 50, No. 100, July 1951, p. 184.

(28) 会員に送付された事務所移転の知らせにはつぎのように記されていた。「事務所の移転によって、講演会や討論会が今まで以上の規模でできるようになるだろう。協会誌もできれば月刊にしたいものだ。そのためにも、現在の会員諸氏には会員数を増やす努力をつづけてもらいたい。」この間の経過については、*Journal of the African Society*, vol. V, No. XX, July 1906, pp. 441-47 に詳しい。王立植民地研究所（Royal Colonial Institute）は、「植民地問題についてのあらゆる情報提供と、大英帝国にかんする科学的、統計的、文書上のあらゆる研究をおこなう」総合研究機関であり、一八七〇年、「植民地と英領インドにかかわるすべてのジェントルマンが集まる場を提供し、それ以外の人びとに植民地、およびインド問題に関心をもたせること」を目的に設立された。詳しくはReese 1968 参照。なお、同研究所は、一九三二年に王立帝国協会（Royal Imperial Society）と改称された後、現在、王立英連邦協会（Royal Commonwealth Society）の名で健在である。

（29）*African Affairs*, vol. 50, No. 100, July 1951, p. 180.

（30）*Ibid.*, p. 180.

（31）*Journal of the African Society*, vol. VII, No. XXV, Oct. 1907, p. 83.

（32）*Journal of the African Society*, vol. VI, No. XXIV, July 1907, p. 426-27.

（33）一九〇六年七月一九日の評議会会合で、この制度の目的を「アフリカに関心のある友人や縁者を安い会費でメンバーにすること」と述べたシェルフォード発言の詳細は、*Ibid.*, p. 446 に採録されている。なお、女性準会員は、評議会に申請し、正会員からの強い推薦があれば正会員に〝格上げ〟されることも可能だった。

（34）詳細は、たとえば、*Journal of the African Society*, vol. VI, No. XXII, Jan. 1907, pp. 200-01; vol. VI, No. XXIII, Apr. 1907, pp. 308-09; vol. VI, No. XXIV, July 1907, pp. 429-30 など参照。

（35）女性準会員制度にたいして強い反対を表明したのはジョン・ホールトであった。アリスはこれを支持して、当日シェルフォードが推薦した女性準会員を承認する手続きに異を唱えたが、ジョンストンの先の言葉で議論は打ち切られたのである。皮肉にも、この日承認された四人の女性準会員は、シェルフォードの親戚二人を含み、全員がシェルフォードの推薦によるものであり、全員が植民地行政官の妻であった。その名は以下の通りである。Lady Ommanney, Lady Shelford, Mrs. M. A. Shelford, Mrs. J. C. Wason. Minutes, 26 June 1907.

（36）*African Affairs*, vol. 50, No. 200, July 1951, p. 182.

(37) E. D. Morel to Alice Green, 28 May 1910, Morel Collection, F8/72 LSE.
(38) *Journal of the African Society*, vol. XII, No. XLV, Oct. 1912, pp. 87-94.
(39) *African Affairs*, vol. 50, No. 200, July 1951, pp. 184-85.
(40) *Journal of the African Society*, vol. XXVIII, No. CXII, July 1929, pp. 413-14.
(41) *African Affairs*, vol. 70, No. 280, July 1971, p. 218.
(42) *Ibid*., p. 218.
(43) ダウデン氏（Richard Dowden）とのインタビューは、二〇〇三年八月五日、アフリカ協会事務局のあるロンドン大学東洋アフリカ研究部（SOAS）でおこなった。小泉八雲の子孫という同氏の丁寧な対応に記して謝する次第である。

第五章　女たちの南アフリカ戦争

(1) Mary Kingsley to Alice Green, 14 March 1900, AGP, MS 134.
(2) このときの講演内容は、彼女の死後、『西アフリカ研究』第二版（WAS 1901）に所収されることになる。
(3) Mary Kingsley to Alice Green, 11 April 1900, AGP, MS 134.
(4) Flora Shaw, 'Miss Kingsley on South African Hospitals,' *Times*, 7 Aug. 1900. 以下、手紙の引用はすべて同記事からのものである。
(5) Alice Green, 'Miss Kingsley on South African Hospitals,' *Times*, 8 Aug. 1900. 以下、手紙の引用はすべて同記事からのものである。
(6) Mary Kingsley to Alice Green, 11 April 1900, AGP, MS 134.
(7) この答えに満足しない伝記作家たちは、それ以外にもいくつかの理由を提示している。メアリは、南アフリカ入りした後、戦争終結を待ってオレンジ川を渡って北上し、西アフリカへ行くつもりであった、というのもそのひとつである。Birkett 1992: 160.

（8）Agnes Smith Lewis, 'Miss Kingsley and the South African Hospitals,' *Times*, 14 Aug. 1900.

（9）Mary Kingsley to Alice Green, 11 April 1900, AGP, MS 134.

（10）レディスミスで捕虜になったイギリス人のなかに、当時『モーニング・ポスト』紙の特派員だった若きウィンストン・チャーチルがいたことはよく知られている。なお、「ブラック・ウィーク」とは、シュトルムベルク、マジェスフォンテイン、コレンゾという三つの戦いにおけるイギリス軍の敗北をいう。南アフリカ戦争の前半、イギリス軍に不利に働いた戦況については、Pakenham 1979 125ff. に詳しい。

（11）マフェキングの解放時、イギリス国内の狂喜、世にいう「マフェキングのばか騒ぎ」については、Gardner 1966: 4-8, 199-202；井野瀬　一九九〇：二七七―九二。マフェキング解放の立役者、陸軍将校ベイデン＝パウエルは、陸軍史上最年少の四三歳で陸軍少将に昇格し、帰国後、退役してボーイスカウト運動に着手することになる。井野瀬　一九九二：一六五―二〇二。

（12）以下、本文中の（　）内に記した日付けはすべて、アリス・グリーンの捕虜収容所訪問日誌からのものである。Alice Green, Diary, AGP, MS 421.

（13）デッドウッド・キャンプでは移送される捕虜の名前が掲示されており、その様子をアリス・グリーン自身、日誌に書き留めている。たとえば一〇月四日の日誌参照。加えて Alice Green 1901b: 764.

（14）現在この島は、北西一二〇〇キロの海上にあるアセンション島、南南西三四〇〇キロにあるトリスタン・ダ・クーニャ島とともに、セント・ヘレナ総督により支配されている。

（15）クロンイェ夫妻は、収容所ではなく、イギリス軍の監視付きではあるが、ハイノール・フォート（High Knoll Fort）近くの、通称「ケント・コテージ」に住むことが許された。パーダベルクの戦いで捕虜となった女性のうち、クロンイェ夫人だけが、女性としてただひとりセント・ヘレナ島に送られている。Warwick (ed.) 1980: 164-65. なお、収容所の劣悪な環境は、すでにセント・ヘレナ島への護送船のなかからはじまっていた。捕虜たちはぎゅうぎゅう詰めにされた船内での息苦しい暑さ、飢餓、ノミやシラミの恐怖に苦しめられたことを、アリス・グリーンに語っている。たとえば、九月二八日、一〇月一一日の日誌にある証言を参照されたい。

(16) こうした資料は、いずれもアイルランド国立図書館文書閲覧室に保管されている。写真はAGP, MS 15118. また、日誌は、一〇月一六日にアリス・グリーンがセント・ヘレナ島を離れ、ケープタウンに向かって以後も一〇月二八日まで断続的に綴られることになる。デッドウッド・キャンプへの訪問は一〇月一三日まで、ほぼ連日おこなわれ、ジェイムズタウンの総督府(Government House)に滞在した一〇月一四日、一五日にも聞き取りはつづけられた。

(17) たとえば、ヨハネスブルグに暮らしていたウォルデック(Captain Waldeck)というオーストリア生まれの元探偵は、イギリス側に媚びるとして他の捕虜からひどく嫌われていたが、アリス・グリーンは、周辺情報から、彼が六ヶ月の契約で参戦したものの、給与の支払いが滞ったためボーア人を恨んでいたことをつきとめ、彼の証言分析に活かしている(九月二四日)。

(18) 捕虜規則二二条により、捕虜に現金の所持は認められなかったが、収容所内部でのみ通じる紙幣を発行した収容所もある。たとえばセイロン島については、Ineson 1999: 71-85を参照されたい。

(19) 新しい収容所用地を見学した際、アリス・グリーンは、元スタンダード・オイル社に勤務していたというカナダ人の護衛兵を見かけ、声をかけているが、このときの彼女を何よりも感動させたのは、カナダ兵がイングランド兵よりもマナーがいいことであった(一〇月八日、一〇日)。オーストラリア人兵士、イギリス側の黒人兵士にかんする記述については、たとえば九月二八日の日誌参照。

(20) ここにいう四人とは、主計官リーフ大佐(Colonel Leefe)、エヴァンス大佐(Colonel Evans)、検閲官ウォルトン(Walton)、「密告者アレクサンダー(Alexander the Rat)」とあだ名されたF・W・アレクサンダーである。なお、現地で徴兵された民兵(militia)の将校たちは、収容所の運営のみに関与していた。

(21) アリスの批判はとりわけアレクサンダーに向けられており、日誌には彼への嫌悪感があからさまに記されている(たとえば九月二三日)。「ボーア人の国で、自分は白いカフィールにすぎなかった」(九月二二日)と語る彼は、ヨハネスブルグの四七年間の暮らしのなかで貧しさから抜け出せなかった自らの不運を、トランスヴアール共和国の富がわずか四つの家系に独占されているせいだと考えていた。それゆえに、「まさかセント・ヘレナ島に来るとは思ってもみなかったが、捕虜収容所の検閲官としての今の待遇（給与）には十分に満足しており、イギリス支配の方がずっと幸せで、自分のようなイギリス系植民地人ならばボーア人をうまく支配できるだろうとアリスに語っている（九月二三日）。帰国後、アリス・グリーンは、植民地相チェンバレンに宛てた手紙のなかで、彼のことを「ヨハネスブルグで小さな雑貨店を経営していた、がさつで礼儀知らずの男」と書いている。Alice Green to Joseph Chamberlain, Dec. 1900, AGP, MS 421.

(22) Alice Green, 'To the Editor of *the Westminster Gazette*,' *Westminster Gazette*, 5 Oct. 1901. この投稿記事において、アリス・グリーンは、パジェットの論文にあったつぎの箇所、「収容所内の教会でボーア人がみせる光景は奇妙である。彼らは大きな円になってしゃがむのだ」をとりあげ、「しゃがむ（squat）」という言葉が差別的に使われていることを指摘している。くわえて、メアリ・キングズリが批判したボーア人の宗教熱を、アリスがスーダンの原理主義者マフディーにたとえていることにも留意されたい。

(23) 夫（Gordon Wilson）とローデシアを旅していた彼女は、ボーア人捕虜となった『デイリー・メイル』のある通信員の代わりに取材と記事の執筆を担当することになった。彼女は、この時期、マフェキングのイギリス人士官たちをゲストとするサロンの女主人としても知られていた。詳しくは、Krebs 1999: 12–18.

(24) 一九九九年一〇月、戦争勃発一〇〇周年を記念してブルムフォンテインでおこなわれた国際シンポジウムの基調講演のひとつが、この戦争の呼称をめぐるものであった。詳しくは井野瀬　二〇〇〇c。

(25) リーフ大佐は、ホーマーを紹介した理由を、「彼は捕虜収容所にくるまでボーア人がどういう人たちか知らなかったので、ボーア人を語るのにふさわしいだろう」と説明している（九月二三日）。

(26) たとえば、デッドウッド・キャンプに収容されたフランス人義勇兵の若者二〇名の大半は、数年間、トランスヴァールの鉱山を渡り歩いている途中、戦争にぶつかり、当然のごとくボーア軍に参加したと証言している（一〇月二日）。

(27) 同じスカンディナビア隊のセパトラー（Victor von Sepadtler, デンマーク人）やパジェスキオルド（Baron

Helge Pageskiold, スウェーデン人）らも同様の証言をしている（一〇月九日、一四日）。

（28）ヴィサージョは、一八九九年一二月二三日付けの雑誌『ブラック・アンド・ホワイト（*Black and White*）』に掲載された自分の記事を訂正したいとして、アリス・グリーンのもとを訪れた。彼は、酒の販売業者が鉱山経営者と結託し、マージンを得て若者に酒を売りつけ、彼らを酒浸りにさせているカラクリを暴いたことがあると語っている。同じ一〇月一一日の聞き取りで、彼は、ボーア人のみならず、夫を失ったイギリス人の未亡人たちにも同情を寄せる発言をして、アリスを深く感動させている。

（29）AGP, MS 10465.

（30）この第二キャンプに最初に収容された四八〇人中、三七〇人の捕虜が、終戦後、一九〇二年六月の捕虜釈放開始と同時に、いち早く釈放されることになる。Royle 1998: 58. もう一ヶ所、三つ目の収容所であるハイノール・フォート・キャンプには、クリューガーの孫エロフら、反抗的な捕虜が収容された。Laurent 1999: 2. こうした捕虜内部の対立と関連して留意すべきは、一〇月二日に集まった一〇人のボーア人たちのなかに、「大移動（グレート・トレック）」を解決策と考える者が誰もいなかったことだろう。アリスが記録する収容所内部の対立――徹底抗戦派vs降伏容認派――も、一九世紀初頭のイギリス支配の拡大に際しては実行可能な選択肢であった北への大移動が、二〇世紀を目前に控えた当時、南北ローデシアの存在によってもはや解決策ではなくなったことと無関係ではないだろう。

（31）これまでみてきた以外にも、南アフリカ高等文官のアルフレッド・ミルナー、トランスヴァール大統領ポール・クリューガーはじめ、ダグラス・フォスタ（Douglas Foster, トランスヴァールの法律顧問を務めたイギリス人）といった具体的な人物をめぐる質疑応答がなされている。同じ一〇月二日の日誌には、その様子がたとえば以下のように記録されている。

Q：ミルナーがトランスヴァールを平定したらどうするか。

A：「平定（settlement）」とはどういう意味か。われわれに自治を与えることか、それとも、われわれを植民地化することか。

Q：後者、すなわち、自治や独立を与えず、イギリス支配下に置くことである。だとしたらどうするか。
A：ミルナーが南アフリカを支配するようになれば、自分たちにはいっさいの自由が許されず、隷属状態におかれ、南アフリカは地獄になる。ミルナーは「チェンバレンが送り込んだ戦争屋」だからだ。
Q：トランスヴァール大統領クリューガーの戦争開始決定に不満はなかったか。
A：（即座に）なかった。
Q：クリューガーは金を持って［ヨーロッパに］逃亡したという噂があるが、それをどう思うか。
A：（ボーア人は全員一笑に付しながら）クリューガーはその金をトランスヴァールのために使ってくれるだろう。

（32）レマーは、「降伏すれば財産は保全するというロバーツ卿の布告はうそだった」と、強い口調で農場焼きうちを批判したことを、アリスは記録している（一〇月二日）。

（33）こうした現状を含めて、南アフリカ戦争を総力戦として読み解こうとする研究については、一九九九年一〇月、ブルムフォンテインでの戦争勃発一〇〇周年記念国際会議のキーノート・スピーチのひとつである以下を参照。Ian F. W. Beckett, 'The politics of command in South Africa.' なお、彼らの証言にたいして、イギリス側の当番兵は、「新しくきたトランスヴァールの捕虜のいうことを聞くな。彼らは自宅で捕まった者が多い。イギリス人がくると武器を置くが、イギリス人が去るとまた武器をとる。そういう奴らだ」と怒りを露にしたと、アリスは記している（一〇月一二日）。

（34）捕虜のひとり、ウォルデック（Waldeck）によると、この青年の母は、負傷したボーア人を近くの農場で発見したとき、自分の家ではなく近くの人家に彼を運んだが、おそらくこの行為が罪に問われたのだろうとのことである（一〇月一二日）。

（35）こうした議論と関連して、ハンナ・アーレントのボーア人にかんする先の論考を取りあげた高橋哲哉　一九九五：八一―一一八も参照されたい。

（36）Alice Green to War Office, 3 Dec. 1900, AGP, MS 421; Alice Green to Joseph Chamberlain, Dec. 1900,

AGP, MS 421. 以下、本文中で陸軍省、植民地省（あるいは植民地相）宛ての手紙という場合には、この二通を示す。引用も同じ。

（37）ジェイムズタウンの病院の医師たちも、「ボーア人は衛生面で問題はない」と発言している（一〇月一五日）。病院医師ロイド・ロウからの手紙で、アリス・グリーンがパイプラインの敷設計画を知ったことについては、R. Lloyd Roe to Alice Green, 6 May 1901, AGP, MS 10465 を参照。手紙は、経費の問題で工事が延期されることを伝えていた。

（38）アリス・グリーンは、この手紙のなかで、検閲官アレクサンダーを特に激しく批判し、彼のような人が収容所のなかで権力を持たないよう、検閲官や主計官らを、収容所内部ではなくジェイムズタウンに住まわせるべきだと提案している。

（39）陸軍省、植民地相宛ての嘆願書にあるこの主張は、つぎの論文でもくり返されている。Alice Green 1901b: 768.

（40）Alice Green to Joseph Chamberlain, 26 March 1901, AGP, MS 421.

（41）AGP, MS 15073 には、アリス・グリーンの職業訓練提言にたいする、植民地相チェンバレンの否定的な返事が収められている。

（42）もうひとつ、彼女がボーア人の不安定要因として指摘しているのは、財産（主に農場）保全の問題、具体的には、イギリス政府が自分たちをユダヤ人資本家から守ってくれないだろうというボーア人の不信感であった。Alice Green to Secretary of War Office, 3 Dec. 1900, AGP, MS 421 ; Alice Green to Joseph Chamberlain, Dec. 1900, AGP, MS 421.

（43）一九九九年、ブルムフォンテインでおこなわれた南アフリカ戦争勃発一〇〇周年国際会議では、この戦争における黒人の存在をどのように捉えるかが最大のテーマとして掲げられ、参加者の大きな関心を集めた。アパルトヘイト廃止とともに南アフリカ戦争のなかに黒人の存在をとり戻そうとする動きを含めて、井野瀬 二〇〇〇c を参照されたい。

（44）McCracken 1989: 144. この数字は、自発的にイギリス軍に参加した七つのアイルランド民兵隊を含む。一八九八年以降、民兵の海外派兵は合法化されたが、彼らの参加はあくまでもヴォランティアを基本としていた。

（45）McCracken 1989: 124. 捕虜にされたクレイグ隊長は、すぐさま記章を捨て、自ら収容所に向かって歩きはじめたというが、このことが、彼を捕えたボーア人の共感を呼んだとマクラッケンは分析している。

（46）AGP, MS 15069 には、一九〇二年から〇九年までにバトラーからアリスに宛てた一三九通の手紙がある。ちなみに、ロード・ミルナーが南アフリカに来る以前、ケープ植民地の総督のうち、三分の一がアイルランド人であった。McCracken 1989: 125–26.

（47）イギリス、ボーア両陣営に共通して、黒人とアイルランド人の存在が認められるが、当時の人種表現のなかで、アイルランド人が非白人として、とりわけ黒人に近い存在として表象されていたことを考えると、南アフリカ戦争のなかでこの二つの存在を重ねて検証することは非常に興味深いと思われる。人種論も含めて、南アフリカ戦争における黒人とアイルランド人の問題は今後の課題にしたい。

（48）それゆえに、南アフリカ戦争における親ボーア研究の先駆的存在のひとり、アーサー・デイヴィ（Arthur Davey）は、この渡航動機に注目して、アリス・グリーンを「人道的活動家（humanitarian activist）」として分類している。Davey 1978: 168.

（49）Dirk Barry to Alice Green, 11 Feb. 1901, AGP, MS 10465. アリス・グリーンが、セント・ヘレナ島行きに際して協力を仰いだパーシィ・A・モルテノを介して、多くの英語の書籍をデッドウッド・キャンプに設立された捕虜たちが運営する学校委員会に寄贈したことについては、たとえば Dirk Barry to Alice Green, 19 Nov. 1901, AGP, MS 10465.

（50）一九〇一年に成立する南アフリカ連邦の国防相となるイアン・スマッツとの関係もこの延長線上に生まれることになる。AGP, MS 10465.

（1）Harper Brothers to Alice Green, 5 Dec. 1895, AGP, MS 15124.

（2）H. D. Newson (Harper Brothers) to Alice Green, 6 March 1896, AGP, MS 15124. そこには、グラマー・スクールの上級クラスで『小史』をすでに二年間使用してきた結果、分量が多すぎることが判明したこと、しかし、『小史』が使用されなくなると毎年数千部の損になるから、早急な決断を乞うという旨も書かれていた。

（3）H. D. Newson (Harper Brothers) to Alice Green, 3 April 1896, AGP, MS 15124. 文面には、「三月一八日付け」のアリスからの手紙を受けとり、快諾に感謝するとともに、アメリカでは原作の著作権がまったく保護されない状態にあるので、アリスに無断で『小史』の縮約版を出すことも可能だが、自分たちはそうした違法なことはしたくなかったとも書き添えられていた。

（4）McIlvaine to Alice Green, 7 Aug. 1896; Alice Green to McIlvaine, 8 Aug. 1896, AGP, MS 15124.

（5）George P. Brett (Macmillan New York) to Frederic Macmillan, 31 March 1896, AGP, MS 15124. 手紙によれば、すでに完成した『小史』の原稿現物は、ニューヨークのマクミラン社に保管されているという。加えて、ハーパー・ブラザーズ商会には、『小史』出版後、わずか数ヶ月で海賊版を作って売り出したという「過去」があることも手紙には書かれていた。他にも、たとえば、アリス・グリーンがこの件を相談したハンフリー・ウォードは、同じ MS 15124 に収められた手紙のなかで、歴史教科書の執筆という作業が当時のイギリス国内であまり好意的に受け取られていないことを危惧している。

（6）Alice Green to McIlvaine, 3 Aug., 5 Aug. 1896; Harper Brothers to Alice Green, 30 Sept. 1896, AGP, MS 15124.「新しいイングランド史の執筆はマクミラン社から長らく求められてきたこと」と記すアリスにたいして、ハーパー・ブラザーズ商会は、これまでのやりとりでそのような意志がアリスにあるとは聞いていなかったこと、一八九六年三月一八日付けの手紙でアリスが縮約版の出版を承諾していたことなどの事実経過を細かく指摘しながら、「八ヶ月も返事を待たされたあげく、われわれが提案したのと同じような教科書を、われわれに合意を与えた後で、他の出版社［マクミラン社］から出版しようなどとは信じられない行為である」とアリスを非難し、返事の撤回を求めている。しかしながら、アリスは、『小史』の出版元であるマクミラン社と別行動はできないこと、すでにマクミラン社との間にアリスが新しいイングランド史を執筆する話が進行中であることを伝えて、ハーパー・ブラザーズ商会との話を打ち切ろうとしている。Alice Green to Harper Brothers, 13 Oct., 20 Oct. 1896, AGP, MS 15124.

（7） Harper Brothers to Alice Green, 10 Dec. 1896, AGP, MS 15124.

（8） George P. Brett (Macmillan New York) to Alice Green, 18 Oct. 1896, AGP, MS 15124. 一八九六年一二月、ブレットから届いた三通の手紙には、シカゴの市場調査に着手した彼が、学校現場の歴史教師と連絡をとりながら、どんなイングランド史を書けばいいか、アリスに細かな情報を伝える模様が綴られている。ブレットは、エミリ・J・ライスというシカゴ市立普通学校の教師からの手紙（一八九六年一二月一二日付け）をアリスに転送しているが、そこには、「『小史』の精神を損なわずに縮約ができれば問題ない。新しいテキストに期待している」と書かれていた。George P. Brett (Macmillan New York) to Alice Green, 1, 8, 18 Dec. 1896, AGP, MS 15124.

（9） George P. Brett to Alice Green, 5 Jan. 1897, AGP, MS 15124.

（10） "Note Relating to English, Scottish, Welsh & other than Irish Topics", AGP, MS 10455. 特に宛名はないものの、構想の詳細を語り、助言を求める文面からは、複数の友人に同じ文面を送っていたことが推測される。

（11） 宛て名はないが、'29 Dec. 1897' という日付けは鮮明である。AGP, MS 10455.

（12） Alice Green to George P. Brett, June 1898, AGP, MS 15124. この手書きの手紙は、ブレット宛ての手紙の下書きと思われ、「一八九八年六月」とあるだけで、正確な日付けは記されていない。なお、この時点でアリスは、すでに原稿の一部をブレットに送っていたようで、手紙には、「知人の歴史家や歴史教師に原稿を読んでもらったところ、十分な手ごたえを感じました。完成はもう少し先になりますが、三部構成にしたいと考えています」とも書かれている。

（13） 詳細は、この事件の議会特別委員会報告書である "Report to Her Majesty's Commissioner and Correspondence on the Subject of the Insurrection in the Sierra Leone Protectorate 1898", *BPP*, C. 9388；井野瀬一九九九も参照されたい。

（14）チャーマーズ報告は、"Report to Her Majesty's Commissioner and Correspondence on the Subject of the Insurrection in the Sierra Leone Protectorate 1898", *BPP*, C. 9388, Part I, "Report and Correspondence", pp. 3-88 を、二七二人の証言については、Part II, "Evidence and Documents", *BPP*, C. 9391 参照。

（15）*Ibid.*, Part I, pp. 89-175.

（16）George P. Brett to Alice Green, 24 June 1898, AGP, MS 15124.

（17）George P. Brett to Alice Green, 28 Oct. 1898, AGP, MS 15124.

（18）*Chicago Evening American*, 29 Oct. 1904. 以下、アリスの渡米にかんする引用はすべてこの記事に依拠している。なおこの記事の所収は、AGP, MS 10429.

（19）この新聞記事を書いた記者は、アリスが執筆した原稿の一部を「一八ヶ月前に読むという栄に浴した」と書いており、彼女のアイルランド史の著作が完成間近であることをうかがわせる。

（20）第一、二章となる講演原稿には「アイルランド協会への講演（Lecture to Irish Society）」という副題が付けられている。AGP, MS 10428 参照。これを受ける AGP, MS 10456 から作成した資料⑨では、第一、二章を各々、初期ブリテン1、2とした。

（21）新しいイングランド史構想を目的とするアリスの読書歴については、AGP, MS 10428-10441.

（22）'Alice Stopford Green', *Daily Telegraph*, 29 May 1929.

（23）二冊目の著作『アイリッシュ・ナショナリティ』は、後述するダンロップの『形成と解体』批判への反論として、論点をより明確にするかたちで書かれるとともに、ダンロップが批判した『形成と解体』の主張をそのまま踏襲することで、彼にたいする再反論ともなっている。

（24）Rev. John P. Mahaffy, 'Elizabethan Ireland', *The Freeman's Journal*, 9 Feb. 1907. Murphy 1995: 230-32 も合わせて参照されたい。

（25）マハフィは、ティロンの領主だったシェーン・オニールとダンガノン男爵ヒュー・オニールをとりあげ、前者の野蛮性、後者の文明性を主張しているが、それはたとえば、後者はイングランド育ちで英語を話すことができ、イングランドの礼儀作法を心得ていることが論拠とされた。これをアリス・グリーンは手厳しく批判したのである。マハフィにたいするアリスの批判については、*Freeman's Journal*, 25 Feb. 1907; *Church Ireland Gazett*, 3 May 1907; *The Express*, 20 Feb. 1907; *Irish Times*, 1 March 1907.

（26）イングランド議会の発達を「アングロ・サクソンの偉大なる業績」とみなす夫J・R・グリーンの親友、オクスフォード大学欽定講座教授ウィリアム・スタッブズも、人種をナショナリティを規定する重要な要素と捉えたうえで、アイルランド人に人種的な欠陥を認めている。こうしたヴィクトリア朝時代の歴史家が抱いたアイルランド人にたいする人種偏見については Curtis 1968. 加えて、京都大学人文科学研究所共同研究「『人種』の概念と実在性をめぐる学際的基礎研究」（竹沢泰子代表）で報告された小関隆「『グレーター・ブリテン』という快感——一九世紀イングランドにおける人種論の展開」も大いに参考になった。記して感謝する次第である。

（27）ヘンリ二世をもっぱら、アンジュー帝国の崩壊を食い止める努力を中心に分析した Alice Green 1888 と比較されたい。『形成と解体』にも、法を守るアイルランド人の分析のなかで、ブレホン法にかんする記述が多く認められる。Alice Green 1908: 191, 257.

（28）『コンテンポラリ・レビュー』誌上、アリスの『形成と解体』とともに取り上げた著作は、以下の三冊である。M・J・ボン『アイルランドにおけるイングランドの植民地化』（Dr. M.J. Bonn, *Die englische Kolonisation in Irland*）全二巻、シュトゥットガルト&ベルリン、一九〇六；G・B・オコーナー『エリザベス朝アイルランド』（G.B. O'Connor, *Elizabethan Ireland*）ダブリン、一九〇六；ドン・フィリップ・オサリヴァン・ベア（マシュー・J・バーン訳）『エリザベス［女王］治下のアイルランド』（Don Philip O'Sullivan Bear, trans. by Matthew J. Byrne, *Ireland under Elizabeth*）ダブリン、一九〇三。このうち、「野蛮なアイルランド人」をアイルランドのやり方で教育し、文明化しようとしたイングランドがなぜ失敗したかを分析したボンの著作をとりあげたダンロップは、一六、七世紀のアイルランド人の苦難が部族制度の破壊にあったとしながらも、それを、より高次の「国民」確立のために、そして人道的な見地からも不可欠な第一歩だったと、自己の見解をまず表明している。Dunlop 1909: 255-58.

(29) Dunlop 1909: 272-73. たとえば、『形成と解体』第八章末尾に補足として列挙された、中世(一二八五―一五四二)のオクスフォード大学で学んだアイルランド人学者一三六人のリスト[Alice Green 1908: 289-302]についても、ダンロップは、一七人を除いて大半がアングロ・アイリッシュであったと主張し、修正を求めるのである。

(30) たとえば、ダンロップは、引用に見られるアリス・グリーンの誤読をつぎのように指摘する。アリスは、『政府関係文書』(*Calendar of State Paper, CPS*)から、「フランスで大きな船に塩が積まれ、オドンネルに向かった」という短い文章を引用して、アイルランドの豊かな交易拠点がセント・ジョージ海峡沿いに、すなわちイングランドに面した港にではなく、大西洋側の港にあったと主張している。Alice Green 1908: 18. しかも、テューダー戦争以前、オドンネルは「魚王」とよばれて、彼が支配する北部ドネゴルがヨーロッパとの恒常的な通商でにぎわっていたかのような印象を読者に与える。ところが、*CPS* の原文にあたったダンロップは、これが、一五九二年夏、カソリックの司祭がオドンネルの地に向けて、八〇トンの塩を載せてフランスを離れたという噂を記した箇所にすぎず、さらに、この文章の前後で述べられているのは、通商にかんする記述ではないことを示したうえで、こう問いかける。「テューダー戦争以前のアイルランドにふれたこの文章はいったい何をいいたいのであろうか」Dunlop 1909: 267-68.

(31) ダンロップは、アイルランドで暮らすイングランド人の苦悩こそ、ヘンリ八世のアイルランド侵攻の動機であり、アリスが主張するように、アイルランド経済を支えたとされる海外交易ネットワークの独占が目的ではなかったと断言している。Dunlop 1909: 269.

(32) 講演の詳細は、'Ireland in the Middle Ages: Mrs J. R. Green's Reply to her Critics,' *The Peasant & Irish Nation*, 9 Jan. 1909. 縦七〇行、横七~一〇単語が並んだ欄が二〇もつづく長い反論記事となっている。

(33) 講演のなかで、アリスは、一五〇〇年ごろにイングランドを訪れたヴェネツィアの元老院議員の例をあげて、集まった聴衆にこう問いかけた。このヴェネツィア人は、「イングランド人は食事の問題にいつもご執心で、戦争もディナー・テーブル上の快楽にすぎない」という印象を残しているが、それははたしてイングランド人にかんする真実だと思うか、と。「多くの人は、それは、ヴェネツィア人が好きなように想像したイングランド人イメージを記録したにすぎないと思うだろう。同じことがアイルランド人についていえないはずはない」というのがアリスの主張であった。

(34) 'Ireland in the Middle Ages: Mrs J. R. Green's Reply to her Critics', *The Peasant & Irish Nation*, 9 Jan. 1909.

(35) アイルランド自治法案をめぐる政局の混乱のなかで、ソールズベリはつぎのようにアイルランド人の自治能力の欠如を述べた。「諸君は、イギリス議会のような自由な代議制を、たとえばホッテントットには与えないだろう。」詳細は、Curtis 1968 : 103.

(36) 'Ireland in the Middle Ages: Mrs J. R. Green's Reply to her Critics', *The Peasant & Irish Nation*, 9 Jan. 1909.

(37) 'Literary Boycott', *Evening Telegraph*, 10 Dec. 1908. この問題は議会にも持ち込まれた。詳細は、'*The Making of Ireland and Its Undoing*: The RDS [=Royal Dublin Society] and Mrs. Green's Book—Questions in the Commons', *Freeman's Journal*, 17 Dec. 1908. ロジャー・ケイスメントも王立ダブリン協会のこの決定に激怒し、それを批判する記事を書いている。

(38) ジョン・リンチ博士（Dr. John Lynch, 1599-1673）の死後、アイルランド文明の存在を語る人はいなくなったというアリスは、リンチの著作（*Cambrensis Eversus*, 1662）の資料的価値を無視したダンロップ自身の資料偏向を指摘し、非難している。Alice Green 1909: 490-91 もあわせて参照。

(39) 詳細は、Alice Green to Douglas Hyde, 20 Feb., 1 May 1909; 13 Jan. 1911 を参照。アイルランド学の大学院大学設立をめぐるマイヤー（Kuno Meyer）とアリスの会話については Lüing 1991: passim.

（40）'Scholarships' Grant: Co. Councils' Action: Letter from Mrs. A. S. Green', *Irish Independent*, 14 March 1913.
（41）Alice Green, 'Two Nations in Ireland', *Westminster Gazette*, 13 May 1912.
（42）*Irish Freeman*, 11 July 1911. もっとも企画自体は実現していない。John Ellis 1998: 411.

結びにかえて

（1）Alice Green to E. D. Morel, 5 March 1901, Morel Collection F8/71（LSE）.
（2）Anthony MacDonell to Alice Green, 6 July 1902, AGP, MS 15089.
（3）この件にかんするホブハウスからの手紙は AGP, MS 15081.
（4）この調査委員会とアリス・グリーンの関係はこれまでまったく知られていない。その点からも、アリスとモルテノ、そしてモルテノの妹キャロラインとの関係からは、南アフリカ史にも新しい光があてられる可能性がある。手紙は、P. A. Molteno to Caroline Murray, 8 Aug. 1901, in Solomon（ed.）1981: 186 参照。
（5）とりわけ、ケープ植民地の首席裁判官（Chief Justice）の縁者でモルテノ家とも親しい交流のあるデ・ヴィリャーズ夫人（Mrs. de Villiers）との間には多くの書簡が交わされている。AGP, MS 8714, MS 10233. 元捕虜との書簡は AGP, MS 10465.
（6）ごく近所（グロヴナー・ロード四一番地）にはウェッブ夫妻が住んでおり、アリスとの間にも交流があったことがうかがえる。たとえば AGP, MS 15112.
（7）アリスの姪のドロシー・ストップフォードは、一九〇二年に腸チフスで死亡した彼女の実弟、土木技師だったジェメット・ストップフォードの三女である。残された家族がロンドンに転居したことから、その後頻繁にアリスの自宅を訪ね、ときを過ごしている。O'Broin 1985: 48–51.
（8）*Brandon Daily Sun*, 20 May 1916; *Evening News*, Montreal, 27 May 1916. 他にも、AGP, MS 15134 には、アリスが集めたマギー関係のスクラップが多数収められている。

（9）アリスが指摘するのは、たとえば、プロテスタントが大勢を占める北部六州に、南部二六州で多数を占めるカソリックをコントロールする権限が与えられ、イギリスの首相にはアイルランドの法を停止する権限が付与されていることである。Alice Green 1921: 7-11.

（10）AGP MS 10455. このときの渡英でイギリス政府がスマッツへの信頼感を高めたことについては、たとえば、Millin 1936: vol. 2, 22-29 を参照されたい。アリス・グリーンが、南アフリカ戦争後も引きつづき、モルテノ家や元ボーア人捕虜と手紙を交換しつづけ、南アフリカとのネットワークを維持したことについては、先の注（4）（5）でも触れた。なお、スマッツは、一九一九年、ヴェルサイユ条約締結時の南ア連邦代表であり、同年九月にはボタ首相の死去にともなって新首相に就任している。

（11）アルスターのユニオニストの意識変化とナショナリズムの組み換えについては、Fallon 1995: 71-79; 尹　二〇〇〇：一九二―二〇五を参照されたい。

（12）アリス・グリーンは、ロジャー・ケイスメントとの関係から、またレドモンドとマクニールを結びつけるためにも、一九一四年、アルスター義勇軍に対抗して結成されたアイルランド義勇軍の軍備資金を集めるため、自宅サロンをロンドン支部として提供した。

（13）『コンゴ報告書』の公刊後、コンゴ改革運動が最大の盛り上がりを見せるなか、火付け役となったケイスメント自身は、ブラジル、サントス総領事として異動し、アマゾン川上流、プトマヨ川を舞台に、イギリスのゴム会社がおこなっていたもうひとつの現地人虐待の実態調査に乗り出した。外務省をやめるのは、一九一三年一〇月のことである。一九一六年六月二九日、ケイスメントには国家反逆罪で有罪判決がでるが、イギリス政府は彼の処刑をためらった。アイルランド系アメリカ人の反応を危惧して、ケイスメントを「アイルランドの大義の殉教者」にしたくなかったからである。政府は、「黒い日記（Black Diary）」とよばれる彼の日記を一部関係者に公開することで、彼を「別のコンテクスト」――当時「犯罪」であったホモセクシュアリティ――に押し込めることに成功したといえるだろう。その詳細、ならびに彼の遺骨返還問題については、Sawyer (ed.) 1997; Grant 2002: 329-53.

あとがき

本書を一言で紹介すればこうなろう。西アフリカを単身旅したレディ・トラヴェラー、メアリ・キングズリをゲストとして抱えたアリス・グリーンとそのサロンを中心に、一九世紀末から二〇世紀初頭にかけての世紀転換期という時代、ならびに大英帝国という空間を再考した試みの書である、と。

とはいえ、これでは何を議論したいのか、ほとんど理解されないだろう。メアリ・キングズリもそうだが、とりわけアリス・グリーンの場合、日本の歴史学研究における知名度はきわめて低い。いや、今では、彼女のサロンがあったロンドンでも、故郷アイルランドでも、アリスのことを知る人はほとんどいないだろう。にもかかわらず、日本でイギリス史を研究する私がアリス・グリーンと〝出会う〟ことができたのはなぜなのか。この疑問から、本書の構想は具体的なかたちをとることになった。

話は今から数年前にさかのぼる。当時、メアリ・キングズリの周辺に大英帝国のかたちを探った拙著『女たちの大英帝国』（講談社現代新書、一九九八年）を執筆していた私は、西アフリカの旅から帰国した彼女にぴったりと寄り添うひとりの女性の存在に気づいた。イングランド史家として知られるJ・R・グリーンの未亡人、アリス・グリーン――。彼女が『タイムズ』に投書した記事（本書第五章第一節参照）の中身、そしてその書きぶりが気になった私は、そのことを『女たちの大英帝国』のエピローグに記した。ちょうど同時期、勤務先の甲南大学から在外研究の機会を得てロンドンで暮らしはじめた私は、メアリ・キングズリの死を悼んで設立された「アフリカ協会」の調査を進めるなかで、その実質的な発起人であるアリス・グリーンと〝再会〟することになった。ここに、もうひとつの「偶然」が重なった。メアリ・キングズリの西アフリカ・ネットワークを探っていた私は、メアリとかかわった人びとが、ケンジントン・スクェア一四番地、あるいはグロヴナー・ロード三六番地に頻繁に出入りしていた事実をすでにつかんでいたが、なんと、そこはアリス・グリーンの自宅だったのである。そして、彼女がそこでサロンを主宰し、多くの「有名人」をゲストとして抱えていたことが判明するまでにさほど時間はかからなかった。

ところが、ロンドン大学歴史学研究所のセミナーで知り合ったイギリス人の友人たちに「アリス・グリーンを知っているか」と聞いてみても、答えは全員「ノー」。「J・R・グリーン夫人」と言い換えると、全員がうなずきはしたものの、話はそれで終わり。歴史家未亡人である彼女自身に関心を示す人などだれもいなかった。ならば私が調べるしかない――。

ありがたいことに、「伝記の国」であるイギリスには、人物調査のノウハウがさまざまに蓄積されていた。法曹界の関係者が行きかうチャンセリ・レインへ急いだ私は、その一角にある歴史文書資料館（National Register of Archives）でアリス・グリーン関係の文書がどこに保存されているかを調べた。アングロ・アイリッシュの出身で、後にアイルランド国会議員ともなった彼女の資料の大半がアイルランド国立図書館にあると知った私は、すぐさまダブリンへ飛んだ。そして、その文書閲覧室で彼女が残した手紙や日誌に目を通しはじめた瞬間から、私は、彼女の目に映った世紀転換期という時代と大英帝国という空間に触れることになったのである。

さほど広くないダブリンの文書閲覧室で彼女の手紙を読みながら、しだいに実感されたことがある。それは、ある人物の人生を調べることはその人物が身を置いた時間と空間を分析することに他ならない、ということだ。だからこそ、日本では作家の仕事という感が強い伝記の執筆が、イギリスではもっぱら歴史家たちによって担われてきたのだろう。

図書館司書と歴史家との密接な関係を知ったのも、アイルランド国立図書館文書閲覧室での調査の過程においてであった。司書たちは、資料関係についてはもちろんのこと、精神的な意味でも私の調査を支えてくれた。とりわけ、当時文書閲覧室の管理責任者であったトマス・デズモンド氏は、さほど広くない文書閲覧室の窓際の席を「君の居場所（your place）」とよんで、いつも私のためにとっておいてくれた。手紙を写すことに熱中するあまり、昼食時間を忘れることもしばしばだった私に、「そんなに根をつめるとよくない」と気遣ってくれたのも彼である（かつて文書閲覧室には昼休みの閉室時間が設けられていたが、一九九九年以降はそれがなくなった）。そうした心やさしき図書館司書に支えられて、この著作がここにある――多くの研究者が完成時にかみしめたであろう感謝の言葉を、私も彼らに捧げたい。

実は、冒頭に記した「アリス・グリーンとの〝出会い〟」にかんする根本的な疑問を意識させてくれたのも、アイルランド国立図書館の司書たちであった。アリス・グリーン文書を調査にきたという私に、彼らは真っ先にこう問いかけた。「アイルランド人のわれわれでさえ忘れていた彼女に、日本人である君がどうやって気づいたのか」――その直後、私は、まったく同じ質問を、オクスフォード大学ジーザス・カレッジの文書保管責任者であったドクター・ブリジッド・アレンからも受けることになる。彼らの質問は、私がメアリ・キングズリ経由で、すなわちアフリカとの関係をたぐり寄せた結果、アリス・グリーンにたどりついたことをあらためて意識させた。そう、メアリ・キングズリとの〝出会い〟がなければ、アリス・グリーンの存在に気づくこともなかったのだ――この単純な事実が私をはっとさせた。アフリカを旅したレディ・トラヴェラーからアリス・グリーンの存在にたどりついたこと、このこと自体に何か意味があるのではないだろうか。しかも、メアリ・キングズリがアフリカからイギリスへと向けたベクトルをたどったアリス・グリーンは、さらにそれをアイルランドへと向けていったのである。

　このとき、「植民地経験のゆくえ」という言葉が脳裏をかすめた。その〝ゆくえ〟のなかでメアリをゲストとして抱えたアリスとそのサロンを見直せば、イギリスやアイルランド、そして帝国の世紀転換期は別の顔を見せてくれるのではないか。それは、とりもなおさず、アリス・グリーンをサロンの女主人に押し上げた時代として、世紀転換期を読み直すことにもなるだろう。そうだ、アイルランド史のコンテクストからアリス・グリーンを切り離し、彼女をイギリス、アフリカ、アイルランドという三角形のなかに置き直してみよう――。アリス・グリーンの記憶を保存する文書閲覧室のなかで、本書の発想はしだいに具体化していった。

　なかでも、南アフリカ戦争のさなか、ボーア人捕虜収容所が置かれたセント・ヘレナ島へおもむき、そこでの聞き取り調査を詳細に記録した彼女直筆の日誌には、その一ページ一ページに深い感動を覚えた。そこに書かれた「南アフリカはアイルランドと同じである」という彼女の文字は、私の心を捉えて離さなかった。それが一九世紀末から二〇世紀初頭にかけての時代なのだと私が感じとれたのは、現代という「私の時代」のせいなのかもしれない。アフガニスタンとイラク――少し前なら誰も並べて考えようとしなかったこの二つの国を、アメリカを「帝国」として読み解く〝今〟という時代が、重ねてながめる視線を準備した。そこに、メアリ・キングズリが南アフリカに向かう軍艦のなかで書いた手紙（本書第三章第三節）がだぶったのは、単に私の感傷だけではないだろう。メアリ・キングズリが重ねた西アフリカとアイルランド、そしてアリス・グリーンが「同じ」と語った南アフリカとアイルランド――そうした重なりを可能にした時代こそ、「彼女たちの時代」だったのだ。「植民地経験のゆくえ」をキーワードに、二人の女性を基軸として時代を語るという本書の意図もここにある。

もちろん、そこから洩れる中身もあるだろう。それでも、「南アフリカ戦争に散ったレディ・トラヴェラー」と「ロンドンのサロンの女主人である歴史家未亡人」を重ねれば、他の角度からは死角になってきたものが見える、あるいは見えやすくなったこともまた、確かなのである。

こうした発想から本書をひとつにまとめるにあたっては、すでに公にしたいくつかの論文や著作にかなり大幅な加筆、修正をおこなった。本書の内容とこれまでに発表した拙稿との関係は以下の通りである（なお、全体の構想は、Inose 2001 をもとにしている）。

序　書き下ろし。

第一章第一節、第三節は、「『ディナー・パーティ』を越えるために——帝国史とジェンダー」（『歴史学研究』七七七号、二〇〇三年七月）を、第二節は「イギリスを創り直す——ブリテン、帝国、ヨーロッパ」（谷川稔編『歴史としてのヨーロッパ・アイデンティティ』山川出版社、二〇〇三年）に加筆、修正した。

第二章は、「ケンジントン・スクェア一四番地——アリス・グリーンとアフリカ協会」（小関隆編『世紀転換期イギリスの人びと——アソシエイションとシティズンシップ』人文書院、二〇〇〇年）をもとに加筆、修正をおこない、第一節を書き加えた。

第三章は、第一節を書き加え、第二節は『女たちの大英帝国』（講談社現代新書、一九九八年）第三章と、「メアリ・キングズリの西アフリカの旅——フィールドワークにおける民族とジェンダー」（栗本英世・井野瀬久美惠編『植民地経験——人類学と歴史学からのアプローチ』人文書院、一九九九年）を、第三節は「女たちのボーア戦争——レディ・トラヴェラーと歴史家未亡人」（『歴史評論』六〇一号、二〇〇〇年五月）の一部を、それぞれ加筆、修正した。

第四章は、第一節を書き加え、第二節、第三節は、「ケンジントン・スクェア一四番地――アリス・グリーンとアフリカ協会」に大幅な加筆、修正を施した。

第五章は全体を通じて、「女たちのボーア戦争――レディ・トラヴェラーと歴史家未亡人」、ならびに「ボーア戦争勃発一〇〇周年記念国際会議に参加して」(『歴史学研究』第七四一号、二〇〇〇年一〇月)をもとに、大幅な加筆、修正をおこなった。

第六章、ならびに「結びにかえて」はすべて書き下ろしである。


これまでの研究の節目となる本書をまとめながら、私の脳裏をかけめぐったのは、お世話になった多くの諸先生、先輩方の顔であった。文学から歴史学へと専攻を変えた私をこころよく引き受け、学部、大学院を通して歴史学研究のいろはを指導してくださったのは、京都大学の恩師、越智武臣先生である。先生がいらっしゃらなければ今の私はぜったいになかっただろう。文学と歴史学のはざまで悩みながら書いた修士論文の試問で、「あなたの物語的な叙述、悪くないですよ」と言ってくださったのは、今は亡き藤縄謙三先生である。そのときの状況は今も目に浮かぶ。同席された服部春彦先生を加えた三人の先生方に、私は言葉では言い尽くせない感謝の念を感じている。

また、私を学問的、精神的に鍛えた場として、京都で開かれてきた「イギリス都市生活史研究会」の存在を抜きにできない。研究会の主催者で師とも仰ぐ角山榮先生、京都大学の大先輩で勤務先の甲南大学では同僚でもあった村岡健次先生、帝国史への関心を育んでくださった川北稔先生、敬愛するイギリス史の先輩河村貞枝先生、川島昭夫氏はじめ、研究会で模索途上にある私の報告に耳を傾け、幾多の助言を与えてくれた諸先輩、友人、後輩に心から感謝している。さらには、京都大学文学部西洋史研究室の先輩である谷川稔氏、服部良久氏、南川高志氏には、読書会大会やCOE関係をはじめとする研究会ではもちろん、学生、院生時代以来、さまざまな場でお世話になりつづけている。今はそこに大学院の同期である小山哲氏が加わり、京都大学西洋史研究室は、学生時代同様、私にとって学びと知的刺激の場であることに変わりない。

他にも多くの研究会とそのメンバーが私を支えてくれた。木畑洋一先生をはじめとする「イギリス帝国史研究会」、構想段階にあった本書の一部を報告する機会を与えてくださった「日本西洋史学会」や「日本アイルランド学会」関係の諸先生や友人たちに深く感謝したい。また、私の歴史研究の手法や中身に新しい地平を開いてくれたのは、国立民族学博物館を中心とする多くの人類学者との共同研究である。吉田集而先生、石森秀三先生、大塚和夫先生、押川文子先生、栗本英世氏、松田素二氏、杉島敬志氏、杉本良男氏をはじめ、人類学、民族学の専門家たちと議論する場がなければ、「植民地経験」の意味はずっと薄っぺらなものになっていただろう。彼らに心からの感謝を伝えたい。

こうしてこれまでの研究生活をふり返ってみると、私をここまで成長させてくれたのは、多くの先輩や後輩、そして友人たちに恵まれたことにあるとしみじみ思う。とくに本書にかんしては、同じイギリス史の徒である高田実氏、小関隆氏に原稿段階から目を通してもらい、さまざまな助言をいただいた。また、アフリカ史の北川勝彦氏にはアフリカ史関係と全体の構想にかんしてお知恵をいただいた。深く感謝する次第である。

また、本書の刊行にあたっては、甲南学園伊藤忠兵衛基金出版助成による支援をいただいた。関係者の心遣いに厚く御礼申し上げたい。出版をお引き受けいただいた人文書院、編集部長の谷誠二氏、編集部の落合祥堯氏、小林ひろ子氏にも大変お世話になった。さらには、在外研究の機会と本書執筆の環境を与えてくださった甲南大学文学部の先生方、とりわけ英語英米文学科の同僚たちにも感謝の言葉を伝えたい。そしてもうひとつ、甲南大学大学院人文科学研究科で現在私が指導にあたっている大学院生、玉野景子、上宮真紀、島玲子の三人の「娘たち」にも感謝を述べたい。私は彼女たちに育てられてもいるのである。

そして最後に、歴史研究の道を不器用に歩く私を何もいわず見ていてくれる母、若山美智子と、夫、光の名をあげることをお許しいただきたい。

本書が新しい世代に一石を投じることを願いながら、私を育ててくれたすべての人たちに感謝を込めて、この本を捧げる。

二〇〇四年の春を感じながら

井野瀬久美惠

人名索引

ア行

カ行

サ行

タ行

ナ行

ハ行

マ行

ラ行

ワ行

参考文献

I. 欧文文献

1) Private papers

Alice Green Papers, National Library of Ireland.

Private Papers of John Richard Green, Jesus College, Oxford.

E. D. Morel Collection F8/71-73 ; F8/ 97, London School of Economics (LSE).

R. B. Haldane Papers, National Library of Scotland.

Macmillan Archives, MSS Add. 55059-55061, British Library.

2) Contemporary journals and newspapers

Times/ Manchester Guardian/Daily News/Daily Mail/Westminster Gazette/ West Africa /Freeman's Journal/The Peasant & Irish Nation/Irish Times/ Irish Freedom

Journal of the African Society (African Affairs)

The University Extension Journal

Girton College Register 1869-1946, Cambridge : Privately printed for Girton College, 1948.

Report by Major MacDonald of his visit as Her Majesty's Commissioner to the Niger and Oil River, Department of State and Official Bodies, Foreign Office, 1890.

3) Parliamentary Papers (BPP)

Report by Sir John Kirk upon the Disturbances at Brass, 1896, c. 7977.

Report to Her Majesty's Commissioner and Correspondence on the Subject of the Insurrection in the Sierra Leone Protectorate 1898, Part I., "Report and Correspondence", c. 9388 ; Part II., "Evidence and Documents", c. 9391.

4) Other books and articles

Abdy, Jane & Gere, Charlotte 1984 *The Souls*, London : Sidwick & Jackson.

Addison, W. G. 1946 *J. R. Green*, London : Society for Promoting Christian Knowledge.

Ajayi, J. F. A. 1969 'Colonialism : An Episode in African History', (Gann, L. H. & Duignan, Peter eds.) *Colonialism in Africa, 1870-1960*, 2 vols., vol. 1, Cambridge : Cambridge University Press.

Akenson, Donald H. 1991 *Occasional Papers on the Irish in South Africa*, Grahamastown : Rhodes University.

Alagoa, Ebiegberi Joe 1970 *Jaja of Opobo: The Slave who Became a King*, London : Longman.

Alexander, Caroline 1990 *One Dry Season : In the footstep of Mary Kingsley*, New York : Alfred A. Knopf.

Amery, L. S. (ed.) 1900 *The Times History of the War in South Africa,* 7 vols. vol. 1, London : Sampson Low.

Annan, Noel 1955 'The Intellectual Aristocracy', (Plumb, J. H. ed.) *Studies in Social History : A Tribute to G. M. Trevelyan*, London : Longman.

Ballantyne, Tony 2002 *Orientalism and Race : Aryanism in the British Empire*, Chippenham : Antony Rowe Ltd.

Balme, Jennifer Hobhouse 1994 *To Love One's Enemies : The work and life of Emily Hobhouse compiled from letters and writings, newspaper cuttings and official documents*, Cobble Hill(British Columbia, Canada): Hobhouse Trust.

Barrell, John 2000 'Death on the Nile : fantasy and the literature of tourism, 1840-60', in Hall (ed.) 2000.

Bayly, Christopher (general ed.) 1989 *Atlas of the British Empire : The Rise and Fall of the Greatest Empire the World has even known,* New York : Facts on File (中村英勝・石井摩耶子・藤井信行訳 1994 『イギリス帝国歴史地図』東京書籍).

Belewenisse, Briewe en 1963 *Ds. A. F. Louw op St. Helena,* Pretoria : N. G. Kerk-Uitgewers.

Bell, Morag & McEwan, Cheryl 1996 "The Admission of Women Fellows to

the Royal Geographical Society, 1892-1914 ; the controversy and the outcome', *The Geographical Journal*, vol. 162, Issue 3, November.

Benbow, Colin 1962 *Boer Prisoner of War in Bermuda*, Hamilton : Bermuda Historical Society Occasional Publications, No. 3, Hamilton : Island Press.

Berger, Stefan & Donovan, Mark & Passmore, Kevin 1999 *Writing National Histories : Western Europe since 1800*, London : Routlegde.

Bernstein, George 1986 *Liberalism and Liberal Politics in Edwardian England*, London : Allen & Unwin.

Bindslev, Anne M. 1985 *Mrs. Humphry Ward : A Study in Late-Victorian Feminine Consciousness and Creative Expression*, Stockholm : Almqvist & Wiksell International.

Biobaku, S. O. 1966 *Yoruba culture : a geographical analysis*, London : University of London Press.

Birkett, Dea 1989 (1991) *Spinsters Abroad : Victorian Lady Explorers*, London : Victor Gollancz Ltd.

――1992 *Mary Kingsley : Imperial Adventuress*, London : Macmillan.

――1993 *Mary Kingsley (1862-1900): A Biographical Bibliography*, Bristol : University of Bristol.

Blom, Ida & Hagemann, Hage & Hall, Catherine(eds.) 2000 *Gendered Nations : Nationalism and Gender Order in the Long Nineteenth Century*, Oxford : Berg.

Blunt, Alison 1994 *Travel, Gender and Imperialism : Mary Kingsley and West Africa*, New York : Guilford Press.

Blyden, Edward Wilmot 1888 (1994) *Christianity, Islam and the Negro Race*, Baltimore : Black Classic Press.

Body, Richard 2000 *England for the English*, New European Publications.

Bogdnor, Vernon 2001 *Devolution in the United Kingdom*, Oxford : Oxford University Press.

Boyce, D. George & O'Day, Alan 1996 *The Making of Modern Irish History : Revisionism and the revisionist controversy*, London : Routledge.

Boylan, Henry (ed.) 1998 *A Dictionary of Irish Biography* (third edition), Dublin : Gill & Macmillan.

Bradbrook, M. C. 1969 *'That Infidel Place': A short history of Girton College, 1869-1969, with an essay on the collegiate university in the modern world*, London : Chatto & Windus.

Brady, Ciaran (ed.) 1994 *Interpreting Irish History : The Debate on Historical Revisionism, 1938-1994*, Dublin : Irish Academic Press.

Bridenthal, Renate & Koonz, Claudia & Stuard, Susan (eds.) 1987 *Becoming Visible : Women in European History*, Boston: Houghton Mifflin.

Bristowe, W. S. 1976 *Louis and the King of Siam*, London : Chatto & Windus.

Brown, Heloise 1998 'An Alternative Imperialism : Isabella Tod, Internationalist and "Good Liberal Unionist"', *Gender & History*, vol. 10, No. 3, November.

Brown, S. J. 1992 '"Echoes of Midlothian": Scottish Liberalism and the South African War, 1899-1902', *Scottish Historical Review*, vol. 71.

Brundage, Anthony 1994 *The People's Historian : John Richard Green and the Writing of History in Victorian England*, London : Greenwood Press.

Buckland, Patrick 1972 *The Anglo-Irish and the New Ireland, 1885-1922*, Dublin : Gill & Macmillan.

Bush, Julia 2000 *Edwardian Ladies and Imperial Power*, New York : Leicester University Press.

Buzard, James 1993 'Victorian Women and the Implications of Empire', *Victorian Studies*, vol. 36, Issue 4, summer.

Caine, Barbara 1992 *Victorian Feminists*, Oxford : Oxford University Press.

Callaway, Helen 1987 *Gender, Culture and Empire : European Women in Colonial Nigeria*, Oxford : Macmillan Press.

Cameran, Ian (forwards by Attenbarough, David & Hunt, John) 1980 *To the farthest ends of the earth : the history of the RGS*, London : MacDonald & Jane's.

Campbell, Olwen 1957 *Mary Kingsley : A Victorian in the Jungle*, London : Methuen & Co.

Cannadine, David 1995 'Review Article : The Empire Strikes Back', *Past & Present,* Issue 147, May.

——2001 *Ornamentalism : How the British saw their Empire*, London : Penguin Books.

——(ed.) 2002 *What is History Now?* London : Palgrave.

Cavendish, Richard 2000 'Death of Mary Kingsley, June 3rd. 1900', *History Today*, vol. 50, Issue 6, June.

Challen, W. H. 1965 'John Richard Green, His Mother and Others', *Notes and Queries*, vol. 12.

Chamberlain, Joseph 1897 'British Trade and the Expansion of the Empire, at Birmingham Chambers of Commerce, Nov. 13, 1896', *Speeches and Other Works, Foreign and Colonial Speeches*, Authorized edition, London : Routledge & Sons.

Chaudhuri, Nupur & Strobel, Margaret 1992 *Western Women and Imperialism : Complicity and Resistance*, Indianapolis : Indiana University Press.

Churchill, Wilson S. 1900 (1989) *The Boer War : London to Ladysmith via Pretoria : Ian Hamilton's March*, London : Leo Cooper.

Coates, Tim 2000 *The Siege of the Peking Embassy 1900 : Sir Claude MacDonald's Report on the Boxer Rebellion,* London: Stationary Office Books.

Colley, Linda 1992 *Britons : Forging the Nation, 1707-1837*, London : Pimlico (川北稔監訳 2000 『イギリス国民の誕生』名古屋大学出版会).

——2002 'What is Imperial History Now?', in Cannadine(ed.) 2002.

Collins, Peter (ed.) 1994 *Nationalism & Unionism : Conflict in Ireland, 1885-1921*, Belfast : Institute of Irish Studies.

Connolly, Clara 1993 'Culture or Citizenship? : Notes from the "Gender and Colonialism" Conference, Galway, Ireland, May', *Feminist Review*, Issue 44, summer.

Cook, Chris 1976 (1998) *A Short History of the Liberal Party, 1900-1997*, London : Macmillan.

Cook, Scott B. 1987 'The Irish Raj : Social Origins and Careers of Irishmen in the Indian Civil Service, 1855-1914', *Journal of Social History*, vol. 20, spring.

Cooper, Frederick & Stoler, Ann Laura 1997 *Tensions of Empire : Colonial*

Cultures in a Bourgeois World, Berkeley : University of California Press.
Cosgrove, Richard A. 1986 'An Irish-American Friendship : The Justice and the Nationalist Historian', *Eire-Ireland : Journal of Irish Studies*, vol. 21, Issue 4.
Creighton, Louise 1889 'The Appeal against Female Suffrage : A Rejoinder', *The Nineteenth Century*, vol. XXXVI, no. 150, Aug.
Crick, Bernard 1993 'Essay on Britishness', *Scottish Affairs*, No. 2.
Cullingford, Elizabeth Butler 2001 *Ireland's Others*, Cork : Cork University Press.
Curtis, Perry Jr. 1968 *Anglo-Saxons and Celts : A Study of Anti-Irish Prejudice in Victorian England*, Bridgeport : University of Bridgeport Press.
Dangerfield, George 1935 (1997) *The Strange Death of Liberal England*, London : Serif.
Davey, Arthur 1978 *The British Pro-Boers, 1877-1902*, Cape Town : Tafelberg.
Doerries, Reinhard R. 2000 *Prelude to the Easter Rising : Sir Roger Casement in Imperial Germany*, London : Frank Cass Publishers.
Domosh, Mona 1991 'Towards a feminist historiography of geography', *Transactions of the Institute of British Geographies*, vol. 16, No. 1.
Domosh, Mona & Morin, Karen 2003 'Travels with feminist historical geography', *Gender, Place & Culture : A Journal of Feminist Geography*, vol. 10, Issue 3, Sept.
Dorkenoo, Efua 1995 *Cutting the rose : female genital mutilation : the practice and its prevention*, London : Minority Rights Group.
Dow, Leslie Smith 1991 *Anna Leonowens : A Life Beyond "The King and I"*, Nova Scotia : Pottersfield Press.
Doyle, Arthur Conan 1903 *The Great Boer War*, London : Smith and Elder.
Duffy, Seân (general ed.) 1997 *Atlas of Irish History*, Dublin : Gill & Macmillan.
Dunlop, Robert 1909 'Truth and Fiction in Irish History', *The Contemporary Review*, No. 418, January.
Elbourne, Elizabeth 2001 'Review of *Congregational Missions and the Mak-*

ing of an Imperial Culture in 19th-century England by Susan Thorne', *Canadian Journal of History*, No. XXXVI, April.

Ellis, Alfred B. 1881 *West African Sketches*, London : Tinsley & Co.

——1883 *The Land of Fetish*, London : Chapman & Hall.

——1887 *The Tshi-speaking Peoples of the Gold Coast of West Africa : their religion, manners, customs, laws, language etc.*, London : Chapman & Hall.

Ellis, John S. 1998 'Reconciling the Celts : British National Identity, Empire, and the 1911 Investiture of the Prince of Wales', *Journal of British Studies*, vol. 37, Issue 4, Oct.

Enock, Esther Ethelind 1973 *The Missionary Heroines of Calabar : A Story of Mary Slessor*, London : Pickering & Inglis.

Etherton, Michael & Mary 1986 'Journeys of the Mind : European Women in West Africa', *Africa*, vol. 56, Issue 2.

Fallon, Joseph E. 1995 'Ireland : Two States, Two Nations', *World Affairs*, vol. 158, Issue 2, fall.

Falola, Toyin 1999 'West Africa', in Louis, (editor-in-chief) 1998-99, vol. 5.

Fawcett, Millicent Garrett 1924 *What I Remember*, London : T. Fisher Unwin Ltd.

Ferguson, Niall 2002 *Empire : How Britain Made the World*, London : Allen Lane.

——2003a *Empire : The Rise and Demise of the British World order and the Lessons for Global Power*, New York : Basic Books.

——2003b "Let's stop saying SORRY for the Empire", *BBC History Magazine*, vol. 4, No. 2, Feb.

Fieldhouse, D. K. 1984 'Can Humpy-Dumpty Be Put Together Again? : Imperial History in the 1980s', *Journal of Imperial and Commonwealth History*, vol. 12, No. 2.

Fisher, H. A. L. 1927 *James Bryce*, 2 vols., London : Macmillan.

Fisher, John 1971 *That Miss Hobhouse*, London : Secker & Warburg.

Fitzpatrick, David 2001 'Commemoration in the Irish Free State : a chronicle of embarrassment', (McBride, Ian ed.) *History and Memory in Modern*

Ireland, Cambridge : Cambridge University Press.

Fletcher, Ian Christopher & Mayhall, Laura E. Nym & Levine, Philippa (eds.) 2000 *Women's Suffrage in the British Empire : Citizenship, Nation, and Race*, London : Routledge.

Flint, John E. 1960 *Sir George Goldie and the Making of Nigeria,* London, Oxford University Press.

——1965 'Mary Kingsley', *African Affairs*, vol. 64, No. 256, July.

——1969 'Nigeria : the colonial experience from 1880 to 1914', (Gann, L. H. & Duignan, Peter eds.) *Colonialism in Africa, 1870-1960*, 2 vols., vol. 1, Cambridge : Cambridge University Press.

Formes, Malia B. 1995 'Beyond Complicity versus Resistance : Recent Work on Gender and European Imperialism', *Journal of Social History*, vol. 28, Issue 3, spring.

Foster, Roy. F. 1988 (1989) *Modern Ireland, 1600-1972*, London : Penguin Books.

——1993 *Paddy and Mr. Punch : Connections in Irish and English History*, London : Allen Lane.

Fountaine, Margaret 1980 *Love among the Butterflies : The diaries of a wayward determined and passionate Victorian lady*, London : Penguin Books.

Francis, Martin & Zweiniger-Bargielowska, Ina (eds.) 1996 *The Conservatives and British Society, 1880-1990*, Cardiff : University of Wales Press.

Frank, Katherine 1986 *A Voyage Out : The Life of Mary Kingsley*, Boston : Houghton Mifflin Company.

Freeman, E. A. 1883 'John Richard Green', *British Quarterly Review*, 78, July.

Froude, James Anthony 1872 *The English in Ireland in the Eighteenth Century*, 3 vols., vol. 1, London : Longman, Green & Co.

Gailey, Andrew 1987 *Ireland and the Death of Kindness : The Experience of Constructive Unionism, 1890-1905*, Cork : Cork University Press.

Gallagher, Ann-Marie & Lubelska, Cathy & Ryan, Louise 2001 *Re-Presenting the Past : Women and History*, London : Pearson Educated Lid.

Gardner, Robert Brian 1966 *Mafeking : A Victorian Legend*, London : Cas-

sell.

Glynn, Rosemary 1956 *Mary Kingsley in Africa : Her Travels in Nigeria and Equatorial Africa told largely in her own words*, London : George G. Harrap & Co.

Gouda, Frances & Claney-Smith, Julia(eds.) 1998 *Domesticating the Empire : Race and Family Life in French and Dutch Colonialism*, Charlottesville (Virginia) : University Press of Virginia.

Grant, Kevin 2002 'Bones of Contention : The Repatriation of the Remains of Roger Casement', *Journal of British Studies*, vol. 41, Issue 3, July.

Green, Alice Stopford 1888 *Henry the Second*, London : Macmillan.

——1894 *Town Life in the Fifteenth Century*, 2 vols., London : Macmillan.

——1897 'Woman's Place in the World of Letters', vol. XLV. No. 243, *The Nineteenth Century*, June (reprinted by London : Macmillan, 1913).

——1899 'English and Dutch in the Past', *The Nineteenth Century*, vol. XLVII, No. 274, Dec.

——1900a 'Growing Bureaucracy and Parliamentary Decline', *The Nineteenth Century*, vol. XLVIII, No. 279, May.

——1900b 'A Visit to the Boer Prisoners at St.Helena', *The Nineteenth Century*, vol. XLVIII, No. 286, Dec.

——1901a 'A Twentieth Century Message from Mrs. J. R. Green', *The Gentlewoman*, 5 January.

——1901b 'Our Boer Prisoners—A Suggested Object-Lesson', *The Nineteenth Century*, vol. XLIX, No. 291, May.

——1901c 'Mary Kingsley', *Journal of African Society,* vol. 1, No. 1, Oct.

——1908 *The Making of Ireland and Its Undoing, 1200 - 1600,* London : Macmillan.

——1909 'Tradition versus Enquiry in Irish History', *The Nineteenth Century and the After*, vol. lxv, No. 385, March.

——1911 *Irish Nationality*, London : Williams and Norgate.

——1912 *The Old Irish World*, London : Macmillan.

——1915 'The Obituary of John Holt', *Journal of the African Society*, vol. 14, No. 58.

——1917a 'Irish National Tradition', *History*, New Series, vol. II, July.

——1917b *Irish National Tradition*, London : Macmillan, reprinted from *History*, July 1917.

——1918a *Loyalty and Disloyalty : what it means in Ireland*, Dublin : Maunsel & Co.

——1918b *Ourselves Alone in Ulster,* Dublin : Maunsel & Co.

——1921a *The Government of Ireland*, London : Labour Publishing Co.

——1921b *The Irish and the Armada,* Dublin : Cumann Léigheacht an Phobail.

——1925 *History of the Irish State to 1014,* London : Macmillan.

——1926 *Studies from Irish History,* London : Macmillan.

Green, J. R. 1883 *The Conquest of England*, London : Macmillan.

—— (revised and enlarged with Epilogue by Green, Alice Stopford) 1916 (1924) *A Short History of English People*, London : Macmillan.

Greenlee, James G. & Johnston, Charles M. 1999 *Good Citizens : British Missionaries and Imperial States, 1870 - 1918,* Montreal : McGill-Queen's University Press.

Gregson, Nicky & Rose, Gillian 1997 'Contested and negotiated histories of feminist geography', (Women and Geography Study Group) *Feminist Geographies : explorations in diversity and difference,* Harlow : Longman.

Grey, Fallodon, Viscount of 1925 *Twenty-Five Years, 1892-1916*, 3 vols., vol. 1, New York : Stokes.

Gruenbaum, Ellen 2001 *Female Circumcision Controversy : An Anthropological Perspective,* Philadelphia : University of Pennsylvania Press.

Günther, Albert Everard 1968 *The Life of Albert C. L. G. Günther, F. R. S., 1830-1914 : Summary of events,* Hampstead.

Gwynn, Denis 1930 *The Life and Death of Roger Casement*, London : Jonathan Cape.

Gwynn, Stephen 1917 (1996) *Mrs. Humphry Ward*, London : Nisbet Co.

——1932 *The Life of Mary Kingsley*, London : Macmillan.

Haldane, Richard Burdon 1929 *Autobiography*, New York : Doran Doubleday.

Hall, Catherine (ed.) 2000 *Cultures of Empire : Colonizers in Britain and the Empire of the Nineteenth and Twentieth Century*, Manchester : Manchester University Press.

——2002 *Civilising Subjects : Metropole and Colony in the English Imagination 1830-1867*, Cambridge : Polity.

Hall, Catherine & McClelland, Keith & Rendall, Jane 2000 *Defining the Victorian Nation : Class, race, gender and the British Reform Act of 1867*, Cambridge : Cambridge University Press.

Hammond, John Lawrence Le Breton 1964 *Gladstone and the Irish Nation* (new introduction by Foot, M. R. D.), London : Frank Cass & Co.

Harris, Jose 1993 *Private Lives, Public Spirit : A Social History of Britain, 1870-1914*, Oxford : Oxford University Press.

Harrison, Royden J. 2000 *The Life and Times of Sidney and Beatrice Webb, 1858-1905 : The Formative Years*, New York : Palgrave.

Hartesveldt, Fred R. van. 2000 *The Boer War : Historiography and Annotated Bibliography*, London : Greenwood Press.

Hayford, Mark C. 1901 *Mary H. Kingsley : From an African Standpoint*, London : Bear & Taylor.

Hobhouse, Emily 1902 *The Brunt of the War and Where it fell*, London : Methuen & Co.

—— (Reenen, Rykie van ed.) 1984 (1999) *Boer War Letters*, Cape Town : Human & Roussear.

Hobsbawm, E. J. 1987 *The Age of Empire, 1875-1914*, London : Weidenfeld & Nicolson.

——1990 *Nations and nationalism since 1780 : Programme, myth, reality*, Cambridge : Cambridge University Press.

Hobson, Bulmer 1968 *Ireland : Yesterday and Tomorrow*, Tralee : Anvil Books.

Hochschild, Adam 1992 *King Leopold's Ghost : A Story of Greed, Terror and Heroism in Colonial Africa*, London : Macmillan.

Holton, Sandra 2002 'Gender Difference, National Identity and Professing History : the Case of Alice Stopford Green', *History Workshop Journal*,

Issue 53, spring.

Hopkins, A.G. 1999 'Back to the Future : From National History to Imperial History', *Past & Present*, No. 164, Aug.

Howard, Cecil 1957 *Mary Kingsley*, London : Hutchinson.

Howe, Stephen 2000a 'The Politics of Historical "Revisionism": Comparing Ireland and Israel/Palestine', *Past & Present*, No. 168, Aug.

——2000b *Ireland and Empire : Colonial Legacies in Irish History and Culture*, Oxford : Oxford University Press.

——2001 'The Slow Death and Strange Rebirths of Imperial History', *Journal of Imperial and Commonwealth History*, vol. 29, No. 2, May.

Hyam, Ronald 1990 *Empire and Sexuality*, Manchester : Manchester University Press（本田毅彦訳、1998 『帝国とセクシュアリティ』 柏書房）.

Ignatiev, Noel 1995 *How the Irish Became White*, London : Routledge.

Ineson, John 1999 *Paper Currency of the Anglo-Boer War, 1899-1902*, London : Spink.

Inglis, Brian 1973 *Roger Casement*, London : Hodder & Stoughton.

Inose, Kumie 2001 'Alice Green's Vision of the Empire and the Solution of the Irish Question : A triangle of Britain, South Africa and Ireland', *The Journal of Konan University,* Faculty of Letters, English studies, No. 116, March.

Jackson, Emily L. 1903 *St. Helena : The Historic Island, from its discovery to the present date*, London : Ward Lock & Co.

Jalland, Patricia 1980 *The Liberals and Ireland : The Ulster Question in British Politics to 1914*, Brighton : Harvester Press.

James, Simon 1999 *The Atlantic Celts : Ancient People or Modern Invention?,* Madison : University of Wisconsin Press.

Jayawardena, Kumari 1995 *The White Woman's Other Burden : Western Women and South Asia during British Rule*, London : Routledge.

Jeffery, Keith（ed.） 1996 *'An Irish Empire'? : Aspects of Ireland and the British Empire*, Manchester : Manchester University Press.

Johnson-Odim, Cheryl & Storobel, Margaret 1992 *Expanding the Boundaries of Women's History : Essays on Women in the Third World*, Bloomington

: Indiana University Press.

Johnston, Sir Harry 1923 *The Story of My Life*, London : Chatto & Windus.

Jones, Enid Huws 1973 *Mrs. Humphry Ward*, London : Heinemann.

Joyce, Patrick 1998 'The Return of History : Postmodernism and the Politics of Academic History in Britain', *Past & Present*, No. 158, Feb.

Kamm, Josephine 1970 *Explorers into Africa*, London : Victor Gollancz.

Keay, John 1991 *The Royal Geographical Society : History of World Exloration*, London : Hamlyn.

Keegan, Timothy 1996 *Colonial South Africa and the Origins of the Racial Order*, Charlottesville : University Press of Virginia.

Kenealy, Christine 1999 *A Disunited Kingdom? : England, Ireland, Scotland, and Wales, 1800-1949*, Cambridge : Cambridge University Press.

Kiberd, Declan 1995 *Inventing Ireland : The Literature of the Modern Nation*, London : Jonathan Cape.

Killingray, David & Ellis, Stephen 2001 'Introduction', *African Affairs* (*Centenary Issue : A Hundred Years of Africa*), vol. 99, No. 395, April.

Kingsley, George Henry 1900 *Notes on Sport and Travel* (with a Memoir by his daughter Kingsley, Mary H.), London : Macmillan.

Kingsley, Mary 1895 'The Negro Future', *Spectator*, 28 Dec.

——1896 'The Development of Dodos', *National Review*, vol. 27, March.

——1897 *Travels in West Africa*, London : Macmillan.

——1898a 'The Hut-Tax in Africa', *Spectator*, 19 March.

——1898b 'Liquor Traffic in Africa', *Fortnightly Review*, vol. 69, April.

——1899 *West African Studies*, London : Macmillan.

——1901 *West African Studies* (with introduction by George A. Macmillan), second edition, London : Macmillan.

——1964 *West African Studies* (with introduction by Flint, John E.), third edition, London : Macmillan.

Kitchen, Martin 1996 *The British Empire and Commonwealth : A Short History*, London : Macmillan Press.

Knight, Stephen T. 2003 *Robin Hood: A Mystic Biography*, New York : Cornell University Press.

Knowles, Caroline 2000 'Home and Away : Maps of Territorial and Personal Expansion, 1860-97', *The European Journal of Women's Studies*, vol. 7, Issue 3.

Koss, Stephen (ed.) 1973 *The Pro-Boers : The anatomy of an anti-war movement*, Chicago : University of Chicago Press.

——1976 *Asquith*, London : Allen Lane.

Krebs, Paula 1999 *Gender, Race and the Writing of Empire : Public Discourse and the Boer War*, Cambridge : Cambridge University Press.

Kruger, Rayne 1959 *Good-bye Dolly Gray : The Story of the Boer War*, London : Cassell.

Kumar, Krishan 2000 'Nation and Empire : English and British Identity in Comparative Perspective', *Theory and Society*, vol. 29, Issue 5.

——2003 *The Making of English National Identity*, Cambridge : Cambridge University Press.

Landon, Margaret Dorothea 1945 *Anna and the King of Siam*, London : G. G. Hanap & Co.

Laurent, Rosemary 1991 'St. Helena Honours Boer War Prisoners', *History Today,* vol. 41, Issue 10, Oct.

Leonowens, Anna Harriette Crawford 1870 *The English Governess at the Siamese Court*, Cambridge(Mass.): Frubner & Co.

——1873 *The Romance of the Harem*, Boston : James R. Osgood & Company.

Linsell, Tony(ed.) 1999 *Our Englishness*, London : Athelney.

Lister, Ruth 1997 'Citizenship : Towards a Feminist Synthesis', *Feminist Review*, No. 57, autumn.

Litton, Helen 1998 *Irish Rebellions 1798-1916,* Dublin : Wolfhound Press.

Livingstone, W. P. 1916 *Mary Slessor of Calabar : Pioneer Missionary*, London : Hodder and Stoughton.

Long, Roger D. (ed.) 1995 *The Man on the Spot : Essays on British Empire History*, London : Greenwood Press.

Longford, Elizabeth 1981 *Eminent Victorian Women*, London : Papermac.

Loughlin, James 1992 'Joseph Chamberlain, English Nationalism and the

Ulster Question', *History* 77, June.

Louis, William Roger (editor-in-chief) 1998-99 *Oxford History of the British Empire,* 5 vols., Oxford : Oxford University Press.

Louis, William Roger & Stengers, Jean(eds.) 1968 *E. D. Morel's history of the Congo reform movement*, Oxford : Clarendon Press.

Lowry, Donal 1997 '"White Woman's Country": Ethel Tawse Jollie and the Making of White Rhodesia', *Journal of Southern African Studies*, vol. 23, Issue 2, June.

——(ed.) 2000 *The South African War reappraised*, Manchester : Manchester University Press.

Luddy, Maria 1995 *Women in Ireland, 1880-1918 : A Documentary History*, Cork : Cork University Press.

Lugard, Frederic 1897 'Liquor Traffic in Africa', *The Nineteenth Century*, vol. XLV, No. 248. Nov.

Lũing, Seãn Ó. 1991 *Kuno Mayer 1858-1919 : A Biography*, Dublin : Colour Books.

Lydon, James 1998 *The Making of Ireland, from ancient to the present,* London : Routledge.

Lynch, Hollis Ralph 1967 *Edward Wilmot Blyden, pan-negro patriot, 1832-1912*, London : Oxford University Press.

——(ed.) 1978 *Selected Letters of Edward Wilmot Blyden*, New York : KTO Press.

Lyons, F. S. L. 1963 (1985) *Ireland since the Famine*, London : Fontana Press.

Mabbet, B. J. 1985 *St. Helena : the Philately of the Camps for Boer Prisoners of War April 1900 to August 1902*, Burnham-on-Sea : Anglo-Boer War Philatelic Society Publication.

MacCaffrey, Lawrence J. & Skerrett, Ellen & Funchion, Michael F. & Fanning, Charles 1987 *The Irish in Chicago*, Chicago : University of Illinois Press.

MacCartney, Donal 1994 *W. E. H. Lecky : Historian & Politician, 1838-1903*, Dublin : Lillipat Press.

McClintock, Anne 1995 *Imperial Leather : Race, Gender and Sexuality in the*

Colonial Conquest, New York : Routledge.
McCracken, Donal P. 1989 *The Irish Pro-Boers, 1877-1902,* Johannesburg : Perskor.
——1999 *MacBride's Brigade : Irish Commandos in the Anglo-Boer War*, Dublin : Four Courts Press.
McDowell, Linda 1999 *Gender, Identity & Place : Understanding Feminist Geographies*, Cambridge : Polity Press.
MacDowell, R. B. 1967 *Alice Stopford Green : a Passionate Historian*, Dublin : Allen Figgis & Company.
McEwan, Cheryl 1996 'Paradise or Pandemonium? West African landscapes in the travel accounts of Victorian women', *Journal of Historical Geography*, vol. 22, Issue 1.
——1998 'Cutting power lines within the palace?: Countering paternity and Eurocentrism in the "geographical tradition" ', *Transactions of the Royal Geographical Society*, NS. 23.
MacKenzie, Norman (ed.) 1978 *The Letters of Sidney and Beatrice Webb,* Cambridge : Cambridge University Press.
MacKenzie, Norman & Jeanne(eds.) 1982-85 *The Diary of Beatrice Webb*, 4 vols., Cambridge (Mass.): Belknap Press of Harvard University Press.
McLeod, Kirsty 1991 *A Passion for Friendship : Sibyl Colefax and her Circle*, London : Michael Joseph.
Macmillan, George A. 1908 *Brief Memoir of Alexander Macmillan*, printed for Private Circulation, Oxford : Oxford University Press.
Magubane, Bernard M. 1996 *The Making of a Racist State : British Imperialism and the Union of South Africa, 1875-1910*, Trenton(Eritrea) : African World Press.
Mani, Lata 1990 'Contentious Traditions : The Debate on Sati in Colonial India', (Sangari, Kumkum & Vaid, Sudesh eds.) *Recasting Women : Essays in Indian Colonial History*, New Brunswick : Rutgers University Press.
Marr, Andrew 2000 *The Day Britain Died*, London : Profile Books.
Matless, David 2000 *Landscape and Englishness*, London : Reaktion Books.
Matthew, H. C. G. 1973 *The Liberal Imperialists : The ideas and politics of*

a post-Gladstonian élite, London : Oxford University Press.

——(ed.) 1994 *The Gladstone Diaries, with Cabinet Minutes and Prime-Ministerial Correspondence*, Oxford : Clarendon Press.

Maurice, Frederick 1937 *Haldane, 1856-1915 : The Life of Viscount Haldane of Cloan*, London : Faber & Faber.

Maynard, Mary 2000 'Gender and Ethnicity at the Millennium : From Margin to Centre', *Ethnic and Racial Studies*, vol. 23, Issue 5, Sept.

Melman, Billie 1993 'Gender, History and Memory : The Invention of Women's Past in the Nineteenth and Early Twentieth Centuries', *History and Memory*, vol. 5, No. 1.

Middleton, Dorothy 1965 *Victorian Lady Traveller*, London : Routledge & Kegan Paul（佐藤知津子訳 2002 『世界を旅した女性たち――ヴィクトリア朝レディ・トラベラー物語』八坂書房）.

Midgley, Clara（ed.） 1998 *Gender and Imperialism*, Manchester : Manchester University Press.

Millin, Sarah Gertrude 1936 *General Smuts*, 2 vols., vol. 2, London : Faber & Faber.

Mills, Sara 1991 *Discourse of Difference : An Analysis of Women's Travel Writing and Colonialism*, London : Routledge.

——1996 'Gender and Colonial Space', *Gender, Place and Culture : A Journal of Feminist Geography*, vol. 3, Issue 2.

Mockler-Ferryman, Augustus 1892 *Up the Niger : Narrative of Major Claude MacDonald's Mission to the Niger and Benue River, West Africa*, London : G. Phlip & Son.

Molteno, James Tennant 1923 *The Dominion of Afrikanderdom : Recollections pleasant and otherwise*, London : Methuen & Co.

Morel, E. D. 1901 'The Congo State and the Bahl-al-Ghazal', *The Nineteenth Century*, vol. XLVIII, No. 295, Aug.

——1902 *Affairs of West Africa*, London : William Heinemann.

——1909 *Great Britain and the Congo : The Pillage of the Congo Basin*（with an introduction by Doyle, Sir A. Conan）, London : Elder Smith & Co.

——1910 'Belgium, Britain and the Congo', *The Nineteenth Century*, vol.

LVI, No. 397, March.

Morin, Karen M. & Berg, Lawrence D. 1999 'Emplacing Current Trends in Feminist Historical Geography', *Gender Place & Culture : A Journal of Feminist Geography*, vol. 6, Issue 4, Dec.

Morris, Mary (with O'Connor, Larry) 1994 *The Virago Book of Women Travellers*, London : Virago.

Morton, Grenfell 1980 *Home Rule and the Irish Question*, London : Longman.

Moynaham, Julian 1995 *Anglo-Irish : The Literary Imagination in a Hyphenated Culture*, Princeton : Princeton University Press.

Murphy, Brian 1995 'The Canon of Irish Cultural History : Some Questions concerning Roy Foster's Modern Ireland', in Brady, Ciaran (ed.) 1994.

Myer, Valerie Grosvenor 1989 *A Victorian Lady in Africa: The Story of Mary Kingsley*, Southampton : Ashford Press.

Nairn, Tom 1977 *The Break-up of Britain : crisis and neo-nationalism*, London : Verso Books.

——1997 *Faces of Nationalism : Janus Revisited*, London : Verso Books.

Nevinson, H. W. 1925 *More Changes, More Chances*, London : Nisbet.

Nish, Ian 1994 'Sir Claude and Lady Ethel MacDonald', (Nish, Ian ed.) *Britain & Japan : Biographical Portraits*, 2 vols., vol. 1, Kent : Japan Library.

Oake, Mary Elizabeth 1933 *No Place for a White Woman : a personal experience*, London : Lovat Dickson.

Oakes, Dougie (ed.) 1988 *Illustrated History of South Africa : The Real Story*, New York : The Reader's Digest Association.

O'Broin, Leon 1985 *Protestant Nationalists in Revolutionary Ireland : The Stopford Connection*, Dublin : Gill & Macmillan.

O'Connor, Thomas H. 1995 *The Boston Irish*, Boston : Back Bay Books.

O'Day, Alan 1998 *Irish Home Rule, 1867-1921*, Manchester : Manchester University Press.

O'Helly, Dorothy & Callaway, Helen 2000 'Journalism as active politics : Flora Shaw——*The Times* and South Africa', in Lowry, Donal (ed.) 2000.

O'Leary, Brendan 1999 'The Nature of the British-Irish Agreement', *New Left Review*, Issue 233.

Olive, Caroline 1971 'Mary Kingsley', *African Affairs,* vol. 70, No. 280, Oct.

O'Sullivan, Thomas F. 1944 *The Young Irelanders*, Tralee : The Kerryman.

Paget, Sir Augustus B. (arranged and ed.) 1896 *The Paget Papers : Diplomatic and Other Correspondence of the Right Hon. Sir Arthur Paget, G. C. B.*, with notes by Green, Mrs. J. R., 2 vols., London : William Heinemann.

Paget, A. L. 1901a 'Some experiences of a Commandant Prisoner of War at Deadwood Camp, St. Helena, 1900-1901', *Longman's Magazine* vol. 38.

——1901b 'Some experiences of a Commandant Prisoner of War at Deadwood Camp, St. Helena, 1900-1901', *Longman's Magazine* vol. 39.

Pakenham, Thomas 1979 *The Boer War*, New York : Random House.

Paxton, Jeremy 1998 *The English : A Portrait of a People*, London : Pimlico.

Pearce, Robert D. 1990 *Mary Kingsley : Light at the Heart of Darkness*, Oxford : Kensal Press.

Pearsall, Lawrence 1917 *Life and Letters of Stopford Brooke*, 2 vols., London : John Murray.

Peatling, G. K. 2001 *British Public Opinion and Irish Self-Government 1865-1925 : from Unionism to Liberal Commonwealth*, Dublin : Irish Academic Press.

Piroux, Lorraine 1998 '"I'm Black an' I'm Proud": Re-Inventing Irishness in Roddy Doyle's the Commitments', *College Literature*, vol. 25, Issue 2, spring.

Plaatje, Solomon T. 1916 *Native Life in South Africa before and since the European War and the Boer Rebellion*, London : P. S. King & Son.

——1990 *The Mafeking Diary : A Black Man's View of a White Man's War*, (Comaroff, John ed. with Willan, Brian and Reed, Andrew) Cambridge : Meridor Books in association with James Currey.

——1999 *The Mafeking Diary of Sol T. Plaatje*, (Comaroff, John and Willan, Brian with Molema, Solomon and Reed, Andrew), Centenary Edition, Cape Town : David Philip.

Platt, William James 1935 *From Fetish to Faith*, London : Edinburgh House Press.

Pocock, J. G. A. 1974 'British History : A Plea for a New Subject', *New Zealand Historical Journal*, 8 (reprinted with comment and reply, *Journal of Modern History*, 47, No. 4, 1975).

——1999 'The New British History in Atlantic Perspective : An Antipodean Commentary', *American Historical Review*, vol. 104, Issue 2, April.

——2000 'Gaberlunzie's Return', *New Left Review*, Issue 5, Sept. & Oct.

Porter, Bernard 1968 *Critics of Empire : British radical attitudes to colonialism in Africa, 1895-1914*, London : Macmillan.

Postlethwaite, Diana 1984 *Making it Whole : A Victorian Circle and the Shaping of Their World*, Columbus : Ohio State University Press.

Pratt, Mary Louise 1992 *Imperial Eyes : Travel Writing and Transculturation*, London : Routledge.

Pretorius, Fransjohan 1999 *Life on Commando during the Anglo-Boer War, 1899-1922*, Cape Town : Human & Rousseau.

Redwood, John 1999 *The Death of Britain*, London : Macmillan.

Reese, Trevor R. 1968 *The History of the Royal Commonwealth Society, 1868-1968*, London : Oxford University Press.

Reid, B. L. 1976 *The Lives of Roger Casement*, New Haven : Yale University Press.

Rich, Paul B. 1986 *Race and Empire in British Politics*, Cambridge : Cambridge University Press.

Ring, Jim 1996 *Erskine Childers*, London : John Murray.

Roberts, Brian 1991 *Those Bloody Women : Three Heroines of the Boer War*, London : John Murray (Publishers) Ltd.

Robinson, Jane 1990 *Wayward women : A guide to women travellers*, Oxford: Oxford University Press.

——1994 *Unsuitable for Ladies : an anthology of women travellers*, Oxford : Oxford University Press.

Rody, Caroline 2001 *The Daughter's Return : African-American and Caribbean Women's Fictions of History*, Oxford : Oxford University Press.

Rosaldo, Renato 1989 'Imperialist Nostalgia', *Culture and Truth : The Remaking of Social Analysis*, Boston : Beacon Press.

Rose, Gillian 1993 *Feminism and Geography : The Limits of Geographical Knowledge*, Cambridge : Polity Press.

——1995 'Tradition and paternity : same difference?', *Transactions of the British Geographical Society*, NS 20.

Royle, Stephen A. 1998 'St. Helena as a Boer prisoner of war camp, 1900-02 : Information from Alice Stopford Green papers', *Journal of Historical Geography*, vol. 24, Issue 1, Jan.

Ruane, Joseph & Todd, Jennifer (eds.) 1999 *After the Good Friday Agreement : Analysing Political Change in Northern Ireland*, Dublin : UCD (University College, Dublin) Press.

Russell, Mary 1986 *The Blessing of a Good Thick Skirt : Women Travellers and Their World*, London : Collins.

Ryan, Michael (ed.) 1994 *Irish Archaeology Illustrated*, Dublin: County House.

Sawyer, Roger 1984 *Casement : the flawed hero*, London: Routledge & Kegan Paul.

——(ed.) 1997 *Roger Casement's Diaries, 1910 : The Black and the White*, London: Pimlico.

Scott, Peter 1990 *Knowledge and Nation*, Edinburgh : Edinburgh University Press.

Scruton, Roger 2000 England: An Elegy, London: Pimlico.

Searle, G. R. 1971 *The Quest For National Efficiency : A Study in British Politics and Political Thought, 1899-1914*, Oxford: Basil Blackwell.

Shiman, Lilian Lewis 1992 *Women and Leadership in Nineteenth-Century England*, London : Macmillan.

Sibbald, Raymold 1993 *The War Correspondents : The Boer War*, Johannesburg : Jonathan Ball Publishers.

Silvestri, Michael 2000 '"The Sinn Fein of India": Irish Nationalism and the Policing of Revolutionary Terrorism in Bengal', *Journal of British Studies*, vol. 39, Issue 4, Oct.

Simpson, Donald 1987 'Mary Kingsley : A West African Group', *African Affairs*, vol. 86, No. 341.

Smith, Iain R. 1996 *The Origins of the South African War, 1899-1902*, London and New York : Longman Group Ltd.

——2000 'A century of controversy over origins', in Lowry, Donal (ed.) 2000.

Smith, Jeremy 2000 *The Tories and Ireland, 1910-1914 : Conservative Party Politics and the Home Rule Crisis*, Dublin : Irish Academic Press.

Solomon, Vivian (ed.) 1981 *Selections from the Correspondence of Percy Alport Molteno, 1892-1914*, Cape Town : Van Riebeeck Society.

Sommer, Dudley 1960 *Haldane of Cloan : His Life and Time, 1856-1928*, London : George Allen & Urwin.

Spender, J. A. & Asquith, Cyril 1932 *Life of Herbert Henry Asquith, Lord Oxford and Asquith*, 2 vols., London : Hutchinson & Co.

Spies, S. B. 1977 *Methods of Barbarism? Roberts and Kitchener and Civilians in the Boer Republics : January 1900-May 1902*, Cape Town : Human & Rousseau.

Stefoff, Rebecca 1992 *Women of the World Women Travelers and Explorers*, London : Oxford University Press.

Stephen, Barbara 1933 *Girton College, 1869-1932*, Cambridge : Cambridge University Press.

Stephen, Leslie (ed.) 1901 *The Life and Letters of J. R. Green*, London : Macmillan.

Stevenson, Catherine Barnes 1982 *Victorian Women Travel Writers in Africa*, Boston : Twayne.

Stocking, Jr. George W. 1991 *Victorian Anthropology*, New York : Free Press.

——1996 *After Tylor : British Social Anthropology, 1888-1951*, Madison : University of Wisconsin Press.

Stoler, Ann Laura 1995 *Race and the Education of Desire : Foucault's 'History of Sexuality' and the Colonial Order of Things*, Durham : Duke University Press.

——1996 'Carnal Knowledge and Imperial Power : Gender, Race and Morality in Colonial Asia', (Scott, Joan Wallach ed.) *Oxford Reading in*

Feminism : Feminism and History, Oxford : Oxford University Press.

——2001 'Tense and Tender Ties : The Politics of Compassion in North American History and (Post) Colonial Studies', *Journal of American History*, vol. 88, Issue 3, Dec.

Strobel, Margaret 1983 'Slavery and Reproductive Labor in Mombasa', (Robertson, Claire C. & Klein, Martin A. eds.) *Women and Slavery in Africa*, Madison : University of Wisconsin Press.

——1991 *European Women and the Second British Empire*, Bloomington : Indiana University Press (井野瀬久美惠訳・解題 2003 『女たちは帝国を破壊したのか』知泉書館).

——1993 'Gender, Sex and Empire', (Adas, Michael ed.) *Islamic & European Expansion : The Forging of a Global Order*, Philadelphia : Temple University Press.

Stroud, Richard 1989 *Ceylon : The Camps for Boer Prisoners of War, 1900 to 1902, Their Postal History*, Chester : Anglo-Boer War Philatelic Society.

Stuchtey, Benedikt 1999 'Literature, liberty and life of the nation : British historiography from Macaulay to Trevelyan', in Berger & Donovan & Passmore (eds.) 1999.

Sutherland, John 1990 *Mrs. Humphrey Ward : Eminent Victorian, Pre-eminent Edwardian*, Oxford : Clarendon Press.

Taillon, Ruth 1996 *The Women of 1916*, Dublin : Colour Books Ltd.

Thompson, Andrew 2001 'Is Humpty Dumpty Together Again? Imperial History and *the Oxford History of the British Empire', Twentieth Century British History*, vol. 12, No. 4.

Thorne, Susan 1999 *Congregational Missions and the Making of an Imperial Culture in Nineteenth-Century England*, California : Stanford University Press.

Tierney, Michael (Martin, F. X. ed.) 1980 *Eoin MacNeill : Scholar and Man of Action, 1867-1945*, Oxford : Clarendon Press.

Tremlett, Mrs. Horace 1915 *With the Tin Gods*, London : John Lane.

Trevelyan, G. M. 1937 *Grey of Fallodon : Being the Life of Sir Edward*

Grey, afterwards Viscount Grey of Fallodon, London : Longman.
Trevelyan, Janet Penrose 1923 *The Life of Mrs. Humphry Ward*, London : Constable & Co.
Trollope, Joanne 1983 *Britannia's Daughters : Women of the British Empire*, London : Hutchinson.
Tucker, Frederic (compiled & designed by Todd, Pamela & Fordham, David) 1980 *Private Tucker's Boer War Diary : the Transvaal War of 1899, 1900, 1901 & 1902 with the Natal Field Forces*, London : Elm Tree Books.
Twain, Mark 1907 *King Leopold's Soliloquy : A defense of his Congo rule*, (with a preface and appendices by Morel, E. D.) London : T. Fisher Unwin.
Valiulis, Maryann Gialanella & O'Dowd, Mary (eds.) 1997 *Women & Irish History : Essays in honour of Margaret MacCurtain*, Dublin : Wolfhound Press.
Vivian Solomon(ed.) 1981 *Selections from the Correspondence of Percy Alport Molteno, 1892-1914*, Cape Town : Van Riebeeck Society.
Wahrman, Dror 1992 'Virtual Representation : Parliamentary Reporting and Languages of Class in the 1790s', *Past & Present*, No. 136, August.
Wallace, Kathleen 1956 *This is Your Home : A Portrait of Mary Kingsley*, London : William Heinemann.
War Museum 1996 *Black Concentration Camps during the Anglo-Boer War*, Bloemfontein : Anglo-Boer War Museum.
Ward, Margaret 1989 (1995) *Unmanageable Revolutionaries : Women and Irish Nationalism*, London : Pluto Press.
Warwick, Peter (ed.) 1980 *The South African War : the Anglo-Boer War, 1899-1902*, Harlow : Longman.
——1983 *Black People and the South African War, 1899-1902*, Cambridge : Cambridge University Press.
Watts, Ruth 2000 'Breaking the Boundaries of Victorian Imperialism or Extending a Reformed "Paternalism"? : Mary Carpenter and India', *History of Education*, vol. 29, Issue 5, Sept.
Webb, Beatrice, 1938 *My Apprenticeship* (with foreword by Shaw, G. B.), London : Pelican Books.

Wesseling, H. L.　1997　*Imperialism and Colonialism : Essays on the History of European Expansion*, London : Greenwood Press.

Westropp, Thomas Johnson　1916　*The Progress of Irish Archaeology : president address to the Royal Society of Antiquaries of Ireland*, Dublin : Sackville Press.

White, Louise　1997　'Sex, Soap, and Colonial Studies', *Journal of British Studies*, vol. 38, No. 4.

Willan, Brian　1984　*Sol Plaatje : South African Nationalist, 1876-1932*, London : Heinemann Educational Books.

Wilson, John　1973　*CB : a life of Sir Henry Campbell-Bannerman*, London : Constable.

Windshuttle, Keith　2000　"Rewriting the History of the British Empire", *The New Criterion*, vol. 18, No. 9, May.

Wolf, James B.　1996　'A Woman passing through : Helen Caddick and the Maturation of the Empire in British Central Africa', *Journal of Popular Culture*, vol. 30, Issue 3, winter.

Women & Geography Study Group of the IBG　1984　*Geography and Gender : an introduction to feminist geography*, London : Hutchinson in association with the Explorers in Feminism Collection.

Wood, Michael　2000　*In Search of England : Journeys into the English Past*, London: Penguin Books.

Young, J. C. Robert　1995　*Colonial Desire : Hybridity in Theory, Culture and Race*, London : Routledge.

II. 邦文文献

アーレント、ハンナ（大島通義・大島かおり訳）　1972（1995）『全体主義の起原』2・帝国主義　みすず書房。

粟屋利江　2001　「白人女性の責務（The White Woman's Burden）」『歴史評論』612号、4月。

一條都子　1995　「現代スコットランドのナショナリズムにおける『ヨーロッパ』の役割」『国際政治』日本国際政治学会編、110号、10月。

井野瀬久美惠　1990　『大英帝国はミュージック・ホールから』朝日新聞社。

——1992 『子どもたちの大英帝国——世紀末、フーリガン登場』中公新書。

——1993a 「帝国のレディは植民地へ向かう——世紀末イギリスの女性移民と子ども移民」『へるめす』岩波書店、43号、5月。

——1993b 「帝国のレディは植民地へ向かう——レスペクタビリティと博愛主義の破綻」『へるめす』岩波書店、44号、7月。

——1998 『女たちの大英帝国』 講談社現代新書。

——1999 「メアリ・キングズリの西アフリカの旅——フィールドワークにおける民族とジェンダー」（栗本英世・井野瀬久美惠編）『植民地経験——人類学と歴史学からのアプローチ』人文書院。

——2000a 「ケンジントン・スクェア一四番地——アリス・グリーンとアフリカ協会」（小関隆編）『世紀転換期イギリスの人びと——アソシエイションとシティズンシップ』人文書院。

——2000b 「女たちのボーア戦争——レディ・トラヴェラーと歴史家未亡人」『歴史評論』601号、5月。

——2000c 「アングロ・ボーア戦争勃発100周年記念国際会議に参加して」『歴史学研究』741号、10月。

——2002 『黒人王、白人王に謁見す』山川出版社。

——2003a 「『ディナー・パーティ』を越えるために——帝国史とジェンダー」『歴史学研究』777号、7月。

——2003b 「イギリスを創り直す——ブリテン、帝国、ヨーロッパ」（谷川稔編）『歴史としてのヨーロッパ・アイデンティティ』山川出版社。

宇田川妙子 2003 「ジェンダーの人類学——その限界から新たな展開に向けて」（綾部恒雄編著）『文化人類学のフロンティア』ミネルヴァ書房。

エリアス、ノルベルト（上、中村元保他訳；下、波田節夫他訳）1977(上)・1978(下)、『文明化の過程』法政大学出版局。

大野光子 1998 『女性たちのアイルランド——カトリックの〈母〉からケルトの〈娘〉へ』平凡社選書。

岡真理 2000 『彼女の「正しい」名前は何か』青土社。

岡倉登志 1980（1987） 『ボーア戦争——金とダイヤと帝国主義』教育社歴史新書。

——1999 『西欧の眼に映ったアフリカ——黒人差別のイデオロギー』明石書店。

小田順子 2001 「アイルランドにおけるゲーリック・リヴァイヴァルの諸相」『ケルト復興』中央大学人文科学研究所研究叢書。

カヒル、トマス（森夏樹訳） 1997 『聖者と学僧の島——文明の灯を守ったアイルランド』青土社。

川北稔（編） 1998 『イギリス史』山川出版社。

川田靖子 1991「寝室に集まる人びと―フランスのサロン文化」（松岡正剛監修）『クラブとサロン——なぜ人びとは集うのか』NTT 出版。

ガンジー（蠟山芳郎訳） 1983 『ガンジー自伝』中公文庫（ガンジーの表記は翻訳のまま）。

菊盛英夫 1979 『文芸サロン』中公新書。

キ＝ゼルボ、J.（宮本正興・市川光雄責任編集） 1990 『ユネスコ・アフリカの歴史』日本語訳第1巻、同朋舎出版。

木畑洋一・小菅信子・トウル、フィリップ（編） 2003 『戦争の記憶と捕虜問題』東京大学出版会。

ギルバート、サンドラ&グーバー、スーザン（山田晴子・薗田美和子訳） 1986（1994）『屋根裏の狂女——ブロンテと共に』朝日出版社。

ケニヨン、ジョン（今井宏・大久保桂子訳） 1988 『近代イギリスの歴史家たち』ミネルヴァ書房。

小関隆 1993 『1848年——チャーティズムとアイルランド・ナショナリズム』未来社。

——2000 「『アソシエイションの文化』と『シティズンシップ』——世紀転換期イギリス社会をどう捉えるか？」（小関隆編）『世紀転換期イギリスの人びと——アソシエイションとシティズンシップ』人文書院。

小関隆・勝田俊輔・高神信一・森ありさ 1999 「アイルランド近現代史におけるナショナリズムと共和主義の『伝統』」『歴史学研究』青木書店、726号、8月。

シュヴァイツァー、アルベルト（浅井真男訳） 1956 「水と原始林のあいだに——赤道アフリカの原始林における一医師の体験と観察」『シュヴァイツァー著作集』第1巻、白水社。

スミス、アントニー・D.（高柳先男訳） 1998 『ナショナリズムの生命力』晶文社。

千田有紀 2002 「フェミニズムと植民地主義——岡真理による女性性器切除批判を手がかりとして」『大航海〈漂流するジェンダー〉』43号.

センメル、B.（野口建彦・野口照子訳） 1982 『社会帝国主義史』みすず書房。

高田実 2002 「イギリス近現代史におけるアイデンティティの多層性を考えるために」『九州国際大学社会文化研究所紀要』50号、7月。

高橋純一 1997 『アイルランド土地政策史』社会評論社。

高橋哲哉　1995　『記憶のエチカ――戦争・哲学・アウシュヴィッツ』岩波書店。

竹内幸雄　2000　『イギリス人の帝国――商業、金融、そして博愛』ミネルヴァ書房。

タトル、リサ（渡辺和子監訳）　1998　『新版　フェミニズム事典』明石書店。

デリダ、ジャック＆ハーバーマス、ユルゲン（瀬尾育生訳）2003「われわれの戦後復興――ヨーロッパの再生」『世界』岩波書店、8月。

ニーダム、R.（吉田禎吾他訳）　1979　『象徴的分類』みすず書房。

ネグリ、アントニオ＆ハート、マイケル（水嶋一憲他訳）　2003　『〈帝国〉――グローバル化の世界秩序とマルチチュードの可能性』以文社。

ノラ、ピエール（谷川稔監訳）2002『記憶の場――フランス国民意識の文化＝社会史』（全3巻）第1巻、岩波書店。

ハイデン＝リンシュ、ヴェレーナ・デア（石丸昭二訳）　1998　『ヨーロッパのサロン――消滅した女性文化の原点』法政大学出版局。

バーバー、リン（高山宏訳）　1995　『博物学の黄金時代』国書刊行会。

ファルガスン、ウィリアム（飯島啓二訳）　1987　『近代スコットランドの成立――18-20世紀スコットランドの政治社会史』未来社。

藤原帰一　2002　『デモクラシーの帝国――アメリカ・戦争・現代世界』岩波新書。

ブルーム、リサ編（斉藤綾子他訳）『視覚文化におけるジェンダーと人種――他者の眼から問う』彩樹社。

ベル、クウェンティン（北條文緒訳）　1997　『回想のブルームズベリー――すぐれた先輩たちの肖像』みすず書房。

堀越　智（編）　1981　『アイルランド・ナショナリズムの歴史的研究』論創社。

――1996　『北アイルランド紛争の歴史』論創社。

正木恒夫　1993　「帝国の中の『ジェイン・エア』――ジェインの主体と非ヨーロッパ的他者」『思想』岩波書店、897号、3月。

南川高志　2003　『海のかなたのローマ帝国』岩波書店。

宮崎章　2000　「イギリスと帝国」（歴史と方法編集委員会編）『帝国と国民国家』青木書店。

――2001　「イギリス帝国史再考」『待兼山論叢』史学編、35号、12月。

室井義雄　1992　『連合アフリカ会社の歴史　1879―1979年』同文舘。

森ありさ　1999　『アイルランド独立運動史――シン・フェイン、IRA、農地紛争――』論創社。

安川悦子　1993　『アイルランド問題と社会主義――イギリスにおける「社会主義の復

活」とその時代の思想史的研究』御茶の水書房。
尹　慧瑛　2000 「包囲された『ブリティッシュネス』――北アイルランドのユニオニズムにおける和解と困難」『現代思想：〈特集〉和解の政治学』vol. 28-13、11月。
ルクレール、G.（宮治一雄・宮治美江子訳）1976『人類学と植民地主義』平凡社。
和辻哲郎　1960 「文化という言葉の意味」（和辻哲郎編）『日本の文化』毎日新聞社。

著者略歴

井野瀬久美恵（いのせ・くみえ）

1958年愛知県生まれ。京都大学文学部英文学科、西洋史学科（学士入学）卒業。京都大学大学院文学研究科（西洋史学専攻）博士課程単位取得退学。追手門学院大学文学部専任講師、甲南大学文学部助教授を経て、現在、甲南大学文学部教授。

専攻：イギリス近現代史・大英帝国史。

主な著書：『大英帝国はミュージック・ホールから』（朝日新聞社、1990）、『子どもたちの大英帝国』（中公新書、1992、文庫版『フーリガンと呼ばれた少年たち』1999）、『女たちの大英帝国』（講談社現代新書、1998）、『黒人王、白人王に謁見す』（山川出版社、2002）、『イギリス文化史入門』（編著、昭和堂、1993）、『植民地経験——人類学と歴史学からのアプローチ』（編著、人文書院、1999）、「ケンジントン・スクェア一四番地——アリス・グリーンとアフリカ協会」（『世紀転換期イギリスの人びと』人文書院、2000）、「表象の女性君主——ヴィクトリア女王を中心に」（『岩波講座　天皇と王権を考える　第7巻・ジェンダーと差別』岩波書店、2002）、「イギリスを創り直す——ブリテン、帝国、ヨーロッパ」（『歴史としてのヨーロッパ・アイデンティティ』山川出版社、2003）など。

植民地《しょくみんち》経験《けいけん》のゆくえ

アリス・グリーンのサロンと世紀転換期の大英帝国

二〇〇四年　三　月二〇日　初版第一刷印刷

二〇〇四年　三　月三一日　初版第一刷発行

著　者　井野瀬久美恵

発行者　渡辺睦久

発行所　人文書院

612-8447　京都市伏見区竹田西内畑町九

Tel 〇七五（六〇三）一三四四　Fax 〇七五（六〇三）一八一四　振替 〇一〇〇〇・八・一一〇三

印刷　創栄図書印刷株式会社

製本　坂井製本所

ISBN4-409-51052-5　C3022